图书在版编目（CIP）数据

中国古代逸史：全4册 / 马昊宸主编. —— 北京：
线装书局, 2014.6
ISBN 978-7-5120-1384-1

Ⅰ.①中… Ⅱ.①马… Ⅲ.①中国历史－古代史－通
俗读物 Ⅳ.①K220.9

中国版本图书馆CIP数据核字(2014)第087864号

中国古代逸史

主　　编：马昊宸
责任编辑：杜　语　高晓彬
装帧设计：博雅圣轩藏书馆　Boyashengxuan Cangshuguan
出版发行：线装书局
　　　　　地　址：北京市西城区鼓楼西大街41号（100009）
　　　　　电　话：010-64045283　64041012
　　　　　网　址：www.xzhbc.com
经　　销：新华书店
印　　制：北京彩虹伟业印刷有限公司
开　　本：710mm×1040mm　1/16
印　　张：112
彩　　插：8
字　　数：1360千字
版　　次：2014年6月第1版第1次印刷
印　　数：0001－3000套

定　　价：598.00元（全四册）

卫懿公因喜鹤而亡国

管仲靠识途老马救齐军

伍子胥过昭关一夜白头

孟尝君靠"鸡鸣狗盗"得活命

蔺相如大事为重将相和

刘邦逃出鸿门宴

汉武帝一心想成仙

汉桓帝卖官鬻爵

陈平不杀樊哙得平安

"大树将军"冯异

司马迁忍辱著《史记》

韩信忍胯下之辱

苏武牧羊十九年

陶渊明不为五斗米折腰

宋太祖赵匡胤雪夜访普

明代抗倭名将戚继光

海瑞抬棺进殿

利玛窦在中国传教

徐霞客遍游全国

雍正的"血滴子"传奇

乾隆雪景行乐图

纪晓岚巧骂权贵

郑板桥借雨作诗贺寿

民国怪才辜鸿铭

前　言

　　中华民族拥有五千年延绵不绝的历史传承,强大的凝聚力和生生不息的生命力是每一个中国人的精神气质和生命底蕴。历史蕴含着一个民族世代的兴衰更替,以及透过事件表象所饱藏着的成败之道与内在规律,以历史作为审视现实的一个视角,从历史中汲取智慧营养,是每一个中国人所必须正视的课题,学习历史具有极高的现实意义。

　　源远流长的中华历史是一幅全景式的宏大画卷,从远古的洪荒、文明的诞生到秦皇汉武、唐宗宋祖的丰功伟绩,朝代的更迭演绎了绵长的时代史,镌刻出了灿烂的中华文明。历史一脉相承,文明代代相传。浩如烟海的历史典籍,记述了五千年的烽烟迭变,从史家巨制《史记》《资治通鉴》《二十四史》到汗牛充栋的各类野史、笔记、演义,中国人对自己民族历史的重视与珍爱,使之无愧于"历史的民族"的美誉,然正宗史著旧式的观念、晦涩的文字以及浩繁的卷帙,随着时间的流逝原有的历史典籍或是遗失在战乱纷扰中,或是毁于统治者文化专制高压下,这些散失的古籍历史文献,对现代读者来说无疑是一道与历史隔绝的鸿沟,给对古代历史感兴趣的读者造成了极大的不变。

　　有鉴于此,我们组织了众多的史学专家,重新梳理、搜集历史古籍,编辑了这套《中国古代逸史》,《中国古代逸史》将中华文明悠久历史沉淀下来的丰富的图文资料按时间顺序,依史籍材料,条分缕析地加以组织和剪裁,将编写体例、图片和艺术设计等多种要素有机统一,呈现给读者的是一种立体的、极具文化魅力的阅读空间,以期能还原历史本来面貌。《中国古代逸史》包含经济、政治、民族、军事、文化、中外关系、历史人物等多方面内容,史料翔实,读来使人产生厚实、凝重之感,尤其应当提到的是:它把各少数民族的历史都放在中国历史进程的大背景下加以阐述,充分肯定前者在后者之中的重要位置,充分肯定多民族共同创造中华文明的历史业绩;它把科学技术同生产力的发展状况结合起来阐述,反映出科学技术在推进生产力发展方面的重要作用;它展现出从先秦至近代各个历史时期的人物群像,使中国历史更加生动、更加引人入胜地反映在读者面前。

目　录

秦汉逸史

国学经典文库

中国古代逸史

·目录·

图文珍藏版

国学经典文库

中国古代逸史

·目录·

图文珍藏版

国学经典文库

中国古代逸史

·目 录·

图文珍藏版

国学经典文库

中国古代逸史

·目录·

图文珍藏版

国学经典文库

中国古代逸史

·目 录·

图文珍藏版

国学经典文库

中国古代逸史

·目录·

图文珍藏版

国学经典文库

中国古代逸史

·目录·

图文珍藏版

国学经典文库

中国古代逸史

·目录·

图文珍藏版

国学经典文库

中国古代逸史

·目录·

图文珍藏版

15

明朝逸史

国学经典文库

中国古代逸史

· 目 录 ·

图文珍藏版

国学经典文库

中国古代逸史

·目录·

图文珍藏版

清朝逸史

国学经典文库

中国古代逸史

· 目 录 ·

图文珍藏版

国学经典文库

中国古代逸史

·目 录·

图文珍藏版

民国逸史

国学经典文库

中国古代逸史

·目 录·

图文珍藏版

先秦时期逸史

中国古代逸史

马昊宸◎主编

线装书局

帝王逸事

黄帝娶妻德才为先

黄帝姓轩辕,名叫轩辕十四,被部落中的人尊称为"黄帝"。据说他生于寿丘(今山东曲阜东北),长于姬水(岐水的支流),居住在"轩辕之丘"(今河南新郑县北),死后葬于桥山(今陕西黄陵县北)。他还到过成都平原的西陵国迎娶

黄帝雕塑像

嫘祖,而他们的两个儿子也是在成都平原附近出生的。嫘祖后来跟随黄帝来到中原地区,并且带来了先进的养蚕缫丝技术。后来黄帝部落的人又从炎帝部落那里学到了较先进的耕作技术。我们中国人自称是"炎黄子孙","黄"就是指黄帝,黄帝与炎帝并称为中华民族的始祖。

黄帝长大后是自己所在部落的首领,他曾带领部落士兵与其他部落发生过两次规模比较大的战争,即黄帝与炎帝的阪泉(一说在汾河下游,一说在河北北部)之战;黄帝与蚩尤的涿鹿(今河北北部涿鹿县一带)之战。阪泉之战是黄帝部落与炎帝部落在阪泉地区发生激战,以炎帝部落归附于黄帝部落而告终。涿鹿之战是东夷部落与黄帝部落战于涿鹿之野,三年九战,最终以东夷部落的首

领蚩尤战败被杀才宣告结束。此后黄帝便成为中国北方地区的最高领导者。

因时代久远，关于黄帝的一些事多被冠以神话色彩，如"黄帝娶妻"的故事就是如此。黄帝的正妻嫘祖是西陵国人氏，本是一个穷苦人家的孩子，也没有名字，她每天不辞劳累，外出采摘野果侍奉家中体弱多病的父母，后来野果被采完了，姑娘一想到家中的父母要挨饿，不由失声痛哭起来。她的哭声哀婉、凄凉，森林里飞禽走兽都不由得流下了泪水。

恰巧玉帝这天从这里经过，他发现是一个女子哭得很痛苦，了解了情况后，他便发了善心，把天庭中的罪仙"马头娘"打下凡间，让其变成吃桑叶吐丝的蚕。这只"蚕"来到姑娘身边，把桑树上的桑果送到她的嘴边，姑娘吃了后觉得又酸又甜，就采了许多带回家给父母吃，因此得以活命。后来她发现桑树上的蚕会吐丝做茧，并且蚕丝既有韧性，又很轻巧，便编成衣服给父母穿，蚕丝织成的衣服热天凉爽、冬天温暖，穿着很是舒服。嫘祖受到启发，便将蚕捉回家喂养，逐渐掌握了养蚕的技巧和缫丝织绸的技艺，并毫无保留地教给当地的人们。从此西陵国的子民不用再穿树皮、兽皮，而是穿上了美丽轻巧的丝绸。西陵国国王非常高兴，就收姑娘为女儿，并给她取名为"嫘祖"。

嫘祖发明养蚕织丝的消息很快传遍了神州大地，据说很多部落酋长来到西陵国向嫘祖求婚，不过都遭到婉拒。后来黄帝来到西陵国，听说了嫘祖的品德和才能，心里非常仰慕，便请求一见，嫘祖也早就听说了黄帝的英雄事迹，早就想见一见他了，结果两人一见倾心，于是黄帝便娶了嫘祖。

黄帝娶嫫母也有一个有趣的传说。据说有一年黄帝率众出去巡游，路过一片桑园时突然听见一声惊叫，原来一个采摘桑叶的姑娘被毒蛇咬了一口，黄帝便下车朝桑园走去，只见那姑娘又痛又怕，而众多采桑女围住被咬的姑娘不知所措。正在混乱之时，一位黑衣女郎走了过来。她镇定自若地让人去采草药、舀清水；又帮那个姑娘挤出污血，吸掉毒液；随后用水清洗了伤口，敷上草药。不一会儿，那姑娘就转危为安了。这个勇敢镇定、乐于助人的女子就是嫫母。

嫫母相貌奇丑，快到30岁了还嫁不出去，便不愿抛头露面，这次是为了救人才挺身而出的。黄帝被她临危不乱、决断有方的才智而折服，当即宣布纳嫫母为妃。

卫懿公因喜鹤而亡国

春秋时期,卫国君主卫懿公骄奢淫侈,耽于享乐,他最爱好的玩物是鹤。天下人都知道卫懿公好鹤,便有不少人捉鹤来献,凡是来献鹤的人,卫懿公都有重赏,因此百姓争相罗致各种鹤赶来进献懿公。一时间,从园囿到宫内处处养鹤,有数百只之多。

卫国有大夫石祁子和宁速二人是贤臣,他们对卫懿公进谏数次,卫懿公不听。公子毁是卫国王位的继承人,因贤德有名,卫人都很爱戴他,心里盼他能取代懿公。公子毁看到卫懿公沉迷于鹤中,心知卫必亡国,便托故跑到齐国去了。齐桓公很欣赏他,把自己宗室的女儿嫁给他,使他安心留在了齐国。卫人得知,对卫懿公更是怨恨。

一次,卫懿公正想带着鹤出游,边关忽报外族的狄人侵入边境,卫懿公大惊,立刻全国招兵抵御外侵,但老百姓不愿应征,都纷纷逃向山野躲避起来。卫懿公一时竟凑不成一支抗敌的队伍,只得命司徒去抓兵丁,终于抓到了一百余人。卫懿公问他们为何逃避应征,众人回答:"大王只消有一件东西,便可以抵抗狄人了,何必需要我们?"

卫懿公奇怪地问:"什么东西。"

众人回答:"鹤!"

卫懿公说:"鹤能抵抗狄人吗?"

众人说:"鹤既不能参加战斗,就是没有用的东西!大王对老百姓刻薄,而对这些无用的东西花大力喂养,这就是我们不服气的地方!"

卫懿公叹说:"我现在才知道错了!那我若放了鹤,老百姓肯上阵杀敌吗?"

石祁子说:"大王现在才这样做,只怕太晚了。"

卫懿公不得已带领军队出发抵御狄兵。一路上军士颇多怨言,晚上懿公听到军中人唱歌道:"鹤食禄,民力耕;鹤乘轩,民操兵。狄锋厉兮不可撄,欲战兮九死而一生!鹤今何在兮?而我瞿瞿为此行!"

到了战场上,卫国士兵见有千余敌军,左右分别驰来,人马杂陈,全无章法。

卫懿公逃亡

给卫懿公统军的大夫渠孔说："人们都说狄人骁勇,我看只是徒有虚名!"便命大军击鼓前进,狄人诈败,把卫军引入埋伏中,只听一声呼哨,狄人如潮水般纷纷涌来,将卫兵截成了三处,互不能相顾。卫军本无心为卫懿公卖命,见敌势汹汹,便纷纷弃车仗逃命去了。狄人将卫懿公重重包围起来。渠孔建议懿公放下大旗,化装逃走。懿公此时已知万难逃脱,便拒绝了他的建议。狄兵渐渐地缩小包围圈,卫国将领纷纷战死,卫懿公最后也被乱军杀死了。

卫懿公爱鹤,本不失为一桩高雅的行为,但作为一国之君,他爱鹤甚于爱百姓,是非不分,人物两忘,乃于政务废弛,民众离心,纯属那种玩物丧志的典型,就是一个鲜明的例证。最后竟导致亡国丧身。可见,再高雅的爱好,若爱之过甚,也会带来灾祸。

楚庄王绝缨宴容人得厚报

秦朝宰相李斯说："泰山不让土壤,故能成其大,江海不择细流,故能就其深。"做人也要能像高山大海一样,胸怀能接纳百川,所以小溪江河都投向它。一个有深厚修养,胸怀宽容大度的人,人们也都乐意与他为友或为他效命。

春秋时的楚庄王就是这样的一个人,他大度而有涵养,很懂得体恤自己的臣下。有一次他举行夜宴款待他的一批得力臣下。为了让大家玩得尽兴,庄王还请出自己的妻子,让她为众人斟酒助兴。正欢饮间,忽然刮起了一阵风,吹熄了宴会上的所有烛火，而其中有一个人见王后长得漂亮，便在酒精的作祟之下趁黑拉住了王后的衣袖，想占些小便宜，但却被机智的王后给挣脱了，虽然王后没看清是谁，但她挣脱时还顺手拉断了这人官帽上的帽缨握在手里。

王后对此非常生气，便命人点上烛火，要求庄王凭帽缨查出此人加以重罚，可想而知，此时宴会气氛十分紧张，每个人的心里都在不安地犯着嘀咕，等着看哪位冒失鬼这倒霉。然而，事情却大大出乎意料，端坐在宴席主座上的楚庄王却好像什么事都没有发生一般，依然笑容满面，只见他呵呵一笑，对大家说："今日大家与我欢乐饮酒，谁的帽缨不拉断，就说明他不想与寡人尽兴畅饮。"于是群臣都开怀大笑，将自己的帽缨扯断了，大家欢饮至深夜才散席。

此事之后不久，临近的吴国发大军来攻打楚国，楚庄王亲自带兵迎敌。敌军气势正盛，楚军开始时抵挡不住，而有一位叫唐绞的武将却表现得非常勇敢，他奋不顾身，连续五次带头冲入敌阵，杀得吴国的士兵不敢向前，还两次截杀了欲偷袭楚庄王的敌将，献敌将的脑袋于庄王面前，他的举动大大地鼓舞了楚国军士的斗志，大家齐心协力，将敌军杀了个丢盔弃甲，吴军狼狈而逃。

凯旋归来后，楚庄王亲自犒赏有功将士，特别是唐绞，他对唐绞说："我不曾优待于您，您为什么对我这么好？"

唐绞却非常惭愧地说："楚王不知呀，我不能再受赏了！因为那天晚上的宴会对您的爱妃行为不轨的人就是我啊！您不怪罪我，还为我保留面子，所以我愿肝脑涂地报答您啊！"

上面的故事告诉我们：让人就是利己。聪明的人善于让对方欠自己一个人情，以情打动人心，从而赢得帮助。楚庄王就深知人的这种感恩心理，他巧妙地卖给手下人一个人情，打动了对方，使唐绞在战场上奋力厮杀，拼死去保护他。这也说明，能大度容人，方能凝聚人心。

齐威王以人为宝威加天下

战国时期，魏国迫于齐国的强大而屈服，其首领齐威王与魏惠王有一次碰面了，双方就什么是宝贝发生了争论，魏惠王问："齐国有宝贝吗？"

齐威王答："不知道。"

魏惠王说:"我国国土虽小,却有直径一寸大的珍珠10颗。每颗可照亮成排的12辆车。齐国是大国,就没有珍宝吗?"

齐威王就说:"哦,我认定的珍宝概念同你不一样。我有个大臣叫檀子,派他守南城,楚国人不敢入侵;我有个臣子叫盼子,派他守官塘,赵国人就不敢到黄河来打鱼;我有个官吏叫黔夫,派他守徐州,燕国人对着徐州北门祭祀;我有个臣子叫种首,叫他防盗防贼,百姓可路不拾遗,夜不闭户,像这样的珍宝,其兴泽可远照千里,何止亮12辆车了呢?"

魏惠王听了无言以答,他就是没有经受住珍宝的诱惑,结果国家不能振兴,而齐威王以人才为珍宝,使得国家大治,威加天下。

可以说,古往今来做大事业的人,大凡在事业上颇有成就的,莫不是懂得以人才为宝,并能择人任势所取得的。

政坛趣话

伊尹扮奴隶见商汤

黄河下游有个部落叫商。传说商的祖先契在舜帝时期跟禹一起治过洪水,是个有功的人。后来,商部落因为畜牧业发展得快,到了夏朝末年,汤做了首领的时候,已经成为一个强大的部落了。

夏王朝统治了四百多年,到了公元前16世纪,夏朝最后的一个王夏桀在位。夏桀是个出名的暴君,他和奴隶主贵族残酷压迫人民,对奴隶镇压更重。夏桀还大兴土木,建造宫殿,过着荒淫奢侈的生活。

大臣关龙逄劝说夏桀,认为这样下去会丧失人心。夏桀勃然大怒,把关龙逄杀了。百姓恨透了夏桀,诅咒说:"这个太阳什么时候才会灭亡,我们宁愿跟你同归于尽。"

商汤看到夏桀十分腐败,决心消灭夏朝。他表面上对桀服从,暗地里不断扩大自己的势力。

伊尹

那时候,部落的贵族都是迷信鬼神的,把祭祀天地祖宗看作最要紧的事。商部落附近有一个部落叫葛,那儿的首领葛伯不按时祭祀。汤派人去责问葛伯。葛伯回答说:"我们这儿穷,没有牲口做祭品。"

汤送了一批牛羊给葛伯做祭品。葛伯把牛羊杀掉吃了,又不祭祀。汤又派人去责问,葛伯说:"我没有粮食,拿什么来祭呢?"

汤又派人帮助葛伯耕田,还派一些老弱的人给耕作的人送酒送饭,不料在半路上,葛伯把那些酒饭都抢走,还杀了一个送饭的小孩。

葛伯这样做,激起了大家的公愤。汤抓住这件事,就出兵把葛先消灭了。接着,又连续攻取了附近几个部落。商汤的势力渐渐发展了,但是并没引起昏庸的夏桀的注意。

商汤妻子带来的陪嫁奴隶中,有一个叫伊尹的人。传说伊尹开始到商汤家的时候是个厨司,后来商汤发现伊尹跟一般奴隶不一样,商汤和他交谈以后,才知道他是有心装扮做陪嫁奴隶来找汤的。伊尹向汤谈了许多治国的道理,汤马上把伊尹提拔做他的助手。

伊尹对商汤说:"现在夏桀还有力量,我们先不去朝贡,试探一下,看他怎么样。"

商汤按照伊尹的计策,停止了对夏桀的进贡。夏桀果然大怒,命令九夷发兵攻打商汤。伊尹一看夷族还服从夏桀的指挥,赶快向夏桀请罪,恢复了进贡。

过了一年,九夷中一些部落忍受不了夏朝的压榨勒索,逐渐叛离夏朝,汤和伊尹才决定大举进攻。

自从夏启以来,夏王朝已相传四百多年,要把夏王朝推翻也不是一件简单的事。汤和伊尹商量了一番,决定召集商军将士,由汤亲自誓师。

汤说:"我不是敢进行叛乱,实在是夏桀作恶多端,上帝的意旨要我消灭他,我不敢不听从天命啊!"他接着又宣布了赏罚的纪律。

商汤借上帝的意旨来动员将士,再加上将士恨不得夏桀早早灭亡,因此大家作战都非常勇敢。夏、商两军在鸣条(今山西运城安邑镇北)打了一仗,夏桀的军队被打败了。

最后,夏桀逃到南巢(今安徽巢县西南),汤追到那里把桀捉住,并将他流放在南巢,一直到他死去。

这样,夏朝就被新建立的商朝代替了。历史上把商汤伐夏称为商汤革命,因为古代统治阶级把改朝换代说成是天命的变革,所以称为"革命"。这和现在所说的革命完全是两回事。

周公握发吐哺辅助周成王

周公姓姬名旦,是周文王第四子,武王的弟弟,我国古代著名的政治家。周武王建立了周王朝以后,过了两年就害病死了。他的儿子姬诵继承王位,这就是周成王。那时候,周成王才 13 岁,再说,刚建立的周王朝还不大稳固。于是由周公旦辅助成王掌管国家大事,实际上是代理天子的职权。因其采邑在周,爵为上公,故历史上通常不称周公旦的名字,只叫他周公。

周公的封地在鲁国,因为他要留在京城处理政事,不能到封地去,等他的儿子伯禽长大了,就派伯禽代他到鲁国去做国君。

伯禽临走的时候,问他父亲有什么嘱咐。周公说:"我是文王的儿子,武王的弟弟,当今天子的叔叔,你说我的地位怎么样?"

伯禽说:"那自然是很高的了。"

周公

周公说:"对哎呀!我的地位确实很高,但是我每次洗头发的时候,一碰到急事,就马上停止洗发,把头发握在手里去办事;每次吃饭的时候,听说有人求见,我就把来不及咽下的饭菜吐出来,去接见那些求见的人(这就是成语"握发吐哺"的来历)。我这样做,还怕天下的人才不肯到我这儿来呢。你到了鲁国,不过是个国君,可不能骄傲啊!"

伯禽连连点头,表示一定记住父亲的教导。

周公无微不至地关怀年幼的成王,有一次,成王病得厉害,周公很焦急,就剪了自己的指甲沉到大河里,对河神祈祷说:"今成王还不懂事,有什么错都是我的。如果要死,就让我死吧。"成王果然病好了。

周公尽心尽意辅助成王,管理国事,可是他的弟弟管叔、蔡叔却在外面造谣,说周公有野心,想要篡夺王位!

这时纣王的儿子武庚也活跃起来,他虽然被封为殷侯,但是受到周朝的监视,觉得很不自由,巴不得周朝发生内乱,重新恢复他的殷商的王位,就和管叔、蔡叔串通一气,联络了一批殷商的旧贵族,还煽动东夷中几个部落闹起叛乱来。

武庚和管叔等人制造的谣言,闹得镐京也沸沸扬扬,连召公奭听了也怀疑起来。成王年小不大懂事,更闹不清是真是假,便对这位辅助他的叔父也有点信不过。

周公心里很难过,他首先向召公奭披肝沥胆地谈了一次话,告诉召公奭,他绝没有野心,要他顾全大局,不要轻信谣言。召公奭被他这番诚恳的话感动,消除了误会,重新和周公合作。周公在安定了内部之后,毅然调动大军,亲自率领大军东征。

这时候,东方有几个部落像淮夷、徐戎等,都配合武庚蠢蠢欲动。周公下命令给太公望,授权给他调兵打仗的权利,只要各国诸侯有不服周朝的,都由太公望征讨。这样,太公望迅速带兵控制了东方,他自己全力对付武庚。

周公用了三年的时间终于平定了武庚的叛乱,把带头叛乱的武庚杀了。管叔一看武庚失败,自己觉得没有面目见他的哥哥和侄儿,上吊自杀了。周公平定了叛乱,把霍叔革了职,对蔡叔办了一个充军的罪。

在周公东征的过程中,一大批商朝的贵族成了俘虏。因为他们反抗周朝,所以叫他们是"顽民"。周公觉得让这批人留在原来的地方不大放心;同时,又觉得镐京在西边,要控制东部的广大中原地区很不方便,就在东面新建一座都城,叫作洛邑(今河南洛阳市),把殷朝的"顽民"都迁到那里,派兵监视他们。从那以后,周朝就有了两座都城:西部是镐京,又叫宗周;东部是洛邑,又叫成周。

周公辅助成王执政了七年,总算把周王朝的统治巩固下来,他还制定了周朝一套典章制度。到周成王满20岁的时候,周公把政权交给成王管理。

后来,有人在成王面前进谗言,说周公做了一些不法的事,周公心里很害怕,就逃到楚地躲避。不久,成王翻阅库府中收藏的文书,发现在自己生病时周公的祷辞,不禁为周公忠心为国的品质感动得流下眼泪,就立即派人将周公迎回来。周公回周以后,仍忠心为国家操劳。

周公辅佐武王、成王,为周王朝的建立和巩固做出了重大贡献。特别是他在受成王冤屈以后,仍忠心耿耿,为周王朝的发展呕心沥血,直至逝世。周公临终时要求把他葬在成周,以表示不离开成王的意思,但成王把他葬在了毕邑,在文王墓的旁边,以示对周公的无比尊重。

在周公的教导下,周成王也成了一位很有为的君主,从周成王到他的儿子康王两代,前后50多年,是周朝强盛和统一的时期,历史上称作"成康之治"。

周公为后世为政者的典范。孔子的儒家学派把他的人格典范作为最高典范,儒家的最高政治理想是周初的仁政,孔子终生所倡导的也是周公的精神和礼乐制度。

管仲靠识途老马救齐军

春秋时期,北方的山戎国经常侵扰近邻的燕国,他们大都是骑兵,来去如风,让人防不胜防。

有一次,山戎国派大军直逼燕国国都,燕国国君向齐国求救,齐桓公便亲自率领大军去救助。当军队赶到燕国时,山戎国的军队却带着掠夺的财物,逃到燕国东部的孤竹国去了。

这时,齐国又与燕国一起率兵去征伐,并在孤竹国击败了山戎国和孤竹国,败军落荒而逃。齐桓公命令军队继续追击。

一天晚上,齐桓公扎营休息,突然,敌军将领黄花半夜来投降,还拿着山戎大王的首级,他说孤竹国君答里呵已逃往沙漠之中,孤竹国现在是一个空城。于是,第二天齐桓公便和燕庄公跟着黄花进了孤竹国都城,果然空无一人。

这时,齐桓公决定不给敌人留下喘息的机会,他让燕庄公留驻在这里,自己带兵让黄花带路到沙漠中继续追击答里呵。到黄昏时分,他们来到一个被称作"迷谷"的地方。这儿放眼望去,只见平沙一片,跟大海一样无边无际,令人辨不清方向,可这时前来带路的黄花却没了踪影,齐桓公这才知道中计了。

这时,丞相管仲对齐桓公说:"我听说北方有个'旱海',是个很险恶的地方,恐怕指的就是这里了,我们不能再冒险前进了。"齐桓公无奈,便听从管仲的建议。这样大军挨了一夜、第二天天亮开始寻找回去的线路。可找来找去,眼见又已经日到中天,却仍然不知怎么走出去。

这时,沙漠中焦热的空气使得全副武装的战士干渴难当,人困马乏,随时都有饿死渴死的危险。管仲看在眼里急在心里,突然,他看到队伍有些混乱,就赶过去。原来几名士兵实在是忍受不了干渴,就擅作决定准备将几匹老马杀了喝血。管仲赶忙向前制止,担心杀马的风气一开,整个队伍都会对战马开刀,最后会不会演变成自相残杀也是难以预料的。因此决定只要还能控制,绝不可以开这样的先例。

丞相开口,士兵们尽管心中不服,也毫无办法,便都散去了。这时,管理老

老马识途

马的老兵因对马很有感情,就一边赶马一边对一匹老马说:"你这回真是捡回一条命啊!不过留着你作啥?反正你也老得只会走路喽。"

不料,言者无心,听者有意。管仲一听,猛然想起,马和狗一样颇能认路,尤其是一些年纪大的老马,能记起曾经走过的路而不会迷失方向,就像狗不管离家多远也能回去一样。想到这里,管仲立刻禀报齐桓公说:"马也许认得路,我们不如挑几匹老马,让它们在前头走,也许能带我们走出去。"

齐桓公听了大喜,于是便让人挑了几匹老马,放在军队前面领路前行。这几匹老马不慌不忙地走着,经过一夜的跋涉,还真领着大队人马走出了大沙漠,回到了出发地。

蹇叔预见秦军战败

春秋时期,晋文公和秦穆公有一次联合围攻郑国国都,晋军驻扎在函陵,秦军驻扎在氾南。在危急关头,郑国大夫烛之武决心挽救郑国,他用绳子捆了自己,在晚上偷偷去见秦穆公。烛之武充分利用秦晋之间的矛盾,对秦穆公慷慨陈词,引用史事分析形势,表面上却处处为秦国打算,骨子里却是为了保全郑国。秦穆公听了很高兴,便和郑国订立盟约,派杞子等人驻守郑国,自己便撤兵回国了。晋文公见秦国不再支持攻打郑国,便也只好回去了。

过了两年多,晋文公一死,秦穆公野心勃勃,想来郑攻晋,称霸中原。恰好这时候杞子从郑国派人报告秦穆公说:"郑人叫我掌管北门的钥匙。假如秘密派军队前来,就可以占领郑国。"

秦穆公喜不自禁,拿这件事去征询蹇叔的意见。不料蹇叔却说:"使军队受到很大消耗去袭击远方的国家,我没有听说过。行军疲劳,力量消耗,远方的国家已有防备,这恐怕不可以吧? 军队的行动,郑国一定会知道的。秦军劳苦了而毫无所得,士兵就会产生叛逆作乱的心思,再说行军千里,哪个不知道呢?"

秦穆公利令智昏,根本听不进蹇叔的意见,于是召见孟明、西乞、白乙叫他们从东门出兵。

蹇叔哭着说:"孟明啊,我看见军队出去却见不到他们回来了!"秦穆公打发人对他说:"你知道什么! 你要是只活到中寿就死掉,现在你墓上的树木也有两手合抱那么粗了。"他完全不把蹇叔当一个德高望重的老臣看待。

蹇叔的儿子也参加了这支军队,蹇叔边哭边送他,说:"晋人一定在殽地拦击秦军,那里有两座大山,南边的大山是夏代君王皋的坟墓;那北边的大山曾是周文王避风雨的地方。你必定死在这中间,我到那里去收你的尸体吧!"

秦穆公一意孤行,秦国的军队坚持向东进发。秦军长途跋涉,郑国早有觉察,秦军偷袭郑国不成,便灭了滑国回师。秦军行至殽地,果然不出蹇叔所料,遭到晋国的拦击,秦军被打得全军覆没。

关于晋秦之战,蹇叔在秦国出师前已经把不可"劳师以袭远"的道理分析得很透辟,又把晋军必定伏击秦军的预见说得非常具体,秦王本可以据此自省,调整布置,但却看不出出兵的不义性质和失败的不可避免。只可惜秦王没有从中受到教益,一意孤行。

弥子瑕年老不受宠

春秋时期的弥子瑕是卫国的一名美男子。他在卫灵公身边为臣,虽然品德和才能很一般,却因美貌很讨君王的喜欢。

有两件事最能说明卫灵公宠爱弥子瑕的程度。其一是弥子瑕私驾卫灵公马车的事。有一次,弥子瑕的母亲生了重病,捎信的人摸黑抄小路赶在当天晚上把消息告诉了他,一瞬间,弥子瑕心如火燎,他恨不得立刻插上翅膀飞到母亲身边。可是京城离家甚远,怎么能心想事成呢? 卫国的法令明文规定,私驾君王马车的人要判断足之刑。为了尽快赶回家去替母亲求医治病,弥子瑕不顾个人安危,假传君令让车夫驾着卫灵公的座车送他回家。后来卫灵公知道了这件事,不但没有责罚弥子瑕,反而称赞道:"你真是一个孝子啊! 为了替母亲求医治病,竟然连断足之刑也无所畏惧了。"

另外一件事是卫灵公曾吃掉了弥子瑕没吃完的半个桃子。事情的经过是这样的。有一天,弥子瑕陪卫灵公到果园游览。当时正值蜜桃成熟的季节,满园的桃树结满了白里透红的硕果。轻风徐徐送来蜜桃醉人的芳香,让人垂涎欲滴。弥子瑕伸手摘了一个又大又熟透的蜜桃,不洗不擦就大口咬着吃了起来。这种摘下便吃所感受的新鲜爽口滋味是他未曾体验的。当他吃到一半的时候,想起了身边的卫灵公。弥子瑕把吃剩的一半递给卫灵公,让他同享。卫灵公毫不在意这是弥子瑕吃剩的桃子。他自作多情地说:"你忍着馋劲把可口的蜜桃让给我吃,这真是爱我啊!"

弥子瑕年纪大了以后,脸上现出了衰老的容颜。卫灵公就因此丧失了对他的热情。有一次他因一件小事得罪了卫灵公,卫灵公不再像过去那样去迁就他,而且还历数弥子瑕的不是,他说:"这家伙过去曾假传君令,擅自动用我的车子;还目无君威地把没吃完的桃子给我吃。至今他仍不改旧习,还在做冒犯我的事!"便将他治了罪。

弥子瑕从年轻到年老,始终把卫灵公当成自己的一个朋友看待,在卫灵公面前无拘无束。可是卫灵公则不一样。他有权力,便以年龄和相貌作为宠人、厌人的根据,从而对弥子瑕所做的同样的事情表现了前后截然相反的态度。

史鱼咒后谏卫灵公

春秋时期,卫国有位贤人蘧伯玉,为人正直且德才兼备,但卫灵公却不肯重用他;而弥子瑕作风不正派,卫灵公反而委以重任。

史鱼是卫国一位大臣,看到这种情况,内心很是忧虑,但屡次进谏,卫灵公始终不采纳。

后来,史鱼得了重病,奄奄一息,将要去世前,他将儿子唤了过来,嘱咐儿子说:"我在卫朝做官,却不能够进荐贤德的蘧伯玉而劝退弥子瑕,是我身为臣子却没有能够扶正君王的过失啊!生前无法正君,那么死了也无以成礼。我死后,你将我的尸体放在窗下,这样对我就算完成丧礼了。"

史鱼的儿子听了,不敢不从父命,于是在史鱼去世后,便将尸体移放在窗下。

卫灵公前来吊丧时,见到大臣史鱼的尸体,竟然被放置在窗下,如此轻慢不敬,因而责问史鱼的儿子。史鱼的儿子于是将史鱼生前的遗命告诉了卫灵公。

卫灵公听后很惊愕,脸色都变了,说道:"这是我的过失啊!"于是马上让史鱼的儿子,将史鱼的尸体按礼仪安放妥当,回去后,便重用了蘧伯玉,接着又辞退了弥子瑕并疏远他。

当孔夫子听到此事后,赞叹地说道:"古来有许多敢于直言相谏的人,但到死了便也结束了,未有像史鱼这样的,死了以后,还用自己的尸体来劝谏君王,以自己一片至诚的忠心使君王受到感化,难道称不上是秉直的人吗?"

伍举以鸟喻人激楚庄王振作

春秋时期的楚国一直很强大,在楚成王和楚穆王时,楚国是南方诸侯国的盟主。公元前613年楚穆王驾崩,由他的大儿子熊旅继承王位,就是楚庄王。

楚庄王继位后,因实权没有在自己手中,所以他并没有像其他时期的楚国新君主一样,雷厉风行地做一些事情,而是终日同嫔妃们寻欢作乐,不问政事。

有个名叫刘须的大夫,惯于察言观色,他细观楚庄王举止,认为楚庄王极为贪色。于是,他派专人去郑国,将自己昔日出使郑国时见过的一个绝色女子以重金买到楚国,献给楚庄王。楚庄王一见郑姬,喜得眉飞色舞,高兴地对刘须说:"刘须,你真是贤臣啊!"刘须得到楚庄王的赞赏,又去越国买来越女,这天姿国色的越女的到来,更是把楚庄王彻底迷倒。

从此,楚庄王终日深居后宫,不理朝政,不出号令,只与郑姬、越女饮酒作乐,还经常带她们到云梦泽打猎游玩。就这样一连混了三年,致使楚国朝政一片混乱。

此时,晋国上卿赵盾已乘机召集宋、鲁、郑、卫、陈、蔡、许七国诸侯盟会,重新订立盟约,共尊晋国为盟主。楚国的忠臣们见此情形,纷纷议论说:"晋国是楚国的强敌,近年一直与楚国争雄。如果楚国不攻打晋国,晋国也必然会攻打楚国。现在,晋国公然无视楚国而独自盟会诸侯,当了霸主。长此下去,楚国必亡于晋,我们必须力谏楚庄王,与晋国争霸。"

武将伍举冒死寻机会进入后宫觐见楚庄王。只听得钟鼓齐鸣,又见一群宫娥正在翩翩起舞,楚庄王则左抱郑姬,右拥越女,津津有味地欣赏音乐和舞蹈。

伍举实在按捺不住,疾步过去跪倒在楚庄王面前:"大王请了。"

楚庄王斜着眼睛看了一下,见是伍举,问道:"将军来此何事?"

伍举说:"启禀大王,刚刚有人问了个十分奇异而又有趣的问题,臣下不解。臣知大王聪明过人,特来请教。"

楚庄王说:"是什么有趣的问题,连将军都不理解?那你说来听听吧!"

伍举说:"现在有一只五彩的大鸟,停留在郢都的凤凰山上,三年不鸣也不飞,不知道是什么缘故?"

楚庄王笑着说:"孤王知道,这不是平凡的鸟。三年不动是在定意志,不飞是在长羽翼,不鸣是为了体察民情。虽然三年不飞,但是飞必冲天。虽然三年不鸣,但必定是一鸣惊人。孤王已经知道你的来意,你且退下吧。"

伍举将这个情况转告给楚国的忠臣,大家听到这个情况甚是高兴,都在等着楚庄王的"一鸣惊人"。

可是又过数月,楚庄王依然如故,楚国的前途令人担忧。大夫苏从说:"大王如此言行不一,楚国必将灭亡,我等也难免一死。与其看到楚国灭亡而后身死,倒不如现在进谏而死,也落得忠臣的美名。"

于是苏从闯进后宫,一见楚庄王便倒地大哭。楚庄王问:"大夫为什么如此伤心?"

苏从回答说:"我哭是因为我自己将死,楚国将要灭亡啊!"

楚庄王说:"你如何将死?楚国又如何将亡?"

苏从说:"臣下听说'道者多粮,好乐者多亡'。大王沉溺于鼓乐声中。不理政事,故楚国将亡。大王要'谏者斩',我今来进谏,必定死罪。"

楚庄王听后,拊掌大笑。忽然站起来,左手一把拉起苏从,右手抽出宝剑,郑重地说:"有此忠臣,不愁楚国得不到大治。即日就息钟鼓,罢游猎!"说完,便一剑砍断了系钟鼓的绳索,斥退了正在歌舞的宫女,并且立即上朝理政。

此后,楚庄王实行改革,修明政治,发展生产,扩充军伍,决心同晋国争夺霸主的地位。几年的工夫,楚国实力逐渐强大,陆续向周围用兵,征服了南方的许多小部族和洛阳南边的戎族,又打败了宋国,在周朝王室附近阅兵示威,使得周天子也派人慰劳他。后来楚国又把中原霸主晋国打得落花流水。人们都说,过去默默无闻的楚庄王,几年工夫竟然做了各诸侯的霸主,真是"一鸣惊人"。

孙武斩吴王爱姬立军威

孙武就是人们所说的孙子,出生于约公元前535年,字长卿,后人又尊称孙武子,齐国乐安(今山东惠民)人,著名的兵书《孙子兵法》就是他写的。

孙武

孙武的曾祖、祖父都是齐国名将。受家庭的影响孙武从小就喜欢兵法,盼望能有用武之地。但齐国的纷争和内乱使孙武18岁时便离开齐国,到了吴国。

到吴国之初孙武先在吴都(今江苏苏州)郊外隐居著书,等待时机。东周敬王五年(前515),吴王阖闾即位后遍求人才,想成就霸业。大臣伍子胥便将孙武推荐给了吴王,孙武将写成的兵法13篇献给吴王。吴王看后赞叹不已,他

国学经典文库

中国古代逸史

·先秦时期逸史·

图文珍藏版

要孙武实际演练一下看看效果。为了考验孙武的才干，吴王没有给孙武士兵，而是交给他180名宫女让他操练。

孙武毫不在意，他将宫女分为两队，让吴王最宠爱的两位美姬做队长，带领宫女听令操练。孙武向宫女们讲完操练口令之后，便命人擂鼓操练。但宫女们根本不听他的口令，只觉得好玩儿，大笑不止，队形也变得大乱。孙武立刻下令将两名美姬队长斩首，以肃军纪。吴王吓得赶忙派人传令给孙武："寡人已知道将军善于用兵了。没有这两个美姬，寡人吃饭都不香了，请赦免了她们吧。"

孙武却以"将在军中，君命有所不受"为由斩杀了吴王的两名美姬，然后又任命两人做队长，继续操练。这次很快将宫女们训练得进退有序，阵形严整。

吴王虽然失去了两名爱姬，但最后还是拜孙武为将军，因为他知道孙武是帮助自己成就霸业的难得的将才。在这方面，吴王也还是有一些气度的。

伍子胥过昭关一夜白头

春秋末期时，南方的楚国因兼并了不少地方，渐渐变得强大，特别是楚庄王时期，一度称霸天下，但到他的孙子楚平王即位之后，楚国渐渐衰落了。

东周景王二十三年（前522），楚平王要把原来的太子建废掉。这时候，太子建和他的老师伍奢正在城父（在河南襄城西）镇守。楚平王怕伍奢不同意，先把伍奢叫来，诬说太子建正在谋反。伍奢说什么也不承认，立刻被关进监狱。

楚平王一面派人去杀太子建，一面又逼伍奢写信给他的两个儿子伍尚和伍子胥，叫他们回来，以便一起除掉。大儿子伍尚回到郢都（今湖北江陵西北），就跟父亲伍奢一起，被楚平王杀害。太子建事先得到风声，带着儿子公子胜逃到宋国去了。

伍奢的另一个儿子伍子胥，也从楚国逃出来，他赶到宋国，找到了太子建。不巧宋国发生内乱，伍子胥又带着太子建、公子胜逃到郑国，想请郑国帮他们报仇。可是郑国国君郑定公没有同意。

太子建报仇心切，竟勾结郑国的一些大臣想夺郑定公的权，被郑定公杀了。伍子胥只好带着公子胜逃出郑国，投奔吴国。

楚平王早就下令悬赏捉拿伍子胥，叫人画了伍子胥的像，挂在楚国各地的

伍子胥

城门口，嘱咐各地官吏盘查。

伍子胥带着公子胜逃出郑国后，白天躲藏，晚上赶路，来到吴楚两国交界的昭关（今安徽含山县北）北六十里路的一座小山下，从这里出了昭关，便是大河，径直通吴国的水路了。然而，此关被右司马远越领兵把守，很难过关。

扁鹊的弟子东皋公就住在山中，他从悬赏令上的图例中认出了伍子胥，他很同情伍子胥的冤屈与遭遇，决定帮助他。东皋公找到伍子胥和公子胜后，把二人带进自己的居所，好心招待，一连七日，却不谈过关之事。伍子胥实在熬不住，急切地对皋公说"我有大仇要报，度日如年，这几天耽搁在此，就好像死去一样，先生还有什么办法呢？"东皋公说："我已经为你们筹划了可行的计策，只是要等一个人来才行。"伍子胥狐疑不决，晚上寝不能寐，他想告别皋公而去，又担心过不了关，反而惹祸；若是不走，不知还要等多久？如此翻来覆去，其身心如在芒刺之中，卧而复起，绕屋而转，不觉挨到天亮。

数天之后，东皋公一见他大惊道："你怎么一夜之间头发全白了？"伍子胥一照镜子，果然全白了头，不由暗暗叫苦。皋公反而大笑道："我的计策成了！

几日前,我已派人请我的朋友皇甫讷来,他跟你长得像,我想让他与你换位,以蒙混过关。你现在头发都白了,不用化装别人也认不出你来,就更容易过关了。"

皇甫讷到达后,东皋公把皇甫讷扮成伍子胥模样,而伍子胥和公子胜装扮成生意人,四人一路前往昭关。守关吏远远看见皇甫讷便以为是伍子胥来了,传令所有官兵全力缉拿之。伍子胥二人趁乱过了昭关,待官兵最后追拿到皇甫讷时,才发现抓错了。但是不少官兵都认识皇甫讷,东皋公又与守关长官远越要好,于是此事安然过去。

伍子胥出了昭关,害怕后面有追兵,急忙往前跑。前面一条大江拦住去路。伍子胥正在着急。江上有个打鱼的老头儿划着一只小船过来,把伍子胥渡过江去。

过了大江,伍子胥感激万分,摘下身边的宝剑,交给老渔人,说:"这把宝剑是楚王赐给我祖父的,值100两金子。现在送给你,好歹表表我的心意。"

老渔人说:"楚王为了追捕你,出了五万石粮食的赏金,还答应封告发人大夫爵位。我不贪图这个赏金、爵位,难道会要你这宝剑吗?"伍子胥连忙向老渔人赔礼,收了宝剑,辞别老渔人走了。

伍子胥到了吴国,吴国的公子光正想夺取王位。在伍子胥帮助下,公子光杀了吴王僚,自立为王。这就是吴王阖闾。阖闾即位之后,封伍子胥为大夫,帮助他处理国家大事;又用了一位将军孙武,就是写《孙子兵法》的孙子。吴王依靠伍子胥和孙武这两个人整顿兵马,先兼并了临近几个小国。

东周敬王十四年(前506),吴王阖闾拜孙武为大将,伍子胥为副将,亲自率领大军向楚国进攻,连战连胜,把楚国的军队打得一败涂地,一直攻占到郢都。那时楚平王已经死去,他的儿子楚昭王也逃走了。伍子胥恨透了楚平王,刨了他的坟,还把平王的尸首挖出来狠狠鞭打了一顿。

吴王阖闾回到吴国后,把第一大功归给孙武,但孙武不愿意做官,就回乡隐居去了,伍子胥得任高官,阖闾死后,他又辅佐阖闾的儿子夫差,后因与夫差在对待越国的事务上意见不合,又被人谗毁,终被夫差所杀。

申包胥痛哭七日搬秦师

春秋时期,楚国的楚平王听信谗言,用计杀了伍子胥的父亲和兄长,伍子胥愤恨异常,一心要报仇雪恨。

伍子胥初在楚国为官时,和申包胥是至交,逃跑时伍子胥对申包胥说:"我一定要颠覆楚国。"

申包胥说:"我一定要保存楚国。"

伍子胥后来逃到吴国,帮助阖闾得到了王位,几年之后,吴国国力强大,伍子胥便说动吴王伐楚,这时楚平王已死,楚昭王在位,吴兵攻进郢都大肆劫掠,伍子胥搜寻昭王,没有找到,就让人挖开楚平王的坟,拖出他的尸体,鞭打了300下才停手。

申包胥在兵乱中逃到山里,听说了吴兵和伍子胥的暴行后,他派人去对伍子胥说:"您这样报仇真是太过分了!我听说:'人多可以胜天,天公降怒也能毁灭人。'您原来是平王的臣子,亲自称臣侍奉过他,如今弄到侮辱死人的地步,这难道不是伤天害理到极点了吗!"伍子胥对来人说:"你替我告诉申包胥说:'我就像太阳落山的时候,路途还很遥远。所以,我要逆情悖理地行动。'"

申包胥便想跑到秦国求救,他跋山涉水,历尽艰辛,脚板结着厚厚的茧,腿也碰破了,用了七天七夜的时间,终于来到了秦国。在见到秦国国君秦哀公后,申包胥对他动之以情,晓之以理,没想到秦哀公为了省事,竟然不答应出兵救楚。申包胥也没有办法,他就坐在秦国朝廷宫殿的外墙上日夜不停地痛哭,一连七天七夜没有中断,连口水也没有喝。

他的忠诚和决心终于感动了秦哀公,秦哀公让人把他扶上来,对他说:"楚王虽然是无道昏君,但有这样的臣子,楚国就不应该灭亡!"于是就派遣了500辆战车去攻打吴国,还唱《无衣》之诗安慰申包胥,诗曰:"岂曰无衣,与子同袍。王于兴师,修我戈矛,与子同仇。"大军准备妥当后,申包胥也随军前往。

后来秦军在战场上与吴军交锋,申包胥身先士卒,秦军受到鼓舞大败吴军,这时吴国闹内乱,近邻的越国也趁机前来攻打吴国,再加上楚国国内的反抗不断,吴王阖闾遂下令班师回国,楚国终于得以复国。

祁黄羊荐才不避亲仇

祁黄羊是春秋时期晋国人,本名奚,字黄羊。他在当时便因做事待人大公无私而得名,也因此博得了晋平公的青睐。

祁黄羊的家乡位于帝尧封地,有"尧之遗风",其民勤俭质朴,"崇节义多劲直之气"。这种品质在祁黄羊身上表现得尤为突出。有一个时期,一个叫南阳的地方缺一个官。晋平公有一次问祁黄羊说:"南阳县缺个县长,你看,派谁去会比较合适呢?"

祁黄羊没有一丝犹豫地回答说:"叫解狐去最合适了。他一定能够胜任的!"

解狐向来与祁黄羊不和,两人经常争斗,于是晋平公惊奇问道:"解狐不是你的仇人吗?你为什么还要推荐他呢!"

祁黄羊说:"你只是问我谁能胜任,谁最合适,并没有问我解狐是不是我的仇人呀!"

晋平公笑了,觉得祁黄羊说得对,不久后就派解狐到南阳县去上任了。而解狐到任后,办了不少好事,大家都称颂他。

又过了一段时间,晋平公又问祁黄羊说:"现在朝廷里缺少一个吏部法官。你看,谁能够胜任这个官位呢?"

祁黄羊说:"祁午能够胜任。"

晋平公又奇怪地问:"祁午不是你的儿子吗?你推荐你的儿子,难道不怕别人说闲话吗?"

祁黄羊说:"你只问我谁可以胜任,所以我推荐了他,你并没问我祁午是不是我的儿子呀!"

晋平公也知道祁黄羊对孩子进行了很好的教育,就派祁午去做法官。祁午当上了法官后秉公执法,替人们办了许多好事,很受人们的欢迎与爱戴。

后来,人们听说了这两件事,无一不称赞祁黄羊心底无私的胸怀与眼光。

商鞅知魏惠王而不愁生计

战国时卫国的商鞅,本名公孙鞅,又称卫鞅,他曾赴魏国游说,希望能够见到魏惠王,并说服他实施变法,但是魏惠王对此不感兴趣,所以商鞅也没能见到他,商鞅就暂时滞留在魏国,在魏国国相公叔痤手下做事。

公叔痤非常了解商鞅的为人和才能,他病重时,魏惠王前去看望,他问公叔痤说:"万一相国一病不起,我将把国政托付给谁呢?"

公叔痤便对魏惠王说道:"我的中庶子(官职名,相当于侍从)公孙鞅年轻又有奇才,希望大王把国事全托付给他,一切听他的。"

魏惠王对公孙鞅并不了解,便默然无言,公叔痤见魏惠王不语,知他不想用公孙鞅,便遣退侍臣,单独对惠王说:"大王倘不任用商鞅,就一定要杀掉他,不要让他出国境,为别的国家所用。"魏惠王边听边点头,表面答应了公叔痤的要求。

然后公叔痤又吩咐人将商鞅请来,向他谢罪说:"今天大王询问国相的继任人,我推荐了你,看大王的神色并不同意。我做事是先国家后个人,先君王而后臣子,所以我先为君王定谋略,然后才告诉你。你听着,如果大王没有把国事托付给你的话,那么你一定要赶快离开魏国,免遭擒杀。"

商鞅听了公叔痤的话后,思索了一下后笑着回答:"如果国君不能采用你的话重用我,又怎么会听你的话而杀我呢?"最终商鞅也没有离开魏国。

魏惠王离开公叔痤病榻后对身边人说:"公叔痤的病情很重,他竟然要我把国政交给商鞅,后又劝我杀掉商鞅,真是太糊涂啦!"之后果然没有考虑公叔痤的意见。

公叔痤死后,魏惠王既没有用商鞅的才能,也没有杀掉商鞅。后来商鞅听说秦孝公下令招贤,于是西入咸阳,终被秦国重用,封于商地,是为商鞅,他在秦国实行了历史上著名的商鞅变法,帮助秦国迅速崛起。魏惠王知道这件事后才后悔当初没有听从公叔痤的劝告。

商鞅处世不当终被杀

很多人都知道商鞅变法,秦国通过采取他的政策,很快富国强兵,为后来的秦始皇统一六国奠定了坚实的国力基础。但帮助秦国取得如此成就的商鞅最终却落得个五马分尸的悲惨下场。为什么会这样呢?有些历史教科书说商鞅之死是因为变法损害了当时贵族阶级的利益,其实不只这么简单,因为商鞅死

商鞅

后,秦国变革的那些举措并没有被废止。而对贵族阶级来说,只要仍有高官厚禄、良田美女,采取什么样的体制,大抵是无关紧要的!为什么非要置人家于死地呢?

其实,商鞅的死,与他张扬的处世风格是有很大关系的,在他的变法成功以后,其地位仅次于国君秦孝公,飙升到了一人之下万人之上的地步,而这时的商鞅不但不把王公贵族放在眼里,甚至连未来的国君继承人他都不放在眼里,和人打招呼都是用鼻子哼!于是秦孝公刚刚驾崩,一伙人便联名上书历数商鞅的罪状,说得简直是罄竹难书。刚刚即位的秦惠王也想起商鞅以前对自己不屑的"劣行",也不假思索,大笔一挥,定下了"车裂"!可怜中国历史上的伟大改革家,却因处世不当而被用酷刑杀害。

范雎看透穰侯躲搜查

在各种竞争中，那些能够料敌于先的人，往往能够在随后的事态发展占到上风。

战国时代的范雎，出门寒士，因为才能出众而在魏国做了官，但因受到魏大夫须贾的诬陷而丢了官，还被打得折肋掉齿，险些丧命。后来他在秦国人王稽的帮助下寻机逃脱，并藏在王稽的车里，准备悄悄地逃离魏国。

车到秦国地界湖关（今河南灵宝西北）时，他们俩看见大队车骑从西边而来，原来是秦相穰侯东巡县邑。范雎便对王稽说："我听说穰侯在秦国专权，最讨厌人接纳他国诸侯的宾客，被他发现恐怕会羞辱我，我就躲在车里吧。"

一会儿穰侯的车子来到了跟前，王稽就下车来打招呼，穰侯见是王稽，就询问说："关东有什么大事发生吗？"王稽回答说没有。

穰侯又说："你去见魏君，没有带魏国的宾客一起来吗？其实这些四处游说的宾客一点用也没有，只会扰乱别人的国家而已。"

王稽很镇定地说："我可不敢这么做。"

穰侯走后，范雎出来说："穰侯是个聪明人，但他想事情想得较慢，刚才怀疑车里有人，却忘了搜查，他一定会后悔的，接着便会派人来搜查。"于是范雎便下车走路。

走了数里之后，穰侯果然派骑兵回来搜查，见没有宾客才罢休，范雎这才和王稽进入咸阳城。

在这里，穰侯与范雎两人就像是两个对弈中的棋手，穰侯每走出一步，都在范雎的掌握之中，所以才会处处失去先机，让范雎钻了空子。

庞恭"三人成虎"

有个成语叫作"三人成虎"，也是起源于战国时的一件事。当时的魏国大夫庞恭和魏国太子一起作为赵国的人质，定于某日启程赴赵都邯郸。临行时，庞恭向魏王提出一个问题，他说："如果有一个人对您说，我看见闹市熙熙攘攘的人群中有一只老虎,君王相信吗?"

魏王说:"我当然不信。"

庞恭又问:"如果是两个人对您这样说呢?"

魏王说:"那我也不信。"

庞恭紧接着追问了一句道:"如果有三个人都说亲眼看见了闹市中的老虎,君王是否还不相信?"

魏王说道:"既然这么多人都说看见了老虎,肯定确有其事,所以我不能不信。"

庞恭听了这话以后,深有感触地说:"果然不出我的所料,问题就出在这里!事实上,人虎相怕,各占几分。具体地说,某一次究竟是人怕虎还是虎怕人,要根据力量对比来论。众所周知,一只老虎是决不敢闯入闹市之中的。如今君王不顾及情理、不深入调查,只凭三人说虎即肯定有虎,那么等我到了比闹市还远的邯郸,您要是听见三个或更多不喜欢我的人说我的坏话,岂不是要断言我是坏人吗?临别之前,我向您说出这点疑虑,希望君王一定不要轻信人言。"

魏王觉得庞恭说得有理,便对他说自己不会那样的。但在庞恭走后,一些平时对他心怀不满的人开始在魏王面前说他的坏话。时间一长,魏王果然听信了这些谗言。当庞恭从邯郸回魏国时,魏王再也不愿意召见他了。

看起来,所谓的谣言惑众,的确是真的啊,流言蜚语多了,的确足以毁掉一个人。随声附和的人一多,白的也会被说成黑的。因此,我们对待任何事情都要有自己的分析,不要人云亦云,被假象所蒙蔽。这就是著名的"三人成虎"的故事。

这个故事告诉我们,要判断一件事情的真假,一定要经过细心的考察和思考,不能道听途说,否则"三人成虎",就会把谣言当真,这样一来造成的危害是很大的。比如这个故事的庞恭,当他走后,一些对他心怀不满的人开始在魏王面前说他的坏话,时间一长,魏王果然听信了这些谣言,当庞恭从赵国回到魏国后,魏王再也不重用他了。

公孙仪不吃赠鱼好做官

公孙仪是战国时代鲁穆公手下的丞相,治国有方,为官清廉。在饮食方面,他嗜好吃鱼，于是鲁国的官员都争着买鱼送给他，以求巴结他，但公孙仪却从不接受。

公孙仪的弟弟见他这么做很是不解，就问他："你那么爱吃鱼，却不接受别人送的鱼，这免费送上门来的鱼和你买的一样鲜，你到底为什么不吃呢？"

公孙仪回答说："正因为我爱吃鱼，所以才不能接受别人送的鱼，因为一旦接受别人送的鱼，必然要照人家的意愿去办事，那就将违法乱纪。犯了法，就会被罢免宰相的职务。一旦丢了官，虽然想吃鱼，又有谁再给我送呢？不接受别人的鱼，就可以免于被罢相，虽然没有白拿鱼，却能长久地自己去买鱼吃。"

他的弟弟听了觉得在理，十分佩服哥哥的为人和为官之道，便也时时地向哥哥学习。

公孙仪的这番话，于我们的今天仍是大有裨益，都说用了别人的东西手短，吃了别人的东西嘴短，公孙仪要是吃了别人的鱼，那么以后做事情可能就得向着别人，这对他做官是不利的，搞不好会因做错事而丢了官，所以还不如自己买鱼来得好。

试想一下，公孙仪"嗜鱼"肯定不是一天两天了，可为什么要等他"相鲁"之后才有"一国尽争买鱼而献之"呢？想来自然不可能是他"相鲁"之后鲁国的鱼突然变多了，也不会是大家的思想境界突然提高了。而是因为相鲁之后的公孙仪手中有了权力，只有这强大的权力才能驱使和诱惑举国争相献鱼。其实以他的职位，别说是"嗜"鱼，即使他"嗜"金银，争相来献的人也都不会少。

但我们也应该做到，这些人也不会把"鱼"或金银白白送人，他们指望的是能从吃鱼的人手里获取更大的利益，这也正是自古以来一切权钱交易的本质所在。

因此，我们为人处世，考虑问题的时候，也一定要像公孙仪一样想得长远，急功近利的态度是绝对要不得的。

苏秦的感叹

苏秦是战国时期的辩士，年轻时他离家来到秦国，向秦惠王上书十次，主张"连横"以威天下，但他"连横"的主张没有被采纳。身上的黑貂皮裘穿破了，携带的金银细软用完了，生活费用没有了，只得离开秦国回家。

此时的苏秦穿着草鞋裹着绑腿，背着书籍挑着行李，身子又干又瘦，脸色又

苏秦　　　　　　　张仪

黑又黄，回到家里流露出惭愧的样子。他的妻子当时正在织布，见他回来却不下织机来迎他，他的嫂嫂也不给他做饭，父母则都不跟他说话。但苏秦没有抱怨他们，他叹着气说："妻子不认我做丈夫，嫂嫂不认我做叔子，父母不认我做儿子，这都是我自己的过错啊！"

苏秦不想这样被人看不起，他说道："哪有游说人主不能得到他的金玉锦绣、获取卿相尊位的呢？"他觉得自己的能力还有不少不足之处，就连夜翻出家里的书籍，打开几十个箱筐把书摆出来，找到一部《太公阴符兵法》的书伏案诵读，选择重要的熟记，结合当时形势，反复研究它的意义，读书疲倦想睡的时候，就拿个锥子刺自己的大腿，鲜血直流到脚上。这是成语"悬梁刺股"中之"刺股"的由来。

过了一年，苏秦揣摩透了天下形势和试图运用的方法，便说："这回真正可以说服当世的君主了。"于是苏秦来到燕国得到燕国国君的信任，后又到齐国，为齐王所倚重，又来到赵国，在邯郸华丽的宫殿里游说赵王，两人相谈甚欢，甚至拍起手掌来。赵王非常高兴，封苏秦为武安君，授给相印，还有兵车百辆，锦绣千捆，白璧百双，黄金20万两，让他去约集六国合纵，拆散连横，以抑制强暴的秦。

苏秦做了赵的相国之后，秦国通过函谷关与诸国联系的交通就断绝了。这个时候，包括战国七雄在内的国家的国策与外交统统都要由苏秦的计策来决

定。苏秦不费一兵一卒,一钱一粮,就让六国的诸侯互相亲善得比兄弟还好,而实力最强的秦国则战战兢兢,15年中不敢向函谷关以东用兵。

苏秦原先不过是一个居住在穷街僻巷、低门陋屋里的穷士罢了,拜相以后,出入都是坐车乘马,横行天下,在各国的朝廷上游说诸侯,国君左右的大臣都被辩得哑口无言,天下的人没有一个敢同他抗衡。

苏秦将要去游说楚王时路过洛阳。他的父母听说他来了,就收拾房屋打扫道路,敲锣打鼓备办酒席,还亲自到30里外的郊野去迎接;他回到家后,他的妻子不敢正面望他,只敢低着头侧着眼睛看他的颜色,侧着耳朵听他的声音;他的嫂嫂则像蛇一样地爬伏在地上向苏秦跪拜,口称请罪。苏秦说:"嫂嫂,你为什么前头那样傲慢,而现在又这样卑下呢?"他嫂嫂则实话实说:"因为你现在地位尊贵,又多金钱。"

苏秦不由感叹地说:"唉呀! 贫穷的时候,连父母都不把自己当作儿子;富贵的时候,连亲属都畏惧。人生存在世界上,那权势地位金钱,怎么能够忽视呢?"其实,苏秦在外游说列国多年,其中成功失败,酸甜荣辱,不可辨析。在苏秦游说无望时,母亲不以子,妻子不以夫,嫂子不以叔,苏秦大为感伤。而苏秦游说成功后,一切都变得以他为尊贵起来。苏秦的感叹,其实也是在感叹人生、感叹社会啊!

田婴厚待齐貌辨重得相位

田婴是战国时齐威王和齐宣王的相国,他在为人处世方面很有一套。他的门下有个门客叫齐貌辨,生活上不拘小节,我行我素,搞得其他门客很不愉快,因此很不讨人喜欢。有个当士尉的门客劝田婴不要与这样的人打交道,田婴不听,那人便辞别田婴另投他处了。

门客们为了这事都愤愤不平,田婴的儿子孟尝君也私下里劝父亲说:"齐貌辨实在讨厌,你不赶他走,倒让士尉走了,大家对此都议论纷纷。"

田婴听了不以为然,他召集大伙说道:"我看我们家没有谁比得上齐貌辨,你们谁再看不上他,就请自便吧。"这样其他人便再也不敢吱声了。

但是,齐貌辨到底有什么能耐呢? 大家不知道。而田婴对他却更客气了,住处吃用都是上等的,并派长子伺奉他,给他以特别的款待。

过了几天,齐威王去世了,齐宣王继位。宣王喜欢事必躬亲。觉得田婴管得太多,权势太重,怕他对自己的王位有威胁,因而很不喜欢他。

于是田婴被迫离开国都,回到了自己的封地薛。其他的门客见田婴没有了权势,都离开了他,各自寻找自己的新主人去了,只有齐貌辨跟他回到了薛地。回来后没过多久,齐貌辨便要到国都去拜见宣王。

田婴劝阻他说:"现在宣王很不喜欢我,你这一去,不是去找死吗?"

齐貌辨说:"我本来就没打算活着回来,您就让去吧!"

田婴无可奈何,只好让他去了。

齐宣王听说齐貌辨要见他,就憋了一肚子怒气等着他。见到齐貌辨就说:"你不就是田婴很信任、很喜欢的齐貌辨吗?"

"我是齐貌辨。"齐貌辨回答说,"靖郭君(指田婴)喜欢我这个人倒是真的,说他信从我的话,可没这回事。当大王您还是太子的时候,我曾劝过靖郭君,说:'太子的长相不好,脸颊那么长,眼睛又没有神采,不是什么尊贵高雅的面目。像这种脸相的人是不讲情义,不讲道理的,不如废掉太子,另外立卫姬的儿子郊师为太子。'可靖郭君听了,哭哭啼啼地说:'这不行,我不忍心这么做。'如果他当时听了我的话,就不会像今天这样被赶出国都了。"

"还有,靖郭君回到薛地以后,楚国的相国昭阳要求用大几倍的地盘来换薛这块地方。我劝靖郭君答应了吧,这便宜的事不好找。他却说:'我接受了先王的封地,虽然现在大王对我不好,可我这样做对不起先王呀!更何况先王的宗庙就在薛地,我怎么能为了多得些地方而把先王的宗庙给楚国呢?'他终于没有听我的劝告而拒绝了昭阳,至今守着那一小块地方。就凭这些,大王您看靖郭君是不是信从我呢?"

宣王听了这番话,很受感动,叹了口气说:"靖郭君待我如此忠诚,我年轻丝毫不了解这些情况。你愿意替我去把他请回来吗?"

齐貌辨当然答应了。他回到薛地后,让田婴穿上齐威王赐给的衣服,戴上威王赐给他的帽子,佩上威王赐给的宝剑,和他一起来到齐国国都。

齐宣王得到田婴回来的消息后,亲自到城外迎接田婴。他见了田婴这身装束,竟忍不住哭起来了,并马上任命田婴为相国。

其实田婴早就看出齐貌辨是个有恩必报的人,于是在人人都讨嫌他的情况下,他却时常关照他,处处卖人情给他。而他的这些感情的投资终于没有白费,在他处于危难时,齐貌辨挺身而出,为他尽忠心舍命劝谏齐宣王,终于帮他渡过了难关。

冯谖买"义"助孟尝君名扬天下

秦昭襄王六年(前301),当时天下知名的孟尝君出任齐国的宰相,齐国国君将一个叫薛邑的地方分封给他。但由于连年发生大灾荒,薛邑的百姓收成很少,每次派去收租的人往往收不回田债。这使孟尝君很伤脑筋。

孟尝君是齐国的贵族,名叫田文。他有三千门客,因为人数众多不好管理,他把门客分为几等:头等的门客出去有车马,一般的门客吃的有鱼肉,至于下等的门客,就只能吃粗菜淡饭了。有个名叫冯谖(xuān)的人,穷苦得活不下去,投到孟尝君门下来做食客。孟尝君问管事的:"这个人有什么本领?"

管事的回答说:"他说没有什么本领。"

孟尝君笑着说:"把他留下吧。"

管事的懂得孟尝君的意思,就把冯谖当作下等门客对待。过了几天,冯谖靠着柱子敲敲他的剑哼起歌来:"长剑呀,咱们回去吧,吃饭没有鱼呀!"

管事的报告孟尝君,孟尝君说:"给他鱼吃,照一般门客的伙食办吧!"

又过了五天,冯谖又敲打他的剑唱起来:"长剑呀,咱们回去吧,出门没有车呀!"

孟尝君听到这个情况,又跟管事的说:"给他备车,照上等门客一样对待。"

又过了五天,孟尝君又问管事的,那位冯先生还有什么意见。管事的回答说:"他又在唱歌了,说什么没有钱养家呢。"

孟尝君问了一下,知道冯谖家里有个老娘,就派人给他老娘送了些吃的穿的。这一来,冯谖果然不再唱歌了。

后来,孟尝君渐渐发现冯谖能言善辩,就派他去收债。临走之前,冯谖问孟尝君收完田债后希望他买些什么东西回来呢。当时孟尝君不假思索地说,你看我家缺少什么就买些什么吧。

冯谖到了薛邑之地后,看到这里的百姓们的确穷苦,衣食尚且不保,哪还有钱物还田债?他就把百姓们集中在一起,将债券一一核对完毕后,就假借孟尝君的名义把这些债券赐还给百姓,并当场把所有的债券统统给烧掉了。一下子,薛邑的百姓都欢呼雀跃,感恩戴德,连连称颂孟尝君是想着百姓的好官。

事后冯谖回来向主公复命,孟尝君见他这么快就回来,以为债款很容易地收完了,就问他买了什么东西回来呢。

冯谖说买了一个"义"字。孟尝君一听大觉新鲜,忙问这"义"如何买的?

冯谖说这义可不是好买的,只有在最需要帮助的人那儿才能买得到。就像薛地连年灾荒,百姓们衣食不饱,我以您的名义把那里的百姓应交的债款免除了,于是那里的百姓都连连称颂您是最仁义的宰相,这就是我给您买回的"义"呀!

孟尝君听了还以为冯谖在开玩笑,但看到他的确是两手空空而来,心里十分不高兴,但也无可奈何,苦笑一下摇摇头走了。

孟尝君很能干,也很有威望,他在齐国的影响力比国君还大,将齐国治理得很好,天下诸侯也都很信服他,因此西部很想称霸的秦国国君认为孟尝君是个威胁,就想搞垮他和齐国国君的关系。一年之后,齐国国君果然中了秦国的离间之计,他听信奸人谗言,心里很是害怕孟尝君的声望对自己的王位带来威胁,于是找个借口将孟尝君罢免到偏僻的薛邑之地。

孟尝君无故被贬,在去往薛地的路上心情抑郁,以为自己会死在那里。可是,他万万也没想到:在距薛地还有百里之遥时,薛地的百姓们就扶老携幼、争先恐后地在道路两旁迎接着他了。

孟尝君见此情景大吃一惊,忽然想起这正是冯谖给他买回的"义"之所致啊,心里大为感动,便对还随侍在身边的冯谖说:"真是感谢先生,您为我买的'义',我今天终于看到了啊!"

这样,孟尝君就以薛地为根基继续发展自己的前途。由于百姓称颂,不久之后他又再次获得齐王的信任重返朝廷。从此以后,孟尝君知道了"义"字的重要,于是他除了礼贤下士之外,还很重视对百姓们的宽厚仁慈。这样,孟尝君的贤名更得以广泛传播,被公认为当时的四君子(孟尝君、平原君、春申君、信陵君)之首。

孟尝君靠"鸡鸣狗盗"者得活命

战国时期的孟尝君为了壮大自己的实力,巩固自己的地位,专门招收各类人才。凡是投奔到他门下来的,他都收留下来,供养他们。这种人叫作门客,也叫作食客。据说,孟尝君门下一共养了三千名食客。其中有许多人其实没有什么本领,只是混口饭吃。

鸡鸣狗盗

当时的天下形势是以秦、齐和楚最强,后来齐楚联盟对抗秦国,使秦国处处受到掣肘,当政的秦昭襄王为了拆散齐楚联盟使用了两种手段:对楚国他用的是硬手段,以武力相威胁;对齐国他用的是软手段,因为齐国与秦国并不接壤,双方都难以用兵,所以他想用谋略制胜。他听说齐国最有势力的大臣是孟尝君,就邀请孟尝君上咸阳来,说是要拜他为丞相。孟尝君当时在齐国也很不得志,思索一番后便答应了。

孟尝君上咸阳去的时候,随身带了一大帮门客。秦昭襄王亲自欢迎他,作为见面和进献之礼,孟尝君献上了自己非常喜欢的"狐白裘",据说这是一件用很多只生长在极寒之地的银狐腋下那块极柔软的皮毛做成的大袍子,银狐本就极其少见,齐集很多只这样的狐狸,并且只取其腋下之皮毛做成一件大衣,其珍贵可以想见,故当时人都认为是天下之宝。秦昭襄王也知道这是很名贵的衣服,就很高兴地把它藏在内库里。

秦昭襄王本来也是真心打算请孟尝君当丞相,但孟尝君来到后,有人对秦昭襄王说:"田文是齐国的贵族,手下人又多。他当了丞相,一定先替齐国打算,秦国不就危险了吗?"

秦昭襄王怔了一下,便说:"那么,还是把他送回去吧。"

他们说:"他在这儿已经住了不少日子,秦国的情况他差不多全知道,哪儿能轻易放他回去呢?"

秦昭襄王也觉得不能用他,但也不能放他回去,就把孟尝君软禁起来。

孟尝君见事态生变,心里十分着急,他打听到秦王身边有个宠爱的妃子,就托人向她求救。那个妃子叫人传话说:"叫我跟大王说句话并不难,但我也想要一件'狐白裘'。"

孟尝君和手下的门客商量,说:"我就这么一件,已经送给秦王了,哪里还能要得回来呢?"

其中有个门客说:"我有办法。"当天夜里,这个门客就摸黑进王宫,找到了内库,把"狐白裘"偷了出来。

于是孟尝君让人把"狐白裘"送给秦昭襄王的宠妃。那个妃子得了宝衣,就向秦昭襄王扇枕头风,劝说他把孟尝君释放回去。秦昭襄王果然同意了,便下发过关文书,让孟尝君他们回去。

孟尝君得到文书,急急忙忙地往东面的函谷关跑去。因为他怕秦王反悔,还改名换姓地把文书上的名字也改了。到了关上时,正赶上半夜里,依照秦国的规矩,每天早晨,关上要到鸡叫的时候才许放人。大伙儿不由得一筹莫展,但正在大伙愁眉苦脸盼天亮的时候,忽然有个门客说我可以让鸡叫起来,只见他捏着鼻子学起公鸡叫来,一声跟着一声,十分相像,惹得附近的公鸡全都叫起来了。

守关的人听到鸡叫得很响亮,以为天要亮了,就开了城门,验过过关文书,让孟尝君出了关。

而秦昭襄王这边在下发过关文书后不久果然后悔了,就赶紧派人赶到函谷关追孟尝君,但孟尝君一行人已经走远了。

鲁仲连一席话说动平原君

秦昭襄王四十七年(前260),秦军又包围了赵国都城邯郸。赵国求救于魏国，魏王派大将晋鄙救赵，但晋鄙畏惧秦军，魏国又觉得去帮赵国攻打秦国于己没什么利益，便让晋鄙在距秦兵约百里远的地方驻兵不进。

这时魏王又派使臣辛垣衍潜入邯郸，通过平原君赵胜告诉赵王说："只要赵国派使臣去尊奉秦王为帝，秦王或许能心喜而罢兵。"

平原君赵胜不知怎么办好，因为赵国在长平之战中元气大伤，现在秦军又兵临城下，再说尊秦为帝不知道会造成什么样的后果。正在这时，游士鲁仲连到了邯郸，并听到了辛垣衍劝赵奉秦为帝之事。于是向平原君赵胜提出由自己来驳斥辛垣衍。

鲁仲连说：在周朝尚未土崩瓦解时，周天子是各诸侯的宗主，相当于帝，他对诸侯国可以予取予求。春秋时，周天子已无这种权威，但却仍有天子名号，齐国强大时曾扶持过周天子，后来周烈王死时，齐国后至。秦国素称虎狼之国，一旦尊秦为帝，秦国完全可能循名责实，对诸侯欲求不已，任意调换诸侯国国内的官员，乃至可能像纣王对待鬼侯、鄂侯、周文王那样对待诸侯王，凭自己喜好决定其生死。

鲁仲连不但驳倒了辛垣衍，也说服了平原君赵胜，使他拿定了主意。秦军也是欺软怕硬，见此状便不敢贸然进军。刚好魏公子无忌夺晋鄙军以救赵击秦，秦军便撤回秦国去了。

平原君身系一国之重，在面对强大的秦国对周邻的兼并之中，却瞻前顾后不敢决断。赵国君臣系国家安危之时，患得患失，看不清方向，拿不准方寸，几乎铸成大错。

其实，我们的人生之中也无时无处不置于选择之中，每一次选择，都会给你带来某种或大或小的变化和结果，人的悲喜祸福，除去天命因素，正是这种选择的结果啊！而当断不断则比事情本身更糟呀！

信陵君厚待侯嬴破秦救赵

战国时期的魏公子无忌是魏昭王的小儿子，魏安王的异母弟弟。昭王去世后，安王继位，封无忌为信陵君。

公子为人仁爱而尊重士人，士人无论是才能高的还是差的，都谦逊而礼貌地结交他们,不敢以自己的富贵身份慢待士人。几千里内的士人都争着归附他,招来食客竟达 3000 人。这时候,诸侯由于公子的贤能,又有很多食客,十几年不敢兴兵谋取魏国。

信陵君

魏国有个隐士名叫侯嬴,70 岁了,家境贫寒,是大梁夷门的守门人。信陵君听说这个人极具智慧而且很讲信义,便前往邀请,想送他厚礼。侯嬴不肯接受,说:"我几十年重视操守品行,终究不应因做守门人贫困而接受公子的钱财。"

信陵君于是摆酒大宴宾客,大家就座之后,信陵君却带着车马,空出左边的座位,亲自去迎接夷门的侯嬴。侯嬴便撩起破旧的衣服,径直登上车,坐在左边的上位,并不谦让。

信陵君手执辔头,(表情)愈加恭敬。侯嬴又对信陵君说:"我有个朋友在街市的肉铺里,希望委屈您的车马顺路拜访他。"信陵君便驾着车马进入街市,侯嬴下车拜见他的朋友朱亥,故意地久久站着与朋友闲谈,暗中观察信陵君的表情,却发现信陵君的脸色更加温和。

这时,魏国的将相、宗室等宾客坐满了信陵君的厅堂等待开宴。街市上人们都观看信陵君手拿着辔头。随从的人都偷偷地骂侯嬴。侯嬴观察信陵君的脸色始终没有变化,才辞别朋友上车。

到信陵君家中,他引侯嬴坐在上座,把宾客一个个介绍给他,宾客们都很惊讶。酒兴正浓的时候,信陵君起身到侯嬴面前祝酒。侯嬴便对公子说:"我本是夷门的守门人,公子却亲身委屈车马去迎接我,在大庭广众之间,我本不应该有过访朋友的事情。现在公子却特意地同我去访问朋友。然而我正是为了成就公子的名声,才故意使公子的车马久久地站在街市里,借访问朋友来观察公子,而公子的态度却愈加恭敬。街市的人都以为侯嬴是个小人,而以为公子是个宽厚的人,能谦恭地对待士人。这就够了!"于是酒宴结束,侯嬴便成为上等宾客。

宴后,侯嬴又对信陵君说:"我访问的屠者朱亥是个贤能的人,世人不了解他,所以才隐居在屠市之中。"信陵君便去拜访朱亥,多次请他,但朱亥故意不回拜,信陵君感到很奇怪。

这个时期,秦赵两国军队交战,赵国军队在长平惨败于秦军,秦军进伐赵国国都邯郸,赵国形势危急,便求救于楚国和魏国,两国也接受了赵国求援的要求,魏安釐王更派大将晋鄙率兵救赵国。

秦昭襄王一听到魏、楚两国发兵,亲自跑到邯郸去督战。他派人对魏安釐王说:"邯郸早晚得被秦国打下来。谁敢去救,等我灭了赵国,就攻打谁。"魏安釐王被吓唬住了,连忙派人去追晋鄙,叫他就地安营,别再进兵。晋鄙就把十万兵马扎在邺城(今河北临漳县西南),按兵不动。

赵孝成王听说后十分着急,叫平原君给魏国公子信陵君魏无忌写信求救。因为平原君的夫人是信陵君的姐姐,两家是亲戚。

信陵君接到信,三番五次地央告魏安釐王命令晋鄙进兵。魏王说什么也不答应。信陵君没有办法,对门客说:"大王不愿意进兵,我决定自己上赵国去,要死也跟他们死在一起。"

当时,不少门客愿意跟信陵君一起去,信陵君跟侯嬴去告别。侯嬴说:"你们这样上赵国去打秦兵,就像把一块肥肉扔到饿虎嘴边,不是白白去送死吗?"

信陵君叹息着说:"我也知道没有什么用处。可是又有什么办法呢?"

侯嬴支开了旁人,对信陵君说:"咱们大王宫里有个最宠爱的如姬,对不对?"

信陵君点头说:"对!"

侯嬴接着说："听说兵符藏在大王的卧室里,只有如姬能把它拿到手。当初如姬的父亲被人害死,她要求大王给她寻找那个仇人,找了三年都没有找到。后来还是公子叫门客找到那仇人,替如姬报了仇。如姬为了这件事非常感激公子。如果公子请如姬把兵符盗出来,如姬一定会答应。公子拿到了兵符,去接管晋鄙的兵权,就能带兵和秦国作战。这比空手去送死不是强多吗?"

信陵君听了如梦初醒,他马上派人去跟如姬商量,如姬一口答应。当天午夜,乘着魏王熟睡的时候,如姬果然把兵符盗了出来,交给一个心腹,送到信陵君那儿。

信陵君拿到兵符,赶紧向侯嬴告别。侯嬴说："将在外,君命有所不受。万一晋鄙接到兵符,不把兵权交给公子,您打算怎么办?"

信陵君一愣,皱着眉头答不出来。

侯嬴说："我已经给公子考虑好了,我的朋友朱亥是魏国数一数二的大力士,公子可以带他去。到那时候,要是晋鄙能痛痛快快地把兵权交出来最好;要是他推三阻四,就让朱亥来对付他。"

信陵君非常感激侯嬴,便想让他一起去,但侯嬴说："我年纪大了,不能随你前往,我将估算你到达晋鄙军营的时间,并以死明志。"

信陵君听了说不出话来,便带着朱亥和门客到了邺城,见了晋鄙。他假传魏王的命令,要晋鄙交出兵权。晋鄙验过兵符,仍旧有点怀疑,说："这是军机大事,我还要再奏明大王,才能够照办。"

晋鄙的话音刚落,站在信陵君身后的朱亥大喝一声："你不听大王命令,想反叛吗?"不由晋鄙分说,朱亥就从袖子里拿出一个40斤重的大铁锥,向晋鄙劈头盖脸砸过去,结果了晋鄙的性命。

信陵君拿着兵符,对将士宣布一道命令："父子都在军中的,父亲可以回去;兄弟都在军中的,哥哥可以回去;独子没兄弟的,都回去照顾他的父母;其余的人都跟我一起救赵国。"

当下信陵君就选了八万精兵去救邯郸。他亲自指挥将士向秦国的兵营冲杀。秦军没防备魏国的军队会突然进攻,手忙脚乱地抵抗了一阵,渐渐支持不住了。而邯郸城里的平原君见魏国救兵来到,也带着赵国的军队杀出来。两下一夹攻,打得秦军落荒而逃。

信陵君救了邯郸，保全了赵国。赵孝成王和平原君十分感激，亲自到城外迎接他。

楚国春申君带领的救赵的军队，还在武关观望，听到秦国打了败仗，邯郸解了围，就带兵回楚国去了。

吕不韦以人投资成秦相

吕不韦在赵国得势之后，认识了秦国在赵国用做人质的王子异人，他认为这是一只大有赚头的潜力股，一度他非常兴奋，就跑回家问其父亲："种田能获利几倍啊?"他的父亲回答说十倍。

吕不韦著《吕氏春秋》

吕不韦又问："经营珠宝生意能获利几倍?"他的父亲回答说一百倍。

"那么，帮一个国王登上王位、安定一个国家呢?"吕不韦又问，他的父亲听了儿子的话非常惊讶，停顿了一下说："那就获利无数了。"

吕不韦便对父亲说："您看那些脸朝黄土背朝天的务农者，累死累活而不得丰衣足食。如果建国立君，不仅我们可以享用不尽，还可以泽被后世。我现在想做这件事了。"

在吕不韦看来，脸朝黄土背朝天的农民，一年干到头还不能丰衣足食，这绝不是他愿意做的。而经营珠宝玉器生意,能够获利百倍,自然比农民强多了,但在已经成为富商的吕不韦眼中,也不过是小富而已。小富即安,这是小农意识,与吕不韦不断膨胀的野心格格不入。吕不韦所追求的,不仅他自己要既富且贵,而且是大富大贵,并且还要泽被后世子孙。于是他认为异人是"奇货可居",若能扶其登上王位,自己无疑能从他身上捞到不少好处,这是一只大大有赚头的潜力股,他便开始了在他身上的政治投资。

为了使异人能获得秦国安国君嫡子的宝座,吕不韦可以说是费尽心机。他耗费数千金,上下活动打点,不辞劳苦地奔走于秦赵之间,终于打动了华阳夫人。华阳夫人是深得安国君的爱妾,她向安国君大扇枕头风,谈异人的贤能之处。

安国君是位多情种子,只要华阳夫人喜欢,他便言听计从,当即就表示赞同立异人为嫡子,并刻符为记,永不反悔。这华阳夫人还说服安国君拜吕不韦为异人的老师,负责培养异人执掌国事。

大功初告成,吕不韦喜不自胜,他将这一成功的消息带回赵国邯郸告诉了异人。异人听了,自然十二分的高兴,更是万分地感谢吕不韦。于是,二人自然成了形影不离的好朋友。

有一天,二人又在吕不韦家里狂饮作乐,为助酒兴,吕不韦便命买来作乐的美女赵姬在酒席间歌舞。谁知,异人一眼便看中了能歌善舞、楚楚动人的赵姬,乘酒兴向吕不韦索要赵姬。

吕不韦一听异人竟然向自己索要最喜爱的美人,不觉心中大怒,可又一想,万贯家财已为这个异人耗费殆尽了,今后的荣华富贵就系在这个异人身上了,千万不能因为一名小妾得罪了他。这个异人是要成为秦国国王的,得罪了他,不仅万贯家产白白丢失,恐怕还会有不尽的后患;况且,那位赵姬已经怀上了自己的孩子,何不趁此机会来个顺水推舟,将赵姬许配给异人,今后,如果赵姬生了位男孩,这秦国的天下不就在不知不觉中易主了吗?

这时,异人看到吕不韦先是愤怒至极,后又陷入深思,酒也醒了不少,立即行大礼向吕不韦赔罪,深恐得罪了这位多财多智的救命恩人,影响自己顺利登上太子之位。

不料事与所愿,吕不韦竟然连连摆手,说:"这么说就见外了。咱们俩的交情谁跟谁呀？您能看中我家小妾，是她的幸福，也是我家的荣耀，怎能不答应您呢？我看，今日便是良辰，我们请公孙乾作为媒证，在今晚便成了这门良缘吧。"

异人还真没想到吕不韦会仗义将美人舍予，高兴得不知说什么好。

异人得到赵姬后也很是喜爱。后来赵姬果然生下一子，取名为"嬴政"。他就是后来统一中国的秦始皇，后来秦国内乱，异人在安国君死后回到秦国当了国君，吕不韦则成了秦国的国相，秦始皇初即位时根基不牢，还称吕不韦为"仲父"。

当时的人们怎么也没想到，秦国经过几十代人，数百年心血打下来基业，就这样轻而易举瞒天过海地易了主，变成了吕氏的天下，但是，有谁知道这更是吕不韦多年心血经营的硕果，也更他的"非常之舍"而换来成绩。

蔺相如大事为重将相和

"将相和"是发生在战国时期的一个很著名的故事，故事的主角是蔺相如和廉颇，都在赵国为官，蔺相如是文官，廉颇是武将。

完璧归赵

蔺相如因在"完璧归赵"和"渑池之会"这两件事上立了大功。赵王便封蔺相如为上卿，职位比廉颇高。廉颇就很不服气，他对别人说："我廉颇攻无不克，战无不胜，立下许多大功。他蔺相如有什么能耐，就靠一张嘴，反而爬到我头上去了。我碰见他，得给他个下不了台！"这话传到了蔺相如耳朵里，蔺相如就请病假不上朝，免得跟廉颇见面。

有一天，蔺相如坐车出去，远远看见廉颇骑着高头大马过来了，他赶紧叫车夫把车往回赶。蔺相如手下的人可看不顺眼了。他们抱怨说，蔺相如怕廉颇像老鼠见了猫似的,为什么要怕他呢!

蔺相如对他们说:"诸位请想一想,廉将军和秦王比,谁厉害?"

他们说:"当然秦王厉害!"

蔺相如说:"秦王我都不怕,会怕廉将军吗?大家知道,秦王不敢进攻我们赵国,就因为武有廉颇,文有蔺相如。如果我们俩闹不和,就会削弱赵国的力量,秦国必然乘机来打我们。我所以避着廉将军,为的是我们赵国啊!"

蔺相如的话传到了廉颇的耳朵里。廉颇静下心来想了想,觉得自己为了争一口气,就不顾国家的利益,真不应该。于是他脱下战袍,背上荆条,到蔺相如门上请罪。蔺相如见廉颇来负荆请罪,连忙热情地出来迎接。从此以后,他们俩成了好朋友,同心协力保卫赵国,赵国更强大了。

李斯一篇文章消秦国逐客令

秦国虽然在邯郸打了一次败仗,但是它的实力还很强。第二年(前256)又进攻韩、赵两国,打了胜仗。后来,索性把挂名的东周王朝也灭掉了。秦昭襄王死后,他的孙子秦庄襄王即位不到三年也死去,年才13岁的太子嬴政即位。

当时,秦国的朝政大权掌握在相国吕不韦手里。吕不韦原是一个富商,因为帮助庄襄王取得王位,当上了相国。吕不韦当相国以后,也学孟尝君的样子,收留了大批门客,其中有不少是列国来的。

战国时期有许多学派,纷纷著书立说,历史上把这种情况称作"百家争鸣"。吕不韦自己不会写书,他组织他的门客一起编写一部书,叫《吕氏春秋》。书写成后,吕不韦还派人把它挂在咸阳城门上,发布告示,说谁能对这部书提出意见,不论添个字或者删掉个字,就赏金千两。这一来,他的名气就更响了。

秦王嬴政年龄渐渐大起来,在他22岁那年,宫里发生一起叛乱,牵连到吕不韦。秦王嬴政觉得留着吕不韦碍事,把吕不韦免了职。后来又发现吕不韦势力不小,就逼他自杀了。

吕不韦一倒台,秦国一些贵族、大臣就议论起来,说列国的人跑到秦国来,都是为他们本国打算,有的说不定是来当间谍的。他们请秦王嬴政把客卿统统撵出秦国。

秦王嬴政接受这个意见，就下了一道逐客令。大小官员，凡不是秦国人，都得离开秦国。

有个楚国来的客卿李斯，原是著名儒学宗师荀况的学生。他来到秦国，被吕不韦留下来当了客卿。这一回，李斯也挨到被驱逐的份儿，心里挺不服气。离开咸阳的时候，他写了一篇文章，即《谏逐客书》，将其作为一道奏章给秦王看。

李斯在其中说："我听说群臣议论逐客，这是错误的。从前秦穆公求贤人，从西方的戎请来由余，从东方的楚国请来百里奚，从宋国迎来蹇叔，任用从晋国来的丕豹、公孙支。秦穆公任用了这5个人，兼并了20国，称霸西戎。秦孝公重用商鞅，实行新法，移风易俗，国家富强，打败楚、魏，扩地千里，秦国强大起来。秦惠王用张仪的计谋，拆散了六国的合纵抗秦，迫使各国服从秦国。秦昭王得到范雎，削弱贵戚力量，加强了王权，蚕食诸侯，秦成帝业。这四代王都是由于任用客卿，对秦国才做出了贡献。客卿有什么对不起秦国的呢？如果这四位君王也下令逐客，只会使国家没有富利之实，秦国也没有强大之名。"

李斯还说，秦王的珍珠、宝玉都不产于秦国，美女、好马、财宝也都是来自东方各国。如果只是秦国有的东西才要的话，那么许多好东西也就没有了。李斯还在信中反问：为什么这些东西可用而客就要逐，看起来大王只是看重了一些东西，而对人才却不能重用，其结果是加强了各国的力量，却不利于秦国的统一大业。

李斯的这封上书，不仅情词恳切，而且确实反映了秦国历史和现状的实际情况，代表了当时有识之士的见解。因此，这篇《谏逐客书》成为历史名作。

秦王嬴政觉得李斯说得有道理，连忙打发人把李斯从半路上找回来，恢复他的官职，还取消了逐客令。

李斯妒才毒死韩非

秦王嬴政用李斯当谋士后，一面加强对各国的攻势，一面派人到列国游说诸侯，还用反间、收买等手段，配合武力进攻。韩王安看到这形势，害怕起来，派公子韩非到秦国来求和，表示愿意做秦国的属国。

韩非也是荀况的学生,跟李斯同学。他在韩国看到国家一天天削弱,几次三番向韩王进谏,韩王就是不理他。韩非满肚子学问,没被重用,就关起门来写了一部书,叫《韩非子》。他在书中主张君主要集中权力,加强法治。这部书传到秦国,秦王嬴政看到了十分赞赏,说:"如果我能和这个人见见面,该多好啊。"

这一回,韩非受韩王委派来到秦国,看到秦国的强大,上书给秦王,表示愿为秦国统一天下出力。这份奏章一送上去,秦王还没考虑重用韩非,李斯倒先着急起来,他知道韩非才学极高,其文又得秦王喜爱,怕韩非夺了他的地位,所以想先行除掉这个威胁。于是他在秦王面前说:"韩非是韩国的公子,大王兼并诸侯,韩非肯定要为韩国打算;如果让他回国,也是个后患,不如找个罪名把他杀了。"

秦王嬴政听了这话,有点犹豫,下令先把韩非扣押起来,准备审问。韩非进了监狱,想辩白也没机会。李斯却趁机给他送来了毒药要毒死他,韩非只好服药自杀了。

秦王嬴政扣押了韩非后,又想起韩非的文章,觉得他的确是个人才,便有点后悔,打发人把韩非放出来,可是已经晚了。于是秦王嬴政十分懊恼,但事已至此,他也只好作罢。

秦王嬴政后来消灭六国,当上了中国第一位皇帝,即秦始皇,李斯也成了宰相,秦始皇死后,宦官赵高为了独揽秦朝大权,设计将李斯害死了。

名人逸史

老子指点阳子居自然处世

春秋时期,著名的哲学家老子有一天骑牛行至梁(今河南开封)之郊外,正在牛背上闭目养神,忽闻有人大呼"先生"。老子闻声睁眼一看,发现原来是自己的弟子阳子居。

老子

阳子居是魏国人,入周太学,闻老子渊博,曾拜老子为师。没想到这次在梁地与老子相遇,阳子居赶紧从乘坐的高头大马上翻身而下,掀起长袍跪拜于老子所乘青牛前。老子也高兴地跳下青牛,扶起阳子居,两人相并同行。

老子问道:"你近来忙于何事?"

阳子居施礼道:"来此访先祖居所,购置房产,修饰梁栋,招聘仆役,整治家规。"

老子道:"有卧身之地、饮食之处则足矣,何须如此张扬?"

阳子居道:"先生修身,坐需寂静,行需松弛,饮需素清,卧需安宁,非有深宅独户,何以能如此?置深宅独户,不招仆役,不备用具,何以能撑之?招聘仆役,置备用具,不立家规,何以能治之?"

老子笑道:"大道自然,何须强自静?行无求而自松,饮无奢而自清,卧无欲而自宁。修身何须深宅?腹饥而食,体乏而息,日出而作,日落而寝。居家何须众役?顺自然而无为,则神安体健;背自然而营营,则神乱而体损。"

阳子居知自己所知浅陋,惭愧道:"弟子鄙俗,多谢先生指教。"

老子问:"你打算去什么地方啊?"

阳子居道:"我打算去东方的沛(今江苏沛县)地。"

老子说:"我也去那里,正好相伴同行。"阳子居很高兴,欣然与老师结伴向东而行。两人走到一条大河边,便乘船渡河。老子牵牛而先登,阳子居引马而后上。在船上，老子慈容笑貌地与同渡乘客谈笑融融；而阳子居昂首挺胸，神情庄严，客人见之施之以座，船主见之奉茶献巾。

过了大河之后，二人继续前行。老子叹道："刚才观你神态，昂首挺胸，傲视旁人，唯己独尊，狂妄自大，看来已经难以教诲了。"

阳子居听了很吃惊，想了一会儿后不由得面带愧色，诚恳地对老子说道："弟子以前习惯成自然，以后一定改掉！"

老子道："君子与人处，若冰释于水，与人共事，如童仆谦下；洁白无瑕而似含垢藏污，德性丰厚而似鄙俗平常，随时随地都应保有随和随性的心态。"

阳子居听后，一改原来高傲之态，归途住店，客人都随意地和他交谈，他也感到和大家相处得很亲切。

老子便称赞他说："看你稍有进步，很不错！你要知道，人者，生于父母之身，立于天地之间，自然之物也。贵己贱物则背自然，贵人贱己则违本性，等物齐观，物我一体，顺势而行，借势而止，言行自然，才能合乎天地自然之大道！"

阳子居便将老子的话记在心里，并在行动举止上加以实施，一段时间后，终于做到了其貌不矜亦不恭，其言不骄亦不媚，态度随和，为人谦逊。

孔子以貌取人，失之子羽

春秋时期有一个名叫澹台灭明的武城（今属山东省德州市）人，字子羽，他的年龄比孙子小 39 岁，求学到孔子门下，想侍奉孔子。

孔子收徒之时，澹台灭明走到孔子的跟前以后，孔子抬眼一看，顿时皱起了眉头。因为这个澹台灭明长相实在是太丑陋了，不仅相貌丑，而且他的体形也七扭八歪不端正。所以孔子当即断定，这个澹台灭明没什么大的出息，不过孔老夫子还是很厚道的，心想人家既然求上门来了，就让他跟着学吧！但又觉得整天看着个丑人，心里难免不爽，就免了让他随在身边侍候的工作。就这样，澹台灭明因为貌丑的原因，最终失去了在身边侍奉孔子以求教的机会，他在这里跟孔子学习了一段时间之后，掌握了孔子学问的大义后就回去了。

虽然澹台灭明没有受到老师的重视，但他回去以后却脚踏实地地领悟和实践了孔子的仁德理念，他处事光明正大，不存偏私，宽谅别人无心的过失，却对

孔子

自己的品德严格要求，不是为了公事的话，从来不登公卿大夫的门。

在布道的行动上，他也以自己的老师孔子为榜样，一直游历到长江一带，传授孔子的仁德思想，许多年轻人慕名而来，奉他为老师，向他悉心求教。而澹台灭明却要求自己更加严格，无论他从别人那里得到什么，或是给予别人些什么，又或者是他离弃某一个人，愿意趋就某一个人，都是从堂堂正正的德义之理出发，可谓达到了完美无缺的程度。

澹台灭明修身养性，传布仁德的名声，很快在四方诸侯之间传开了，愿意追随他的门人弟子越来越多，在他去楚国讲学时，跟随他一起去的弟子超过了300人。孔子听说后，不由感慨地说："我当时以貌取人，真是失之子羽啊。"这就是成语典故"以貌取人，失之子羽"的来历。

孔子识箭猜出制造者

春秋时期鲁国的司寇的孔子博学多才，是位大智者。

有一次，一群隼（sun）鸟飞到陈国宫廷的上空，一只受了伤的隼鸟掉在宫廷院落里，伤口还挂着一根奇特的箭矢。箭矢的箭杆用一种没有见过得非常坚硬的木头做成，箭头则用经过磨制的硬石头做成，非常锋利。

因为当时的人大都很留意一些奇怪的事，认为那往往是出现某种大事的预兆。而陈国国君湣公不知道是怎么回事,便让人四处询问箭矢来源,却无人知道。

正好孔子周游列国,刚来到陈国,陈湣公知道孔子博学多才,便派人去请教。

孔子询问了箭矢的形状,想了一下便说:"这群隼鸟从很远的地方飞来,鸟身上的箭听你的描述像是楛矢,这是肃慎人造的一种箭,过去周武王灭殷,国势强大,九夷百蛮,四方属国都来朝贡,北方的肃慎贡了'楛矢石砮',就是这种东西。周武王曾把肃慎人献来的楛矢石砮赐给分封在陈国的女婿胡公,以表彰长女的美德。在周武王时,同族亲属分给珠宝,异姓诸侯分给远方来贡的珍品,以示周王室的恩惠。陈国一定受赐过'楛矢石砮',你们可以到仓库里去找。"

陈湣公赶紧派人去找,不出孔子所料,果然在金柜里找到了肃慎的楛矢石砮。陈湣公这才知道很早以前,在东北就有会制造"楛矢石砮"的肃慎人,从此更加佩服孔子的博学。

孔子虔诚学琴悟出作者

儒家学派创始人孔子30岁那年,为陶冶情操,便跟着琴艺能手师襄子学琴。师襄子教了孔子一首曲子后,孔子便在家每日弹奏,丝毫没有厌倦的样子,对琴的声调运用也渐渐了解。

过了10天,师襄子对他说:"这首曲子你已经弹得很不错了,我们接着学习一首新曲子吧!"

要是别的学生,听到老师这样说肯定会高兴得不得了,但是孔子却没有,他缓缓站起身来对师襄子说:"我虽然学会了曲谱,可是还没有学会弹奏的技巧啊!"接着便向师襄子学习这首曲子的弹奏技巧。

就这样又学了几天,孔子的弹奏技艺又提高了不少,师襄子认为孔子的手法已经很熟练了,乐曲也弹得相当流畅动听,于是他又对孔子说:"你已经掌握了弹奏技巧,可以再学一首新曲子了!"

这个时候孔子还是没有高兴的样子,他又慢慢地说:"我虽然掌握了弹奏技巧,可是还没有领会这首曲子的思想情感啊!"

就这样,孔子继续在家里练琴。又过了许多天,师襄子来到孔子家里,听他弹琴,被他精彩的弹奏迷住了。一曲终了,师襄子长长吁了一口气说:"你已经领会了这首曲子的思想情感,可以再学一首新曲子了!"

孔子还是说:"我虽然弹得有点像样子了,不过我还没有完全了解曲子作者真正的意思,也不知道作这首曲子的是个什么样的人啊!"

又过了数天,孔子请师襄子来听琴。一曲既罢,师襄子感慨地问:"你已经知道作曲者是谁了吧?"

孔子兴奋地说:"是的!此人魁梧的身躯,黝黑的脸庞,两眼仰望天空,一心要感化四方。他莫非是周文王?"

师襄子既惊讶又敬佩,激动地说:"你说得对,我的老师曾告诉我,这首曲子就叫作《文王操》。这真的是诚心感动上天啊,你连曲子的作者都悟到了!"

这说明,如果一个人抱着虔诚的态度去做事,并且极其认真,那么他就能从中收获很多,身心都得到修炼,他的事业一定会比那些没有诚心的人要走得顺利,也最有可能成功。

孔子的自嘲

儒家学派的创始人孔子是春秋时期人,他从小就虚心好学,相传他曾问礼于老聃,学乐于苌弘,学琴于师襄。经过刻苦钻研,他终成我国历史上著名的思想家、教育家。

孔子为了宣扬自己的学说和治国理念,他曾周游列国,为各国国君介绍自己的治国思想,但都不被接受,因此他始终没有机会来施展自己的才能。鲁哀公十一年(前484),鲁国季康子听了孔子弟子冉有的劝说,派人把他从卫国迎接回来。

孔子回到鲁国后虽被尊为"国老",但仍未得到重用。孔子很懂得如何处世,官场失意,他就转移人生方向来实现自己的价值,于是他也不再求仕,转而集中精力继续从事教育及文献整理工作。他以私人身份从事讲学活动40多年,在我国教育史上,他的影响最为深远。相传他有弟子3000人,得意门生72人。比较出名的有鲁国的颜渊、冉求,卫国的子夏、子贡,宋国的司马耕,吴国的

国学经典文库

中国古代逸史

·先秦时期逸史·

图文珍藏版

子游,楚国的公孙龙,秦国戎族的秦祖;从出身来说,有贵族出身的孟懿子和南宫适,有贫贱出身的冉雍,有商人出身的子贡,还有梁父大盗颜羽聚等。

在聚徒讲学的时候,某天有位鲁国的大夫前来拜访孔子。谈话间,这位大夫问孔子说:"听说先生致力于教书育人,收了许多门徒,他们个个都有过人之处。那么请问先生您的学生颜回的优点在哪呢?"

孔子回答道:"颜回是个仁爱又聪明的人,我自叹比不上他。"

那人接着又问道:"那子贡有何长处呢?"

孔子回答说:"他能言善辩、口若悬河,很少有人能比得上他,我虽为他的老师,但也比不上他。"

那人停了停又问道:"那您如何评价您的学生子路呢?"

孔子回答说:"他勇敢刚猛,这点我也比不上他。"

这人便又问:"照先生的说法,这三人都在很多方面优于先生,那为何还要跟随先生学习,听从先生的教诲呢?"

孔子听后静静思考了一会儿说道:"是这样的。我不仅有仁爱之心而且也有严厉之时;需要的场合我会能言善辩,不适宜的场合我会言语钝拙,保持沉默;有时我表现得很勇敢,有时我就表现得胆怯。其实人生中我们都要应对各种各样的场合和环境,只有灵活处世,才能应付自如。上面您提到的三人,各有自己所长,我单方面皆不如他们。但是,他们又不具备我的辩证处世为人之道。所以会跟随我学习,听从我的教诲啊!"那人听罢,连连点头称是。

在孔子的观念中,"学而优则仕"是一种积极入世的态度。如果不能"则仕",那么其他方面也可以发挥我们的用武之地。关键是我们要灵活应对,懂得辩证的转变态度和方式。

孔子还在为自己的学生传授为人处世之道时说:"不怕别人不了解自己,只怕自己不了解别人。"这也反映了孔子对于处世之道的辩证态度。因为处世之道是在出世的实践中得到的。在人与人交往中,我们了解别人,别人也在了解我们,这是辩证的,互为基础的。人与人之间因为利益、兴趣、性格等方面因素,我们的交流往往会不符合他人的本意,但我们要懂得宽容,宽容自己,也宽容他人。

孔子以自己的处世法则、学问和德行深得学生们的爱戴。他在 73 岁那年病死,他逝世后其弟子们十分悲痛,他们在他的坟前搭棚住了 3 年表示哀悼,子贡甚至一共住了 6 年,以纪念和领悟先师的教诲。

伯乐慧眼识千里马

人们大都知道伯乐相马的故事。其实在古代的传说中,伯乐是天上管理马匹的神仙。人们借其名来用,所以就把世间精于鉴别马匹优劣的人称为伯乐。

第一个被称作伯乐的人叫孙阳,是春秋时代的人。由于他对马的研究非常出色,人们便忘记了他本来的名字,干脆称他为伯乐,而这种称呼一直延续到现在。

伯乐相马

有一次伯乐受楚王的委托,为楚王寻觅能日行千里的骏马。伯乐向楚王说,千里马世间少有,寻找起来也不容易,需要到各地巡访,不是一天两天就能办好的事情。请楚王务必不要着急,他自会尽全力将事情办好。为楚王带回真正的千里马。

为了寻找真正的千里马,伯乐不辞辛苦,连月来奔跑在几个国家之间。但是,伯乐却没有发现令他能满意的骏马,就连素以盛产名马著称的燕赵一带,也没有发现千里马的踪迹。几个月来,伯乐仔细寻访,辛苦备至,却依旧没有发现中意的宝马良驹。

·先秦时期逸史·

图文珍藏版

俗话说:踏破铁鞋无觅处,得来全不费工夫。一天,伯乐疲惫地从赵国返回,心里很是难过,时间已经好久了,依旧没有千里马的踪迹。可是在路经太行山时,伯乐看到了一匹拉着盐车的马,这匹马正很吃力地在陡坡上行进。马累得呼呼喘气,每迈一步都十分艰难。驾车的人却没有丝毫怜惜,粗重的鞭子狠狠地抽打在马身上,这匹马发出了委屈的叫声。伯乐对马向来很亲近,不由就走到了这匹备受凌辱的马的跟前。

伯乐一走近这匹马,顿感这马不同寻常,而这马一见伯乐走近,突然抬起头来瞪大眼睛,大声嘶鸣,好像要对伯乐倾诉什么。相马经验丰富的伯乐立即从声音中判断出,尽管这匹马瘦骨嶙峋,但它正是一匹难得的千里马,不由心疼得流下泪来,向前用手抚其背,还用自己的衣服为他盖上,这匹马仿佛有灵性,见伯乐如此爱戴它,觉得自己找到了知音,便低下头用前蹄叩地,又抬起头来大声嘶鸣,叫声竟能穿越重重山岳,在天际回响。

伯乐心里非常高兴,便对驾车的人说:"这匹马如果是在疆场上驰骋,任何马都比不过它,但用来拉车,它却不如普通的马。你还是把它卖给我吧。"

这下驾车的人可乐坏了,他认为伯乐是个大傻瓜,竟然买这样的马。这匹马实在太普通了,拉车没气力,吃得又太多,还是骨瘦如柴的样子,一点气力也没有。其实,他早就想卖掉它了,只是没人愿意买,现在见伯乐想买,就毫不犹豫地同意了。

伯乐寻访到了真正的千里马,不敢怠慢,就急忙要把千里马献给楚王。他骑着千里马奔驰如飞,日行千里直奔楚国,不几日便至楚国国都郢城。

伯乐牵马来到楚王宫,准备把千里马敬献给楚王。他拍拍马的脖颈,在马的耳边轻声地说:"你是天地难得一见的千里马,我给你找到了好主人,你可要争气啊!"

千里马似乎明白了伯乐的意思,抬起前蹄敲击路面,把地面震得咯咯作响,又引颈长嘶,声音洪亮,如大钟石磬,直上云霄。就连深宫中的楚王也被马嘶声所吸引而走出宫外。伯乐便指着马说:"大王,我把千里马给您带来了,请仔细观看一下吧。"

但楚王一见伯乐牵的这匹马,其貌不扬且瘦得不成样子,与自己想象中的骏马的丰姿威猛的神态实在不相符合,楚王有点生气,认为伯乐在愚弄他,便说:"我相信你会看马,所以才放心地让你买马。但是,你却辜负了朕对你的期望。你看你买的是什么马呀,这马连走路都很困难,能上战场厮杀吗?"

这时伯乐坦然地对楚王解释说:"大王,俗话说人不可貌相,这确实是匹千里马,是世间难得的宝马。不过,世间的人们没有发现它是宝马,它没有被当作千里马,只是被看做了普通拉车的马,它拉了一段时间的车,马夫喂养得又很不精心,所以,这匹宝马现在看起来很瘦。但是大王请放心,只要精心喂养,不出半个月,它一定会恢复体力,显出它千里马与众不同的品质。"

楚王一听,将信将疑,他说:"那好吧,我就再听你一次。"他命宫中的马夫尽心尽力把马喂好,十日之后,这匹马就变得精壮无比,一副英勇迅捷的神态。

伯乐便让楚王骑一骑试试,楚王便高兴地跨上马,刚扬起鞭子,这马便跑开了,楚王但觉两耳生风,只片刻的工夫便已跑出数十里外。楚王大喜,后来这匹千里马成了楚王的坐骑,为楚王尽力心力地完成了不少事务,这匹马死后,楚王想以国礼葬之,被人劝住才罢。

范蠡暗中发展成巨富

战国时的范蠡在辅佐越王勾践灭掉吴国后,携西施及家人一起来到一个叫"陶"(今山东定陶县)的地方,打算在这里经商。但来到这里后,范蠡并没有马上开店设铺,而是来到郊外的村子和家人一起身着粗衣,在地里耕种。

仆人们对此都议论纷纷:咱家主公明明还有一些贵重珍宝,怎么不去陶邑买大房子,再买些奴隶来种地?后来范蠡的二儿子也忍不住了,去田间问父亲:"父亲,下人们都议论,我和大哥也商量了,咱们致富恐怕不能全凭苦力气耕田。你不是早说过这个地方地理位置好,适宜经商,可为什么不去城中,偏在这乡下下苦力种田呢?"

范蠡说:"孩子!我们初来乍到,人地两生,致富快了,反遭祸殃!今年是卯年,种谷必定收成好,我们一边种谷,一边收谷、贩谷,不起眼地干,富了也不引人注意,慢慢地将生意做大,万不可性急浮躁!"二儿子听后半信半疑地走了。

到了秋天,果然是大丰收。全家人都开心地聚在一起庆祝丰收。范蠡却将两个儿子和管家召集在一起,说:"是我们行动的时候了。将多余之粮先卖一

范蠡塑像

些,以遮人耳目。然后再收购附近几十里的粮食,我们要开始囤粮。"

众人不解地问:"今年大丰收,为什么我们又要囤粮?"

范蠡说:"再过两年就是巳年,'岁在巳',属火,必是个歉收年。那时我们再卖,就可以得到极大的利润。"

果然,到了第三年,陶邑的谷价从每石 20 钱的价格上涨到每石 90 钱,范蠡靠着囤粮一下就赚了千金。

范蠡在生活中能够注意观察气候的变化,适时投资,给自己带来了富有的生活,这也正是超前思维的威力所在。

范蠡卖马借力而行

范蠡虽然独善其身地隐居到定陶,但天下诸侯割据的局面并没有改变,战事仍然没有停过,而这时范蠡又发现了一个巨大的市场需求:他由吴越一带来到北方,对南方地区需要大量战马的情况有切身体会,更知道战马在南方地区的昂贵价格;而现在自己身处南方与北方的交界地带,更知道了北方多牧场,马匹便宜又剽悍。那么在这种情况下,如果能将北方的马匹低成本、高效率地运

国学经典文库

中国古代逸史

·先秦时期逸史·

图文珍藏版

到吴越,就一定能够大获其利。

但买马不难,卖马也不难,可有一个极不好解决的问题就是运马难。因为北方产马区距吴越之地有几千里之遥,人马住宿费用代价高昂且不说,更要命的是当时正值兵荒马乱,沿途还常有强盗出没,弄不好被强盗抢去,就会赔个精光。

怎么办?经过一番调查,范蠡终于了解到北方有一个叫姜子盾的巨商很有势力,经常贩运北方的麻布到吴越地区售卖,因需要常往南方贩运麻布,姜子盾便早已用金银买通了沿途强盗,只要是他的货,强盗们往往都会不闻不问。

于是,范蠡就把主意放在了姜子盾的身上。在获知某天姜子盾将要经过陶地时,范蠡放出话来说自己刚组建了一支马力运输队,并写了一张告示张贴在城门口,大意是:范蠡新组建了一只马队,开业酬宾,可免费帮人向吴越运送货物。

姜子盾看了告示之后欣喜异常,果然主动找到范蠡求帮运麻布。范蠡一口答应下来。就这样,范蠡派人管理好马匹与姜子盾一路同行,后来货物连同马匹果然都安全到达吴越地区,卸下姜子盾的麻布后,范蠡的马匹在吴越很快便卖出,获得了可观的利益。

若分开来看,贩卖马匹和贩运麻布没有什么关系,但范蠡别出心裁地将贩卖马匹和麻布关联到一起——缔结成战略合作关系,结果便产生了多赢的结果!范蠡成功地发现机会、整合和利用社会资源,变不可能为可能,便创造了神奇。

其实,生活中并不缺少能赚钱的机会,而是我们缺少发现机会的眼光;生活中也不缺少资源,而是我们缺少发现资源的眼光。但有时我们的机会或资源却无法化成财富,那么怎么办呢?这就需要我们能将机会和资源巧妙地结合起来,化无为有,我们就可以整合利用低成本的甚至免费的资源,运用巧妙的谋略,让其产生化学般的反应,那么我们就能从中赢取财富。

范蠡、文种,去留两种人生

范蠡就是我们常说的"财神爷",春秋末期的楚国宛(今河南南阳)人,字少伯，他为人极为聪明，既是治国有道的政治家，也是奇计百出的军事家，还是个赚钱有道的大商人，可谓春秋末期的"三栖明星"。

范蠡最初在楚国时就与文种为友，他俩可能是同学，都是当时神秘的泰斗级文武商全才——大师计然的学生，文种可能年长些，出师也早，或许是半途辍学而从政，他在楚国混了个宛地的地区区长当，不知他是觉得没什么发展前途，还是在任上犯了什么事儿，他选择了跳槽，与范蠡离开楚国来到越国，在越王允常手下为臣，允常死后，勾践接越王位，他们又一同为其谋臣。

越王勾践有一次在战争中败于吴王夫差，为活命还投降了夫差，范蠡和文种为助勾践报仇，尽心竭力地帮助勾践振兴越国，经"十年生聚，十年教训"，越国实力逐渐强大，其间范蠡为麻痹夫差，还献上了自己心爱的美女西施。

后来范蠡趁夫差北上进兵之机，和勾践率军吞并了吴国，迫使夫差自杀。之后又与文种助勾践称霸诸侯，使越国的国力达到了极盛，范蠡因功大被封为"上大将军"，文种则是国相。

但在越王勾践当上霸主之后，范蠡就带着重回怀抱的西施立即离开了越国，越王勾践再也不知他去了哪里。范蠡已是越国的高官，越国也开始国泰民安，那么他为什么不享受荣华富贵，而要远在他乡过起隐居的日子？这恰恰体现了功成身退的处世哲学，其实正说明了范蠡是一个在处世立身方面非常有远见卓识的人。

在帮助越王勾践称霸以后，范蠡认为：越王勾践为人可以共患难，不可以共享乐，自己盛名之下难以长久安居，于是就写信给勾践说："臣下听说，如果君主忧愁，臣子就该辛劳；君主耻辱，臣子就该去死。当年大王在会稽受辱，我之所以不死，正是为了报仇雪恨。如今大仇已报，臣下也应该得到当初应有的惩罚了。"

因此，范蠡请求辞官而去。勾践不想让范蠡离开，曾诚心相留。可是范蠡执意要离开，就一声不响地乘舟而去。

范蠡走时曾经写信给文种，给他说了鸟尽弓藏、兔死狗烹的道理，告诉他越王勾践不能相容太久，劝他早日离开这里，以免以后招来杀身之祸。可是文种不太相信，觉得自己帮助勾践称霸天下，现在该享几年清福了，可能范蠡太过于担心了。

文种

果然没过多久，越王开始怀疑文种，后又赐剑让文种自杀，还说当时文种为自己定下了七条计策灭吴，而自己只用了其中三条就灭了吴国，让他把另四条给先王实施。文种自杀前极其后悔当初没有听范蠡之言，才有今日杀身之祸。这实在是他的悲哀，也是他远不如范蠡对世态人情的洞察。

领导重用你，是因为你有可用之处，一旦觉得你再也没有利用价值了，那么，你的好日子也将山穷水尽了。这一基本的道理文种都不懂吗？应该不是，可能是他忽略了勾践的为人，并且不舍得放弃已经到手的美好的一切。

要知道，对每个人来说，主动放弃一个来之不易的成功或位置都需要一种勇气和决断力。范蠡有这种素质，而文种没有，因此范蠡因退而生，文种因守而死。

范蠡带西施离开越国后，先去了齐国的海边经营渔盐生意，很快便赚了不少钱。这里的人见他既贤德又有才能，便推举他当齐国的国相，但范蠡想过平民式的生活，便归还相印并尽散家财后悄悄搬走。之后他来到陶地（今山东定陶）经商，称"陶朱公"，在这里他曾"三至千金"，可谓当时天下首富，后终老于此，今山东省定陶县之所以名为"定陶"，就是因为范蠡最终定居和终老于此。而后人所传的陶朱公经商的故事，指的就是范蠡的这段事迹。

猗顿求计陶朱公成富贾

猗顿的名字原来并不叫猗顿,因其发迹之地以前称为"猗"地,故名猗顿。他生于周敬王四十年,鲁哀公十五年(前480),卒年不详。原是春秋时代鲁国的贫寒书生,因生活实在清苦,便想以经商致富。开始时他勤劳地在田里耕作,一年忙到头,却仍苦于不能饱腹,于是转行开始养蚕,但挣的钱少得连衣服都买不起。他认识到自己是没有找到能致富的门路,便奔走天涯,寻求致富之路。后来他听说居住在"陶(今山东省定陶县)"地的陶朱公(范蠡),原来是在越王勾践手下做官,后弃官从商,很快便"三至千金",富比王侯。于是猗顿便来"陶"地求教于陶朱公。

谁知猗顿第一次去拜访陶朱公就吃了闭门羹,原来陶朱公因不想见客才隐居于此。改天他又前去拜访,仍然失望而归。当他第三次前去拜访时,陶朱公被他的执着打动了,热情地接待了他,并为他分析了以前其经商失败的原因:鲁地洙水、泗水以北地区,人多地少,没有山林水泽资源,又屡遭水旱灾害,种地自然得不偿失,饱腹都非常困难,还谈何致富?最后还指点他说:"子欲速富,当畜五牸("牸",指雌性牲畜,"五牸"是指雌性牛、马、猪、羊、驴)"。意思是叫他经营畜牧业。

陶朱公是根据猗顿当时十分贫寒,没有资本,无法经营其他行业,便让他先畜养少数雌性牛羊,以便渐渐繁衍壮大,日久遂可致富。这对于还很贫穷的猗顿来说,确是一个切合实际的致富办法。

猗顿听了陶朱公的指点后茅塞顿开。但鲁国并不适宜搞畜牧业,为了早日致富,猗顿离开鲁国四处漂泊。有一天他来到古郇国(现今山西省运城市临猗县),看到峨岷岭下水草茂盛,土地肥沃,尤其是猗氏县南20里处的对泽(今临猗王寮村西),为一片面积很大的低洼地区,水草丰美,景色宜人,可谓是放牧的理想场所。他就在对泽附近定居下来,开始了他的养殖业,"大畜牛羊于猗氏之南"。

俗话说:"母羊生母羊,三年挤倒羊圈墙。""母牛生母牛,三年五头牛"。在短短的几年时间,他就猪羊满圈,骡马成群,开始富甲一方,但他没有小富即安,在畜牧业取得成功后,他又开始大兴三园(杏园、桃园、桑园),发展果业和养蚕业。

猗顿是一个有远见卓识的商人,在完成了资本的原始积累后,他又把目光投向盐池,开始从事盐池的生产和贸易。

运城地区的盐业资源十分丰富,特别是中条山下的盐湖,这一带生产的盐被称为"河东池盐"或"潞盐",非常有名,《左传》中称其为"国之宝"。雍正《敕修河东盐法志》卷一说:河东池盐为"池水浇晒之盐,可直(接)食用。不须涑治,自成颗粒。"即将池水浇在地上,经风吹日晒后即可成为颗粒状食盐,不需要煮炼。又因为河东池盐为天然之物,可以说是取之不尽,用之不竭的财源,猗顿便不断扩大池盐的生产与销售规模,至盛时,其活动范围"西抵桑泉,东跨盐池,南条北嵋",已达百余里之遥。

在经营盐业的同时,猗顿又涉足珠宝业,并成为一位有名的珠宝鉴赏家,从中获利亦不少。

经过十年苦心经营,猗顿的财富已"其息不可计,财拟王公",成了当时驰名天下的大商贾,和陶朱公齐名,被后世称为"陶猗之富"。他常身着华丽的服装,出入有装饰豪华的马车,并且能往来于诸侯宫廷之中,已然是一大贵族。

列子忍饥避祸得义名

战国时期的列子是道家学派的代表人物,他先跟随壶丘子学道,后又师从老商氏,并与伯高子为友。传说列子修道九年之后,即能"御风而行"。在今天看来这些有点玄虚,但列子在个人素质上的确是有很高的修为的。

列子曾在郑国隐居40余年,修身养性,过着远离世俗的隐居生活。在此期间,他生活穷困潦倒,常常食不果腹,脸上常有饥寒之色。有一位别的国家使者在郑国见到列子后,对他的生活窘困状况十分吃惊,之后这位使者在见到郑国的相国子阳后说:"列子是闻名天下的有道之士,居住在贵国这么长时间,生活却这么穷困,作为相国,你难道不知道这件事情吗? 这样的做法恐怕要被人耻笑了。"子阳听后忙问左右侍从,才知道郑国有列子这样一个人,而且生活确实十分穷困,于是就让手下的官员给列子送去了数十车粟米。

列子

　　听说相国子阳派人送来了粮食，列子赶紧出来迎接。为列子送粮的官员说："相国听说你的生活很困窘，特意让我给你送来粮食，帮助你解决生活中的困难。"

　　列子说道："相国的心意我领了，但是我隐居于此，没有为郑国做一点贡献，没有一点的功劳，我怎么可以接受相国的恩赐呢？还是请收回吧。"面对送粮的官员，列子再三拜谢相国的恩典，但是却始终不肯接受官员送来的粮食，无奈送粮的官员只好作罢，并把此事禀报相国子阳。

　　送粮的官吏走后，列子的妻子抱怨他说："我听说有道之人的妻子和儿女都可以过饱足安逸的生活，但是现在我和孩子们却连最起码的温饱都不能解决。你也知道，很久以来我们几乎没有什么可以吃的，每天靠一点点稀粥充饥，为什么今天相国派使者送来的粮食你不接受呢？相国子阳知道他以前慢待了你，但是现在他特意派人送来粮食，证明他认识到了以前的错误，你应该接受才对，这样我们也可以渡过难关，不至于每天忍受饥馑之苦啊！"

　　听完妻子的话，列子也感到很无奈，妻子说的话是事实而且也不无道理，但是列子拒收相国的馈赠也是不无理由的。于是他和颜悦色地对妻子解释说："你说的这些我都想过了，这些年来忍饥挨饿，确实让你们受委屈了。但是你知道吗,相国子阳对我并不了解,他只是听了别人的话才给我送来了粮食,今天他可以因为别人赞扬我的话给我送来粮食,明天他也可以因为别人的谗言而拿我问罪,这样的人送来的东西我能接受吗? 我这样做是为了洁身自保,以防将来的不测啊。"听了列子的话,妻子也默默无语。

后来,相国子阳因多行不义,在郑国很不得人心,百姓忍无可忍就起来造反,子阳在混乱中被百姓杀死了,其追随者也多受牵连。列子由于很早就和子阳划清了界限,因此没有受到别人的怀疑。别人听说这件事后,也都夸列子知大义。

扁鹊医人最重防患于未然

战国时的名医扁鹊,名字叫秦越人,出生于医学世家,擅长医术,发明"望""闻""问""切"四诊法,可谓是中国传统医学的鼻祖,他云游各国,为君侯看病,也为百姓除疾,一生医人无数,因而名扬天下。人们感戴他的恩德,将当时传说中一种会给人治病的名叫"扁鹊"的神鸟的名字赋予了他。

扁鹊

扁鹊的医术十分全面,无所不通。他在邯郸听说当地尊重妇女,便做了"带下医"(妇科医生)。在洛阳,因为那里很尊重老人,他就做了专治老年病的医生。秦国人最爱儿童,他又在那里做了儿科大夫,总之不论他在哪里都是声名大振。

扁鹊云游到晋国时,晋国的大夫赵简子病了。五日五夜不省人事,大家十分害怕,以为他已经死了。扁鹊看了以后说,他血脉正常,没什么可怕的,不超过三天一定会醒。后来过了两天半,他果然苏醒了。

扁鹊有一次路过虢国,见到那里的百姓都在进行祈福消灾的仪式,就问是谁病了,宫中术士说,太子死了已有半日了。扁鹊问明了详细情况,认为太子患的只是一种突然昏倒不省人事的"尸厥"症,鼻息微弱,像死去一样,便亲去察看诊治。他让弟子磨研针石,刺百会穴,又做了药力能入体五分的熨药,用八减方的药混合使用之后,太子竟然坐了起来,和常人无异。扁鹊继续对他调补阴阳,两天以后,太子完全恢复了健康。

从此,天下人传言扁鹊能"起死回生",但扁鹊却否认说,他并不能救活死人,只不过能把应当活的人的病治愈罢了。

一次他在魏国行医,魏文王召见了他,问他说:"听说你们家兄弟三人都精通医术,不知你们三人中谁的医术最高明?"

扁鹊不假思索地说:"我大哥的医术最高明,其次是二哥,医术最不济的就是我了。"

魏文王不解,又问道:"可是你的名气最大啊,我没听说过你的大哥二哥的医术怎么样?却知道全天下的人都在传你的名字,这是什么原因呢?"

扁鹊回答说:"我大哥在病人有隐患但尚未发病时就治病,病人不知道他事先能铲除病因,也很少有人在发病前看病,所以他的名声无法传出去。我二哥在病人病情刚发展起来的时候治病,一般人以为自己只是得了小病,一治就愈,所以都认为他只能治小病,因此他只是在乡里有点名气。而我是在病人病情严重时候才发现病和治病,还常常动大手术,好像能帮助人起死回生,所以许多人都以为我医术高明。"

魏文王听了觉得很有道理,便点头说"你说得很对"。

中国古代逸史

秦汉逸史

马昊宸⊙主编

线装书局

帝王逸事

刘邦派人看坟人心向汉

秦朝末年天下大乱，最后汉高祖刘邦与楚霸王项羽的两股势力最大，两者又进行了楚汉之争，最终以项羽的兵败自刎而告结束。为什么会这样呢？其实主要的原因，还在于刘邦很会得人心。

公元前206年，刘邦率领大军进入关中，到达离秦都咸阳只有几十里路的霸上。当时秦朝已无兵可防，秦三世子婴在仅当了46天的秦王后，便向刘邦投降。子婴以素车白马，系颈以绳，封皇帝玺符节，从咸阳城中出来降轵道旁，等待刘邦发落。

刘邦手下的将领见状都建议刘邦杀了秦王子婴，以绝后患，刘邦却说："当初楚怀王遣我讨伐秦军，我能以宽容对待大家，大家才会投降我，现在他们已服降，又杀之，这样可不好。"于是他便降子婴的秦王之位为普通官吏，之后西入咸阳。

刘邦进咸阳后，本想住在豪华的王宫里，但他为了不至于失掉人心，下令封闭王宫，还从樊哙、张良谏，封秦重财物于府库，不取分文。并留下少数士兵保护王宫和藏有大量财宝的库房，并当众宣布："秦朝的严刑苛法，把老百姓害苦了，应该全部废除。我率将士来到这里，是为大家除害的，大家不要害怕！现在我和众位约定，不论是谁，都要遵守三条法律，即：杀人者要处死，伤人者要抵罪，盗窃者也要依所盗之物判罪！"关中人民听了无不拍手称快，都表示拥护约法三章。同时刘邦还派人到各县乡村广而告之。

这件事刘邦就做得很有分寸，关中百姓听说之后都大喜过望，纷纷献上牛羊酒食犒劳刘邦军士。沛公又推辞不受，曰："仓粟多，非乏，不欲费人。"之后他撤出咸阳城，还军霸上，并对老百姓秋毫无犯。这样一来，关中百姓见刘邦不取百姓分文，还怕士兵给老百姓造成麻烦，就更加高兴了，唯恐刘邦不当王。

国学经典文库

中国古代逸史

·秦汉逸史·

图文珍藏版

项羽率军来到关中后,刘邦自知不是他的对手,便将关中让与他,但项羽倒行逆施,杀了秦王子婴,火烧阿房宫,常以暴力制人,关中人皆认为项羽不如刘邦。后项羽因分封不公,天下诸侯并起反对,刘邦更团结了大家一致对抗项羽,经过四年楚汉战争,刘邦终于击败项羽,一统天下。

项羽自刎于乌江后,刘邦以鲁公礼葬项羽于谷城。史载:"汉王为发哀,泣之而去。诸项氏枝属,汉王皆不诛。"这一不问罪者旁枝的举动做得也很有分寸,以至楚国长老都称赞沛公为长者,这为刘邦赢得楚人的归心起了很大作用。

得天下之后,汉高祖巡游天下,一次经过鲁地时,他十分郑重地举得仪式祭祀孔子。人们都纷纷称赞他做得对,他自己也从这件事上受到了启发,于是就继续用这种办法去安抚、笼络六国的人心,使天下人心归汉。

到了国都长安,汉高祖刘邦郑重地把大臣们召集在一起,对他们说:"秦始皇、楚王隐、陈胜、魏安僖王、齐王、赵悼襄王、魏公子无忌等人,他们活着时,都做过一些让人们怀念他们的事情,尽管他们都有错,但谁能没错呢?他们没有后代,连坟都没人管,我想派几户人家,给他们些土地,让他们为秦始皇等人看守坟墓,你们大家看看,这样做怎么样?"

大臣们听了都连连说好。于是,汉高祖就派人给这些人看坟,秦始皇20家,魏公子无忌5家,其余各10家。六国的后人们很快知道了这件事,都很感激汉高祖,认为这样做可以安慰那些死去的人的阴魂。

有人还说:"已经死了的人,皇上还这么惠顾,何况活着的人呢,更不用担心了。"这样,全国上下人心就安定下来了,那些想反对汉朝的地方势力也一下全失去了民心这一基础,结果汉朝长治久安了很长时间,人民得以休养生息,汉朝的国力也开始强大起来,成为我国历史上一个伟大的王朝。

反观项羽,他之所以失败,很大的原因在于他不得民心,他每每在攻城之后屠杀全城百姓,并坑杀秦朝降兵20万,入关中后又将秦王子婴杀死,并弑杀义帝,自立为王,这些不得民心的措施使得他的势力越来越小,自己虽力能拔山,也难逃最终的失败。

刘邦逃出鸿门宴

"鸿门宴",在今天常被形容很不想去的宴席却又不得不去,是醉翁之意不在酒的宴席。据我们所知,鸿门宴一词的由来,要从项羽和刘邦说起。

据说早在宋义和项羽等人北上救赵的时候,楚怀王就派刘邦西进咸阳去了,并和项羽约定先入关中者为王。当时,秦军的主力部队,都集中在巨鹿一带,所以在项羽和章邯激战的时候,刘邦已经顺利地与公元前206年10月,进入了咸阳。刘邦进了咸阳,就想当关中王,于是派兵镇守函谷关,以阻挡其他诸侯入关。

鸿门宴

项羽擒了王离、降了章邯,歼灭了秦军的主力部队,随后也挥师向西,带着四十万人马向咸阳进发。途中已经没有秦军的势力阻挡,所以项羽的军队得以很顺畅地进入了通往关中的必经之地函谷关,这时是公元前206年11月。到了关前,却发现关门紧闭,守城的将士绝不是秦军而是楚军,项羽不由得大怒,叫喊道:你们替何人守关?守关的将士说:我们奉了沛公的命令,无论哪一路的军队,都不得入关。项羽闻听此言,非常恼火。范增也很生气,他对项羽说:沛公拒绝我们入关,分明是他要一人独占关中,他这是忘恩负义,如果没有将军,他刘邦怎么能进得了咸阳?英布也对项羽说:我们消灭了秦军的主力,才有了今天的局面,沛公应该出来迎接我们,可他怎么反倒把我们看成是敌人?项羽听了英布的话,更加恼怒,便命令英布攻关。守关的将士数量毕竟敌不过项羽的骁勇,没多久,函谷关就被项羽的军队攻破了。项羽挥师进入,一直来到了离咸阳城不远的鸿门,当时天色已晚,于是项羽命部队安营扎寨。这里离刘邦的驻地仅仅四十里路,两军对峙,形势很是紧张。

当时项羽手下有百万雄师,而刘邦只有兵马十万。一旦开战,双方力量悬殊,刘邦的处境必定十分艰难。项羽当晚就召开众将领开会,商议如何第二天攻打刘邦。范增对项羽说:刘邦在家乡时,贪财好色,可这次入关后,他不取财物,不近女色,前后判如两人,可见他是在养精蓄锐,意欲夺得天下。应尽快除掉刘邦,以免后患。于是项羽下令整顿三军,次日进攻刘邦。

项羽的叔父项伯和刘邦的谋士张良的交情很深。因为项伯以前曾因故杀人,张良救了他的命。这次项羽要进攻刘邦,项伯担心张良随刘邦一起被害,于是连夜赶到刘邦的军营,找到张良,劝他赶快离开,以免同归于尽。张良对项伯说:沛公今日有难,我若悄悄溜走,那就太不义气了,我走也要去说一声。您请稍等,我去去就来。

张良进得帐中,把项伯的话告诉了刘邦,刘邦大吃一惊,忙问张良怎么办。张良认真分析了双方的实力状况,认为只有请项伯帮忙说服项羽。于是张良请项伯进入刘邦帐中,刘邦设宴款待,并与项伯结为了儿女亲家。刘邦对项伯说:虽然楚怀王说了先入关者为王,可我入关以后,安抚百姓,封存秦朝府库,驻在灞上而非咸阳宫,就是专门等候项将军的到来。我派兵守关,是为了防御盗贼,哪里是为了抵御项将军呢?请您回去务必在项将军面前替我解释清楚,我不敢忘记将军对我的一片恩情。项伯闻听此言,满口答应下来,并让刘邦次日一早就亲自去向项羽赔礼道歉。

项伯回到鸿门,把此事将给项羽听,并且劝项羽不要攻打刘邦。项羽听说刘邦对自己那么恭敬,怒气顿时消散了很多。项伯又说:如果不是沛公先入关中,我们怎么能这么顺利地进来呢?人家立了大功,你反而要发兵,这不是不讲义气吗?明天他就要来谢罪了,你应该以礼相待,收买人心。项羽听从了项伯的意见,准备款待刘邦。

次日清晨,刘邦带着张良、樊哙等人来到鸿门,见项羽军中杀气腾腾,戒备森严,他不由得出了一身冷汗。守营将官传命说,只许刘邦带一名随从入内,刘邦只得忐忑不安地拉着张良进了项羽帐中,留下樊哙在帐外守候。

项羽坐在帐中,威风凛凛,左为项伯,右有范增。刘邦不敢像过去那样,行平辈礼,反而是毕恭毕敬地行了大礼,向项羽谢罪。刘邦解释了自己做法的原因,说自己无意占据关中,更不敢与项羽的军队对抗。项羽本来就性情豪爽,一听刘邦这么说,心中的怒火早就已经熄灭了,反而觉得是自己错怪了刘邦。项羽坦率而又真诚地摆好宴席款待刘邦，范增在旁急得连连跺脚，却没有办法。

席间，项羽开怀畅饮，大块吃肉，大口喝酒；刘邦则是提心吊胆，不敢多喝。范增多次给项羽暗示，要项羽动手杀掉刘邦，项羽却不予理睬。范增实在忍不住了，就借口离席，出来找到项羽的堂弟项庄，要他进去敬酒时请求舞剑助兴，趁机杀死刘邦。项庄听了范增的话，立即进去敬酒，并请求以舞剑助兴，项羽同意了。项庄拔剑就舞了起来，准备按范增的交代伺机刺杀刘邦。这就是"项庄舞剑，意在沛公"的由来。张良见形势不妙，就示意项伯，项伯也看出了项庄的意思，就拔剑和项庄对舞，并且用身体保护着刘邦，使项庄迟迟没有得手。

在这样危急的时刻，张良抽身来到帐外，告诉樊哙里面情况危急，项庄要刺杀沛公。樊哙一听就急了，一手持剑，一手拿盾就冲进了帐中。项羽大吃一惊，拔剑起身，问此是何人。张良忙回答说，此人是给沛公驾车的樊哙，前来讨赏的。项羽惜樊哙是个壮士，就赏赐他一大碗酒，一条猪腿。樊哙都吃了喝了。项羽又问：壮士还要酒吗？樊哙回答说自己死都不怕，何惧多一碗酒呢。项羽很纳闷，问他好端端的为什么要提死的话题。

樊哙说，如今沛公先入咸阳，秋毫无犯，驻军灞上，等待将军。将军听信小人之言，反倒想杀害他。这是在走秦亡的老路啊，我要为将军担心啊！项羽无言以对，只得闷头喝酒。过了一会儿，刘邦借口上厕所，就离开了项羽的大帐。张良和樊哙也都跟了出来，刘邦备下一些小礼物，要张良转交项羽，自己带着樊哙，连夜抄小路赶回了自己的灞上军营。

张良估计着刘邦已到灞上的时间，才进项羽帐中，说刘邦酒量小，担心酒后失礼，就先回去灞上了。项羽无奈，范增生气，他说：跟这样幼稚的人实在难以共谋大业，将来就等着看刘邦夺取天下吧，我们就等着做俘虏吧。刘邦有惊无险地逃回了灞上，与项羽的关系在表面上缓和了下来，但实际上，"楚汉之争"已经拉开了序幕，"鸿门宴"的典故也就从此流传了下来。

刘邦逃出白登之围

汉朝刚刚建立的时候，国力还很衰弱。中国国内经过了几百年连续不断的战争，人民一直颠沛流离，全国的经济状况几乎陷入了崩溃的边缘。所以，刘邦建立了汉朝以后,一直忙于安抚国内,根本无暇也无力顾及塞外的少数民族。这时,一直居住在长城北面的匈奴人就乘机南下,侵略中原,劫掠财物,还抓走了大量的百姓去做奴隶。公元前200年的冬天,警报又像雪片一样飞入关中,刘邦接到了边境又有匈奴人入侵的消息。这一次,他亲自统率着二十余万大军亲征。但是,刘邦在向北行进到平城(今山西大同市东北)的时候,却被匈奴冒顿单于率四十万精锐骑兵包围在白登山(今大同市东面),冒顿单于还派出大兵,分扎在各个重要路口,截住汉兵的后援,存心要把汉军一网打尽。高祖登上白登山的山头,向四面眺望,只见四面八方都有匈奴的骑兵屯驻把守着,实在没有办法突围。

当时正值天气严寒,连日雨雪不断。高祖刘邦和将士们都冻得手脚发僵。在被围了3天后,粮食也快吃完了,汉军饥寒交迫,危在旦夕。被围到第7天,一直跟随在刘邦身边的智多星陈平忽然想出了一条妙计。他知道冒顿单于对新得的於氏(单于的王后)十分宠爱,朝夕不离。这次匈奴大军在山下扎营,冒顿单于还是把於氏带在身边,经常和她一起骑马出出进进,浅笑低语,情深意笃。于是陈平想到,冒顿单于虽然能出奇制胜,可也不免被妇人美女所惑,于是就想从於氏身上打主意。他派遣使臣,乘着大雾的时候下山去拜见於氏。这位於氏听说有汉军的使者,就悄悄地走到帐篷外面,屏退了左右,召见汉使。汉使向於氏献上了许多的金银珠宝,并且说是汉皇帝送给於氏的,另取出一幅图画,说是汉帝请於氏转给冒顿单于的。

於氏毕竟是女流之辈,一见到黄金和珠宝,就目眩心迷,爱不释手,便收下了。再打开图画,只见画上绘着一个绝色的美女,心中不禁起了妒意,便问:"这幅美人图是干什么用的? 为什么要送给单于?"

汉使装出一副很虔诚的样子,回答说:"汉帝被单于包围,非常愿意罢兵言和。所以把金银珠宝送给您,再请您代他向单于求情。可又怕单于不答应,就准备把国中的第一美人献给单于。因为美人现在不在军中,所以先把她的画像呈上。"

於氏微怒地说。"这个用不着,赶快拿回去吧!"

汉使说:"汉帝也觉得把美人献给单于,怕会夺了单于对您的宠爱。可是事出无奈,只好如此。如果您能解得了我们的围,那我们当然不会把美人献给单于了,情愿给您多送点儿金银珠宝。"於氏说:"请你回去告诉汉帝,尽管放心好了。"说完,将图画交还给使者后,使者就回去了。

於氏细想,如果汉帝不能突围,就会把美女献给单于,那时我就要受冷落了。于是,她回到后营,就对单于说:"军中得到消息说,汉朝有几十万大军前来救援,只怕明天就会赶到了。"单于问:"有这样的事?"

於氏回答说:"汉、匈两主不应该互相逼迫得太厉害,现在汉朝皇帝被困在山上,汉人怎么肯就此罢休? 自然会拼命相救的。就算你打败了汉人,夺取了他们的土地,也可能会因为水土不服而无法长住。万一灭不了汉帝,等救兵一到,内外夹攻,那样我们就不能共享安乐了。"

说到这里,於氏泪如雨下,呜咽得连话都说不出来了。单于一时也不知怎么办才好了,于是问:"那怎么办呢?"

於氏说:"汉帝被围了7天,军中始终没有什么慌乱的迹象,想必是有神灵在相助,虽有危险但最终会平安无事的。你又何必违背天命,非得将他赶尽杀绝呢? 不如放他一条生路,以免以后有什么灾难降临到咱们头上。"单于将信将疑,可是又怕惹於氏不高兴,便在第二天,传令把围兵撤走了。陈平用这条妙计,终于骗得匈奴退兵,刘邦总算逃出重围,一场大难消于无形之中。

汉高祖不敢改立太子

汉高祖刘邦从一介小吏奋死拼杀,终于开创了大汉帝国,当上了汉朝的开国皇帝。在他进入暮年之时,手握大权,身边伴着娇妻美儿,朝中又有许多贤臣辅佐,国泰民安,尽享富贵,正可谓是春风得意马蹄疾。但是就在这个时候,就在刘邦觉得万事顺心的时候,仍然又一件事情总是横亘在刘邦的心头,让他想咽也咽不下去。究竟是什么事让这位雄才大略的开国皇帝如此烦心而又无法解决呢?

原来,刘邦在建立汉朝之后,立了他和皇后吕雉所生的儿子刘盈为太子,这就是以后的汉惠帝。然而刘盈从小就和父亲分离,父子俩的感情十分生疏。刘邦虽然因为他是正妻所生而立了他为太子,可却始终感觉刘盈为人过于"仁弱",恐怕不能成大事,当一个合格的一国之君。于是,他几次想改立赵王如意为太子,可最后终究没敢改立,这就是刘邦终其一生最为遗憾可又无力改变的事。

刘盈出生之时,刘邦还是秦朝的泗水亭长,因为私自放刑徒逃亡而犯了杀头大罪,从此抛家弃儿,亡命天涯。父子俩这一别,就是两年。公元前209年,刘邦在沛县起兵时,他们父子有过一次短暂的相逢。此后刘邦转战南北,又是三年未曾与儿子相见。楚汉战争爆发时,刘盈得以与父亲同行,当时楚军在后面追得很紧,于是刘邦几次把同坐一辆车子的刘盈推下车,以加快逃亡的速度。由此看来,刘邦对待刘盈可以说很冷淡,根本看不出什么父子之情的。这主要是由于长期分离造成的,也是刘邦想改立太子的原因之一。

刘邦当了皇帝以后,非常宠爱戚夫人。据说这戚夫人貌美如花,深得刘邦喜爱,传说刘邦时常当着大臣的面,也还把她抱在怀里不愿放手。戚夫人所生的儿子,就是赵王刘如意。刘如意聪明伶俐,坚决果敢,常在刘邦身边撒娇,使他深深享受到了天伦之乐。刘邦总觉得如意才像是自己真正的继承人。戚夫人也自然明白母以子贵的道理,如果如意能被立为太子,日后自己就是皇太后。这样,善于嫉妒的吕后也就无法再加害自己了。于是,戚夫人日夜恳求刘邦改立如意为太子,废掉刘盈,有时甚至哭泣相求,刘邦禁不住她这样哭泣,于是打起了改立太子的主意。但是,他的开国重臣们却极力反对刘邦改立太子的打算,有的人甚至斩钉截铁毫不留情地说:"臣口不能言,然臣知其不可。陛下欲废太子,臣绝不奉诏。"于是,在群臣的反对声中,刘邦只得暂罢此项动议。

这时,吕后知道刘邦宠爱戚夫人到了极点,说不定真的会改立太子,她非常害怕刘盈的太子之位不保后,自己会遭人暗算。于是,她恳求刘邦最器重的谋士张良出面相助。张良知道刘邦很尊重"四皓",曾经多次请四皓出山,但都被拒绝了。张良建议吕后说,如果能请四皓来辅佐太子,一定能保住太子之位。吕后听从了张良的建议,恳请四皓出山辅佐。四皓深受感动,终于答应出山辅佐刘盈,使他在处理问题时与太子的地位非常相称,这样,刘盈的太子之位才渐渐稳固了。

公元前194年,异姓王韩信、彭越均被诛杀,淮南王英布知道下一个就是自己了。他暗中聚集军队,以防不测。可是,英布的中大夫及时地向刘邦密告了英布想谋反的消息,刘邦立即派人调查,结果反而逼得英布提前造反。刘邦亲自率兵平定这些功臣们的叛乱。两军大战之时，英布大败而逃，刘邦却也在战斗中受了重伤。一年后，刘邦伤势加重，一病不起，就更想赶紧废掉刘盈，在他死前，把如意立为太子。大臣们全都据理力争，甚至以死相谏，刘邦就是听不进去。后来还是因为四皓出面，才使刘盈再一次转危为安。这是怎么一回事呢？

原来，在一次家宴中，刘邦命令刘盈出席陪同。入席时，他发现刘盈身后有四位八十多岁的白发苍苍的老翁，正是自己平素最敬重的四皓，于是大吃一惊。刘邦询问他们为何不接受自己的邀请，反而甘愿辅佐刘盈？四皓回答说："陛下从来没瞧得起儒生，经常侮辱取笑读书人，不尊重知识礼仪。而太子敦厚仁慈，聪慧贤明，虚心求教，所以我们愿意辅佐他治理国家。"刘邦看到刘盈既有大臣拥护，又受高人指点，羽翼已经丰满。如果自己再强要改立太子，势必引起流血斗争，于是从此不再谈改立太子之事。

此外，刘盈的舅舅吕泽、姨夫樊哙都是跟随刘邦打天下的开国功臣，他们在朝中都拥有很大的势力。刘邦要更换刘盈改立如意，刘盈母家这一关就很难通过。刘盈的母亲吕后，跟随刘邦平定天下，也掌握着很大的政治权力，是汉朝宫廷的第二号人物。如果刘邦不听劝谏，执意改换太子，恐怕会引起夫妻反目，发生宫廷政变也不是没有可能的。到头来，赵王如意的太子地位仍不稳固，而且必定招致杀身之祸。因此，刘盈身后的强大势力，也是让刘邦止步、不敢更换太子的另一重要原因。

尽管刘盈有大臣支持，四皓辅佐，外戚拥护，保住了太子之位，并即位登基，成为历史上的汉惠帝，但是，刘邦的确没有看错，惠帝实在太过懦弱，不敢过问朝政，听凭母亲执掌大权，使汉朝在刘邦开国后就笼罩在后宫乱政的阴影之下，而他自己却因为贪于淫乐而早早去世了。由此可见，他当太子的确是不合适的。同样，赵王如意和其母戚夫人，由于这次争立为储的事件，不但未能如愿，却反而落得个凄惨而死的下场，这恐怕是刘邦死后最不能瞑目的事了。

汉惠帝娶外甥女为妻

汉惠帝刘盈是西汉的第二个皇帝，他是刘邦的正妻吕雉所生的儿子。他生于公元前211年，当时还是秦始皇三十六年。汉惠帝是个年轻的皇帝，在十六

国学经典文库

中国古代逸史

·秦汉逸史·

图文珍藏版

岁的时候就继承了皇位,但他也是个短命的皇帝,仅仅七年就去世了。这和他的母亲吕后有直接的关系。虽然他的登基做皇帝是母亲吕后的功劳,但最后英年早逝也和母亲的所作所为有极其重要的关系。

刘盈做皇帝的第四年,他已经年满20岁了,到了应该大婚的年龄了。当整个宫廷为了皇帝的婚事张灯结彩,鼓乐喧天的时候,新房中的新郎和新娘却相对而坐,默默无言,全无一点喜庆的气氛。这到底是为什么呢?

原来,惠帝刘盈的这位小新娘名叫张嫣,是惠帝同父同母的姐姐鲁元公主的亲生女儿,也就是刘盈的亲外甥女!这种舅舅娶外甥女的乱伦婚姻,又怎么能让新郎新娘不为之感到羞愧呢?更别说小张嫣今年才刚刚10岁,根本还是一个小孩子呢!

惠帝究竟为什么要娶自己的外甥女为妻呢?难道他不怕因为乱伦而受到天下人的耻笑吗?其实,这桩婚姻实在也不能怨刘盈,因为这正是他的母亲、皇太后吕雉一手操办,强加于惠帝和张嫣身上的。而这件事的起因却是因为惠帝要逮捕吕后的情夫审食其引起的。

吕后生来就行事大胆,敢作敢为。当她嫁给刘邦以后,刘邦被陷入了楚汉争霸的不停争斗之中,而且在很长一段时间里都屈居下风。甚至自己的父亲和妻子都落入了敌人项羽的手中。在楚军大营中,吕雉孤立无援,觉得很孤单,就和与自己一起被抓来的审食其勾搭在了一起,做了一对地下夫妻。

汉朝建立以后,刘邦把妻子接到了自己身边,吕雉这才有所收敛。但是因为刘邦总是忙于政事,又很好色,在后宫中收罗了许多美女,所以吕雉仍然难免寂寞。于是,她和审食其仍然藕断丝连,依依不舍。结果闹的朝廷上下沸沸扬扬,人们都在窃窃私语,只是谁也不敢把这件事告诉刘邦罢了。

刘邦死后,因为惠帝实在懦弱,使吕后得以执掌了朝廷的大权。这一下,她更是谁也不怕了,明目张胆地封审食其为侯,让他当了自己的丞相,两人来往更加频繁,再也不怕被人看见了。

吕后和审食其私通的消息很快就传到了惠帝的耳朵里,他不禁觉得又羞又恨,总想找个机会处置了审食其这个淫乱宫廷的奸夫。终于有一天,他抓到了审食其的一个错处,判了他一个欺君枉法的罪名,想要借这个机会杀了他。

吕后在宫中听到儿子要杀自己的情夫,马上慌了神儿,抬起脚来就想去找儿子求情。但是一只脚刚迈出殿门，又不由自主地缩了回来。一想到自己和审食其做的那些丑事，又怎么好向皇帝开口求情呢？她思虑再三，终于决定去找一些大臣向皇帝求情。有一个审食其的朋友，平原君朱建说他有办法去救审食其。

原来，这时还没有结婚的惠帝喜欢上了一个宫内的太监，名叫闳孺。这个闳孺长的妩媚俊俏，十分得惠帝的宠爱，两个人整天形影不离。刘盈很听他的话。

朱建就去找这个闳孺，开门见山地说："现在皇帝要杀审食其，你如果不想办法救他的话，下一个死的就是你了！"

闳孺听了这话又惊奇又害怕，连忙说："我和审食其又不熟，他死了为什么会连累到我呢？"

朱建看到他害怕的样子，知道事情要成功了，就详细的解释给他听："现在，你受到皇上的宠爱，这是宫里每个人都知道的事情；同样的，太后喜爱审食其，这也是尽人皆知的事。要知道，朝廷的大权是掌握在太后的手里，不过是因为这件事太后实在不好意思开口，才不能向皇帝开口要求的。一旦审食其被杀了，太后能不怨恨吗？为了报复，只要皇帝杀了审食其，太后就会想方设法地杀了你，到时候你能躲得过吗？恐怕就是皇上也不能保护你了。"

闳孺听了，这才明白过来，不由得汗如雨下。他连忙答应一定尽力救出审食其，以求保住自己的性命。朱建还安慰他说："不要紧，你也不用害怕。只要你在皇上面前哀求他，放了审食其，那样不但审食其会感激你，就是太后也会感谢你，这样你就能得到太后的欢心，不会有什么危险了。"

于是，闳孺果真多次向惠帝求情，说了许多审食其的功劳。最后，惠帝虽然十分不情愿，但是实在禁不住闳孺的软磨硬泡，终于答应把审食其放了。

审食其一出监狱，马上就去找太后温存了一番。然后两个人就在一起商量今后该怎么办。商量来商量去，两个人的结论就是要尽快让惠帝成亲，这样惠帝就会搬出现在和吕后一起居住的宫殿。以后两个人再要寻欢，也不怕被惠帝撞见了。

于是，吕后马上行动起来，想尽快给儿子找一个合适的妻子。但是，这个皇后让谁来当好呢？这可不能找一个随随便便的人就行，一定是要自己能够控制的人。想来想去,吕后终于想起了一个合适的人选,就是自己的外孙女,鲁元公主的女儿——张嫣。把自己的外孙女嫁给自己的儿子,这样他们都是自己家里的人,就不怕日后有人向自己夺权了。

但是,当她和惠帝说这件事的时候,惠帝却说什么也不同意。吕后可不管儿子怎么说,硬是定下了这门亲事。她对惠帝说:"张嫣是你的外甥女,血统高贵无人能与之相比,而且容貌品德超绝古今,我这么多年选美女还没看到比她强的。"惠帝担心地说:"这样是否违背伦理,况且她的年纪太小。"太后说:"年纪小不碍事,渐渐不就长大起来啦? 而舅舅娶外甥女不在五伦之列,你没听说晋文公娶文嬴得事情吗?"软弱的惠帝实在拗不过母亲的意思,只好答应了这门乱伦的婚事。因为那年张嫣刚刚十岁,太后害怕人们议论她太小,便让她自称是十二岁,无论"问名"、祭告祖庙诸礼都这样说。

就这样,在吕后的一手操办之下,惠帝刘盈就娶了自己的年幼的外甥女做皇后。可是,在新婚夜里,身为舅舅的刘盈又怎么能对自己的小外甥女下手呢? 于是,两个人都闷闷不乐地枯坐了一夜。第二天一大早,惠帝就离开了皇后的宫殿,以后再也极少进来。三年以后,惠帝抑郁而终,小张嫣在年仅 12 岁的时候,就成了寡妇,从此开始了她孤独寂寞的一生,直到 36 岁的时候,才默默地死去了。据说,这位张皇后一直到死,仍然是一个处女。

汉文帝宠爱邓通

汉文帝时曾经宠溺一个朝臣邓通,不但出入相随,夜间更同榻共眠。这个邓通由于有文帝的支持,在很长一段时间内富甲天下,但是最后却冻饿而死。究竟这个邓通是什么人? 汉文帝又为什么如此的宠爱他呢?

在起初,邓通原本只是一介船夫,每当他出外行船时,常将黄旗插在船头,所以就被人称为黄头郎。因为他善于划船,就被选到宫里当了御船的水手。

有一晚,汉文帝做了一个梦,梦见自己正在登天。但是文帝用尽了九牛二虎之力,虽然已经十分接近南天门,但总是登不上去。就在这时候,有个头戴黄帽的人在背后推他,终于使他登上了天界。他回过头来看推他的人,发现那人的衣带在背后打了个结。文帝正想叫住他,怎知却被鸡鸣声吵醒了。

第二天，文帝来到建在官西苍池中的渐台，见到有个御船水手头戴黄帽，衣带在背后打了个结，正是他梦中遇见的人。召来一问，那人名叫邓通。文帝想，他既然能把自己推上天，必定是个奇才，而且邓与登谐音，邓通即登通，有登天必通之意，认定了梦中助他登天的人便是邓通，因此特意提拔邓通，非常宠爱他。邓通也老实谨慎，不随便和外人交往。文帝多次赏赐他的钱财，总数上亿之多，还授予他上大夫的官职。

邓通

其实，邓通除了会划船以外，其他什么都不会。但是，他自己处事谨慎，虽然不能推荐贤士，但却很擅长谄媚文帝，因而得文帝的宠信，官封至上大夫。

有一次，文帝命一个在当时非常有名，善于算命的人许负去给邓通相面，许负相面后对文帝说："邓通这个人将来要贫饿而死。"汉文帝听了很生气地说："能让邓通富裕或贫穷的只有我，可我又怎么会叫他受穷呢？"于是，文帝下令把蜀郡严道的一座铜山赐给邓通，允许他自己铸造铜钱。从此邓通发了大财，他铸造的铜钱布满天下，人人都知道有"邓氏钱"。

邓通对于皇帝对自己的喜爱也非常感激，总想着要报答文帝。后来有一次，文帝背上生了一个疮，脓血流个不停。邓通觉得孝顺皇帝的机会到了，便天天进宫去，亲自守候在皇帝身边，侍疾问药，殷勤备至。为了要减轻文帝的痛苦，邓通不顾腥臭难闻，甚至用嘴将脓血吸出。文帝因此心中非常感动。有一天邓通给他吸完了脓血，他问邓通："天下谁最爱我？"邓通恭顺地回答："应该说没有谁比太子更爱陛下的了。"文帝听了以后没有回答。

正巧有一次太子刘启来看望文帝病情，文帝成心想试探太子的孝心，就要他也吸吮脓血。太子见疮口脓血模糊，腥臭难闻，禁不住一阵恶心，但又不敢违抗，只得硬着头皮吮吸，可是脸色很难看。文帝看到这种情况，不由得感叹道："邓通比太子更爱我啊！"太子这才知道了邓通经常为文帝吮吸脓血的事，心中感到很惭愧，也因此而嫉恨邓通。

文帝死后,刘启即位,史称汉景帝。景帝免去邓通的官职,让他回家闲居。不久,有人告发邓通偷盗境外的铸钱。景帝派人调查,结果发现确有此事,便把邓通家的钱财全部没收,邓通顿时变成了穷光蛋,还欠下好几亿钱的债。还是景帝的姐姐长公主记住文帝不让他饿死的遗言,赐给他一些钱财。但是,官吏马上把这些钱财用来抵债,连一吊钱都不让他留下。长公主知道后,就又让手下人借给他一些衣食,但是也被看守的官吏没收了。就这样,曾经富甲天下的邓通,最终在饥寒交迫中死去了。

汉文帝听冯唐的话

汉文帝可谓是不失为明主的守成君主,可他在为人处事上也难免错漏,然而,重要的是他是否虚心纳谏,过而能改。在汉文帝时期,有一个名叫冯唐的人,就是这样一个能令汉文帝改过的人。

汉文帝刘恒是刘邦和薄氏夫人所生的儿子,封为代王,历经惠帝、吕后两朝。吕氏叛乱平定后,大臣们谋立嗣君,觉得代王刘恒宅心仁厚,于是拥立他做皇帝,是为汉文帝。刘恒自外藩入主朝政,他对封地故国的眷恋和关注就十分强烈。再加上匈奴趁当时汉室政权更迭之际,大肆掠夺,杀人越货,边疆地区秩序混乱,百姓生活不得安宁。所以,汉文帝即位后的第三年,就亲临太原,他有两种考虑,一是自己以九五之尊,亲临边疆地区,可以威震匈奴,安定民心,另一方面,他想借机安抚自己藩国的旧臣,论功行赏。

在当时代王府的旧臣之中,有一个名叫冯唐的人,他的祖父原是赵国人,后来迁居到代地。冯唐以孝而闻名,曾是代王府中的中郎署长,在汉文帝归故国封赏时,冯唐已是一位暮年老者。汉文帝和旧臣们闲聊叙旧,听说了冯唐的身世,就问他当年赵国的大将军李齐的情况,汉文帝一直很欣赏李齐的才能。当他得知廉颇、李牧比李齐还要贤能时,不禁脱口而出,感慨现在没有这样的英雄了。汉文帝认为,如果有廉颇、李牧这样的将领,攻打匈奴就并非难事,何足挂齿呢。可冯唐却给在兴头上的汉文帝泼了盆冷水,他说,陛下虽然有廉颇、李牧之才,却不得用也。汉文帝被冯唐激得大怒,过后责怪冯唐,不该当着众臣的面,让自己下不来台。

可是,问题并没有得到解决,困扰汉文帝的心腹大患,即匈奴不断入侵边境,依然存在。而边关又缺少良将镇守,这使得汉文帝坐卧不安。过了不久,汉文帝依然惦记着冯唐的话,就召见他,问道,怎么知道自己不能任用廉颇、李牧这样的将领呢? 这一次,冯唐细细地将一番道理讲给汉文帝听,从而成为载于史册的一段佳话。

冯唐首先提到的是古时君王命将领出征,君王跪着推车为之送行,反复说明宫廷之外的军国大事,就拜托将帅负责了。军功奖赏都在外决定,只要回宫后上报就可以了,照章批准。李牧当赵国将军戍守边疆时,就是这样做的。他在军营中设立市集,把市场的租税都用来犒赏士卒,赏赐由他自己决定,无须请示朝中。赵王非常信任李牧,让他专权行事所以可以尽其智力,施展才华。李牧率军队北逐单于,东破匈奴,西御强秦,南使韩魏。当时,几乎使赵国称霸。可惜后来赵王听信了谗言,杀害了李牧,从此赵再无良将。这也就是六国破灭的原因中,赵国败亡的重要原因。

说到这里,冯唐话锋一转,指出现在的云中郡守魏尚,很有古人之风,率兵打仗都很过硬,他也在军中开设市场,把租税用来犒劳将士,还拿出自己的俸禄,五日一杀牛,慰劳军中。于是,魏尚的将士们,个个奋勇杀敌,主动请战,所以匈奴在他的守卫区远远地散去,不敢接近云中边疆。可惜这样的人,只因为在一次战斗后,所上报的杀敌数量和实际的略有差池,就被朝廷罢免了官职,还判了刑。魏尚功大于过,赏不行而罚必用,有李牧那样的贤能却不被重用。由此可以得知,汉文帝即使拥有向廉颇、李牧那样的将才也不能用。汉文帝被冯唐的话说得心悦诚服,即刻派冯唐持节,赦免了魏尚,并让其复任云中郡守。

冯唐这样有违恭敬地和汉文帝说话,其意在激励汉文帝,放权用人,用而不疑。俗话说,将在外,君命有所不受。不能因为小的过错而掩盖一个人大的公德,如果赏罚失衡,将士们的积极性受到打击,就不会竭尽全力,报效国家。在人才的使用这个问题上,君王应该唯才是用,唯善是从,充分地支持、理解和信任臣子,这样才能使臣子各尽其能,各展其才。臣下就会竭智进谏,举贤不避仇,举过不讳君。这样一来,君臣相得,如鱼得水,齐心协力,国家的政治才会有清明的局面。冯唐这样举贤,直言面对,汉文帝从善如流,知错即改,不愧是君臣相得的典范。

汉文帝以藩王入主朝政,很快就稳定了局势,巩固了政权,并开创了我国历史上有名的"文景之治",这和他的虚心纳谏、及时调整用人政策是密不可分的。而冯唐的一番论述,能让汉文帝改过,这段佳话,一直被后世传诵。古今有很多遭受到不公正待遇的忠良志士,他们不禁扼腕叹息,自己何日能遇到冯唐?的确,自古以来,向汉文帝这样虚心纳谏,诚恳改过的君王并不多,而遭受冤屈的忠臣良将则是不少,他们之间缺少的是向冯唐这样敢于为忠臣良将鸣不平,向君王推心置腹进谏的人。不过,这也正是汉文帝得以合乎民心,顺乎民意,赢得天下人的支持,大力发展经济,开创治世的原因所在。只可惜,像冯唐这样的人,不多见,这也是其他朝代的悲哀吧。

汉武帝一心想成仙

自古以来,封建帝王很少有不怕死的。他们都想万寿无疆,奉行"朕即国家"的信条。然而,纵然谁也不能逃脱死神的召唤,可长生不老的神仙梦却一直是种诱惑。那么,汉武帝又做过什么样的神仙梦呢?

汉初,高祖、惠帝、文景二帝,对生死的态度都比较淡然。刘邦达观知命,生死由之,文帝通彻明悟,顺其自然。这四位皇帝都不怎么相信神仙鬼怪。但到了汉武帝即位时,就违反了祖宗家法,开始了他对神仙梦的追寻过程。汉武帝一代枭雄,竟也陷入了迷信鬼神的怪圈之中,而且比之前最迷信鬼神的秦始皇,可谓是走得更深更远。

汉武帝崇信鬼神由来已久。他的母亲王氏夫人,出身卑微。而且本来已经嫁给了一个姓金的人,后来硬是与丈夫离了婚,只因为汉武帝的外祖母通过卜卦得知自己的女儿将贵为贵人,于是生生将女儿拽回,想方设法送入皇太子的宫中,随后就生下了皇子刘彻,即日后的汉武帝。在封建社会里,自然是母凭子贵,随后,刘彻由胶东王而被立为太子,王夫人就一跃而成为母仪天下的皇后。此所谓,一人得道,鸡犬升天。王氏家族遂拜相封侯,显赫一时。于是,这更加验证了卜卦之灵验,这样一来,由于外祖母迷信鬼神,汉武帝就受了影响,从而也崇信起鬼神来。

汉武帝相信鬼神,追寻神仙梦,还有一个原因,就是他即位后,他的陈皇后多年无子,导致汉武帝膝下尤虚,帝嗣无人。于是,汉武帝祈祷神灵保佑。后来,在他二十九岁时,卫子夫生下了卫太子,汉武帝这才遂了心愿。可是,陈皇后嫉恨卫子夫,在宫中兴起了巫蛊之祸。汉武帝感到巫蛊之事直接威胁到了自己的生命安全,于是,他开始向神祈福,向往神仙的愿望更加强烈了。再加上汉武帝贪图物欲,喜欢荣华富贵,于是,他追求神仙的兴趣日益增加了。

汉武帝的神仙梦是从敬祠神君开始的。神君原本是长陵地区的一位妇女,她生下一个男孩,几岁时就夭折了。神君悲痛过度,结果精神失常,经常胡言乱语,装神弄鬼。起先是她的妯娌们把她供奉起来,招致了乡邻来求神问药,结果神君的话往往灵验。汉武帝的外祖母也曾拜过神君,结果后来自己的子孙们都发达起来,尊贵无比。于是,汉武帝即位后,王太后就把神君请到宫中,供养起来。每当祭祀的时候,神君只现其声,不现其人。而且她经常在夜间说话,说的尽是世俗常识,可汉武帝依旧把她奉若神明。

据说,大将军霍去病未成名时,也曾经去向神君祈福。神君当时虽是丧子,但风韵犹存,于是她见霍去病相貌堂堂,就心旌摇荡,刻意修饰了自己,想去勾引霍去病,可遭到了霍去病的严词拒绝,并且从此再也不和她见面了。神君觉得羞愧难当,于是向汉武帝要求离开皇宫。可汉武帝不知其中内情,坚持不让她离开,还以为是自己慢待了神君,所以更加善待供奉,真是糊涂到了极点。

如果说汉武帝相信神君还只是对鬼神的迷信和崇拜,那么他接受方士的学说,就是为了实现长生不老,得道成仙的梦想了。

汉武帝相信的第一个方士叫李少君。元光元年(公元前134年),有个自称活了几百岁、有返老还童仙方的李少君方士到了长安。有一次在别人家里喝酒,他看到酒席上坐着一个九十岁的老者,就一本正经地说他曾经和老者的祖父在某某地方打过猎。那个晕晕乎乎的老者不知道这其实是李少君早就打听好了的,只是好像记得八十年前的确和祖父一起在那个地方打过猎,就连忙称是。这一下,满堂的客人都十分惊异,把李少君当成了"活神仙"。

汉武帝听说这件事后,连忙把李少君请到宫中,问他有什么长生不老的方法。李少君就开始胡乱吹起来。他说,要先虔诚地祭祀灶神,把鬼神请来;然后就可以将丹砂炼成黄金;用这种黄金制作的器物饮酒吃饭,就可以延年益寿、长生不老。他还吹嘘自己曾经在东海上见过仙人安期生,仙人送他了一颗和瓜一样大的仙枣。汉武帝想去蓬莱见神仙,他就说要先找到脾气鬼怪的安期生,这样就能见到神仙。对于这些胡说八道的谎言，一心想成仙的汉武帝竟然深信不疑。他一面亲自祭祀灶神、派李少君给他在皇宫里炼制丹砂，一面派人去东海找那个根本不存在的安期生。即使李少君还没炼好丹砂就死了，可汉武帝却坚信他是羽化成了神仙，还对他非常的羡慕。

第二个来欺骗汉武帝的方士是齐人少翁。当时，汉武帝最宠爱的李夫人刚死。他在李夫人死后，汉武帝寂寞之时，声称自己可让汉武帝见到李夫人，结果通过一番装神弄鬼，灯和影的运用，还真让汉武帝依稀见到了日夜思念的李夫人。汉武帝一高兴，就大大赏赐了少翁，并拜他为文成将军。此后，少翁又建议汉武帝盖了甘泉宫，养了神牛，说神灵将会降临。可很久都没有结果，他就使诈想蒙混过关，结果被发现，汉武帝就把少翁杀掉了。少翁死后，过了一段时间，有人向汉武帝奏称，见过少翁还活着。于是汉武帝开棺验尸，却发现只有一枚竹筒，别无他物了。这其实是其他方士们做的手脚，可汉武帝没看出来，反倒认为是自己错怪了少翁，使其方术失传了。从此，汉武帝怀着对神仙的梦想，更加迷信方术了。

后来，又有人给汉武帝推荐了方士栾大。栾大和少翁是旧识，他善于甜言蜜语，又好吹牛。他向汉武帝夸口说，自己也曾游于海上，见到过炼制仙丹的神仙，只是自己人微言轻，怕仙人们不肯传授自己神仙之术。汉武帝遂赐给栾大尊贵的地位，后又拜为五利将军，不久，又赏赐给他天士将军、地士将军、大通将军和天道将军四道金印，甚至赐列侯甲第，还把卫长公主嫁给了栾大。栾大经常在夜间祭祀，说是能迎神送鬼，后又称自己可以入海访仙，离开了长安。汉武帝后来终于发现自己上当受骗，遂把栾大也杀掉了。

栾大虽然死了，可一直困扰着汉武帝的黄河决口、炼制仙丹和寻找长生不老之药的问题并没有解决，汉武帝依旧在执着寻觅着。其后，又崇信过方士公孙卿等人。最后，汉武帝在建章宫内挖了太液池，依照方士们所言，在池中仿造了蓬莱、方丈、瀛洲和壶梁等四个仙岛，以此来自我安慰，寄托矢至不渝的神仙梦。

就这样，汉武帝求仙，浪费了无数的财力、人力、物力，甚至把自己的女儿都赔上了，可还是一无所获，屡次上当受骗，最终还是没有找到什么神仙。

汉武帝文武双全

汉武帝刘彻是继汉高祖刘邦、文景二帝之后,具有文韬武略的豁达皇帝,可谓是秦汉以来难得的贤明君主。那么,他有什么样的才学呢?让我们从文治武功等各方面来看看,全面地评述他的功过是非。

文治方面,汉武帝重用儒生,用人时擅于长驾远驭,可谓是操纵自如。而且他赏罚分明,不拘于文法,以激励臣下。武功方面,汉武帝派兵征战四方,开辟疆土。北到朔方,西置酒泉、武威、张掖和敦煌四郡,南到珠崖、南海和苍梧等九郡,西南有益州等六郡,东面攻占了东越,东北击败了朝鲜,总之,在汉武帝一朝,新开辟的疆土,比汉初时增加了一倍。而且,张骞还出使了西域,取得了巨大的外交成果。故此,自汉武帝之后,中国的疆界开始初具规模,他为中华民族世世代代休养生息的需要奠定了坚实的基础和基本格局,汉武帝也称得上是一位武功显赫,战绩辉煌的英主了。

除了文治武功之外,汉武帝刘彻还是个多才多艺,风流倜傥的才子。刘彻的才学,据《史记》《汉书》等典故记载,主要在儒家经学、诗赋文章和音乐艺术等方面有较大展现。

汉武帝七岁时,被汉景帝立为皇太子,当时的太子少傅是鲁申公的弟子王臧,王臧对刘彻进行了系统的儒家教育。因此,汉武帝即位后,很是崇尚儒学思想,他封王臧为公卿,批准废止韩非等法家之言,派使者惠赐鲁申公。等到不喜欢儒学的窦太后一死,汉武帝就进行了进一步的罢黜百家的活动。事实上,如果汉武帝对儒学没有很精深的造诣,这一切是无法实施的。汉武帝学习经学的确是融会贯通,是专守一经的其他儒学家们所不能比拟的。据史料记载,从汉武帝的各种诏书中,我们同样可以发现他的经学之宏通,也的确是才学过人。尽管汉武帝时代的诏书不一定都是他亲自起草的,但至少是根据汉武帝刘彻的意思起草的,是汉武帝经学理论的实际应用。

汉武帝的文学才能则更为出众,比如,在元鼎四年六月,作《宝鼎天马歌》;元狩元年,作《白麟歌》;太初四年,作《西极天马歌》;太始三年,作《朱雁歌》和《交门歌》。这些都是因为发生某些事情,导致汉武帝有所感怀,从而写下的,可谓是通俗易懂。例如,《天马歌》中这样记载:"天马来兮从西极,经万里兮归有德,承灵威兮降外国,涉流沙兮四夷服。"《天马歌》反映了汉武帝获得西域天马,震慑了四夷,表达了他经略天下的高亢豪迈、气吞万里的情怀。在我们今天读来,仍是十分振奋人心的。除此之外,汉武帝悼念爱妃李夫人的词句有这样的描写:"是邪非邪,立而望之,偏何姗姗而来迟",这寥寥十几字,形象地刻画出汉武帝在李夫人死后对她的深切思念之情,欲见不能,欲罢不能,可望而不可即,真是悲伤惆怅。

在《文选》中收录的汉武帝的《秋风辞》,则更加展现了他的文学造诣和才华:"秋风起兮白云飞,草木黄落兮雁南归。兰有秀兮菊有芳,携佳人兮不能忘。泛楼舡兮济汾河,横中流兮扬素波。箫鼓鸣兮发棹歌,欢乐极兮哀情多。少壮几时兮奈老何!"

汉武帝除了擅长诗词外,在赋上也很有造诣。他哀悼李夫人的赋,可谓是上乘之作。

正是因为他有如此之高的文学修养,故汉武帝宠信的臣子也多为文学之士。比如司马相如,就是以赋见长。在汉武帝和他的文学同道臣子的倡导下,汉赋在继诗经、楚辞之后,登上文坛,开始独领风骚。

在音乐方面,汉武帝也很有才能。即位之初,汉武帝虽然重视武功,无暇顾及礼乐之事,但在武功大成时,他便立即设立乐府,采诗夜诵。他封李延年为协律都尉,召集司马相如等人专门创作诗赋,再配以乐曲,加以传唱。然而,后世评价说,这些歌曲是"下里巴人"的味道,不如一般的"阳春白雪"式的传统儒家雅乐那般纯正。但至少,汉武帝也称得上是个"通俗音乐"的高手了。

由此可见,汉武帝刘彻不仅具有治国平天下的雄才大略,是个圣明的君主,而且爱好广泛,在生活上也很擅长各种活动和娱乐,诗词歌赋的精通使得他有更多的机会可以和百姓去交流,聆听百姓的心声,也有利于他和汉朝的风流雅士打成一片,从而更深刻地了解到人民之所想和所需。从这个方面上看,汉武帝的个人才学,为他治理天下起到了很好的辅助作用。在汉朝的历代皇帝中,他突出而优异的才学也是不多见的。这就难怪人们常常把秦始皇和汉武帝相并称了。

汉昭帝与霍光君臣不相疑

汉武帝七十多岁的时候，身体日渐衰弱，病痛缠身，而且每天都愁眉不展。因为他知道，自己恐怕已经不久于人世了，可是自己又听信了奸人的谗言，杀了培养多年的太子。所以他现在对自己的身后事非常忧虑，其中头等大事就是要早立太子，免得死后国家大乱。当时汉武帝还有三个儿子，燕王刘旦和广陵王刘胥是亲兄弟，但是他们平日骄横不法，不能立为太子。可是小儿子弗陵这时还只有七岁，汉武帝想立他为太子。因此就想先为年幼的太子物色一个忠实可靠的大臣来加以辅佐。

汉武帝认为，朝中大臣只有霍光可担此重任，所以就想把国事托付给霍光。他想起了古代周公辅佐年幼成王时的故事。周公曾背着小成王临朝，会见诸侯继承大统。汉武帝就让人根据这个故事，画了一张"周公背成王朝诸侯图"送给霍光。这是用图来暗示霍光将来要像周公辅成王一样来辅佐幼主弗陵。

过了一年，汉武帝病危，霍光流着眼泪问汉武帝："如果陛下有个三长两短，由谁来继承皇位呢？"汉武帝这时明确地说："立我的小儿子弗陵为太子，由你来履行周公辅成王似的职责。去年我送给你的那幅画，你到现在还没有领会其中的意思吗？"霍光见皇帝对自己如此信任，就只好含泪答应了。第二天，汉武帝就死了。太子刘弗陵继承皇位，他就是汉昭帝。

霍光

霍光自从接受了汉武帝的遗诏，担负起辅佐幼主、治理国家的重任，他工作得更加勤恳谨慎了，兢兢业业地治理着国家。但是，因为他手中的权力越来越大，威望也越来越高，很多人都嫉恨他，总是在小皇帝身边说他的坏话，这让霍光一直提心吊胆。

汉昭帝的同父异母兄长燕王刘旦,因为没有当上皇帝,心里老是怨恨不已,一直想自己来当这个皇帝,而首要的任务就是先除掉保护着昭帝的辅命大臣霍光。反对霍光的势力也趁机和燕王刘旦相勾结,密谋策划先挤垮霍光,再废昭帝拥立燕王为帝。燕王刘旦恨不得马上当皇帝,就催上官桀等人早点想办法动手。以燕王刘旦为首的政变集团,在暗中布下了罗网,就等着霍光往里钻了。

有一天,霍光出长安城去检阅御林军(皇帝的近卫队)操练,并且调了一个校尉(仅次于将军的军职)到大将军府里来工作。上官桀等人认为这是整垮霍光的好机会,于是乘机假冒燕王刘旦的名义给昭帝上书,状告霍光。他们一说霍光出城集合御林军操练,一路上耀武扬威,坐着像皇帝出巡时一样的车马,违反礼仪规定,不像个大臣的样子。二告霍光擅自做主,私自调用校尉,有图谋不轨的阴谋。最后还表示愿交还燕王大印,回到宫里来警卫皇上,查处奸臣作乱的阴谋等等。昭帝看了告状信后,当时没有表示可否,就把此事先放下了。

第二天早朝时,霍光已知道被他们告了,就不敢上朝,留在偏殿里等待昭帝的处置。昭帝一上朝,没有看见霍光,马上问:"大将军怎么没来上朝?"上官桀立即回答说:"大将军因被燕王告发,心虚不敢进来了。"汉昭帝派人去叫霍光进来。霍光怀着忐忑不安的心情入朝,脱下帽子叩头请罪说:"臣该万死!请皇上发落。"

汉昭帝当着满朝文武的面,对霍光说。"大将军戴上帽子,请起来。我知道这封告状信是假的,是有人想陷害你,你并没有过错。"

霍光听了小皇帝的话后,又惊又喜,连忙问昭帝:"陛下怎么知道信是假的呢?"昭帝说:"你出京城去阅兵,只是最近几天的事,选调校尉也不过十天,可是燕王远在北方,怎么就知道了呢?就算知道了,马上就写信派人送来,现在也到不了。如果大将军真的要作乱,也用不着调一个校尉。这件事明摆着是有人想陷害你。我虽然只有十四岁,但也不会上这种当的。"聪明机智的汉昭帝还下令要追查冒名伪造信件的人。上官桀等人焦急不安,怕查下去会暴露自己的阴谋,就劝昭帝说:"这点小事算了,不必再追查了吧!"昭帝不仅没有松口,反而更加怀疑上官桀等人了。

后来,上官桀等人还是经常在昭帝面前说霍光的坏话,昭帝不仅不听他们的,反而大发脾气,警告他们说:"大将军是忠臣,先帝临终前托他辅佐我治理国家。他帮我办了很多好事，这是臣民有目共睹的，以后再有人毁谤他，我一定要从严惩处了。"这样上官桀等人想借皇帝的手来除掉霍光的阴谋也破产了。可是他们还不甘心，又心生歹计，想策划暗中杀了霍光，然后夺取帝位。但是，他们的阴谋很快就被霍光发现了，他将他们政变的阴谋，奏告昭帝，然后把上官桀父子、桑弘羊、丁外人都杀了。燕王刘旦和长公主也畏罪自杀。

从此以后，朝中再也没有人敢离间昭帝和霍光之间的关系，他们之间君臣相得，互相信任，共同治理着国家，为西汉政权的稳定繁荣做出了贡献。可惜的是年轻聪明的汉昭帝，二十一岁就死了。他们这份难得的君臣之情不得不提早结束了。

刘秀与冯异君臣互敬

西汉末年，刘秀带领一批能臣武将争雄天下，冯异是刘秀手下的一员战将，他不只英勇善战，而且忠心耿耿，品德高尚，刘秀十分厚待他，最重要的事情一般都会安排他去办。

当刘秀转战河北时，屡遭困厄，有人悬赏要捉拿刘秀，刘秀只好带领大家逃难，一次逃奔到饶阳一带，大家已几天没有好好吃东西了，饥寒交迫之际，是冯异送上仅有的豆粥麦饭，才使刘秀等人摆脱困境。

后来刘秀带领大家重整旗鼓，群策群力，占领了很大的地盘，收服了很多的军事势力，终于在河北地区稳定下来，冯异便建议刘秀称帝，东汉王朝也得以确定下来。

作为一名将领，冯异治军有方，且为人谦逊，每当诸位将领相聚，各自夸耀功劳时，他总是一人独避于大树之

冯异

下,因此大家都称他为"大树将军"。

在刘秀统一天下的过程中,冯异先稳固河北地区,后又受命平定和经营关中一带,他用策有方,所用措施无不深得民心,特别是在关中时,他成为刘秀政权的西北屏障。

在当时,关中一带是天下最富饶,人口最多的地区,冯异独掌这一带,自然引起了同僚的嫉妒和猜忌,一名叫宋嵩的使臣先后四次上书刘秀诋毁冯异,说他控制关中,擅杀官吏,威权至重,百姓归心,人们都称他为"咸阳王"。

冯异对自己久握兵权,远离朝廷也不大自安,担心被刘秀猜忌,就一再上书,请求回到洛阳。但刘秀却非常相信冯异,并且认为西北地区非冯异不能安定,为了解除冯异的疑虑,他便把宋嵩的告密信送给冯异。这一招的确高明,既可解释为刘秀对冯异的信任不疑,又暗示了朝廷已早有戒备,恩威并用,使冯异赶紧上述自陈忠心。刘秀这才回书道:"将军之于我,从公义讲是君臣,从私恩上讲如父子,我还会对你猜忌吗?你又何必担心呢!"

关中基本平定后,冯异入京朝觐,刘秀热情接见,并对在场的公卿们说:"这是我起兵时主簿,为我披荆斩棘,平定关中"。接见之后,刘秀又派中黄门赐给冯异珍宝衣服钱帛等物,并且说:"仓卒无蒌亭豆粥,滹沱河麦饭,厚意久不报。"冯异受赐后拜谢说:"臣闻管仲谓桓公曰:'愿君无忘射钩,臣无忘槛车。'齐国赖之。臣今亦愿国家无忘河北之难,小臣不敢忘巾车之恩。"此后,光武帝又数次召见冯异,设宴,君臣共饮,商讨攻蜀之事。

冯异在京城住了余日,才回驻地。刘秀命冯异妻子儿女随行,以示对他的绝对信任。

刘秀推心置腹人心尽归

汉更始帝更始元年(23),刘秀受更始帝刘玄之命经略河北,河北各州郡纷纷归附,此时有人立王郎为帝与刘秀作对,致刘秀逃亡数月,后来刘秀率军反击攻破邯郸,诛灭王郎,缴获一大批秘密文件,其中有大量各州郡将吏与王郎互通的书信,但刘秀无意拆看,他立即召集众将和一些州县官员,把这些文件当众全部烧毁,并宣称"令反侧子自安"。所谓"反侧子"是指那些和王郎私通的人。

当王郎兵败后,他们辗转反侧,内心不安,刘秀这样做,使他们把悬着的心放了下来,开始死心塌地地跟随刘秀。

这样河北地区便初步稳定下来,但像铜马军这样的地方起义军武装却仍在不停地攻城掠县,刘秀为彻底安定河北,便率军与铜马军交战,双方交战了几次,后来刘秀率军将数十万铜马军围困起来,一段时间后。铜马军因粮尽向刘秀投降,刘秀很高兴,便不计他们曾数度攻打自己,使自己陷于困境,而是把铜马军的主要将领都封为列侯,而各将所统属的士兵也不更换,仍令他们带领自己原先的部队。

铜马军的将领因为曾经杀伤过不少刘秀的将士,所以心里不安定,都害怕刘秀报复。刘秀知道他们的想法后,命令铜马军各将领勒兵归营,自己则乘轻骑让几个人担着酒肉,也不让士兵保护自己,去逐个地巡视铜马军各大营,亲自与铜马军的将领斟酒交谈,抚慰军心。要知道,铜马军中的士兵前两天还在和刘秀的士兵交战的啊,他们中不少人也都有战友或亲人被刘秀的士兵打死打伤,现在见了对手的主帅,如何会没有仇恨之心?但刘秀却将生死置之度外,以一颗博爱仁德之心对待他们,真心实意地抚慰他们惶恐不安的心,从容不迫地化解双方的仇怨,铜马将士见刘秀如此举动,所以仇恨与惶恐顿时释然,都很十分感动和钦佩,很多人都感慨地说:"萧王(刘秀曾被更始帝封为萧王)推赤心置入腹中,安得不效死乎?!"之后大家还一致推举刘秀为"铜马帝",对其唯马首是瞻。

刘秀以一颗赤心真诚待人,终得到众人的真诚相待,由此可见,真诚实乃我们处世的一大法宝。铜马军归顺刘秀后,刘秀的军队一下子膨胀到几十万人,实力大增,河北之地也大部分被他稳定下来。

刘秀在当上皇帝之后,对待下属也总是能以诚相待,对待降将也是以德服人,却不用刑杀立威,这显示出他非凡的领导才能和豁达的气度。他对待臣僚"开心见诚",不念旧恶,但赏罚严明,虽仇必赏,虽亲必罚,如他还重用了与他有宿怨的朱鲔等。光武帝刘秀以诚待人、推心置腹的雅量,在封建帝王当中可真的找不出几个。

光武帝"娶妻当娶殷丽华"

东汉开国君主刘秀,就是光武帝,他是汉高祖刘邦的九世孙。王莽的新朝末期,天下大乱,起义纷纷,刘秀从南阳起兵,于公元25年重新建立了汉王朝。经过十三年的征发和平定战争,他终于统一了天下。

光武帝刘秀雄才大略,恢弘大度,开明谦和,以文治武功赢得了天下。他勤于国事,治政严明,减轻赋税,发展生产,开创了"光武中兴"的大好局面。据说刘秀生活很俭朴,后宫中只有皇后一名,贵人几名,美人、宫女、采女更是有限。他对皇后殷丽华的一往情深更是被后世人传诵的典范,传说他们恩爱无比,是皇帝和后妃中少有的典范。刘秀更有"娶妻要娶殷丽华"的名句流传后世,那么,这句话到底是怎么来的呢?

刘秀虽然贵为皇族,可在祖辈日渐衰落的时候,家境日益贫困。到了他的父亲刘钦这一辈,仅仅是个县令。刘秀九岁的时候,父亲去世了,他度过了一个窘困的青少年时代。刘秀家住南阳的蔡阳,与新野县相邻,他常听人赞美新野县首富殷家的小姐殷丽华,聪明贤惠,艳丽娇羞,多才多艺,非常出众。刘秀闻听这样的消息,怦然心动,虽然自幼家贫无助,可也是皇室后裔,更何况他生得身躯英武,眉清目秀,嘴方鼻高,自是有一种英雄气概,绝非燕雀而是鸿鹄啊。于是,刘秀暗下决心:有朝一日,大丈夫立业扬名天下,娶妻要娶殷丽华,方不负此生!

公元22年,天下动荡,南阳又闹起了饥荒。刘秀与哥哥刘縯起兵,得到了当地豪强地主的支持,很快他们的起义军发展成为七八千人,殷丽华的哥哥殷识也率领自己的部众投奔了刘秀。不久,他们的起义军加入了绿林军,刘秀任太常偏将军。王莽派了四十二万军队来围剿绿林军,此时刘秀据守的昆阳只有八九千人,他率轻骑十几人昼夜突围,调来了援军。后又率三千精兵,突袭了敌军的中坚力量,杀死了敌将王寻。随后,昆阳城内的起义军乘胜追击,内外夹攻,王莽的军队大败。起义军以少胜多取得了昆阳大捷。刘秀在此战役中智勇双全,建立了奇功,一下子威名远扬。

此时,他认为自己建立了一定的功名,不会辱没了殷丽华小姐,就派人去殷家提亲,殷家早就对这位英雄豪杰敬佩无比,更欲攀附,哪有不同意结亲之理?于是,当年6月,正是意气风发的刘秀娶了年方十九岁的殷丽华小姐为妻。当走进洞房,看到倾心已久的殷丽华那么端庄秀丽,高贵典雅时,刘秀惊呆了。梦寐以求的美人真的走到了自己的身边,好似梦境重现。殷丽华望见自己的丈夫如此英姿勃发,气概不凡,也是十分欢喜。夫妻俩从此恩爱情长,形影不离。然而,三个月后,刘秀要去洛阳任司隶校尉,不得不暂别娇妻。殷丽华遂回到了新野县的娘家居住。

刘秀在赴洛阳途中,听说哥哥被更始帝刘玄杀害,十分悲愤。他强忍着心中的痛苦,骗过了刘玄,被刘玄封为大司马,前往黄河以北的地区,招抚地方部队。刘秀一路废除了苛政,释放了犯人,他的队伍不断地壮大。可是,北方的宗室此时却突然间拥立了新帝,在邯郸建立了政权,还要追杀刘秀。刘秀得知拥护新政权的武装力量是西汉的真定恭王刘扬,就派人前去游说刘扬归顺自己。刘扬同意归顺,但条件是要刘秀娶自己的外甥女郭圣通为妻。这样,一旦刘秀成了大事,自己也好沾光。

郭圣通是真定人,其父郭昌出身望族,其母是真定恭王之女,更是豪门富族。郭圣通知书达理,容貌姣好,人品更是出众。刘秀知道郭氏有权有势,若能联姻,对自己自是有很大的帮助。可同时,他又觉得愧对殷丽华,她聪慧贤德,是自己建功立业的动力,与自己更是情投意合,怎么能让这么优秀的女人寒心呢?刘秀在矛盾中挣扎。

经过了反复的前思后想,踌躇不决,刘秀终于意识到:举起义旗只有前进,没有退路可以选择。如果错失了眼前的机会,失去郭氏对自己的支持,恐怕就要亡命天涯。真到那时,连结发的妻子殷丽华也要跟着自己受罪,就更别提让她享受什么荣华富贵了。这样仔细思量后,刘秀最终决定:答应与郭氏联姻,迎娶郭圣通。

刘秀和郭圣通的政治婚姻很快就发挥出了巨大的作用,使得刘秀如虎添翼,为他最终夺取天下奠定了良好的基础。

公元25年,刘秀在洛阳称帝,改元为建武。第二年,他命人修缮洛阳的宫殿,准备迎接结发妻子殷丽华。此时,距他们新婚一别已有三年,重逢之时,两人都感慨万分。刘秀认为,殷丽华是那么的高贵典雅,又是自己前进的动力和源泉,具备母仪天下的素质,自己应该立殷丽华为后。可郭圣通和她的族人却也为自己夺取天下开创帝业立下了汗马功劳,而且郭圣通还为自己生下了皇子,按照母以子贵的传统,也该立郭氏为后,更何况,如果不封郭氏为后,势必会失去郭氏族人对自己的支持,对于自己巩固刚刚建立的基业是非常有害的,将造成重大的损失。考虑到这些,刘秀感到非常为难。这时,殷丽华替他解了围。她坚决请求刘秀,立郭圣通为后,这令刘秀十分欣慰,也因此对殷丽华更加宠爱有加。从此,刘秀出征时,都会带着殷丽华,日夜不分离,他们的儿子刘阳也就出生在行军途中。

刘阳聪明伶俐,深得刘秀的喜爱。据说他十岁时就能通读《春秋》,十二岁时,就替刘秀为国事排忧解难,十五岁时,恰逢原武爆发农民起义,官军久平不下,刘秀十分着急。刘阳对父亲建议,采取围城留之阙的计策,导致小股起义军出逃,涣散了农民起义军的军心,成功地瓦解了原武城的武装。刘阳如此足智多谋,让刘秀更加欣赏。他越来越想废掉郭圣通的儿子,太子刘强,改立殷丽华的儿子刘阳为太子了。

公元41年,天下安定,四海升平。此时的郭氏一族,原来的豪强地主,已经不能对刘秀的东汉天下构成威胁了。于是刘秀得以下诏,废掉了郭圣通的后位,改立殷丽华为后,同时,刘阳顺理成章地当上了太子。

殷丽华成为皇后,圆了刘秀多年的心愿。在他的心里,殷丽华一直是他的指路明灯,是他心目中的女神和最知心的爱人。而郭圣通,不过是他攀登路上的一个台阶,是政治工具,是被利用的角色。所以,郭圣通在刘秀平定天下之后被废去后位的悲哀,也就不足为奇了。

刘秀为一代帝王,能从感情的需要出发,留给后人"娶妻要娶殷丽华"的名言也算是少有的帝王情种了。

汉桓帝卖官鬻爵

汉桓帝,名刘志,是汉章帝的曾孙。因为汉质帝被梁冀毒害,他得以幸运地登基为帝。汉桓帝在位时间二十一年,而前十三年间,他只是个傀儡皇帝,真正的朝政大权由外戚梁冀总揽。在二十八岁亲政后,汉桓帝在宦官势力的协助下诛灭了梁氏一族,结果却引来了宦官专权,使朝政更加混乱。

汉桓帝还到处搜集美女,在后宫藏了佳丽千万,以满足其奢侈荒淫的放纵生活。他还异想天开地要"卖官鬻爵",公开破坏了东汉的政治法规,败坏了社会风气,引发了激烈的社会和阶级矛盾,实际上加速了东汉王朝的灭亡。那么,汉桓帝为什么要"卖官鬻爵"呢?

当时,梁冀是大将军,是当朝梁太后的哥哥。梁冀专横跋扈,无所不为,朝廷内部呈现出贿赂公行,政出私门的局面,造成了政治上的极端黑暗。梁冀册立了汉桓帝后,权力达到了顶点。汉桓帝对他极端尊崇,委以重任,甚至准许他可以"入朝不趋,剑履上朝,遏赞不名,礼仪比萧何",又加了四县给梁冀作为其食邑,赏赐金钱、奴婢、车马、甲第等。梁氏一族中,还有梁不疑被封为颍阳侯,梁蒙被封为西平侯,梁胤被封为襄邑侯,梁冀由此更加专横暴虐。百官升迁,居然要先到他的家里谢恩,然后才能到尚书台办理手续。地方贡品,上等的献给梁冀,次等的才给汉桓帝。梁冀的跋扈张狂,其实让汉桓帝无比痛恨。延熹二年,梁太后病逝,汉桓帝依靠宦官单超等五人的势力,一举诛灭了梁氏的势力。

这次政变,消灭了梁氏外戚的势力,却又导致了宦官专权时代的到来,朝政非但没有平定下来反而更加混乱了。单超、左悺、徐璜、具瑗、唐衡等五人,因诛灭梁氏有功,位同三公,朝政大权由宦官们牢牢把持。这些宦官一朝得势,横行霸道,穷极奢侈,倒行逆施,把东汉政府弄得乌烟瘴气。他们还在地方上安排爪牙,把持从中央到地方的各级政务;甚至还强抢民女,强迫逼为妻妾;霸占民田民宅,大兴土木;收养义子,世袭爵位;滥施淫威,追求铺张排场。各级官吏上行下效,都是贪婪暴虐之徒,鱼肉乡里,导致民不聊生。东汉的社会矛盾不断尖锐和激化起来,人民群众开始觉醒,奋起反抗了。

公元159年,羌族人民再也忍受不了贪官污吏的疯狂野蛮压榨,掀起了少数民族大起义,声势浩大。他们的起义军很快扩展到了三辅及并州和凉州,东汉政府派护羌校尉段颎进行了血腥的镇压,起义的大旗却更加高高飘扬,熊熊的起义大火越烧越旺。随后,东汉政府改派中郎将皇甫规,他采取镇压和安抚相结合的办法,严惩了一大批贪官污吏,这才逐渐平息了羌族人民倡导的大起义。

公元162年,荆州南部地区的人民也举行了英勇的起义,起义军攻打长沙、桂阳等地,在苍梧、南海、交趾等地厮杀,联合当地人民,杀富济贫,惩治贪官污吏。人民群众纷纷投奔起义军队伍,给东汉王朝以很有力的打击。东汉政府不得不消耗了大量的财力、物力来镇压人民的反抗。然而,被压迫的人民并没有屈服,从当时流传着一首民歌我们就可以看出:发如韭,割复生,头如鸡,割复鸣,吏不必可畏,小民从来不可轻。

汉桓帝无视内外交困的局面和国库空虚的现状,恣意圈养着上万宫女,供其淫乐,以维持、满足他腐朽糜烂的生活。以汉桓帝为首的统治阶级,穷极奢侈,致使国库枯竭。他还借口羌族人民大起义,从公元 161 年开始,施行"卖官鬻爵",以此来聚敛财富,供其挥霍。他下令以不同的价格售卖关内侯、羽林郎和五大夫等重要官职。不问来人的才学和品德,只要有钱就可以买官来做。这样的官吏一上任,就开始疯狂野蛮的搜刮老百姓,他们残暴凶恶,盘剥压榨老百姓,以此来把他们买官的钱加倍地夺回来。东汉各级官吏一时间横征暴敛,贪赃枉法,奢侈糜烂,穷凶极恶。汉桓帝靠这"卖官鬻爵"的办法确实大捞了一把,他还为自己的"灵活机智"而洋洋得意,却不知自己的无知、昏庸、荒唐、愚昧,早已使原本就岌岌可危的东汉王朝更加腐败,吏治更加黑暗,各种矛盾日益突出尖锐。这下子,东汉政权真是摇摇欲坠,真的走向灭亡和崩溃的边缘,无药可救了。

由此,我们可以看出,外戚和宦官交替专权,是东汉政局的一大特征。帝多年少,太后势力强大,母家党羽众多;宦官身居朝中日久,自然也不甘落后。外戚和宦官这两股势力,以皇帝为筹码,在宫廷中明争暗斗,把持朝政大权,是实质上的皇帝。小皇帝多年少不经事,以为后党干涉朝政,便依靠宦官以图夺权亲政,殊不知自己赶走的是一匹狼,引来的却是一群狼,终落得个被人利用的下场,或死于非命,或亡于声色犬马之中。可叹汉高祖刘邦和光武帝刘秀开创和后续的汉室基业,就这样毁在了外戚和宦官这两股势力手中。

汉灵帝兴建裸泳馆

汉灵帝,名叫刘宏,是汉章帝的玄孙,东汉的第十一位皇帝,他以贪婪荒唐而在东汉的皇帝中闻名:刘宏十二岁登上皇位,目睹了士大夫集团和宦官集团的权力斗争,知道自己无力扭转局面,于是很有自知之明地任凭宦官集团独霸专权,自己甘愿当一个傀儡皇帝,他曾经无耻地说,宦官张常侍就是他的父亲,赵常侍就是他的母亲,把本应属于自己的治国大权完全交给身边的宦官,对国家大事再也不闻不问。那么,他整天无所事事,究竟对什么感兴趣呢? 传说他兴建了"裸泳馆",这又是真的吗?

要说刘宏对什么东西最感兴趣,那就是钱。这是受了他母亲的极大影响。他的父亲位列侯位,比大富大贵的当朝权贵,自是家境一般。可他的母亲董氏,一向嗜财如命,看到人家暴富,就心里冒火,恨不能把别人的家产全都抢过来据为己有。刘宏在母亲的熏陶下,对金钱、财产有着极大的占有欲,甚至连做梦都想着捡到钱。

公元 168 年,汉桓帝去世,刘宏继位,为汉灵帝他不虚心学习治国之道,十七岁亲政时,对政事一窍不通。他把大权委任给亲信宦官和母亲董太后,自己专心变着花样玩乐,贪图享受,生活很是荒淫奢侈。

汉灵帝刘宏在玩腻了皇家园林后。对遍地的奇花异草、珍奇走兽、四季飘香的果蔬都没了兴致,上林苑,西苑、显阳苑、平乐苑、鸿德苑都不能满足他,他要建造规模更大。气势更恢弘,设计更豪华的新苑。可是钱从哪儿来呢? 国库早已经被他折腾的空空如也了。

短见的董太后看小皇帝不高兴,就建议他卖官来敛钱,糊涂荒唐的汉灵帝居然也拍手称快,认为这是一个好主意:于是在公元 178 年,董太后在上林苑设置了卖官的机构,明码标价,按官位等级定位:两千石的官,要价两千万钱,四百石的官,要价四百万钱,云云。他们还规定,确有品德高尚的人,可以酌情减一半或者三分之一的价钱。可以现金交易,也可以赊欠,到任后需加倍偿还。这样的官员,到任后自然疯狂野蛮搜刮百姓钱财,逼得百姓家破人亡。卖官所得的钱,收藏在西苑仓库内,取个名字叫作"礼钱"。望着满屋子的钱,董太后心里十分踏实。她计划把这些钱全部留作自己的私房钱用,儿子造御苑可以再去卖官鬻爵。汉灵帝在母亲的授意下,卖官得到了许多许多的钱,从未见过这么多的钱的刘宏激动得甚至头晕目眩,手脚都抖了起来。

汉灵帝把一部分钱用于造了新苑,就是毕圭苑和灵琨苑,那么剩下的钱他打算怎么花呢? 他终于决定拿回老家河间置办产业,购买田宅,让周围的人看看,我家也有钱了。看来他真不是真龙天子的料,当不长皇帝,他连普天之下莫非王土的道理都不明白,作了皇帝都不踏实,都想着留后手。有个宦官叫吕强,觉得这样太可笑了,就劝汉灵帝道:天下万物都是陛下一个人的,何必花钱购买呢,陛下此举实在不妥当啊。汉灵帝根本没把他的话当回事,还是我行我素,不加理睬。

卖官鬻爵的钱实在是太多了,建了新苑,买了田宅之后,还剩下许多,这该怎么花呢?汉灵帝在西苑修了个万金堂,以储藏金钱用。他又用搜刮来的钱在殿内铸了四个铜人,四个黄金钟,四个铜蛤蟆,用来看守自己聚敛来的财富。他还时常像个农村地主一样,时不时来看看,摸摸看看自己的钱还在不在。汉灵帝刘宏,就像一个土暴发户,有了钱先置办产业,再捂紧了钱袋,剩下的就是尽情享乐了。

他讨厌朝臣们前呼后拥地跟着他去游览御苑,就换上常人的衣服,"微服"出巡了几次,他觉得很有意思,就又让人在御苑内设立市场,让宫人扮成商贩,卖酒卖肉,卖衣卖布,他自己游逛于其间,不时砍价,顺手牵羊,喝酒吃肉,吆五喝六,好不热闹,故十分尽兴。

宦官们为了讨好汉灵帝也为了麻痹他,就变着花样逗他玩儿。一次,宦官给一条狗戴上顶戴花翎,身披朝服,刘宏瞧见了,大笑不止,说:好一个狗官啊!狗官不错!朝臣们跟随着见到此景,只得面面相觑,说不出话来;拍手称好的自然是宦官,一时间朝廷上乌烟瘴气的。宦官们还找来了四条很老实的驴,栓成一辆小驴车,拉着刘宏满皇宫乱跑,刘宏亲自驾车,左突右撞,宫中到处响起"驴车老板"的吆喝声。皇帝尚且如此,大臣们为拍马屁,自然争相效仿,一时间"洛阳驴贵"。

不久,汉灵帝刘宏对狗对驴又没了兴趣,宦官们也想不出什么更刺激的点子了。一日,刘宏猛然说:我想看女人光着身子玩儿!于是,在西苑就建起了"裸泳馆"。汉灵帝看着众多妙龄少女们裸奔于其间,也加入裸奔的行列,嬉笑淫荡,深感无比欢畅。汉灵帝如此荒淫无耻,实在是一个大大的昏君。正所谓主暗臣昏,他手下的大臣们也只顾助其为非作歹,讨得皇帝的欢心,宦官们则一心只顾聚敛钱财,奢侈挥霍。最后,这样的朝廷君臣终于激起了人民的反抗。

公元184年,张角领导爆发了黄巾大起义,以"苍天已死,黄天当立,岁在甲子,天下大吉"为口号,给了腐朽的东汉政权以沉重的打击。公元189年,年方三十四岁的汉灵帝刘宏一命呜呼,结束了他贪婪奢侈荒淫无度的一生。

作为一个帝王,不关心自己的国事,放任宦官乱政,实在可气。兴建"裸泳馆"让少女裸奔,实在可悲。东汉王朝,就这样一步步走向灭亡了。

汉献帝变成傀儡

汉献帝,名刘协,他的父亲就是东汉有名的昏君汉灵帝。他就是东汉的最后一个皇帝,在汉室皇位落入曹氏父子手中之前,他一直都是一个傀儡皇帝。

在刘协年幼的时候,经历了外戚和宦官交替掌权的这样一个在东汉一朝特有的政治局面,其间围绕着权力,产生了很多的血雨腥风。九岁时,刘协被当时的大奸臣丞相董卓立为皇帝,随后就开始了他一生饱受欺辱的傀儡皇帝生涯。他就像一个玩偶,被各种势力争来抢去,受尽挟制,也任人摆布,可谓是失去了尊严还要遭到凌辱。直到最后,刘协落入了曹氏父子手中,在曹操和曹丕的淫威之下,继续苟且偷生。公元220年,曹氏的羽翼已经丰满,不再需要他这个傀儡皇帝作为自己夺取政权的幌子了,于是,汉献帝被迫将自己的汉室皇位让位给曹丕,结束了自己屈辱悲惨的一生,也同时结束了汉朝的历史。

纵观东汉一朝,皇帝年幼,外戚和宦官交替专权是一个很明显的政治特征,汉室政治格局也因此而与众不同。很多小皇帝都悲惨地沦为外戚和宦官们争权夺势的工具。那么,汉献帝又是怎么沦为一个傀儡的呢?

这要从他的父亲、昏君汉灵帝说起。汉灵帝荒淫无度,贪婪无耻,不分是非,混淆黑白。这导致了宦官在宫内玩弄权术,官僚也无心治理,只贪图敛财,终致民不聊生,百姓怨声载道。汉灵帝末年,爆发了著名的黄巾大起义,这沉重地打击了早已摇摇欲坠的东汉政权,整个王朝在衰落,不可逆转地在瓦解中走向灭亡。汉献帝刘协就是在这样一个积贫积弱的历史背景中,登上了皇位,纵然他再有千万般本事,也回天乏术了。

汉献帝刘协生来命运坎坷。他的母亲是汉灵帝时的王美人。王美人怀孕时,害怕当时的皇后何氏——一个屠夫的女儿嫉妒自己,就不敢产子,遂服用了打胎药,可是,没有奏效,刘协还是历尽艰难地来到了人世。善妒的何皇后闻听此事,果然醋劲大发,以至于真的毒死了王美人。此时刘协尚未过满月,就被祖母董太后抚养。刘协从小举止高贵端庄,颇有皇家风范,因此很得汉灵帝的喜爱。而何皇后的儿子刘辨举止轻浮粗俗。由于刘辨是皇长子,因此汉灵帝犹豫着一直没有确立太子的人选。结果不久后汉灵帝就病死了,刘辨被他的舅舅,大将军何进立为少帝,刘协被封为陈留王。

少帝新继位,东汉的宦官势力和外戚势力又一如既往地为权力争夺了起来。最后,是并州牧董卓取得了胜利,控制了京师的政治形势,他以司空的身份废掉了少帝,改立陈留王刘协为帝。从此,年仅九岁的刘协开始了他痛苦悲惨的一生。

董卓自封为相国,又加封了太师,横行霸道,鱼肉乡里,为所欲为。汉献帝在董卓的淫威逼迫之下,噤若寒蝉,是个名副其实的傀儡。各地豪强地主,纷纷以讨伐董卓这个大奸相的名义起兵,共同推举了袁绍为盟主,围攻洛阳。董卓挟持着汉献帝,迁都于长安。其实汉献帝无时不想摆脱董卓对自己的控制,他希望借助军阀势力来消灭董卓,可惜无人把他当回事,自然没有人理睬他。公元192年,司徒王允和中郎将吕布密谋,利用貂蝉这一美人计策划刺杀了董卓,朝政大权遂由此二人把持。

王允是个狭隘多疑的人,也树敌无数,后来也被诛杀。汉献帝又落入了旁人的手中,依然不得自由,又从长安颠沛流离地回到了洛阳。刘协本以为能过几天安宁的日子了,却又遭遇了愈演愈烈的军阀争霸之战,最后,曹操抢先占领了洛阳,牢牢控制住了汉献帝。"挟天子以令诸侯",曹操后又要挟汉献帝迁都许昌,就连皇宫侍卫也都换成了曹氏党羽,汉献帝与自己的臣子们被隔绝起来,忠于汉室江山的朝臣被杀,再也没有人真心为汉家江山着想了,刘协真的成了孤家寡人。

在被曹氏软禁的日子里,刘协也想过抗争,可他的力量太薄弱了,根本就不堪一击,终究还是抵不过曹氏的强权,改变不了自己受挟制被凌辱的命运。汉献帝有个贵人姓董,是董承之女,本已怀孕,她的父亲被曹操视为眼中钉,所以就连汉献帝含泪恳求曹操放过董贵人一马时都被曹操粗暴地拒绝了,董贵人终于被曹操所害。可怜一个堂堂天子,竟连一个怀有自己骨血的女人都保护不了,刘协心中的悲愤可想而知。

公元 213 年，曹操自立为魏公，汉献帝明白，曹氏自立代汉的日子不远了，自己傀儡的命运也快到头了。汉献帝的皇后姓伏，是伏完之女。伏皇后目睹了曹操对汉献帝的残暴和凌辱，感到汉室江山已经危在旦夕，再不救就来不及了，于是偷偷地写信给自己的父亲，求父亲伏完采取行动来推翻曹操。可伏完知道自己的势力根本不足以与曹操抗争，不敢以卵击石。可这封密信的内容不知被谁泄露，让曹操知道了，曹操大怒，代替汉献帝写好了废后的诏书，命令汉献帝废后，又派御史大夫去捉拿伏皇后。当伏皇后从宫内拖出时，她披头散发，赤裸双脚，其惨无比。她跪着向汉献帝哭诉道：你是一国之君啊，就不能给我求情，留下一条生路吗？可曹操根本就不理睬汉献帝的苦苦哀求。最后，伏皇后被幽禁而死，她的两个皇子也被毒死。汉献帝眼睁睁地看着自己妻离子散，自己却无力保护他们，大受刺激，痛苦时时折磨着他的心。然而，他也深刻地明白，更大的变故，还在后面等着自己。

公元 220 年，曹操病死，曹丕逼迫汉献帝让位给他。曹丕还居然封汉献帝为山阳公，还要汉献帝向自己磕头谢恩。刘协就这样孤寂地又活了十四年，最后抑郁而终。

汉献帝刘协的一生，是傀儡的一生，历尽磨难，饱受欺凌，任人摆布，生不如死。和历代帝王相比，他的命运是比较悲惨的。汉室江山败落在他的手里，他自然受后人唾骂，可殊不知，他继位时的天下，就已不是他的天下了。

后宫逸闻

李夫人为留福荫掩藏容颜

李夫人是汉武帝刘彻最喜爱的妃子之一，她天生丽质，花容月貌，可是后来却不幸得了绝症。在她病重卧床之时，汉武帝不忘旧情，多次去探望她。可李夫人却用被子蒙住头辞谢道："陛下，贱妾久病卧床不起。身态容貌都遭到了毁坏，请原谅不能面见皇上，只希望将咱们的儿子昌邑王和我的兄弟托付给陛下，多谢关照了!"

汉武帝安慰她道:"夫人病得如此厉害？恐怕是不能起床了？但现在就嘱咐昌邑王和兄弟的事,是否太早了点?"

李夫人又说:"女子的容貌不加修饰是不能见丈夫和父亲的,所以,妾不敢在仪容没整的情况下见皇帝陛下。"

这时,对其宠爱难舍的汉武帝请求道:"夫人只要让朕见一面,朕将加赐千金给你,而且封给你兄弟当高官。"

但夫人又答道:"陛下,是否能当高官全在于陛下的意思了,而不在于是否见这一面。"

可汉武帝还是坚持说一定要见见夫人,李夫人就转身朝里,只是歔欷哭泣而不再说话了。于是,汉武帝很不高兴地起身拂袖而去。

李夫人的姐妹见她一时惹恼了皇帝,便不理解地责备她道:"你也未免做得太过分了,你是什么贵人,怎么就不能让皇帝见上一面,却又要嘱托他照顾兄弟呢?为什么使皇帝这样生气呢!"

李夫人叹口气道:"这你们就有所不知了,凡是以色相去侍奉别人的女子,一旦容貌衰退,别人对她的爱情也就会自然地减退;爱情减退了,别人对她的恩义也就断绝了。皇上之所以对我还依依不舍,是因为我原来漂亮的缘故。而现在我病得一定很难看了,皇上见了一定会由于厌恶而抛弃了我。那他还肯追念过去的恩爱而怜悯任用我的兄弟吗?我之所以不愿见皇帝,就是希望能长久地把兄弟托付给他啊!"

听了李夫人这一番话,姐妹们这才感到李夫人考虑深远,而自叹弗如。果然李夫人不久死去后,汉武帝一直对她追念不已,并封她的兄弟以很高的爵位官职。汉武帝死后,她还得以以皇后的身份配享宗庙,尊号为"孝武皇后"。

窦皇后姐弟重逢

汉文帝即位后,在众大臣的建议下,立长子启为太子,并想立太子的母亲窦氏为皇后。尽管汉文帝虽然很喜欢窦氏,却不想自己出面册立她,就去向他的母亲薄太后请示。薄太后也喜欢窦氏这个孝顺贤良的儿媳,就以皇太后的名义下诏书立窦氏为皇后。薄太后喜欢窦氏还有一个重要的原因,就是她们俩的遭遇差不多,都很有传奇色彩。

薄太后早先是魏王豹的妃子。楚汉战争期间,汉将曹参俘虏了魏王豹,把薄姬也抢了过来,罚她到织房里做苦工。一次汉王刘邦去织房里玩,无意中发现薄姬长得很是秀丽,就收她做了自己的姬妾。薄姬本来以为自己从此能过上好日子,但谁知从那以后,刘邦就好像把薄姬遗忘了似的,有一年多都没有和她见过面。

在薄姬小的时候,曾经和管夫人、赵夫人很要好:她们曾经在一起发过誓,说:"不管以后谁富贵了,都不要只顾自己,忘了别人。"但管夫人、赵夫人在作了汉王刘邦的爱妾后,就把以前说过的话都忘了,把薄姬也给忘了。直到有一天,管夫人、赵夫人在陪刘邦玩耍时,突然不禁失笑。刘邦感到奇

窦皇后画像

怪,便问是怎么一回事,她们说是突然想起了小时候和薄姬说过的话,并且把那些约定的话一五一十地和刘邦说了。这使得刘邦忽然想起了薄姬,不禁觉得她很可怜,就把她召来陪伴自己。可薄姬仍然不是很得汉王刘邦的宠爱,即使是后来薄姬生了刘恒,她仍然很少和刘邦见面。刘恒八岁时,被封为代王,薄姬也就陪着他到代地去居住了。虽然当时看起来,薄姬不免显得不得志,但后来却正是因为薄姬的这种与世无争,使她在戚夫人和赵王如意等都被吕后杀了时,他们母子二人反而保全了性命。如今儿子作了皇帝,她也就平步青云,由一个默默无闻的人物,成了举世瞩目的皇太后。

窦皇后,是清河观津(今河北邑东南)人。她出身贫寒,父母都死得早,从小就跟着哥哥长君和弟弟少君一起生活。有一次,朝廷派人来挑选宫女,她为了得到一笔安家费,就报了名。在她被送到长安后,就和她的兄弟失散了。

窦氏到了后宫,先是被派去伺候吕后。后来,因为吕后嫌宫女太多,就把她

们发放给诸侯王，每个诸侯王分到五个人。窦氏想离自己的老家近一点，以便照顾自己的兄弟，就央求管事的宦官，把她们分派到赵王那去。本来那个宦官觉得这也不是什么难办的事，就答应了下来。可等到确定分配名单的时候，那个宦官却记性不好，阴差阳错地把她分给了代王刘恒。窦氏也没有别的办法，只好被送到代王刘恒那里去了。

当时，代王刘恒已经立了王后，并且和王后还有四个儿子。窦氏虽然自叹命苦，但也还是小心翼翼地伺候代王刘恒和太后、王后。他们看她安分守己，倒也很喜欢她。在代地时，窦氏就给代王生了三个孩子，分别是长女刘嫖、长子刘启和次子刘武。后来，王后年纪轻轻地就病死了，代王也就把窦氏当作王后般看待。等到刘恒作了皇帝后，王后以前所生的那几个儿子也都接连得病死了。所以刘启就以长子的身份被立为皇太子，窦氏也跟着被立为皇后，她的女儿刘嫖，被封为长公主，小儿子刘武被封为梁王。连她死去的父母，也分别被追封为安成侯和安成夫人，并且还给他们在清河修建了陵园，让二百家老百姓在那守护着。

窦皇后的兄长后来经过多方探访，也被找到，可她的弟弟却早已失踪，不知道现在在什么地方。正当窦皇后想念弟弟的时候，有个宦官从外面给她带来一封据说是一个叫窦少君的年轻人写的信。信上说，他四、五岁的时候，就被坏人拐骗走了，前后被转卖过十几家人。最后，他被卖到了宜阳，在山里给主人家挖煤炭。有一天黄昏，大家正在崖下休息，忽然山崖倒塌了，压死了一百多人。他坐在最外边，又跑得快，才没有被压死。后来，他从主人家里逃了出来，到了京城长安后，听人说新立的皇后姓窦，也是清河观津人，很可能就是自己失散多年的姐姐，所以就写了这封信，到皇宫里来认亲。

窦皇后看了这封信，也不知道是真是假，一时没了主意，就急忙去找汉文帝商量。汉文帝听说后，马上下令，让卫兵把那个年轻人带进未央宫。窦皇后和那人见了面，两人谁也不认识谁，无法确定这个年轻人是否就是她失踪多年的弟弟。为了确认，窦皇后就先问他，既然是她的弟弟，那是否还记得小时候发生的事情。那年轻人说，他被坏人拐骗的时候，虽然只有四、五岁，却很清楚地记得县名姓氏。而且他还记得，有一次和他姐姐去采桑叶，他自个儿爬到树上去玩，还不小心摔了下来。窦皇后也记得这件事，已经有半分相信这就是她要找的弟弟了，感到很是激动，但她仍然接着问他是否还记得其他的事情。那年轻人想了想还说，记得他姐姐离开家的时候，他和哥哥一直把姐姐送到驿站里。要分别的时候，姐姐向驿站的人要了一盆水，一边给他洗脸，一边在流眼泪。最后，他姐姐还给他要了一碗饭，等他吃饱了，他姐姐也就走了。听到这里，窦皇后再也抑制不住自己激动的心情，认定这个年轻人就是自己的弟弟。她伸手抱住弟弟，伤心地痛哭了起来。在一旁的汉文帝和其他侍从，也被这感人的场面感动的直流眼泪。

事后，汉文帝给窦长君和窦少君不少的田宅和金钱，并且就让他们住在长安，好经常和窦皇后见见面。长期遭受亲人流散之苦的窦皇后，也算是苦尽甘来了。

窦太后由权力顶峰跌落谷底

东汉汉章帝的皇后窦皇后。出生于权贵之家，自小在官场中熏陶，深谙权术之道。她的曾祖父窦融，曾是光武帝里刘秀的大司空，非常受恩宠，任职时无比荣耀。她的母亲，就是光武帝刘秀的孙女阳公主。身为皇亲国戚，窦家显赫一时。窦皇后少女时代就姿色出众，且精明能干，又有家族势力做坚强后盾，因此得以入宫，蒙汉章帝的恩宠。那么，在入宫之后，面对那么多的后宫贵人，她是如何一步步爬上权势的高峰，实现干预朝政直至独断专权的呢？

初入宫之时，窦氏由于家族势力的缘故，被立为贵人。她花容娇美，机智沉稳，颇有风范，非寻常女子所能及，因此很受汉章帝的喜爱。她入宫第二年，就被立为皇后，统领后宫。汉章帝原来有三位贵人，宋贵人生下了皇子刘庆，被立为太子；此外还有两个梁贵人，是姐妹俩，妹妹生下了皇子刘肇。窦氏没有生育，担心自己后位不稳，就把小梁贵人的儿子刘肇过继到了自己的名下。小梁贵人忍气吞声，不敢有怨言。宋贵人自入宫起，就受到汉章帝母亲，当时的马太后的喜爱，又生下了太了，势力不容忽视。窦皇后决心要除掉她这个对自己构成潜在威胁的要害人物。

窦氏派人到处搜集宋贵人的过失之处，甚至偷偷地监视她的生活。一次，宋贵人生病，一个平素里很受宋贵人照顾的宫人听说宋贵人想吃兔肉，就捎信儿让家里人送只活兔进宫来。这被窦氏派去盯梢的人听说了，就故意放跑了兔子，并到处大声嚷嚷，说不知是什么怪异的东西窜进了宫中。窦皇后一口咬定，是宋贵人带进宫的巫蛊之物，用来陷害汉章帝和皇后的，宋贵人的儿子即太子刘庆就可以早日继位。自汉武帝以来，汉朝宫廷对巫蛊之事十分敏感，汉章帝自然也不例外。他听信了窦皇后的话，废掉了刘庆，并把宋贵人打入冷宫，不久，宋贵人蒙冤而死。

随后，窦皇后过继的原小梁贵人的儿子刘肇被立为太子，他的亲生母亲小梁贵人的娘家人暗自摆酒席以示庆贺。窦皇后听说此事，深感不安。她多次诽谤两位梁姓贵人，致使汉章帝渐渐疏远了她们。后来，窦皇后的父亲窦宪又写信诬告梁贵人之父谋反，导致梁父与梁兄犯罪致死，梁贵人的母家被流放，不久梁氏姐妹忧愤而亡。

窦皇后用奸计除去她认为对自己能构成威胁的几位贵人后，牢牢地巩固了自己的皇后宝座。她的哥哥窦宪，先拜为郎中，后升任中郎将。窦宪之弟窦笃，拜为黄门侍郎。窦氏兄弟二人势力极大，从此骄傲无比。汉章帝自幼身体虚弱，不堪政事劳顿，窦氏兄妹就借此机会参与辅政，从而获得了很大的政治权力。

大臣郑弘直言不讳，上书汉章帝，指出西汉已有外戚之害，望汉章帝引起重视，可却被窦宪恶人先告状，导致郑弘被罢官，后病死。窦宪又把当初审理他祖父和父亲一案的韩纡的儿子杀死，以祭奠他父亲窦勋的在天之灵。窦氏外戚们仰仗着窦皇后在宫中受宠，横行霸道，鱼肉乡里，连诸王、公主，甚至殷皇后、马皇后的亲属都敢欺凌，无所顾忌。窦宪甚至以低价强买强卖汉章帝的姐姐沁水公主的园田，非常嚣张。

公元88年，汉章帝逝世，窦氏过继的原小梁贵人的儿子刘肇继位，是为汉和帝。窦氏升为太后，此时幼主年仅10岁，窦太后顺理成章地临朝听政，开始专权政事。窦氏一族被委以重任。其中，窦宪以侍中的身份，主管皇室机密，负责宣读诏命；窦笃以中郎将的身份，窦景、窦环以中常侍的身份，掌管皇宫的警卫事宜。此时，汉朝太傅邓彪虽然负责尚书事务，可他性隋懦弱，知道窦氏一族的权势自己无法比拟，就采取了明哲保身的为官处世之道，不敢介入政事。司徒袁安、太尉宋由、司空任隗又都没有实权，只是担个虚名。从此，汉室江山再度沦为外戚之手,成为窦氏的天下。窦氏外戚大权在手,为所欲为。

汉章帝死后,都乡侯刘畅来京吊唁。窦太后经常召见他,关系甚是密切。窦宪得知此事,害怕刘畅得宠分权,影响自己的势力,就派人暗杀了他,并嫁祸给刘畅的弟弟刘刚。后来,真相大白,窦太后十分愤怒,将窦宪扣押,不得放出宫去。窦宪请求北伐匈奴以赎罪,窦太后应允。公元89年,窦宪率领汉军,从朔方出塞,联合南匈奴单于万名精兵,大败北匈奴,战果辉煌,斩获了很多匈奴士兵,更有二十多万人归附了汉朝。三年后,又战一场,匈奴政权完全瓦解,从此便退出了漠北地区。窦宪远征匈奴的军事胜利,使得窦氏集团的政治势力空前高涨。

窦氏一门,可谓是一人得道鸡犬升天。他们欺上瞒下,作恶多端。年幼的汉和帝对舅舅们的为非作歹很是不满,他十四岁的时候,决心除掉外戚,夺回政权。窦宪察觉了汉和帝的想法,加紧密谋,打算杀害汉和帝。汉和帝闻听此风声,积极做好了应变的准备。由于窦太后专权以久,汉和帝和朝中大臣们关系疏远,难以相信他们并且托付此等大事。汉和帝依靠宦官郑众,先下手为强。他亲自来到北宫,关闭了城门,处死了窦氏党羽;又下令包围大将军府,收回了窦宪的大将军印,将窦氏兄弟遣回他们自己的封国,后又下令迫他们自杀。从此,嚣张跋扈一时的窦氏外戚被剿灭,窦太后自然也被夺权,窦氏一族就这样退出了东汉的历史舞台。汉和帝夺回了原本属于自己的政权。公元96年,窦太后在孤独和寂寞中痛苦地死去。

邓太后临朝称制

汉和帝四年,即公元92年,汉和帝已经十四岁了,八月,因为尚未婚娶,就广选美女,以充实后宫。其中,两位女子是特选,一位是殷刚的女儿,另一位是邓训的女儿,此二女都是年方十三岁。殷刚的女儿应选入宫,封为贵人。邓训的女儿因为邓训亡故,没有能参选。三年后,邓氏女十六岁,因为皇后人选尚未确定,得以再次进选,选中,入宫做了贵人。这邓氏女子就是后来成了东汉贤明女主邓太后。

邓氏,名绥,自幼聪明过人,而且天性善良,宅心仁厚。她五岁时,深得祖母即太傅公邓禹的夫人的喜爱。一次，太夫人要主动给这位孙女剪发，但是太夫人年纪老迈，老眼昏花，竟剪破了邓绥的额头。可她却一直忍着不出声，直到太夫人剪完为止。左右人见此情景，都觉得很奇怪，于是问她为什么，邓绥回答说，额头破了，不是不痛，可祖母年纪大了，因为喜欢我才会给我剪发。我如果

邓太后临朝称制

喊痛，岂不是要让祖母难过吗？所以我就忍忍嘛。一个五岁的孩子，就这样懂事，真的是很难得啊。

邓绥可谓是人小鬼大，她很是喜爱读书。据说，她六岁能读史书，十二岁能通读《诗经》《论语》。她给哥哥们提出的学习上的问题，常让他们不知该如何回答。家里人于是就称邓绥为小才女。母亲见邓绥终日手不离书，不喜欢做些女红之类的针线活，就很是奇怪，也有些担心，于是就劝导邓绥说，你整天与书为伴，不学着做女红家事，将来如何能治家啊？邓绥对母亲的教诲一向都是恭恭敬敬地聆听。她虽然不喜欢女红家事，但为了顺应母亲的心愿，不惹母亲生气，于是就决定白天学做女红家事，晚上再挑灯读书。

父亲邓训去世后，邓绥守了三年孝，不吃荤腥，很是憔悴。三年后再次参加入宫的例选，邓绥不知自己命运会如何。于是家中开始讨论起来，并请来了相士为她相面。相士苏文来到邓家，仔细端详邓绥的面貌、骨相，见她皮肤雪白，眉眼秀丽，鼻高唇薄，头发乌黑，一时间惊叹不已。相士对邓家人说，小姐是大贵之相啊，相法属成汤之格，真正贵不可言，此相男必能封侯拜爵，女必能选为后妃。

邓绥果然被选中，册封为贵人。在进宫前，母亲反复叮嘱邓绥说，皇家重视礼法，凡事要柔顺谦退。入宫后是福是祸，就全靠自己了。

邓绥入宫后，一开始很长时间，都没有机会接近汉和帝，因为此时的汉和帝，正宠幸着殷贵人。

殷贵人比邓绥早三年进宫，捷足先登。她是光武帝殷皇后殷识的曾孙女，容貌出众，才艺过人，而且也是聪慧温婉，善解人意。邓绥入宫半年后，即公元96年，汉和帝十八岁时，册封殷氏为皇后，邓绥只不过是作为贵人当个陪衬。

　　然而，是金子到哪里都会发光的。不久后，汉和帝就发现身边这位邓贵人柔顺体贴，兰心蕙质。邓贵人的美，高雅别致，与众不同，为宫中其他女子所没有的。殷皇后虽然生得娇巧可人，有一种玲珑之美，可邓贵人袅娜秀丽，谈吐文雅，娴静中别具一种风趣迷人的妩媚。邓贵人入宫后，住在嘉德宫，于是汉和帝到嘉德宫的次数就越来越多了。

　　殷皇后见此情景，怒火中烧。一次皇室家宴中，殷皇后伺机出言讽刺说："邓贵人长身玉立，如鹤立鸡群，我等真是自惭形秽啊。"邓贵人听了这样的话，大为惶恐，立即明白了殷皇后所指，于是马上跪下说，臣妾托体父母，一切都在皇后的荫庇之下，伏望皇后海涵。邓贵人说得十分恳切，而且话语得体，殷皇后没再多说什么，宫中众人倒是益发敬重邓贵人了。

　　邓贵人由此知道了宫中的确险恶，于是回想起进宫前母亲叮嘱自己的话，就更加小心了，对皇后尤其不敢有半点的怠慢。邓贵人爱护下人，克己待人，后宫的宦官宫女们都很爱戴她。

　　汉和帝见到邓贵人如此这般，心中更是喜欢她了，也更加怜惜这位柔顺可人的爱妃，甚至在邓贵人生病时，汉和帝破例准许她的母亲、兄弟入宫照顾她。邓贵人婉言谢绝了汉和帝这样的恩宠，她说，宫里规矩森严，臣妾家人进入后宫是宫禁所不允许的。陛下降恩于臣妾，外廷会批评陛下，会指责臣妾，这样于公于私都不可以。汉和帝听到邓贵人这样说，更是大加赞赏她了，心中除了怜爱的感情外，又添了一份敬重。

　　殷皇后却更加嫉恨邓贵人了，而邓贵人也更加小心谨慎，不敢有丝毫的僭越。在各种皇室聚会的场合，她从不与众嫔妃们争奇斗妍，绝不和皇后的衣饰、颜色相同。她总是素衣素服，不加饰物。有皇后在自己身旁，她绝不就座，而是恭恭敬敬地站在一旁，极其谦卑，并且从不先皇后而答话。汉和帝爱惜地称赞邓贵人有修德之劳，这般用心真是难为她了。

　　于是，汉和帝的感情天平日渐发生了倾斜，对邓贵人的宠爱与日俱增，相对应的，对殷皇后就越来越冷淡了，这使得邓贵人更加不安了。汉和帝连日留宿在嘉德宫内,邓贵人就假称患病,亲自挑选宫女送给汉和帝,希望他广延帝嗣。邓贵人这样地谦卑不妒,使得宫内人人对她交口称赞,而殷皇后却反而益发地恨她了。

公元101年,汉和帝得了重病,卧病不起。殷皇后就对身边的人说,我如果能得志,一定要灭邓氏家族,看她还能神气几时?邓贵人闻听此言,顿觉得像晴天霹雳,她非常痛苦的哭泣道,我这样地顺从皇后,她还不能容纳我,看来我的祸事也不远了。她觉得自己死不足惜,只是牵连到家人,不如自己早死,这样即能求得皇帝平安康复,还可以保佑家里平安。

邓贵人做了赴死的决心,身旁的宫人反复劝阻她,她都不听,吩咐准备好香案供品,准备当晚再做一次祷告后,就饮鸩自杀,并且亲自写了一篇祈祷文。当晚,邓贵人正准备在嘉德宫内自尽,忽然听宫人报告说,汉和帝的病已经有了起色。邓贵人跪在地上说,谢天谢地,皇帝平安,我就心安了。第二天,汉和帝的病真的痊愈了,也等于是救了邓贵人一命。

殷皇后还是难以平复自己的嫉恨,最后竟然铤而走险,用巫蛊诅咒邓贵人。这巫蛊之术本是宫廷中的大忌,殷皇后这么一做,结果被人告发,汉和帝派人调查,查明属实。于是殷皇后被废,一年后抑郁而终。邓贵人在废后之后的当年十月,被册立为皇后,此时,她二十二岁。

位居中宫后,邓皇后不要当时嫔妃们都喜爱的奇珍异宝,只要求供给书籍和纸墨。她还拜才女班昭为师,刻苦学习。两年后,汉和帝驾崩,时年二十七岁。邓皇后无子,就先排除了弱智的汉和帝长子刘胜,立了皇帝的次子,出生还不足百日的刘隆为皇帝。此后,邓太后紧紧握住了汉朝的最高权力。

从一个普通民女,到汉室太后,邓绥靠的是自己的修养和耐心,这就是她的过人之处。在邓绥临朝听政的日子里,东汉社会经济有了很大的发展,她可谓是贤明的女主。

"金屋"变成冷宫

现在很多人都用"金屋藏娇"来形容已婚男子的外遇,这个意思与"金屋藏娇"原本的含义却已经相差了十万八千里。那么,"金屋藏娇"的典故从何而来？一开始又是什么意思呢？

这就要从汉武帝刘彻说起。刘彻从小和表妹阿娇一起长大,他们嬉戏玩耍,捉蜻蜓、逮蝴蝶,可以说是两小无猜、青梅竹马。刘彻四岁那年,被封为胶东王。一日,他在皇家花园里游览,只见漫山的青草和荡漾的碧波,景色煞是好看。皇亲国戚们一个个都身穿华丽的衣服,众多美女簇拥,一路上说说笑笑,好不热闹。这时,刘彻的姑母、长公主刘嫖看见了他,于是把刘彻抱起来,让他坐在自己的膝上。长公主逗他说:彻儿,你想不想娶个媳妇啊?刘彻天真地回答道:当然想啊!于是,长公主指着周围跟随她的众多漂亮侍女问他:这些人里面,你喜欢哪一个啊?没想到小刘彻不屑地翻了翻白眼儿,说:我都看不上!他这样的神情把大家都逗笑了,纷纷说他人小鬼大。长公主又指着自己的女儿问刘彻:那阿娇好不好呢?未料到刘彻顿时拍着巴掌,乐得眉开眼笑地说:阿娇好!阿娇好!如果能娶得阿娇做媳妇,我就盖一座金屋让她来住!

这就是"金屋藏娇"的典故,原是说两小无猜的情侣终成眷属、相亲相爱的,后人用它来指养小老婆、包情妇,可不是与原意相差十万八千里了吗?

那阿娇后来真的嫁给刘彻了吗?

是的,在刘彻和阿娇成长的日子里,长公主为了使女儿能攀龙附凤,费尽了心机。刘彻的母亲王夫人自然也想借助皇姐的力量,使儿子能被立为太子,自是更不惜余力了。因此,在她们的努力下,刘彻被立为太子之时,阿娇也就成了太子妃。当刘彻即位后,阿娇成了皇后,她真的住上了"金屋",而且是比金屋不知豪华多少倍的皇宫。

这样两小无猜、青梅竹马的一对有情人,婚后的日子如何?他们幸福吗?

很遗憾,阿娇被立为后的十多年里,一直没有生育。可偏偏汉武帝刘彻是个可三日不食,却不可一日无妇人的人。更何况后宫美女三千,都是他一个人专属的。于是,其他被临幸的女人日渐增多,她们生育的机会也就多了。其中,生了皇子的女人,就会"母凭子贵",有机会登上皇后的宝座。阿娇感到自己皇后的地位已经动摇,遂开始到处求医问药。可惜,花钱无数,仍是不孕。阿娇自己气愤不已,悲伤不已,竟多次寻死。这一下闹得满城风雨,刘彻本来不反感她,她没子嗣就没子嗣呗,可让她这么一闹,很没面子,让天下人耻笑皇室。于是,刘彻开始厌恶起阿娇来。

阿娇见此情此景,心中很是着急。为了挽回刘彻的心,重新得到他的宠爱,她利令智昏地求助于巫蛊之术。他请了当时著名的巫婆来做法,把刘彻宠幸的几个后妃都塑成像,用刀扎、用针刺,还写符咒、念咒语,让这些嫔妃们失魂落魄,病重甚至不得好死。偏偏刘彻很惧怕鬼神,平生最恨的就是巫蛊之术。阿娇被人检举了,刘彻大怒。将巫婆斩首示众,废去阿娇皇后之位,贬到长门宫终老一生,无比孤独凄凉。同时,也有许多大臣因此次巫蛊之祸受到牵连,被罢官或是诛杀者,达三千余人之众。

阿娇被废后,仍不甘心失去昔日的尊崇和荣华,她绞尽脑汁、冥思苦想,为的就是挽回刘彻的心和情意。后来,她想到了大才子司马相如,这司马相如当年与卓文君私奔而引起轰动,一时传为佳话。阿娇知道刘彻很欣赏司马相如的文采,很是赏识他写的赋。于是,一日阿娇向司马相如奉上千金,请他为她作赋。司马相如不负众望,洋洋洒洒地写成了著名的《长门赋》,可谓是文采飞扬,情深意切。他把阿娇的孤苦、悲怆、哀婉刻画得淋漓尽致,充分表达了阿娇期盼刘彻回心转意的殷切之情。

然而此时的刘彻,已不是四岁时欲藏阿娇于金屋的刘彻了,儿时的一句戏语哪能地久天长?更何况刘彻此时已经是名震天下的汉武帝,羽翼早已丰满,帝位已然巩固,他不再需要阿娇之母、长公主的地位和权力了。况且和刘彻同岁的阿娇此时已经是年老色衰,没什么值得他留恋的了。更主要的是刘彻拥有一位很得宠的新欢——卫子夫,她年轻貌美,生机勃勃。两人情意绵绵,刘彻怎么可能会为《长门赋》所动呢?

于是,阿娇没了主意,只能以泪洗面,后来在长门宫里郁郁而终。后世的文人骚客们以此为题材,还写了很多诗,慨叹这"长门怨"。

"金屋藏娇"的典故以阿娇的失宠而告终。那么,包括卫子夫在内的汉武帝一时宠幸的嫔妃们,命运又如何呢?

卫子夫,为汉武帝生下皇子刘据,后来她被立为皇后。她的哥哥就是名将卫青,侄儿是名将霍去病。卫氏一族曾经显赫万分,权倾朝野。可到头来卫皇后也会年老色衰,继而失宠。她终于也因迷信巫蛊,走上了悬梁自尽的绝路。

除此之外,还有个李夫人,也深得汉武帝的宠幸。她是乐师李延年和将军李广利的妹妹。她深知女子色衰就不再受宠的道理,在中年时一病不起后,就再也不肯见汉武帝。怕他见到自己的病容后，尽毁往日恩宠的形象，后来她也终于撞墙身亡。

汉武帝晚年最宠爱的是钩弋夫人，又称拳夫人。钩弋夫人姓赵，为汉武帝生下儿子刘弗陵。刘弗陵七岁时，汉武帝打算立他为太子，可又怕自己死后太子年幼，母亲专权，竟将钩弋夫人打入冷宫赐死。可见，尽管汉武帝文治武功样样具备，是历史上不可多得的雄才大略的皇帝，可他"金屋"里藏的"娇"们，却没有一个是好结局的。

赵飞燕惜才赠宝琴

著名的舞蹈家赵飞燕生活在西汉末期，原名赵宜生，因其舞姿轻盈如燕子飞舞，故人们称其为"飞燕"。

赵飞燕小时家里很苦，出生后便被父母丢弃，三天后仍然活着，父母也觉得奇怪，就开始哺育她。稍大后，父母相继去世，她便同妹妹一同流落长安，沦为官婢，后被送入阳阿公主府，开始学习歌舞。她天赋极高，学得一手好琴艺，舞姿更是出众，一时名满长安。

汉成帝刘骜喜欢游乐，经常与富平侯张放出外寻欢作乐，他在阳阿公主家见到赵飞燕后，大为欢喜，就召她入宫，封为婕妤，极为宠爱，后又废了许皇后，立飞燕为后，赵飞燕之妹合德亦被立为昭仪，两姐妹专宠后宫，显赫一时，并想尽办法害死了后宫的诸多皇子。

汉成帝死后，赵飞燕姐妹无子，由定陶王刘欣即位，即汉哀帝，赵飞燕被尊为太后，哀帝没过几年就死了，汉平帝刘衍即位，赵飞燕被贬为孝成皇后，后其妹合德因罪被杀，赵飞燕则被贬为庶人，被赐自杀。

当时民间曾流传有这样一首童谣："燕燕尾涎涎，张公子，时相见。木门仓琅琅，燕飞来，啄皇孙，皇孙死，燕啄矢。"说的就是赵飞燕，"燕燕尾涎涎"说的是赵飞燕的美貌，"木间仓琅琅"说的是她将当皇后。

关于赵飞燕的舞蹈艺术，《赵飞燕别传》审有这样的描述："赵后腰骨尤纤细，善踽步行，若人手执花枝颤颤然。他人莫可学也。""踽步"是赵飞燕独创的技巧，最早见于史料，可见其舞蹈功底深厚，并能控制呼吸。赵飞燕"善行气术",传说她"身轻若燕,能作掌上舞",可见其轻功极好,且或许她已能在空中做高难度动作的技巧,轻盈飘逸,挥洒自如。

赵飞燕心地狠毒,自她入宫之后,西汉王朝因之迅速瓦解,但她在艺术上的成就是很高的,她不仅是位舞蹈艺术家,也是位出色的琴家,她有一张琴名为"凤凰宝琴"。当时长安有一位少年音乐家名叫张安世,自幼习琴,15岁时便名满天下,后入宫为汉成帝和赵飞燕演奏了一曲《双凤离鸾曲》,其出色的技艺和优美的音乐令皇帝夫妇如痴如醉,赵飞燕尤为激动,令人取来她的琴奏了一曲《归风送远曲》,音调飘逸逍遥,令张安世惊叹不已。赵飞燕爱惜张安世之才,特求成帝允其随便出入皇宫,并给他一个侍郎的官职,还送给他许多礼物,其中包括两张名贵的琴,一曰"秋语疏雨",一曰"白鹤"。正应了童谣中"张公子,时相见"之语(一说指与汉成帝关系甚好的富平侯张放)。

解忧公主红颜离国而白发归

自从汉高祖在对匈奴作战中遭逢"白登之围",深知步兵车战难以匹敌飘忽来去的骑兵部队,既不能战,为了笼络西北强悍的少数民族,汉朝开始实行"和亲政策",从而揭开中央政权与周边民族关系新的一页。

武帝时,世居在祁连山附近的乌孙国,被匈奴赶到今新疆温宿、伊宁一带,势力又逐渐强大起来。因为乌孙与匈奴的世仇,汉武帝派张春出使乌孙,表示愿遣公主下嫁,结为兄弟之邦,共同打击匈奴。

于是,汉武帝元封六年,以江都王刘达的女儿细君为公主,下嫁乌孙国王。乌孙国王知道汉武帝爱马若渴,就献上骏马千匹作为聘礼;汉武帝也赐予丰厚的奁装,包括随从人马,宦官侍婢数百人,一路吹吹打打,浩浩荡荡地将细君送到九千里外的乌孙国。

细君出生在王侯世家,容貌美丽,气质高贵,乌孙国王喜出望外,爱若珍宝。但是,自幼长在深闺、锦衣玉食的细君公主身体柔弱,对塞外生活根本无法适应,每日如坐针毡,度日如年,不由得把满腔的愁绪化成一首悲歌,整天就抱着琵琶弹唱,说不尽那怨恨之情。

"吾家嫁我兮天一方,远托异国兮乌孙王;穹庐为室兮旃为墙,以肉为食兮酪为浆;居常思土兮心内伤,愿为黄鹤兮归故乡。"

当这歌辗转传到汉武帝的耳中时,这位豪雄的帝王也不禁为之潸然泪下,于是派遣专使、馈赠许多珠宝锦绣,以安慰细君公主的寂寥,然而这黄金千两,又怎能填补细君公主的落寞与空虚。

两年后,老乌孙王一病不起,他的儿子早已死去,于是孙子岑陬继承王位,按照习俗也继承了祖父的妻妾。细君公主怀着满腔的悲愤,不得不依照传统含悲忍辱地再嫁岑陬,天天以泪洗面,内心怆痛不已,几年后就忧伤而死。

细君死后,岑陬再向汉廷求婚,汉武帝选派楚王刘成的女儿解忧,仍以

解忧公主

公主的身份嫁给岑陬。这个解忧公主与细君是完全不同的两种类型,丰腴健美,生性爽朗,娇艳中含蕴着浓郁的英挺气概,忠君爱国的观念很深,对政治的兴趣也十分浓厚,朝廷的"和亲政策",她更有相当程度的理解,因此,抱着一种大将军出征一般的心情,踏上征途,在另一个战场上为国效命。

几年下来,解忧无所出,岑陬的另一个匈奴妻子却生下一子,取名泥靡。后来岑陬突然暴毙,因为泥靡还小,王位就由岑陬的族弟翁归靡继承,这人痴肥不堪,乌孙人都称他为"肥王"。按照习俗,肥王也接受了解忧和匈奴公主。大约是性情相投的缘故,解忧与肥王恩爱异常,接二连三地生下了贵靡、万年、大乐三位王子,肥王对解忧关怀备至,言听计从,从而也拉近了汉廷与乌孙国的密切关系,双方信使往还,不绝于途。那边被冷落的匈奴公主不断向娘家告状,激怒了匈奴单于出面干涉,双方闹得很不愉快,以至于大有一触即发而诉诸战争的态势。

汉宣帝本始三年，匈奴单于终于发兵威胁乌孙国，大言不惭地要乌孙国王献出解忧公主，并和汉廷断绝一切关系。面对匈奴人的欺凌与勒索，肥王与解忧大为震怒，火速遣使邀请汉廷出兵，分进合击，对付匈奴。当时汉廷由大将军霍光独揽朝政，立即派兵分五路进击，又派人到乌孙监督作战。

匈奴人听说汉军分五路出击，当年卫青、霍去病的神勇，使他们几乎全军覆灭的往事记忆犹新，不敢和汉军正面作战，一路向西北逃窜，乌孙国的军队正好以逸待劳，拦腰截击，匈奴人迅速败下阵来，死亡四万人，损失牛马羊及骆驼七十余万头，从此一蹶不振，汉代北方边疆得到了一个较长时期的平静。汉廷与乌孙国通过这次军事合作，双方关系更加水乳交融，解忧在乌孙国的地位也如日中天。

可惜肥王不久之后一病不起，王位归还了岑陬的儿子泥靡，也就是匈奴公主的骨肉，于是解忧的势力，乌孙的强盛，汉廷与乌孙的大好关系、一夜之间付诸东流。

泥靡当了国王，倒行逆施、暴虐无道，搞得国家鸡犬不宁，怨声载道，大家都称他"狂王"。不久之后，狂王被肥王的一个儿子杀死，乌孙国就此陷入动荡不安的局面之中。

汉朝派出大臣率兵前往乌孙国进行军事干预，终于使乌孙接受汉廷的安排，立了解忧与肥王所生的大儿子贵靡为大国王，统治六万户，封匈奴公主所生的乌就奢为小王，统治四万户。双方分而治之，这才相安无事。

时光荏苒，又是若干年过去了，解忧所生的长子贵靡和幼子邸靡相继病死，乌孙国人都归附匈奴公主所生的乌就奢，再加上汉朝已大不如从前，解忧的处境也不复当年。

从汉武帝太初年间，解忧意气风发踏上征途，到如今汉宣帝甘露初年，她在西域已经生活了五十多年，当年是粉白玉嫩的及笄少女，此时已是鸡皮鹤发的老太婆。

感时伤逝，一阵阵萧索苍茫的情绪袭上心头，解忧自认已经奉献了自己的青春美貌与心力智慧，为国家的前途作了最大的牺牲，如今在远隔千里的异域经历了四朝三嫁，受尽委屈，于是上书表示"年老思故乡，愿得骸骨归汉地。"情词哀切，汉宣帝为之动容，于是派人把她接回来。

红颜出国，白发归来，解忧在去国五十多年后，偕同两位孙儿回到长安，物是人非，感慨不已。汉宣帝赐给她田宅奴婢，奉献之仪如公主，以酬劳她为国牺牲的艰苦卓绝精神。

政坛趣话

萧何自毁形象得平安

生活在秦末汉初的萧何是最早支持并参与刘邦起事的亲信，在后秦灭楚兴汉的事业中立有大功，刘邦在论功行赏时，将他排在功臣之首，并给了他可以佩剑穿履从容入宫朝见的特殊待遇，以示恩宠。

汉高帝十一年（前195）时陈豨谋反，刘邦亲自率兵出征，还没等罢兵回朝，淮阴侯韩信又策划在关中谋反，当时刘邦率兵出征在外，是萧何为吕后设计除掉了韩信，解除了刘邦心头的一大患，萧何由此从丞相提升为相国，封地增加了5000户，还给了500名士卒做他的警卫。

萧何又得高升，朝中大臣无不向他表示祝贺，只有一个叫召平的秦朝遗老独去致哀，他穿着白衣白鞋进来吊丧。萧何见状大怒，召平却不慌不忙地对萧何说："相国，我是来给您提醒的，您的大祸就要临头了。"

萧何大惊，忙问："我又没有犯什么过错，没犯什么法，怎会有什么大祸？当今皇上还对我恩宠有加，你难道不知道皇上对我的赏赐吗？"

这人说："我当然知道，可是，你仔细想一下，您现在身为相国，功列第一，还能有比这更高的封赏吗？况且您一入关就深得百姓的爱戴，到现在已经十多年了，百姓都拥护您，您还在想尽办法为民办事，以此安抚百姓。皇上在外风餐露宿，而您长年留守在京城，并没有冒着战死沙场的危险，却加官晋爵，这宠爱恐怕不能长久吧。韩信起兵谋反，刚刚被镇压下去，皇上对您的忠心也不会太放心。皇上赏赐你，不是为了奖赏你的功劳，而是为了试探你。希望您不要接受皇上的封赏，并且把全部家产献出来用以资助军队。这样才能消除皇上对您的萧何听了,觉得这个叫召平的人说得有理,就听从了他的建议。刘邦见萧何如此谦逊,也非常高兴。

同年秋天,黥布谋反,汉高祖又率兵出征,但是他身在前线,每次萧何派人输送军粮到前方时,刘邦都要问:"萧相国在长安做什么?"使者回答说:萧相国爱民如子,除办军需以外,无非是做些安抚、体恤百姓的事,就像皇上从前讨伐叛臣陈豨时所做的那样。刘邦听后也不置可否。使者回来后告诉萧何,萧何也没有在意。

有一次,萧何偶然和一个门客谈到这件事,这个门客忙说:"这样看来,您不久就要被满门抄斩了。"萧何听了大惊,忙问为什么。

这人说:"丞相,您想想,现在皇上带兵在外打仗,他之所以几次问您正在做的事,就是害怕您借关中的名望而有什么不轨行动啊!如今您何不贱价强买些民间田宅,发放一些高利息的贷款以玷污自己的声誉,故意让百姓骂您、怨恨您,制造些坏名声,这样皇上一看您也不得民心了,才会对您放心。"

萧何长叹一声,说:"我怎么能去剥削百姓,做贪官污吏呢?"

门客说:"您真是对别人明白,对自己糊涂啊!"

萧何又何尝不知道这个道理,为了消除刘邦可能对他的疑忌,只得故意做些侵夺民间财物的坏事来自污名节。不多久,就有人将萧何的所作所为密报给刘邦。刘邦听了,像没有这回事一样,并不查问。当刘邦从前线撤军回来,百姓拦路上书,说相国强夺贱买民众田宅,价值数千万。

刘邦回长安以后,萧何去见他时,刘邦笑着把百姓的上书交给萧何,意味深长地说:"你身为相国,竟然也和百姓争利!你就是这样"利民"啊?你自己向百姓谢罪去吧!"

刘邦让人将萧何在狱中关了几天后放了出来,对萧何的怀疑也随之消除了。

"不倒翁"叔孙通官运亨通

论起做人处世的圆滑与高明,秦汉时期的叔孙通可以说是最精于此道的高人。他曾经制定了朝见帝王的礼仪而大受汉高祖刘邦的赏识,成为西汉开国初期一位引人注目的角色,为此《汉书》还专门给他立了一篇传记。

其实,叔孙通在秦朝时就开始崭露头角,在秦始皇时期,他便以博士的头衔为秦王朝效力了。秦始皇搞焚书坑儒,埋的就是那些有博士头衔的人,当时被活埋的人数多达460多人,而叔孙通居然能幸免于难,说明他的确有极好的处世手段。

汉代儒家叔孙通

到了秦二世时,陈胜、吴广农民起义,秦二世召来了博士儒生询问对策说:"南方有一些贼兵攻城夺地,你们看怎么办呀?"

大多数博士纷纷进言道:"聚众闹事就是造反,就是不可饶恕的死罪,请陛下立即发兵去征讨!"但秦二世偏偏不肯承认老百姓会起兵反对他,一听这话脸色都变了,一副怒气冲冲的样子。

叔孙通明白秦二世的心思,立刻上前说道:"他们说得都不对。现在天下一家,郡县的城墙、关卡早不再用武。而且上有英明的国君,下有严明的法令,官吏们人人恪尽职守,四方百姓心向朝廷,怎么会有造反的人?南方那些戍卒不过是些鼠窃狗盗的小偷小摸,何足挂齿,当地的官员早已将他们拘捕杀戮,根本不必大惊小怪!"

他这番话果然讨得秦二世的欢心,结果,那些说是造反的博士们都被交司法部门审讯,叔孙通却得到了20匹布帛,一身衣服的赏赐,秦二世还将他的官职升了一级。

等到叔孙通返回住所,那些博士们责问他道:"你怎么那么会巴结讨好而不顾国家安危?"

叔孙通说:"你们太不聪明了,没看到秦王朝已经没救了吗?我也险些不免于虎口啊!"其实他已清楚地看出秦国即将灭亡的形势,当夜便逃出秦都咸阳,投奔陈胜、吴广的队伍去了。陈胜、吴广失败以后,他先后又归顺项梁、义帝、项羽,最后项羽也失败,他就又投降了刘邦。

刘邦这个人不喜欢读书人,叔孙通为了迎合刘邦,就立即脱掉了自己儒生的服装,特意换上一身刘邦故乡通行的短衣短衫,果然赢得了刘邦的好感。

当他投降刘邦时,有100多名学士随他而来,可他并不向刘邦推荐,而他所推荐的,全是一些不怕死、敢拼命的壮士,这帮学士们对此不免有了怨言:"我们追随先生多年,又同先生一起降汉,先生不推荐我们,专推荐一些善于拿刀动枪的人物,真不知你是怎么想的!"

叔孙通说:"刘邦现在正是打江山的时候,自然需要一些能够冲锋陷阵的人,你们能上战场打仗吗?你们别着急,且耐心等待,我不会忘了你们的,等天下安定,一定有你们显身手的时候。"

果然,当刘邦当上皇帝以后,那些昔日部下全不懂得一点君臣大礼,有时在朝堂上也争功斗能,指手画脚,饮酒狂呼,甚至拔剑相向。刘邦对此很不耐烦,叔孙通看了出来,他便趁机建议制定一套大臣朝见皇帝的礼仪,刘邦自然同意。

这样一来,叔孙通的那班弟子都派上了用场,同时他还特地去礼仪之邦的鲁地,去征召一批懂得朝廷大典的人。有两个读书人不愿意来,当面指责他道:"你踏上仕途以来,前前后后跟了十几个主人,都是以阿谀奉承而得到贵宠。现在天下刚安定下来,百姓死者还没得到安葬,伤者还未得到治疗,国家百废待兴,你却一门心思去搞那远不是当务之急的礼仪。你的作为完全不符合古人设置礼仪的初衷,我不会跟你一块去,你赶快走开,别玷污我!"

对此叔孙通一点也不生气,反而讥笑道:"真是一个腐儒,完全不懂得适应时局的变化!"

由于他的那一套礼仪极大地提高了皇帝的尊严,使得刘邦十分开心,高兴地说:"我今日才体验到当皇帝的尊贵了!"于是叔孙通又得以加官晋级,一次便得到500金的赐赏,成为朝廷大臣,一直到汉惠帝时还很受恩宠。

萧规曹随是怎么回事

萧规曹随是中国历史上的一个很著名的典故,"萧",自然是指汉代的开国丞相萧何,那么,"曹",又是指何人呢?"萧规曹随"又到底指的是什么意思呢?

让我们先来看一看萧何。萧何是刘邦的重要谋士之一,他早年是沛县的官吏,就像刘邦早年是沛县泗水亭的亭长一样,他们都是秦时的小官吏。萧何起先辅佐刘邦起义,后来又为刘邦最终战胜项羽,统一天下,建立汉朝,做出了巨大的贡献。汉朝建立后,刘邦在自己成为皇帝的同时,就拜萧何为自己的开国丞相。汉朝初年,由于秦末暴政和楚汉战争给社会带来了巨大损害,连年战乱使得国内经济凋敝,生产生活都急需恢复。甚至就连皇帝出游时,想要四匹同样颜色的马都找不到。老百姓的生活更是困苦不堪,社会生产遭到严重破坏。面对这样的状况,在萧何建议下,汉高祖刘邦推行了与民休息的政策,轻徭薄赋,使汉初的经济得到了稳定恢复和长足发展,人民生活有了一定的改善,社会政局也日益稳定下来,从而巩固了自己的统治。

曹,就是指曹参,他是继萧何之后当上汉朝丞相的第二人。曹参和萧何一样,早年都是沛县的官吏,跟随刘邦一同起兵,他披坚执锐,攻城略地,立下了赫赫战功。他和萧何两人,一文一武,一内一外辅佐刘邦,可谓是刘邦的左膀右臂。

公元前193年,即汉惠帝即位后的第二年,这时年纪已经很老的丞相萧何得了重病,汉惠帝亲自前往萧何家中探视病情。在殷切地关怀了萧何的身体状况后,汉惠帝询问他,将来谁可以接替他的丞相职务,萧何不愿意表示自己的意见,只是说,有谁能像陛下那样了解臣子呢?汉惠帝百思不得其解,又想到应该按照汉高祖刘邦的遗嘱,便再问萧何,你看曹参怎么样?萧、曹二人由于共同辅助刘邦创建基业,旧时关系非常要好,齐心协力,可后来刘邦建汉论功行赏时,曹参的权力和地位都比不上萧何,二人之间由此产生了矛盾,关系日渐疏远起来。但萧何深知,曹参是个不可多得的治国的人才,所以,当汉惠帝提到曹参时,萧何立即摒弃前嫌,表示赞成。他对汉惠帝说,皇上的主意错不了,有曹参接替,我就是死了,也安心了。

果然,萧何病逝后,曹参接替了丞相的职务。当上丞相的曹参,处理政事,一切按照萧何已经确定的章程,一点都不变动。有些大臣看到曹参这样清静无为的做法很是不满,也有的大臣急着向他献计献策。可曹参自有一套对付他们的办法。凡是就政事向他进言的,曹参都请他们一起喝酒,直到客人喝得酩酊大醉地回去,他们还一点建议也没来得及提出来。年轻的汉惠帝看到曹参这种表现,心里很是焦急,认为曹参是倚老卖老,看轻了自己。

曹参知道惠帝对自己有了嫌隙,就找机会跟惠帝说,请问皇上,您和先帝相比,哪一个更英明?汉惠帝说,当然是先帝,这不是一目了然嘛。我怎么能比得上先帝呢?曹参又问,那我和萧何,哪一个更能干?汉惠帝很坦率地回答道,好像不如萧相国。曹参于是说,确实不错,陛下不如先帝,我又不如萧相国。那么,他们平定了天下,又根据社会现实制定了一整套的规章制度,我们既然无法超越他们,那么就按照他们的规章制度去治理国家。只要不失职就可以了。汉惠帝听曹参此言,明白了他的用心良苦。

曹参用他特有的方法,沿着萧何制定的规章制度,有条不紊地治理着国家,没有出过偏差,从而更加巩固和稳定了汉朝的政治格局。而且由于汉惠帝时期正处于长期动乱之后,百姓特别需要国家的安定和政策的稳定。所以,曹参的"无为而治"的政治思想,顺应了时代的要求,合乎民意,顺乎民心,并没有给百姓再带来更多的负担。因此,当时的人民还编了歌谣,称颂萧何和曹参。他们敬重开国功臣丞相萧何,更感激在萧何去世后,继任者曹参没有让社会政治和经济状况发生变动,保持了汉初以来原有的设置,使百姓更加适应汉朝的统治了。

这也就是历史上"萧规曹随"的来历。可见,萧规曹随,并不是一个贬义词,曹参的做法也不等同于墨守成规,他是在认真分析,研究了社会状况后,做出了按照萧何制定的规章制度处理一切事务的决定的。他的这一决定,是符合当时汉朝社会生产生活实际状况的,是实事求是的做法。曹参有很准确的判断力,也很识时务,他知道,只要不失职,就已经是完成自己的目标和任务了,也算是对得住高祖刘邦和前任相国萧何了,更是对汉惠帝负责任的行为。

萧规曹随这个典故,就是对我们今天处理各项事务,也有着很大的借鉴意义。

丙吉救护皇曾孙

丙吉是西汉时期有名的贤相,他自幼学习律令,曾经担任鲁国狱吏,因有功绩,被提拔到朝中任廷尉右监。因涉案受株连被罢官。后来调到长安任狱吏。宣帝即位后他连续升任御史大夫,丞相等职,赢得了皇帝、朝臣和百姓的喜爱。

汉武帝末年(公元前92年),发生了"巫蛊之祸",祸及卫太子。汉武帝在盛怒之下命令深究卫太子全家及其党羽。卫太子被迫自杀,全家被抄斩。一些还没有被处斩的犯人就被关在一所专门关押犯有巫蛊罪的犯人的监狱里。当时,就是由丙吉来担任这个监狱的监管人。在狱中,有一个刚生下才几个月的婴儿,是卫太子的孙儿,也是汉武帝的曾孙。丙吉奉诏令检查监狱时,发现了这个小皇曾孙。他很可怜这个无辜的孩子也要受牢狱之苦,也知道巫蛊案逼死卫太子,证据是不足的。胆大而心细的丙吉就暗中让两个比较宽厚谨慎,又有奶的女犯人轮流喂养这个婴儿。嘱咐他们把婴儿放在通风、干燥的地方睡,注意婴儿的冷暖。从此,他每天亲自去检查喂养情况,不准任何人虐待这个孩子。由于狱中条件差,几个月的孩子在狱中多次得重病,每当病危时,多亏丙吉找狱医诊断,让人按时给孩子服药,才使孩子转危为安。病后体弱的婴儿要营养品,丙吉总是用自己的钱买好送去,关照奶母精心照料孩子,这才使婴儿在狱中能吃饱穿暖并一天天长大。汉武帝几次派人去监狱中巡查,要杀掉还没有死去的犯人,丙吉一直把皇帝派来的专使挡在门外,保住了皇曾孙的性命。后来,汉武帝终于赦免了皇曾孙的罪名,允许把这个可怜的孩子放出来。丙吉就把皇曾孙送到了他的外婆家里抚养,让他顺利地长大成人。

后来,汉昭帝死了,却没有留下继承人。大臣们商量之后,就立了流落在民间的皇曾孙刘病已为皇帝,他就是历史上有名的中兴之主汉宣帝。

丙吉对刘病已在危难之中有养育呵护的大恩大德。现在刘病已当了皇帝,若是一般人就会把自己对皇帝的功德一天到晚挂在嘴边,并向皇帝伸手要官要权,甚至胡作非为了。但是一心为朝廷的丙吉,一贯为人深厚、在人前从不说起自己过去对皇帝的恩德。汉宣帝根本就不知道丙吉对自己有如此大的恩德,朝中的官员也搞不清楚他对皇帝到底有多大恩德。所以汉宣帝即位后,只给他封了一个"关内侯"的爵位。丙吉依然对过去的事只字不提,毫无怨言地为国事尽心尽力。后来,有一个老宫女上书说她对皇帝有养育之恩,要求赏赐,并说丙吉知道其中的全部事情。这时候,丙吉才把当年的事情一五一十地禀告给了皇帝,并且找到了真正地抚养过皇帝的两个宫女。这样汉宣帝才恍然大悟,知道丙吉是自己在大难之际的救命恩人。汉宣帝立即召见丙吉,称赞他有如此大的功德,平日却只字不提,真是难得的贤臣。于是下令封丙吉为博阳侯,升任丞相。

在他担任丞相的五年中,一直崇尚宽大,通事礼让,关怀爱护下属官员,使丞相府官员上下同心为朝廷尽职。丙吉对犯有错误的官员也不是一棍子打死,总是尽量掩过扬善,给他们改正错误的机会。

丙吉不仅对下属官员掩过扬善,而且对身边的仆人也极为宽大,从不因小过而责难他们。这些仆人都被他宽宏大度的精神所感动,平时尽心尽力侍候丞相,急丞相之所急,想丞相之所想,在关键时刻起到了预想不到的作用。丙吉的一个马车夫,嗜酒如命,经常喝得醉醺醺,曾多次行为放荡大发酒疯。丙吉从未责怪他。后来有人提出要开除这个马夫,没想到丙吉却说:"他是因为喝醉了酒才犯了错,现在若是把他开除了,以后这个马车夫还有什么地方会要他了。这次也只不过是吐脏了我车上的垫子而已,你宽大一点就算了吧!"于是这个马车夫没有被开除。车夫做梦也没想到丞相这么宽宏大度,所以非常感激,总想着要报答丞相。

丙吉身为汉丞相,日理万机。但是,作为一个贤相,还必须要预测未来,协助皇帝抓根本,从而制定出于国于民都有利的大政方针来。丙吉就是一个抓根本而不困于具体琐事的贤相。有一次,丙吉外出,在路上正好遇上群斗。死伤的人横七竖八地躺在路上。丙吉从那儿经过时却不闻不问。同行官员觉得很奇怪,又不敢问他,只得陪同往前走。走到另一个地方看见有人赶着一头牛,这头牛走得气喘吁吁,热得直吐舌头。这时,丙吉却让车子停下来,派侍卫人员问赶牛的人:"你赶这头牛走了几里路了?"陪同官员觉得丞相莫名其妙,刚才在前面路上死伤了人都不闻不问,这会儿却对一头牛为什么喘气问个不休。于是壮着胆子对丙吉说:"丞相您是不是搞错了,您该问的不问,不该问的却问个没完。"丙吉意味深长地对他们说:"百姓相斗而死伤了人,管这种事是长安令、京兆尹等官员的职责,应由他们派人去抓捕、审理。到年终丞相只负责考核他们的政绩是优还是劣。根据考核的结果奏明皇上对他们进行奖赏或惩罚就是了。作为一个当朝丞相,不应该亲自管一些不该自己去管的具体琐事,所以刚才路过群斗的现场,我就不加过问。奇怪的是,现在正是春令时节,天气不应该太热,我怕那头牛没走多少路就喘得那么厉害,是因为太热了。若是春令天就那么热,那是时令失调,不符合节气的征兆。气候反常对农作物和人都可能带来灾害。我身为丞相,是朝廷百官之首,我的职责就是要使国家风调雨顺、国泰民安。只要是有关这方面的情况,我都要负责争取预先搞清楚,才能做到心中有数。所以,我对牛喘气吐舌的现象就不能不亲自过问了。"经过丙吉的说明,陪同官员都非常叹服丞相的贤明。

在他任丞相期间,各级官员职责分明,上下有序,朝廷大政井井有条。中兴之主汉宣帝在这些良臣的辅佐下,国家一天比一天繁荣富庶,广大百姓安居乐业,社会风气良好,连刑狱案件都很少发生了,史称"昭宣中兴"。

刘睦示人以恶保平安

东汉明帝刘庄的堂侄刘睦从小就好学上进,并结交了不少的贤人名士,但对声色犬马没有一点沉迷和贪恋之心,做了官之后也很贤明,这自然而然地就会受到人民的爱戴和拥护。

每一年的年底,各个地方官或皇亲贵族都要向朝廷朝贺。据说有一年的年底,刘睦派自己手下的一名官员去洛阳朝贺天子。在这名官员临行之前,刘睦问他说:"你到了皇帝那边,如果皇帝问起我的情况,你应该怎样回答?"

这位官员诚实地回答说:"您忠孝仁慈,礼贤下士,深得百姓爱戴。我虽然没有什么特殊的才能,但是您这样的功绩,我即便是再如何的不善辞令,但是也会将您在这边的情况如实的禀告给皇上,以期嘉奖。"

刘睦听后叹了口气,然后连连摇头,感叹道:"唉,你如果真的这样禀告给皇上的话,那就把我给害了!你应该在见了皇帝以后,绝口不提我在这边的真实情况,否则的话,我将会有灭门之灾,你就说我自从承袭王爵以来,整天意志衰退,行动懒散,每天除了在王宫与嫔妃饮酒作乐,就是外出打猎游玩,对治理地方毫不在意,只有如此,我方能自保啊。"

这位官员听后恍然大悟,不由暗赞刘睦的确高明。

刘睦有的放矢的一番话其实就蕴涵着高明的处世智慧,他之所以故意贬斥自己是有针对性的,因为在当时宗室中,凡是有些志向或者广交朋友的,都容易受到朝廷的猜忌,疑心他们会形成一股强大的势力威胁到皇帝统治的稳定,他本身就是皇族,若在君主面前炫耀自己的才华和智谋,无异于引火烧身,弄不好就会招来杀身之祸,而只有表现得沉湎于纸醉金迷、声色犬马之中,故意贬低自己,方能消除帝王心里对他的怀疑、猜忌,他也才能够保全身家性命。

陈平不杀樊哙得平安

陈平是西汉有名的谋臣,他的智谋不仅对西汉的建立和巩固做出了贡献,也在关键时刻还能明哲保身,脱离政治斗争的险境。

话说公元前 195 年,刘邦击败叛军英布归来后,创伤发作病倒了。还没等养好病,便听说燕王卢绾叛变,就派樊哙率军去讨伐。在樊哙走后,有人对高祖进谗说:樊哙表面忠心耿耿,背后跟吕后串通一气,想等皇上百年之后图谋不轨。现在手握重兵,皇上一定要早加提防。

刘邦早就对吕后干预朝政极为不满,现在听说吕后跟她妹夫樊哙串通一气,立时觉得情况严重了。他决意临阵换将,就与陈平计议此事。商议结果是:如果在军前直接换掉樊哙,势必引起樊哙的疑心,如果樊哙果真想

樊哙雕像

要图谋不轨临时发动兵变,后果将会十分严重。怎么才好呢? 最后刘邦采用陈平的计谋:前往樊哙军中传诏,在车中暗载大将周勃,等到了军营里再宣布立斩樊哙,由周勃夺印代替。

高祖日益病重,便要陈平尽快地把樊哙的头取来。但陈平想到这是一件很棘手的事情,他对周勃说取樊哙的头不难,但处理好这件事情很不容易。其一,樊哙是皇上的老部下了,对汉王朝立下了汗马功劳,这个皇上心里比谁都清楚。

在樊哙没有丝毫罪证的情况下去杀掉他皇帝心中也未必高兴，如果以后他反悔了，肯定会怪罪我们二人的。其二，樊哙是吕后的妹夫，如果除掉樊哙，她们姐妹二人必定会在皇帝面前搬弄是非，到时也难免会归罪于我们。这不仅是国事，也是家事啊，我们最好不要参与。

陈平说得周勃一身冷汗，一时没了主张。陈平又说杀是不能杀，但放也不行。不如我们把樊哙绑上囚车，送到长安，或杀或免让皇上自己决定，吕氏姐妹也没有什么可说的了。

拿定主意，二人来到了樊哙的军营外，陈平命人筑起高台，作为传旨的地方，派人去传樊哙接旨。樊哙得知只有一个文官陈平前来，以为只是平常的敕令，想都没有多想就一个人前往接旨。刚要上台，便被周勃和其他人擒住捆了个结实，陈平又命将樊哙钉入囚车，周勃则赶到军中接替樊哙领军。

陈平押禁着樊哙的囚车走到半路时，便听到刘邦病故，大吃一惊，同时他还听到让自己屯戍荥阳。他心里庆幸幸亏没杀掉樊哙，而让他屯戍荥阳则是吕后担心他在京城是个威胁，陈平也害怕别人在吕后面前搬弄是非造谣生事，于是赶紧策马赶回长安想先把事情解释清楚。

回到长安，陈平跌跌撞撞地跑入宫中，跪倒在汉高祖的灵前放声大哭，边哭边说："皇上啊，您让我就地斩杀樊哙，我不敢轻易处置大臣。现在我把樊哙给您押回来了，但您却走了，让微臣如何处置是好啊？呜哇哇……"这些话是说给吕氏姐妹听，为自己开脱责任的，同时也是在为自己表功的。

吕氏姐妹听说陈平没有按照刘邦的旨意杀掉樊哙，都松了一口气，觉得陈平这事办得很漂亮，又看到陈平泪流满面痛哭的样子，不但没责备反而好言相安慰。这时，陈平又乘机请求留在长安，吕后答应了，还拜他为郎中令，辅助新皇登基。

曹参宴请下属和为贵

曹参是汉朝有名的贤相，他宽厚待人不计小过的作风，受到当时很多人的赞赏。他对官员的一些没有多大利害关系的小过错不但不计较，甚至还往往为他们隐瞒、遮掩。因此，在曹参丞相府工作的官员不像在其他地方做事的官员一样需要谨小慎微，不用提心吊胆地担心一些小问题受到什么惩罚。因此他们都能够心态平和轻松愉快地工作，团结合作，一心一意地处理好公务。

丞相府的后花园紧挨着一些下级官吏的住处。在这些官吏的住处，每天都有一批又一批的人来喝酒唱歌，高兴了还猜拳呼叫，大吵大闹，有时候日夜不息。丞相府中的办公人员被吵得不得安宁，大家都非常恼火，可是屡次劝说他们就是不听，或者只是稍微地收敛一些，不过几天一切依旧，因此也拿他们没有办法，于是他们商量想出了一个办法，准备整治一下这些喝酒吵闹的无聊之徒，让丞相曹参来亲自过问此事，想借助丞相的威望一劳永逸地平息这件事情。

当然，他们不会直接在曹参面前提及这件事，因为即使提及也怕曹参不计小过不予理会，因此他们想趁着那些下级官员正吵闹的时候让曹参有个切身的体会，好出面制止。这天。他们听到下级官员住处的人正在喝酒唱歌，大呼小叫之时，就邀请曹参到后花园游玩，以为这样一来，曹参听到吵闹声一定会制止了。

曹参一到后花园，就听到了下级官吏住处喝醉酒后唱歌呼叫的声音，曹参身边的官吏很是得意，这一来丞相肯定会惩治那些喝醉酒吵闹的家伙。

这时那些喝醉了酒的下级官员风闻丞相到后花园游玩，也都止住了声音，开始战战兢兢，毕竟这样的做法影响别人，确实有点过分了，让丞相知道了更不好。一时间，一些人扬扬得意以为可以一解心头之恨，从此能一劳永逸地过上清静的生活；另一些人为自己的所作所为战战兢兢等待丞相的处置。

聪明的曹参看到这个场面就明白了一切，但是他却假装对这些毫不知情，不但对那些喝酒吵闹的家伙并不理会，反而让手下的人也取酒来，并在后花园摆开了酒席，叫大家一起过来开怀痛饮，要与大家一同开心快乐。

曹参与这些人一边开怀痛饮，兴之所至还一边带头唱歌并高声呼叫，与那边喝醉了酒的官吏互相呼应对唱。整个气氛顿时活跃了起来，大家之间的怨气顿消，反而在痛饮之时都成了朋友。一时间借着酒兴，丞相府高级官员和下级官员都喝得兴高采烈，大家不再局限于平时的地位高低而打成一片，原来森严的上下级关系变得亲切融洽了。

通过这件事情，曹参不仅化解了下属官员之间的矛盾，同时也增进了他们之间的友情，有利于整个丞相府官员的团结与合作。这是曹参一贯的对人不苛求细节、不计小过的具体表现,因此所有在他手下工作的官员也都不必谨小慎微更不必战战兢兢,遇事尽可能放心大胆地按制度去办,而且在这样和谐团结的气氛中工作起来也更加的尽心尽职。

第五访拼死救灾民

西汉的时候,朝廷中有一位体察民间疾苦、拯救黎民于水火的廉洁秉公之士,名字叫作第五访。他的祖父第五伦曾做过汉朝司空的官。祖父死后,家境逐渐衰败,沦为贫苦农民,每天都过着食不果腹的艰苦日子。第五访早年就失去了父母,只好依附于兄嫂家里,由兄嫂把他拉扯成人。

但是兄嫂家里也不富裕,在清贫之极,生活难以维持的情况下,第五访年纪还很小的时候就到家乡的豪门富户家里当雇工,每天努力地工作,用挣来的钱奉养兄嫂。这样苦难的童年,磨炼了第五访的性格,使他能够体会到民间的疾苦,同情劳动人民的辛酸。贫困和苦难并没有使第五访丧志,反而激励了他勤学苦读的志气,第五访一有空闲时间,就借来富家的书籍,孜孜不倦地阅读。他还特别注重学习治国之道和与生活密切相关的有关技艺等方面的知识。由于他天性聪敏,富有智慧,再加勤奋刻苦,不耻下问,虽然没上过什么正式的学校,但是他的学识却在日积月累中逐步渊博起来。

后来,一个偶然的机会,第五访被推荐当上了郡里的一个小吏。因为他恪尽职守,忠于政务,颇有政绩,很快被荐举为孝廉,得以补任了新都(今四川省新都县)县令的官职。第五访担任了县令以后,治政有方,百业兴盛,百姓在他的治理之下都能安居乐业,过上比较安定富足的生活。三年之间,相邻的几个县都先后入籍新都县,使得新都县的户数增加10倍。汉朝的吏治规定,地方官辖区内的人口数量是评定官员政绩优劣的最重要的标准,所以第五访治理的县中人口的迅速增长,正好说明了他治理的成效。

不久,第五访就因为突出的政绩被升任张掖(郡名,治所在今甘肃省张掖市西北)太守。第五访上任后,这里遇到了百年少见的大旱,从春至夏,滴雨未见,大地干裂,焦土千里,幼小的庄稼苗全都枯死了。到了秋天,有许多农家都颗粒未收。可是一些奸商却借着大旱的机会,乘机囤积粮食,抬高粮价,一石粮食竟要卖几千钱的高价。在那些贫穷的农民家里,饭都吃不上了,又哪里有钱买这么昂贵的粮食呢?荒灾如此严重,许多农民都忍饥挨饿,奄奄待毙。

第五访看到乡亲们陷于水深火热之中,受到这样的煎熬的感同身受,如同撕肝裂肺一样,令他坐卧不安,心急如焚。为了拯救这些生灵,第五访当即决定:开仓放粮,赈济灾民。可是当地的一些官吏害怕未经批准,就擅自打开国家军用粮仓放粮,被朝廷知道了怪罪下来,谁也担当不起这个责任。他们提出,还是应该先上奏朝廷,获得批准后再行为妥。但是在当时交通非常不发达的情况下,张掖又离京城有千里之遥,信使往返一趟要一两个月,到那时,受灾的百姓们恐怕都要饿死了。

第五访听了下属这种意见后,心里很明白情况的紧急,就果断地说:"如今时间紧迫,救民如救火,一刻也不能容缓。若等上报,批准再行事,就等于把灾民推向死亡的绝路,这怎么能行?"

第五访略停片刻,又以大无畏的勇气说道:"我是一郡之长,乐于以自身性命挽救众人性命。朝廷如果怪罪下来,就由我一人负责,是杀是剐,我都心甘情愿! 大家不要犹豫了,救人要紧。"于是,国家军仓马上被一一被打开,按着每户人丁的多少,为灾民分发了救济粮,拯救了众多百姓的生命。

事后,第五访把灾情的严重和自己擅自开仓赈济灾民的情况报告给朝廷,请求皇帝处分自己。汉顺帝知道了这件事,不仅没有怪罪第五访,还特别赞赏第五访的果断行动。为此,顺帝特别发布了诏书,嘉奖第五访赈济灾民的事迹。

由于第五访为官最能体贴民情,把灾民的疾苦和生命看得最重要,终于用办实事的果敢行动保全了一郡百姓。

旱灾之后的第二年,第五访率领着郡中的百姓救灾建业,恢复生产,再加这一年风调雨顺,终于获得了大丰收。收获季节,官民都喜气洋洋,打谷入仓。张掖界内无盗无贼,一片太平景象。百姓们含着喜悦的热泪,感激第五访这位农家人的"父母官"。

据记载,第五访后来奉调做了南阳(郡名,治所在今河南省南阳市)太守。以后又官拜护羌校尉。他的廉洁为官的事迹和威望,同样受到黎民百姓的拥护和爱戴。

贾谊遭人谗毁作《吊屈原赋》

西汉时的贾谊小时候便以诵诗通经闻于郡中。当时的河南太守吴公闻贾谊之名，召至门下，见他的确很有才学，很是喜欢他。汉文帝初立时，闻河南太守吴公政绩为天下第一，且此人原来与李斯同邑，曾师从李斯，于是征召他为廷尉。吴公便向文帝推荐贾谊，文帝召之为博士。

这时的贾谊才 20 多岁，年少轻狂。汉文帝每次诏臣议事，诸老先生不能言，贾谊尽为之应对，诸生于是乃以为能力不及贾谊。文帝很高兴，便越级提拔他，一年之内就官至太中大夫。

贾谊以为汉朝此时已天下大治，因而当改正朔，易服色，法制度，定官名，兴礼乐。他还自作主张，草撰了新的仪规法礼，认为汉代的颜色应以黄为上，黄即土色，土在五行位第五，故数应用五，还自行设定官名，把由秦传下来的规定全都改了。虽然文帝刚即位，不敢一下子都按贾谊的意见去办，

贾谊

但却以为贾谊可以担任公卿。大臣周勃、灌婴、东阳侯张相如、御史大夫冯敬时等贵族都因此而嫉恨贾谊，常常在文帝面前说贾谊的坏话："年少初学，专欲擅权，纷乱诸事。"但汉文帝觉得贾谊还是有才学的，照样很相信贾谊。

这些大臣没有扳倒贾谊，但贾谊却被一个小人物扳倒了。这个人就是文帝身边的太监邓通，邓通本是一个没有任何本事的人，完全是由于一个极荒唐的原因而得宠于文帝。原来文帝这人挺迷信，有一次他做梦要在渐台上天，结果发现自己怎么也上不去，这时有一个"黄头郎"从后面推了他一把，他就飘飘然地上天了。文帝一觉醒来非常高兴，就到渐台这个地方暗中寻找这个推他上天

的"黄头郎"。碰巧见到一个正在使船的头戴黄帽的年轻人,穿着容貌很像梦中推他上天的人,文帝就把他叫来,问他叫什么名字,这个人就是邓通。文帝很高兴,就叫他邓通左右,封他为上大夫,赐给他巨额的金钱,还经常同他一起玩耍。

当时贾谊恰好和邓通一起随侍文帝,地位也相当。但贾谊自恃才高八斗,心里很讨厌这个没有才能而受文帝宠爱的佞臣,常常当面讥讽他。邓通便也在文帝面前说贾谊的坏话,还说得很严重,终使得文帝逐渐疏远贾谊。

就这样,外有大臣攻击,内有邓通进谗,内外夹攻,贾谊不但不能施展他的才能和抱负,连在西汉朝廷中立足之地也没有了,不久后贾谊被贬出京师,到长沙国去当长沙王的太傅。

长沙国地处南方,离京师长安有数千里之遥。贾谊在赴任的路上觉得自己无故被贬,心里难受,他有满肚子的学问,有远大的抱负,本想辅佐文帝干一番大事业,却受到这样的挫折,使他深感孤独和失望。他想到,绛、灌这些大臣们攻击他,还算不了什么,因为他们毕竟是功臣宿将,为汉王朝出过大力;最使他难以忍受的,是邓通这样的人,他有何德何能? 只不过是一个善于阿谀媚上的小人,而自己恰恰是因为文帝听信了这样的佞悻的谗言而遭贬,贾谊无论如何也咽不下这口怨气。他想到了诗人屈原也是遭到佞臣权贵的谗毁而被贬出楚国都城,最后投汨罗江而死,而自己的遭遇与屈原相似,当他南行途经湘江时,望着滔滔的江水,思绪联翩,就写了一首《吊屈原赋》,以表达对屈原的崇敬之心,并抒发自己的怨愤之情。

过了三年多,文帝想起贾谊的超人才学,便召见贾谊来长安,与贾谊长谈至夜半,但所谈却是"不问苍生问鬼神",贾谊不能自陈政见。后文帝又以贾谊为梁怀王太傅。梁怀王是文帝的小儿子,喜爱读书,也很受文帝喜爱,几年后梁怀王学骑马,不想竟坠马而死。贾谊悔恨自己没有尽到老师的责任,哭泣一年多,郁郁而死,年仅 33 岁。

卫青听善言得汉武帝信任

西汉武帝时期,有一次大将军卫青奉旨率大军出兵定襄,其部将苏建、赵信领 3000 人马先行,却突然撞上了匈奴单于的大部队。他们率部拼命作战,激战了一天,终因敌众我寡,汉军几乎遭到覆灭,赵信投降了匈奴,苏建只身逃回大营。

卫青知道后,便召来幕僚商量如何处理此事,议郎官周霸建议道:"大将军自出征以来,未曾杀过一名部将,现在苏建弃军独自逃回,应该将其斩首,以显示将军的威严。"

长史任安反对道:"不对!苏建将军等以区区几千人马抵挡住了匈奴的数万大军,殊死战斗一天,除极个别的投降以外,全军将士大都以战死为荣。而现在苏建杀出重围死里逃生,却要被大将军杀掉,这分明是警告以后战败的将士,如果打败了,就不要逃回来。因此,臣认为苏建不应该被斩首!"

卫青听了两人的意见,沉吟片刻,严肃地对大家说:"任安说得对,我卫青得皇帝的信任而在军队里效劳,不怕没有个人的威严。而周霸却劝我将逃将苏建杀掉,以壮大我个人的威严,这太不符合本帅的意愿。况且,即便是大将在外,君命有所不受,又何况是杀一两个逃将呢?但正因为皇帝全心全意地相信我,我就更不敢在远离京城的国境上擅自诛杀将领了,因为咱们都是皇帝的臣子,现在我决定派人将苏建押送到京城去,让皇帝亲自去裁决如何惩处他吧!以此来形成为臣的不敢专权的风气,不也是很好的事吗?"

于是卫青派人将苏建囚禁起来押送到京城去,汉武帝知道情况后果然赦免了苏建的死罪,并且也更加信任卫青了。

董宣被称作"硬脖子县令"

汉光武帝在镇压了绿林、赤眉两支最大的起义军之后,接着又消灭割据陇右和蜀地的两个割据政权,统一了中国。汉光武帝把洛阳作为都城。为了和刘邦建立的汉朝相区别,历史上把这个王朝称为"东汉",或者叫"后汉"。

汉光武帝建立了东汉王朝以后,他知道老百姓对各地豪强争夺地盘的战争早已恨透了,决心采取休养生息的政策。例如减轻一些捐税,释放奴婢,减少官差,还不止一次地大赦天下。因此,东汉初年,经济得到了恢复和发展。

汉光武帝懂得打天下要靠武力,治理天下还得注意法令。不过法令也只能管老百姓，要拿它去约束皇亲国戚，那就难了。比方说，汉光武帝的大姐湖阳公主就依仗兄弟做皇帝，骄横非凡，不但她爱怎么着就怎么着，连她的奴仆也不把朝廷的法令放在眼里。

当时，陈留（今开封市东南）人董宣在洛阳当县令。县令的官职虽小，但却是洛阳的父母官。由于京城是天子脚下，汇集了大量的达官显贵，所以，县令这个小官的确不好做。谁也得罪不起，事又不能不管。

董宣

董宣生性耿直，是响当当的一条汉子，他认为自己既然是京城的父母官，就有把京城治理好的责任，就算是皇亲国戚犯了法，也应与庶民同罪，要按法律制度办事，决不能徇私枉法。

有一天，湖阳公主府上的一个家奴，在光天化日之下，强抢别人的珠宝，还行凶杀人。状子告到了县衙，董宣看完状纸，很是气愤。他说：这还了得，在天子脚下，一个家奴竟然敢明目张胆地行凶杀人！当即传令，把凶犯捉拿归案。

可他堂下的捕头们好像都没听到董宣的话一样，都站在原地不动。董宣厉声问道：你们为什么都站着不动？还不快去把杀人犯给我带上堂来！可堂下还是没有动静，许久，领头的衙役小声对董宣说：老爷，这个杀人犯是湖阳公主的家奴，我们进不了公主府啊！再说，就算是进得了公主府，又有谁敢下手拿人呢？这件事，您还是不要追究的好。

董宣听了这样的话非常愤怒。他说："什么？有人在京城杀了人，我作为洛阳县县令却不去追究，那我还当这个父母官做什么？古人说'王子犯法，与庶民同罪'，我倒要看看湖阳公主能把我吃了不成？"他命令众衙役第二天一大早随他一起去亲自捉拿凶犯。如果不能把杀人犯正法，董宣说他就不做这个洛阳县令了。

第二天一早，董宣亲自带人来到湖阳公主的府前，捕头们说的没错，公主府的家奴们趾高气扬地堵在门口，不让人进去。董宣也不着急，就让衙役们给他搬了把椅子,坐在公主府大门对面等着杀人凶手出来。一连几天,天天如此。

湖阳公主在府内,开始还可以踏实作息,后来也沉不住气了。一个小小的洛阳县令,竟然天天堵在自己的府门口,口口声声地要捉拿凶犯,自己的面子都快丢尽了。湖阳公主自幼娇生惯养,脾气也倔得很,她说:我倒要看看你能把我怎么着!

一天,湖阳公主带着大批家奴,浩浩荡荡地从府中出来,杀人凶手负责给公主赶车,她要向董宣示威。董宣听到这个消息后,马上带着众衙役从县衙赶来,拦住了湖阳公主的车。

坐在车内的湖阳公主认为董宣触犯了她的尊严,沉下脸来说:董宣,你一个小小的洛阳县令,也敢拦本公主的车,你还想不想活!

董宣并没有被湖阳公主的仗势所吓倒,他拔出佩剑说:你身为公主,不为当今万岁分忧,却背后指使自己的家奴在京城胡作非为。你应该明白,这是在天子脚下,容不得扰乱国家治安的破坏分子。请公主主动交出杀人夺宝的凶手,咱们井水不犯河水。否则,公主就别怪在下无礼了!

湖阳公主气不打一处来,认为董宣太不给自己面子了,打算和他耗上了,说:我看你今天敢把本公主怎么样?

董宣明白,和公主斗嘴是没有用的。他一摆手,叫衙役们把杀人犯逮捕归案。随后,衙役们一哄而上,把杀人犯从公主的车上揪了下来。董宣怕夜长梦多,索性一不做二不休,一剑就把杀人凶手当场处决了。

湖阳公主没想到董宣真的敢在自己面前执法,差点儿气昏过去。她立即赶往皇宫,当着自己兄弟、光武帝刘秀的面大哭大闹,说董宣欺负她,让光武帝为她出气。

光武帝刘秀听了湖阳公主的话,也十分生气,立即召董宣进宫,要狠狠责打他,为姐姐出气。董宣进宫后,连忙跪下说:陛下,臣有话要说,等臣说完,您在下令打死我也不迟。

光武帝怒气冲冲地质问他:你连朕的姐姐都敢欺负,还有什么话可说?

董宣不慌不忙地答道:陛下,我汉朝的社稷,差点儿毁在王莽和绿林、赤眉之手,将士们拼死拼活才换来了今天的中兴局面。我朝当务之急,是重整法纪。然而,湖阳公主却放纵家奴在京城行凶,这样下去,社稷如何能得到长久的安稳

国学经典文库

中国古代逸史

·秦汉逸史·

图文珍藏版

呢？臣得罪公主，为的是社稷江山，如果做得不对，不用陛下动手，臣死在陛下面前就是了！说罢，董宣就一头撞在身边的柱子上。光武帝刘秀连忙下令让侍卫拉住董宣，可再看他时，已经是血流满面了。

光武帝心里十分清楚，董宣说的在理，是湖阳公主的错。而且董宣这样做，也是为了国家的利益。可光武帝又不好意思当着姐姐的面把这些话说出来。于是，他建议说，让董宣给湖阳公主磕个头，赔个礼，以了解此事。

董宣跪在地上，仿佛没有听见光武帝的话，表现得毫无反应。两名侍卫知道这是光武帝想找个台阶下，就使劲摁着董宣的头，要他磕头。可董宣却用两手撑着地，使劲挺直脖子，就是不磕头。

刘秀见此情景，知道了董宣的为人，也不再难为他，就下令：把这个硬脖子给朕轰出去。

湖阳公主见刘秀放了董宣，很是气愤，说：兄弟，从前你当老百姓时，还敢收留罪犯，和地方官吏抗衡。可现在做了皇帝，为什么却连一个小小的县令也对付不了？

光武帝刘秀一本正经地说：正因为我做了皇帝，才不能像以前那样了。姐姐，请你一定要为我大汉的社稷着想，不要再放纵家奴做违法的事了。

后来，光武帝刘秀不仅没有处分董宣，还赏给他三十万钱作为奖励。董宣回到县衙后，把这笔钱分给了跟随自己去捉拿杀人凶手的衙役们。从此，洛阳城里原有的飞扬跋扈的权贵们都不敢像以前那么嚣张了，他们背地里都称董宣是"硬脖子县令"。

儿宽从牧羊小吏成为重臣

西汉汉武帝时代，有个重臣叫儿宽，又称倪宽。这个人年轻的时候很迂腐，以至于被上司派去做牧羊的小吏。但是后来他终于用自己的学识和才干赢得了别人的尊重，最终成为武帝时期的重臣，得到了百姓们的爱戴。

儿宽从小时候就勤奋好学，又很聪敏。所以学识日渐增长。不过，儿宽的家庭很贫穷，没有多余的钱财供他研究学问，儿宽只好自力更生，维持学业。他曾给孔安国的弟子们当厨工做饭，还曾经被雇佣去耕田种地。他带着经书到农田里,每当休息的时候,就坐在田地旁认真地研读经书。因此,他的经书愈读愈精,经考试他做了掌故(汉代官名,掌管礼乐制度等旧事惯例),后来又当了掌管刑狱部门的一个小官吏。儿宽待人谦虚温和,从不骄横自傲,而且廉洁不贪,秉公办事。但是,由于他性情太过于柔弱,缺少勇猛无畏的气势,也不善言辞,所以别人都看不起他,认为他是个懦弱书生,干不成什么大事业。

儿宽雕像

他在刑狱部门的时候,当时的上司叫张汤,身为廷尉(掌管国家的刑狱工作,相当于以后的刑部)。张汤所在的廷尉府,更多的是使用那些懂得法律、刑狱的官吏。儿宽以儒生的身份在其中供职,自然不熟悉刑狱的门道,不懂得在衙署应做些什么事。张汤只好派他到北地管理牛羊。这一去竟然达数年之久。儿宽在那里虽然很艰苦,但却积累了不少实际经验。

后来,儿宽终于回到了廷尉府,恰巧这时,张汤审理一个重大案件,向朝廷写了材料,报告情况。武帝看了奏文,认为有关这个案件的许多问题没有讲清楚,很有疑问,便把材料退了回来,要求重写。廷尉府的官吏不知怎么写为好,正为此事弄得愁眉不展。

儿宽详细了解了这个案件的情况,向廷尉府起草文件的官吏诉说了自己的看法,并提出应该如何写这个奏章。官吏们一听,觉得儿宽讲的很有道理,就委托他来起草这个奏章。

儿宽是个很有文才的儒生,又经过实际的锻炼,增长了才干,因此他很快便写出了这份奏章。官吏们读了,个个称赞不已,非常敬佩儿宽。于是,他们把儿宽的情况和奏章,报告了张汤。

张汤看了儿宽写的奏章,同样折服于他的才能,于是召见儿宽,询问他许多关于刑狱和写文章方面的问题,儿宽对答如流,处处讲得有道理。张汤很赏识儿宽的文采和能力,便让他做廷尉府掾史一类的官。

·秦汉逸史·

图文珍藏版

张汤把儿宽所撰写的奏章,呈给汉武帝,武帝阅后准奏。

过了几天,武帝召见张汤,问道:"你所递奏章,绝不是一般官吏所能撰写出来的,不知出自哪一位高手?"

张汤回答:"是本府儿宽所写。"

武帝说:"朕对儿宽的文采和名声早有所闻。"

由于儿宽的奏章写得好,受到武帝的赞许,张汤便委任儿宽为专门草拟刑狱诉讼文件的刑法官吏,按着春秋古法的标准判决案犯。从此,儿宽在廷尉府中很受张汤重用,办了不少刑案,伸张正义,惩处奸邪,令贪官污吏胆战心惊。

后来,张汤擢升御史大夫,儿宽被提拔为椽吏,又升为侍御史。

有一次,汉武帝召见儿宽,君臣之间谈论经学。儿宽主张应该以儒学治天下,他的高谈阔论,赢得了汉武帝的喜悦。汉武帝还专门就《尚书》中的内容,与儿宽切磋学问,君臣之间谈得十分投机。这以后,儿宽晋升中大夫,调迁为左内史。

儿宽在任上很有治国安民的办法。他规劝农民要勤奋耕作,大力发展农业。他认为有了粮食,就可避免因饥荒造成社会动荡。在法制方面,他对诉讼案件认真审理,秉公断案,从来不乱用刑法,以避免冤案。他说:"要体恤人们的疾苦和灾难,为官清明才能得到民心的支持。要选择善良宽厚之士做官,关心自己的下属。这样做,就会得到官吏与百姓的拥护。"

儿宽的确一直在身体力行着,努力做一位体国恤民的勤政官吏。他看到一些贫困百姓在青黄不接的季节,生活无法维持,难以从事农业生产。为了解决农民的困难,就借贷与民,并且还减少农民的田租赋税。不久,朝廷考核官吏,儿宽因把粮食借贷给老百姓,并且收入的田租又少,考核官认为儿宽的政绩太差,为国家的贡献小,就要免去他的官职。

当地的老百姓知道了这一情况,甚怕儿宽离去,于是争先恐后地为官府交租。当时,有的赶着牛车,有的肩挑重担,送粮的道上络绎不绝。结果,上交的粮食很快超过了收租的限额。由于儿宽很得民心,受到广大百姓的支持和保护,结果他的官职没有丢掉。

汉武帝知道了老百姓拥护儿宽的情况后,对儿宽更加宠信了。先前被人看不起的儿宽终于成了举世皆知的朝廷重臣,赢得了无数人的尊重。

范滂自投罗网

人的宝贵生命只有一条,所以在面临危险的时候,人们都会本能地尽力保护自己不受伤害。但是,事情也并不总是这个样子的,有些人在面临着生死关头的时候,总是把一个"义"字摆在前头,甚至不惜为此牺牲自己的生命。在中国的历史上,就有许多这样舍生取义的仁人志士,范滂就是一个这样的英雄。当他被奸人陷害的时候,本来有机会逃走,但是他却放弃了这个逃生的机会,反而自己把自己关进了监狱中。他到底为什么要这样做呢? 是什么理由使他甘心自投罗网呢?

原来,汉灵帝刚刚即位的时候,因为皇帝年龄太小,所以就由窦太后临朝听政,掌握朝廷的大权。她封她父亲窦武为大将军,陈蕃为太尉,共同治理国家。

窦武和陈蕃都是支持名士、反对宦官一派的,他们把原来受到宦官的迫害,终身禁锢的李膺、杜密又召回来做官。陈蕃曾经对窦武说过:"只要一天不消灭宦官,就没法使天下太平。我已经是快八十的老人了,还贪图什么? 我留在朝中,只是想为朝廷除害,帮助将军立功而已。"窦武本来就有这个意思,发现陈蕃竟然和自己想到一起去了,心中非常高兴。结果,两人一商量,就由窦武向窦太后提出,要求痛下决心,消灭朝中的宦官势力。可是窦太后跟汉桓帝一样,都很相信自己身边的宦官,而且也深知宦官势力的强大,没有一举成功的把握,是不敢下手的。所以她怎么也下不了这个决心。陈蕃看到太后一直在犹豫,就又向窦太后上了一道奏章,其中列举了宦官侯览、曹节、王甫等几个人的种种罪恶。窦太后看了以后还是没有答复,仍旧把奏章搁在一边不理。

这一来,他们的举动反倒打草惊蛇了。曹节、王甫联络了一些宦官,来了个先下手为强。他们先从窦太后那里抢了玉玺和印绶,把窦太后软禁起来;又用灵帝的名义,宣布窦武、陈蕃谋反,把他们杀了。宦官又掌握了朝廷的生杀大权,凡是窦武、陈蕃提拔的人统统被撤职。

李膺、杜密也被撤职回到家乡。因为他们一直反抗宦官的行为,所以在民间赢得了很高的声望,一些名士、太学生更加推崇他们,也受到了他们的影响,更加痛恨宦官。那些掌权的宦官们于是就把他们看作死对头,总想找机会置他们于死地。

当时有一个名士张俭，因为他曾经告发过宦官侯览的罪行，所以侯览一心想报复他。正巧，张俭家偶然赶走了一个犯了错的仆人。侯览就利用那个心怀怨恨的仆人，诬告张俭跟同乡二十四个人结成一党，诽谤朝廷，企图造反。宦官曹节也抓住这个机会，吩咐他的心腹上奏章，要求汉灵帝再一次下令逮捕党人。

当时在位的皇帝是汉灵帝，这时候才十四岁，根本不懂得什么是党人。他就问曹节说："为什么要杀这些人？他们有什么罪？"于是，曹节就指手画脚把党人怎样可怕，怎样想推翻朝廷，图谋造反的事，乱编了一通。小皇帝什么也不懂，也不知道真假，听他们这么一说，当然就相信了他们，连忙下令逮捕党人。

逮捕令一下，各州各郡都骚动了起来。这时，有人提前得到了消息，连忙跑去报告李膺。李膺听了反而坦然地说道："我早就知道有这一天了！如果我现在一逃，反而害了别人。再说，我年纪已经六十了，死活由他去，还逃什么！"他就这样自己进了监狱，被拷打死了。杜密知道免不了一死，也自杀了。但是宦官的党羽们仍旧不放过那些士人，继续在全国各地抓捕当地有名的反对宦官的读书人。

汝南郡的督邮就是奉命到征羌（今河南郾城）捉拿范滂的人。他到了征羌的驿舍里，什么也没做，反倒关上门，把自己锁在屋里，抱着诏书伏在床上痛哭起来。驿舍里的人听到哭声，谁也弄不清是怎么回事。

这个消息传到当地的名士范滂那里，他笑了笑说："我知道督邮一定是为了不愿意抓我才哭的。"

于是，他就亲自跑到县衙里去投案。县令郭揖也是一个正直的人，他见到范滂自己来了，吓了一大跳，说："天下这么大，哪儿不能去，您到这儿来干什么？"说完，他还打算交出自己的官印，跟范滂一起逃走。

范滂十分感激郭揖，但是却拒绝了郭揖的提议，他说："不用了。我死了，朝廷也许能把抓捕党人的事停下来。我又怎么能连累您呢？再说，我的母亲已经老了，我一逃，不是还连累她吗？"

郭揖没有法子，只好把范滂收进了监狱里，并且派人通知范滂的老母亲和他的儿子跟范滂来见面。范母带着孙儿随着公差到监狱来探望范滂。范滂安慰她说："我死了以后，还有弟弟会抚养您。您不要过分伤心。"范母也是一个深明大义的人,反倒十分镇定地说:"你能和李、杜(指李膺、杜密)两位一样留下好名声,我已经够满意了。你也用不着难过。"

范滂跪着听他母亲说完,又回过头来对他的儿子说:"我要叫你做坏事吧,可是坏事毕竟是不该做的;我要叫你做好事吧,可是我一生没有做坏事,却落得这步田地。"

旁边的人听了,都禁不住流下了眼泪。后来,范滂就这样被宦官冤杀在了监狱之中。

在这次党锢之祸中,像李膺、范滂这样被杀的一共有一百多人,还有六七百个在全国有声望的,或者跟宦官有一点怨仇的,都被宦官诬指为党人,遭到逮捕,不是被杀,就是充军,至少也是禁锢终身。

只有那个宦官侯览的死对头张俭,却反而逃过了官府搜捕。他一听到官府要来抓他的消息,就开始到处躲藏,许多人听说了他的名声,都情愿冒着生命危险收留他。等到官府得到消息来抓他的时候,他又躲到别处去。于是,凡是收留过他的人家都遭了祸,轻的下监狱,重的被杀,甚至整个郡县都因为他而遭了殃。他的这种贪生怕死的行为,比起范滂的勇敢面对灾祸,也不愿意连累他人的行为,可就差得太远了。

丙吉宽以待人得报答

西汉宣帝时有一个丞相叫作丙吉,在辅佐汉宣帝实现"昭宣中兴"的过程中起了很大的作用。做人处世以知大节、识大体著称,他性格里最可贵的特点就是宽厚待人,惩恶扬善。尤其是对下属,从不求全责备。对好的下属,他大力加以表彰;对犯了过失的下属,只要是能原谅、宽容的,他都尽可能地原谅、宽容他们。

丙吉是从一个小狱吏逐步提拔到丞相高位的,他努力学习儒家经典,深通治国之道。在他任丞相期间一直兢兢业业,也很关怀爱护下属官员,对犯错误的官员不是一棍子打死而是关怀爱护给他们改正的机会,让我们各司其职,人尽其才。因而他的下属官员对他既尊敬又佩服,丞相府官员上下合力为国家尽职。

丙吉不仅对下属官员宽大为怀,对身边的仆人也极为宽大仁慈,不计小过。

这些仆人都被他宽宏大量的精神所感动,尽心尽力地为他效力。有的人还在关键时刻对他起到了重要的作用。

丙吉有一个车夫,驾车的技术很好,其他方面也没有什么问题,就是有一个毛病——喜欢喝酒,经常喝得醉醺醺的,出门在外也是这样,有一次,丙吉出门办事,带了这个车夫驾车。这一次车夫又是喝得醉醺醺的,车子还在路上,他就呕吐起来,把车上的座席都弄脏了。

车夫一见自己弄脏了座席,吓得不知怎么才好,他以为丙吉肯定会骂他,于是不敢说一句话,不过让车夫没有想到的是,丙吉并没有多说他什么,只让他把车上的污迹擦干净,然后又赶车上路。回到相府,管家知道这件事后非常生气,狠狠地训斥了车夫一顿,并向丙吉建议说:"大人,这个车夫实在是不像话,干脆把他赶走算了!"

丙吉摇摇头说:"不要这样做。因为他喝醉酒犯了一点小小的过失就赶走他,你让他到哪里去容身呢?他不过是弄脏了我的座席罢了,算不上什么大罪。还是原谅他吧,我相信他自己会改正的。"管家这才没有赶走那个车夫。车夫知道是丞相的宽宏大量才保住了自己的工作后,内心非常感激,决心报答丞相。从此更尽心尽意地赶车,酒也喝得少多了。

车夫觉得丙吉对自己实在是太好了,于是在以后的生活中也处处留心为主人着想。因为车夫原本是边疆人,熟知边防报急方面的事情。有一次,他在长安街上看到一名驿站的官员疾驰而过,猜想一定是边境上发生了什么紧急的事情。于是他紧跟着到驿馆里去打听消息,果然得知是匈奴入侵中郡和代郡,那里的郡守派人告急。车夫立即回相府,把自己探听到的情况向丙吉报告。丙吉知道宣帝马上会召自己进宫商议,便叫来有关方面的属下,向他们了解被入侵地区的官员任职以及防务等方面的详细情况,思考了对策。

不一会儿,汉宣帝果然召见丙吉和御史大夫等人商议救援之事。由于丙吉事先已知道了消息,并且有所准备,所以胸有成竹,侃侃而谈,很快提出了可行的救援办法。而御史大夫等人却是仓促进宫,一点消息也不知道,对被入侵地区的情况也不太了解,一时之间根本就说不出什么来,更不用说切实可行的救援办法了。两相比较,对照鲜明。汉宣帝赞赏丙吉对国家的事情非常关心,对御史大夫等人却很不满意。更重要的是,丙吉事先得到情报也为抗敌争取了兵力和物质部署的时间,而这一切则都得自于车夫的功劳了。

退朝后,其他大臣对丙吉十分钦佩,丙吉却对大家说:"实不相瞒,今天是因为我的车夫事先打听到消息并告诉了我,使我预先有了准备。当初,他曾经醉酒呕吐,弄脏了我的车座,我原谅了他,所以他才有今天的举动。"众人又无不为丙吉的真诚感到由衷的佩服。

其实丙吉的想法很对,每个人都有他的所长,也各有所短,做人应当尽量容忍别人的过失。想想看,假如当初丙吉不容忍车夫的过失,把他赶走了,也不会有后来的车夫给他报信,他更不会受到皇上的表彰,丙吉这种宽以待人的品格其实也是帮助了自己,给别人留后路的同时也给自己留了后路。

王章不听妻劝终被杀

西汉的王章当年做太学生时,曾就学于长安,当时的生活条件十分艰苦,只有妻子一人陪伴着他。一年冬天,王章生了疾病,家里又没有被子,只好睡在为牛御寒的麻草片里面。

他觉得自己活不下去了,哭着要同妻子诀别,妻子气得训斥他道:"当初你在京师名声显贵时,有哪个达官要人能超过了你? 现在你在艰难困苦之中,又受到疾病的折磨,自己不振作精神奋发向上,反而痛哭流涕,怎么如此浅薄无能啊!"

王章从此开始振作,病好后发愤图强,官职升到了京兆尹,他看不惯当时朝廷上下的一些事,便要给皇帝上奏,妻子又阻止他道:"人应当知足了,难道你忘记了在麻草片里伤心流泪的时候了吗?"

王章生气地说:"这不是你们妇道人家所懂得的。"他不听妻子的话一意孤行,奏折不久后递了上去,果然为此而被关进了监牢,妻子儿女也都受到牵连而被关了起来。

王章的小女儿当时只有 12 岁,有天半夜里,她突然地坐了起来号啕大哭,母亲问她何故,她答道:"平时狱吏喊叫爸爸那间牢里的囚犯,我常常是数到第九个,今天却到了第八个就没有了。父亲大人一向刚强正直,我恐怕他老人家最先死了吧!"第二天一问这事,王章果然已被处决了。

· 秦汉逸史 ·

图文珍藏版

冯异被称为"大树将军"

冯异起初是王莽手下的一员将领,之后投奔了后来成为光武帝的刘秀,做了刘秀一朝的大将军。冯异是今河南宝丰地区的人,他从小熟读兵书,据说能把《左氏春秋》《孙子兵法》等兵家典籍倒背如流,因此很多人都夸他将来必是个大将军的材料。

在王莽新朝乱政的时期,绿林军爆发了起义,冯异曾被王莽任命为保卫父城的将领。而当时指挥进攻父城的正是日后的东汉光武帝刘秀。冯异和刘秀可谓是不打不相识,刘秀见冯异有大将风范,指挥若定,进退有方,心中对他很是欣赏。而冯异也觉得刘秀是自己心目中理想的帝王模样,很有大家的风度,是个能成大气候的君王。这样一来二去,冯异的仗并没有多打,反倒是最终弃城追随了刘秀。从此以后,刘秀的军帐中,就多了一位智勇双全、能征善战的大将军冯异。

大树将军冯异

虽然冯异在战场上叱咤风云,辉煌无比,骁勇善战,能攻能守,可他在平时的生活中却很小心谨慎,不苟言笑,可谓是个不折不扣的书生。据说冯异在路上走,无论碰到比自己官大还是官小的人,他都主动让路,所以他的人缘极好。那些只会打仗的鲁莽将士们打了胜仗时就会粗鲁地吵吵闹闹着去邀功请赏,而当冯异打了胜仗凯旋时,他总是一声不吭地悄悄离开,一人坐在大树下,思考下一步的作战方案。正因为他是如此的与众不同,又善于用兵,功名显赫,却不居功自傲,将士们都称他为"大树将军"。这个称呼,体现了冯异博学多才、沉稳有加的性格品质,也反映了将士们对他的爱戴和拥护之情。

光武帝刘秀深知冯异的脾气秉性,尽管冯异不会和其他大臣一样,有了一点功劳就在他面前邀功请赏,可刘秀从来都不忘记这位为自己建立东汉政权东征西讨,立下了汗马功劳的大将军。刘秀先后封冯异为阳夏侯和征西大将军。

冯异的确为刘秀打了很多的仗,在他奉命进军关中地区时,从河南到陕西,一路过关斩将,攻无不克,战无不胜。冯异大军所到之处,秋毫无犯。短短十年间,冯异把原本已满目疮痍的关中地区治理得井井有条。冯异功劳如此之大,又不居功,反而自谦得很,这深得光武帝刘秀的宠爱和信任,也自然引起了一些小人的嫉妒,有一些人给光武帝刘秀上书,说冯异在关中权势过重,拥兵自重,有谋反的野心。刘秀很是信任冯异,便把这些奏折拿给冯异看,天性老实的冯异一看这样的奏折,吓了一大跳,跪在地上半天不敢动弹。倒是光武帝刘秀连忙离座,把冯异搀起来,安抚他说:将军莫慌,您对汉朝江山的一片赤胆忠心,朕岂能不知晓不了解。咱们名义上是君臣,论恩德则犹如父子,你就像我的父亲一样,为我开辟了大好的河山,老将军千万别把这些无稽的谗言放在心上啊,不要往心里去啊。于是,刘秀不但不问冯异的罪,反而对他大加赏赐,这样的举措让冯异大为感动,他发誓要一辈子效忠光武帝。由此,我们也不难看出,光武帝刘秀对冯异的确是非常的敬重和信任。

中原和关中地区被冯异平定了之后,刘秀又命冯异带兵攻打一直在陇西(在今甘肃兰州一带)割据搞分裂的隗嚣。冯异大军一路上势如破竹,进展十分顺利。然而,在他每次从前线传回的功劳簿上,有许多将士的姓名,却总是没有他自己的名字。光武帝刘秀无不感慨地说:征西的功劳昭若山丘,冯老将军却从不提起自己的功劳,他的品德太高尚了!后来,光武帝刘秀专门下诏,晓谕全军将士,对冯异大加表彰。刘秀也从此更信任冯异了,冯异自然也对光武帝更加感恩。

然而,就在冯异的军队即将消灭完隗嚣的余部残敌时,冯异却突然得了急病,不幸死于征途之中。全军将士闻听此消息皆扼腕痛惜,无不伤心流泪。冯异去世的消息传到洛阳,光武帝刘秀十分伤心,竟在金殿上痛哭了起来,他失声哭道:失去了冯老将军这样的忠臣,是我大汉之大不幸啊!

公孙贺不愿意拜相

汉武帝还在做太子的时候,公孙贺作了太子舍人的官,武帝即位以后,公孙贺就被提升为太仆,位列九卿。又因为他是汉武帝宠妃卫子夫的姐夫,和汉武

·秦汉逸史·

图文珍藏版

帝算是连襟,所以公孙贺就更加尊贵了,也益发得到了汉武帝的宠信。公元前128年,卫子夫生下了一个皇子,因而被立为皇后,从此母仪天下,无比尊贵。卫氏家族中,先后有五人得以封侯,比如卫青,霍去病,卫青是卫子夫皇后的弟弟,霍去病是卫子夫皇后的侄子。卫氏家族的势力日益壮大,炙手可热,权倾朝野,有遮天之嫌。鉴于这样的情况,公元前103年,汉武帝决定拜公孙贺为丞相,封为葛绎侯。

封侯拜相,成为天子首要的辅政之臣,是天下学士朝思暮想的美事,更是众多政客绞尽脑汁求之不得的好事。然而,公孙贺却在朝堂上,满朝文武准备向他祝贺的时候,拒绝了汉武帝的提拔。他哭着向汉武帝磕头说,臣本是布衣,才能不足以担任丞相。这样恳切和悲戚的话语,打动了汉武帝,可同时又使汉武帝感到很扫兴。但任命公孙贺为丞相的诏命已经下达了,不得随意更改,所以,公孙贺只得到丞相府上任去了。

那么,公孙贺为什么不愿意拜相呢?让我们来看一看他自己事后说的一段话,就会明白其中的理由了。

公孙贺说:"主上贤明,臣不足以称,恐负重责,从此殆矣。"这些话表面上是在奉承汉武帝的英名,自谦地说自己的才学不足以担当如此重任,而实际上公孙贺是心知肚明,认为汉武帝对待大臣过于苛刻,刑罚严重,担心自己一旦作了丞相就会招致杀身之祸。因为他和汉武帝的特殊关系,所以他比一般人更了解武帝的心思。他知道武帝这个少年皇帝,一向心高气傲,总是想做出一番惊人的大成绩,做一个前无古人,后无来者的皇帝。但是同时他又刚愎自用,听不进别人的劝谏,一旦自己有了什么过错,为了保护他自己的皇帝尊严,就会把罪过都推到下面的大臣身上。每当这时候,位在皇帝之下,总理政事的丞相就成了最好的替罪羔羊。因为这样,已经不知道有多少丞相被汉武帝或杀或贬了。

公孙贺的这种担心并不是庸人自扰,而是有他的前任丞相们的惨烈结局为依据的。

自从汉武帝听从董仲舒的建议,罢黜百家,独尊儒术以来,先是公孙弘以布衣的身份拜相,从此读书人多担任丞相之职。公孙弘老谋深算,并不真正为国家社稷出谋划策,而是以不违背汉武帝的心思为处事准则,极力维护汉武帝的荒淫奢侈。他以儒术制约法制,王道和霸道交互使用,成了汉武帝治国的方略。其要害是维护皇帝的神圣不可侵犯的绝对权威。让天子成为真理的化身,天子的话和意志永远都是正确的。国家治理如果出现问题，就是臣子们的责任，特别是丞相的责任，需要一律绳之以法，从而才能显示君主的英名和伟大。在公孙弘等人的鼓吹之下，汉武帝随心所欲，滥施刑罚。所以，丞相们的命运就成了危机。

公孙弘以他的老于世故，洞察一切，保全了自己，得以终老，寿终正寝。可他之后的三任丞相却都招致了杀身之祸。

公元前118年，丞相李蔡获罪自杀，公元前115年，丞相庄青翟下狱致死，公元前112年，丞相赵周下狱致死。还有一些曾经当过武帝的宰相的大臣们，被迫辞职，从此推出了历史舞台。就比如武帝的第一任丞相卫绾，他本来是当时知名的文人智者，精通儒学和文学。武帝在还没有即位的时候，曾经跟随着卫绾学文化知识。因为这个原因，卫绾在武帝即位以后，就成了他的第一任丞相。但是时间不久，武帝就因为嫌弃他年事太高，处理事情的方法又与武帝不同，而暗示他辞去了丞相的职位，总算是还纪念着他的功劳，保全了他的身家性命。

这样的代价是很惨痛的，于是众多公卿大夫们就采取了明哲保身的处事方法，就连身为皇亲国戚公孙贺也感到伴君如伴虎，所以，他不惜以冒犯龙颜为代价，坚决不接受汉武帝给他的丞相的任命。但是，在专制主义的淫威之下，在宦海浮沉的命运之舟中，公孙贺的命运不是自己所能把握得了的。

所以，尽管公孙贺在汉武帝面前长跪不起，请求汉武帝收回对自己的任命，言语恳切，甚至泪流满面，可汉武帝还是龙颜不悦了，于是拂袖而去。公孙贺只得认命，当上了这个倒霉的丞相，代天子受过，收拾汉朝由盛转衰的烂摊子了。

汉武帝晚年迷信鬼神，总是猜忌和疑心，而且易怒，几乎不相信自己身边的任何人，左右亲信经常莫名其妙地就被他治罪。果然不出所料的，公孙贺害怕的那一天终于来到了。公元前92年，有人告发公孙贺之子和汉武帝的女儿阳石公主私通，并且用巫蛊诅咒汉武帝。这可是汉武帝最为厌恶的事。于是，不由分说地，公孙贺和他的儿子一家都惨遭屠戮，被处以灭门之刑。

在如履薄冰的仕途上，明知前路莫测，却不得抽身而退，眼睁睁地看着自己走向不知何时就会到来的死亡，真是个大悲哀啊。由此，公孙贺当初不愿意拜相，是有远见卓识的，是睿智的，可惜他伴君如伴虎，逃不开这命运。这也是汉武帝一朝的政治悲哀，是儒生文人们的悲哀，面对汉武帝这样一个很自负的皇帝,这些事都是没有办法的,只能认命了。我们只好哀叹这些丞相们,除了老谋深算的公孙弘,其他人都免不了死在任上的命运。

公孙弘在七十高龄步步高升

公孙弘是汉武帝时的丞相,他当官发迹的很晚,到了七十多岁时才开始受到重用,不到两年就爬上了丞相的高位,真可谓是一人之下,万人之上。那么,既然他早年做官,一直不顺,为什么到了晚年反倒青云直上了呢?他究竟是靠什么步步高升的呢?

公孙弘是山东人,年轻时曾经当过狱吏,又因为犯罪而被罢官,被贬到东海边去放牧。一直过着贫苦屈辱的生活。到了四十多岁时,公孙弘闲来无事,开始学习《春秋》,揣摩儒家经典要义。

汉武帝即位以后,下令召集天下的贤良之士。当时,公孙弘已经六十多岁了,仍旧被征为博士。可是不久之后,就因为出使匈奴,没有完成既定的外交任务和使命,而再次被罢官了。

转眼间,十年过去了,此时的公孙弘,已经是七十多岁的耄耋老人了。他本不打算再次入仕,可在汉武帝再次征召文学博学之士时,他所在的郡国又一次推荐了他,公孙弘百般推辞而不得,于是就应召了。

这一次,有了之前数十年在官场中摸爬滚打的经验,经过了一系列的磨难和洗礼,公孙弘终于悟出了升官的道理。他摸透了汉武帝的个性,知道汉武帝:为人好大喜功,对外频频发动战争,征服四夷,扩大汉朝的边疆;对内又倡导儒术,兴建太学,修订礼乐,穷极奢侈。而且,在从事这样的活动时,汉武帝将功劳归于自己,过错推给别人。他自己永远都是至高无上,正确无误的天子。

他摸准了汉武帝的心思,就到处宣扬说,人主病不广大,人臣病不俭节,公然鼓吹皇帝的生活越奢侈越豪华越好,臣子则应该越清廉越节俭越好。并且,为了更形象一些,公孙弘还身体力行,自己身盖布被,少吃肉,厉行节约。他这样的表现和言行让汉武帝非常高兴,觉得他说出了自己心里隐藏着的又不好意思说出来的话。公孙弘这样的和汉武帝知心,就为他们的君臣一拍即合建立了思想认识上的基础。

多年来丰富的人生阅历,使得公孙弘老于世故,善于察言观色,心口不一。

汉武帝雄才大略，听不进去反对的意见，所以公孙弘每次提建议时，都是只说个开头，不做结论，让汉武帝自己去定夺品评。平时奏事，汉武帝不准的，公孙弘绝不固执己见，更不会当庭和汉武帝争论。有时和群臣们一起议事后，需要面奏汉武帝的，公孙弘往往是引而不发，或是退而后说，甚至有时改变原来和其他大臣们奏议时的见解，而改听汉武帝的意思。这样的做法，日积月累，汉武帝觉得公孙弘老实敦厚，辩论有余，能够用儒术融会贯通于政事，于是益发的信任公孙弘了，越来越器重他。两年之间，公孙弘升为左内史，后来又升为御史大夫，直到登上丞相的高位，封为平津侯。

不过，公孙弘虽然不乏才干，也有些政绩，却存在着一个致命的弱点，即心地狭窄，心理灰暗，"文人相轻"到了极端的地步。史称其"性意忌，外宽内深"。这就是说，他小肚鸡肠，表面上一副谦和的正人君子形象，实际上城府极深，自我中心欲膨胀。同僚当中凡与他有隙怨的，他总是在表面上与人家和和气气，握手言欢，过后却在暗地里使出各种手段进行报复。真可谓台上握手叙欢，脚下猛使绊子，迟早让人家吃不了兜着走。

在公孙弘青云直上的过程中，必然也曾遇到过政敌的进攻。比如汲黯，就曾不止一次地当着汉武帝的面，揭露公孙弘的本来面目，说他诈而不实，阿谀奉承，背约不忠。可是，公孙弘每次都能巧言善变，引经据典，自圆其说，并且其他大臣也都对他上下维护，使汲黯无言可对。有一次，汲黯对汉武帝说，公孙弘位在三公，俸禄甚多，然身披布被，此为诈也。汉武帝向公孙弘核实，公孙弘先是承认确有此事，然后又说，以三公为布被，则自九卿以下，都可以节俭度日。他一方面自比于晏婴，说自己率先节俭，完全是为了国家社稷着想，一方面又称赞汲黯的忠君爱国，等于堵了对方的嘴，还为自己赢得了谦让的美名。

公孙弘整治董仲舒，就最典型地体现了他的"小人"伎俩。董仲舒是汉代首屈一指的儒学大师，以《公羊春秋》独步天下。无人出其右，对汉代儒学的复兴和发展曾发挥过不可替代的作用。大历史学家刘向就曾经把他比之为姜太公和伊尹，认为其功业要远远胜过于管仲和晏婴。公孙弘与他相比，自然更略逊一筹，这种说法一出，可让公孙弘妒火中烧，恨之入骨。于是乎，公孙弘开始想方设法与董仲舒为难了。当时汉武帝有一位胞兄，被封为胶西王，其人凶蛮残忍，把杀人当作小菜一碟，双手沾满了鲜血，甚至动辄杀害朝中的大臣。于是公孙弘就郑重其事地向皇上举荐，说只有董仲舒才能当胶西王的相国。他是想让董仲舒去当胶西王手下办事,这样就可以借胶西王的屠刀,取董仲舒的人头。

汉武帝不知就里,自然是钦此恩准。董仲舒当然也不笨,可皇命难违,只好接旨赴任,落得个哑巴吃黄连,有苦不能言。所幸的是,虽然胶西王为人阴狠残忍,但是他听说董仲舒是当时声名远播的大儒,所以对他还不错,没有太为难董仲舒。而董仲舒本人又处处谨慎从事,三缄其口,终于保得性命,最后以"病免"告退,挫败了公孙弘借刀杀人的图谋。

从这些事情中就可以看出,公孙弘并非真是个谦让有礼,宽容大度的人。其实,他为人外宽而内深,嫉妒贤能和真正有才学的人。比如,就是他建议汉武帝调自己的死对头汲黯去当右内史,管理宗室之事,等于是调虎离山了。再如主父偃的遇害,也是公孙弘的诡计导致。排除异己,陷害忠良,公孙弘才能稳坐高官,这也是心怀诡计升官保官的人惯用的权术和伎俩。

汉武帝罢黜百家,独尊儒术后,公孙弘是第一个以布衣的身份,登上三公之位的人,又是第一个以丞相而封侯的人,于是,天下人读书蔚然成风,影响了汉朝的学术文化和社会风尚,士子们纷纷以公孙弘为楷模和榜样。可是,他的为官之道,也给社会带来了负面效应。他曲意奉承,客观上纵容了汉武帝的欲望,导致钳制人口,堵塞言路,造成汉朝的国力大衰,而且,公孙弘的阿谀奉承和苟合保官,开启了丞相尸位素餐的先河。

疏广急着辞官归故里

疏广,是汉朝东海郡兰陵县人,自幼聪颖好学,研习《春秋》,很有成就。长大后,以教书育人为业,传授儒家经典,登门向他求学的人常常是从千里之外而来。因为疏广的声名远播,于是朝廷特意将他征为博士。不久后,就升官为太中大夫。汉宣帝时,疏广以自己的高尚品德和渊博学术,被选为太子少傅。不久后,又代替了丙吉的官职而升任为太子太傅。此时,他的侄子疏受,也由于敏而好学由太子家令擢升为太子少傅,叔侄二人,同时成为皇太子的师傅,一时间传为美谈。

皇太子是汉宣帝当年在民间蒙难时所娶的许氏皇后所生。公元前71年,大司马大将军霍光的夫人,派女医生淳于衍毒杀了许氏皇后,立自己的女儿霍成君为皇后。等到皇太子被立嗣后,霍氏皇后嫌他出生于民间,出身卑贱,而且担心日后自己的儿子只能被立为王，就又听从了霍光的主意，准备毒杀皇太子。在这危急的情况下，由于疏广和疏受叔侄的教导有方，护理周全，霍氏皇后多次向皇太子投毒都未能得逞，霍氏的阴谋终于败露了，疏广叔侄也因为保护皇太子有方，而得到嘉奖，从此倍受汉宣帝的信任。

鉴于霍氏之乱的教训，皇太子的外祖父平恩侯许广汉建议，由他的弟弟中郎将许舜负责监护太子的家。当汉宣帝就此征求疏广的意见时，疏广说："太子是国家的储君，未来的帝业接班人，他的师友应该是天下的英雄人物，不宜独亲外家。而且，太子已经有了太傅和少傅，官属已经齐全，再设立官员监护，只能让人说闲话，不利于褒扬太子。"汉宣帝觉得有理，听从了疏广的建议，从此更加信任他了。

皇太子每次觐见汉宣帝，太傅疏广在前，少傅疏受在后，鱼贯而行。这是很大的荣耀，疏广叔侄可谓是名利双收了。

对于名利，不同的人有着不同的看法。疏广叔侄的名利观就是：达则兼计天下，穷则独善其身。他们积极进取，以才学为国家效力，但不唯功利是图，明于进退之分，不以物喜，不以己悲，泰然处之。他们这样的想法，可谓是求功名而不执迷，适可而止，急流勇退，实在是难得。

疏广叔侄身为帝王家的师傅，和太子朝夕相处，五年中教会了太子《论语》和《孝经》，进退有礼，而且君臣相得，如果日后太子顺利登上大宝，疏广叔侄则是前途似锦，不可限量。然而，他们宠辱不惊，疏广经常对疏受说，功遂身退，天之道也。于是他们叔侄二人，称病请归，相随出关，回到了故乡。这种举动，在追逐名利盛极一时的汉朝，引起了朝野上下极大的震动。汉宣帝和太子苦苦挽留，疏广叔侄执意要走，于是汉宣帝赐予他们黄金七十斤，公卿大夫等纷纷为他们送行。分别之日，送行者的队伍可以用车水马龙来形容，络绎不绝，站在道路两旁旁观得人也不少，有人称赞疏广叔侄得贤能，有人惋惜他们的才能不再为国家所用，甚至扼腕哭泣。疏广叔侄则是谈笑如常，辞别而去。

俗话说，人生没有不散的筵席，这是人世间的规律。疏广将生前的名利看得透彻，而且考虑深远，对身后之事也是处置有方。他之所以辞官归家，一是不治产业，二是不建坟墓，三是不给子孙留遗产。他返乡后宴请宗族亲戚，远亲近邻，日日高朋满座，这在当时又是惊世之举。儿孙们见疏广如此行事，很是不明白，就托族里德高望重的老人劝他置办些家产，以便后世可以享受前人留下的荣华富贵。

疏广回答说:"我不是老糊涂了,怎么能不惦记着自己的子孙后代呢?儿孙们应当和普通百姓一样,自食其力。如果置办产业,就不利于他们的劳动,容易让他们有不劳而获的心理产生,这不是爱他们,而是害他们啊。此外,树大招风,财多生怨,如果给子孙们钱财,反倒容易招来祸患。再者,皇上赏赐的钱财,原本是取之于百姓的,所以宴请家乡父老,是用之于民,物归原主了。"听了疏广这番话的人,都更加钦佩他了。

疏广叔侄这种淡泊名利的精神,不仅为当时的人们所钦佩,而且也为后世广为传颂。

马援死后还被人诬陷

马援是东汉光武帝刘秀手下的一员大将。因为他功勋卓著,所以,光武帝刘秀在统一了全国,恢复了汉家天下后,封他为伏波将军,新息侯。

马援家境贫寒,十二岁时,父母双亡,因为无钱上学,只能由哥哥马况在劳动之余,教他读书识字。由于学习条件的限制,几年过去了,马援的学习成绩非常一般,他有些泄气了。哥哥马况鼓励他说:"你不必为自己的学习成绩而苦恼,你的才能很大,只是成功的晚些罢了。"这也就是成语大器晚成的来历。马况的话后来果真应验,天资并不聪明的马援,后来成为国家的栋梁之材。

早在王莽统治时期,马援曾在扶风(今陕西兴平东南)当差。有一次,他在押解一名因反抗朝廷统治而被捕的罪犯时,怜惜起对方是条好汉就私下里把犯人放跑了。放跑了犯人,自然他自己也不能再继续当差了,于是,马援就逃到了北方边界一带躲藏了起来。没几年的功夫,他就已经成了一个大财主,有佃农数百,有牛马羊数千,可谓是富户了。

然而,马援想要的生活,并不是一辈子过这样衣食富足的日子,当他看到全国各地的英雄豪杰都在逐鹿中原时,他再也坐不住了。于是,他把自己的全部财产都分送给朋友和手下的佃农,准备投奔到逐鹿中原的滚滚大潮中去了。临行前,马援满怀豪情地说:"男子汉大丈夫,应该有远大志向。越穷越坚强,越老越健壮。"

此后,他来到了中原,先是在刘秀的政敌隗嚣手下,做了一名将军。后来,

他认识了刘秀，发现刘秀是一位礼贤下士、有雄才大略而且很有君主气度的英雄，就投奔了刘秀。马援遇到刘秀，可谓是良臣遇到了明主。在跟随刘秀的日子里，马援多次带兵东征西讨，为刘秀统一全国，建立东汉，立下了赫赫战功。马援率军作战，最大的特点，就是他自己勇冠三军。比如在平定陇西时，马援被敌人的箭射穿了小腿肚子，可他仍然咬着牙，坚持端坐在马上，指挥作战，这使得全军将士士气大增，一鼓作气，最终大获全胜。刘秀对马援的指挥才能十分折服，经常称他为"常胜将军"。

马援

当东汉政权稳定以后，很多大将军都功成身退，也有人劝马援说：大将军南征北战，九死一生，现在也该尽情地享享清福了。马援豪迈地回答道："男子汉大丈夫就该在战场上显示自己的威风，死就要死在疆场，让别人用马革裹着尸首送回老家，怎么能天天醉卧在床上，缠绵于儿女的私情呢。"

公元48年，南方的五溪一带，有个少数民族部落叛乱，光武帝刘秀一连两次派兵征讨，都大败而归。这时的马援已经是62岁了，他主动向光武帝请求出征。刘秀看着已是银髯满鬓的马援，很是于心不忍。马援声如洪钟，对光武帝说："陛下，臣还能披甲上马！"刘秀被老将军的精神所深深感动，命令武士们为马援牵马进宫，让他一试身手。只见马援轻松地翻身上马，雄赳赳、气昂昂地跑了一大圈。光武帝刘秀动情地说："老将军真是威风不减当年啊！"于是，派马援出征讨伐少数民族部落的事就这样定了下来。

马援临行前，与朋友们话别，说："我深受皇恩，现在年事已高，我知道自己的日子不多了，唯恐不能为国而死。今天，总算有了一个机会，我即使战死在沙场，也死而瞑目了。"送行的人，听了马援这样的话，无不落泪。

马援率军队来到了五溪后，打了几个胜仗。但由于五溪在南方，他所带部众多是北方人，水土不服，身体很不适应，于是整个军队的战斗力越来越差。在战争的关键时刻，马援自己也体力不支，得了重病，导致了战事进展缓慢。有小人趁机向光武帝进谗言,说马援指挥失误,贻误了战机。

刘秀连忙派驸马梁松前往前线,看看究竟是怎么回事。梁松平日里飞扬跋扈,正直的老将军马援一向看不惯他,因而没有给过梁松什么好脸色。梁松想趁机公报私仇,可当他赶到五溪时,马援已经病死在军中了,梁松感到非常的失望。可他这个小人,连死人也不放过,回来后向刘秀告状,说马援不但指挥失误,还趁机从南方搜刮民脂民膏,带回了一车珍珠。

这一次,光武帝刘秀相信了自己的驸马,下令革去马援所有的职务,并派人到他的家里去查抄从南方运回的珍珠。

去马援家抄家的人很快就回来了,他们给光武帝带来了一把所谓的"珍珠"。刘秀一看,不认识这些东西是什么,有认识的文武大臣一看,赶忙告诉光武帝说,这是用来治疗风湿病的中药,学名叫薏苡。原来,马援由于长期征战在外,患有严重的风湿病。从南方运回的所谓珍珠,是他治疗风湿的药材。许多文武百官当场落泪,一心为国、马革裹尸的大将军战死疆场,死后却仍要遭人迫害。

光武帝刘秀狠狠地教训了驸马梁松,也不再让人去追查马援的罪过了。可是,马援兵败五溪是事实,所以,刘秀还是让人把马援的爵位革去了。三十年后,汉章帝才把自己祖辈误判的这桩不近人情的冤案予以平反,马援被追谥为忠成侯。

可叹一代名将马援,大器晚成,马革裹尸,一心为主,老当益壮,到头来却落得个被小人诬陷的下场,风湿痛病无人管,薏苡诬告成珍珠。马援的赤胆忠心,是为后世人所敬仰。

司马迁被处以宫刑

司马迁,字子长,是我国古代著名的史学家、文学家和思想家。他撰写的史学巨著《史记》,直到今天都是我们研修历史的经典名作,更可以说是中国古代史学领域的一座丰碑,而且具有非常高的文学价值。鲁迅曾赞誉《史记》是"史家之绝唱,无韵之《离骚》"。

司马迁是西汉时候夏阳人,因为得罪了汉武帝而遭受宫刑,后来忍辱负重,终于写成了流芳百世的史家巨著——《史记》。那么,司马迁到底为什么会被处以宫刑，遭受这种奇耻大辱呢？他最终又是怎么死的呢？这些问题在历史上一直以来都是众说纷纭。

首先，我们来谈谈司马迁为什么遭受了宫刑？这就要牵扯到汉代名将李陵。

李陵是李广的孙子，武艺高强，爱兵如子，深受汉武帝的喜爱，封他为都尉。公元前99年，汉武帝派李陵率领五千精兵良将策应主帅抗击匈奴。李陵挥师南还时，遭遇到三万多匈奴骑兵的围堵。李陵率部浴血奋战，杀死千万敌兵，这令匈奴单于胆战心惊，准备退兵。然而不幸的是，李陵部下一个叫管敢的人投降了匈奴，招供出此时的李陵孤军无援，而且已弹尽粮绝。知道了内情的匈奴大军疯狂发起反扑，李陵和诸将拼死厮杀，五千精兵只剩下十几人。看着越来越多的匈奴军队包围着自己，看着伤痕累累、赤手空拳的部下，李陵这堂堂汉子不由得流下热泪，说："全军覆没，还有何面目去见皇上呢？只能日后见机立功吧！"说罢，他下马投降了匈奴。

司马迁画像

匈奴单于很佩服李陵的英雄气概，把女儿嫁给他，让他在匈奴享有尊贵的地位，期望他能效忠自己。

汉朝上下得知李陵投降匈奴的消息后，朝野震惊。汉武帝盛怒之下，下令杀死了李陵的母亲和妻儿，以报复和惩罚李陵。汉武帝召集群臣廷议李陵罪行，大臣们纷纷顺着汉武帝的看法，痛斥李陵贪生怕死，投降变节，都指责他不忠于国家。只有当时担任太史令的司马迁勇于替李陵辩护："李将军以五千步兵，剿灭万余匈奴骑兵，已经对得起天下人了。如果不是孤军奋战，弹尽粮绝，他绝不会投降的。再有，李将军未必会是真降，或许日后会寻找机会，报答皇恩。"司马迁的看法可以说是客观的，可这却激怒了汉武帝，汉武帝对他说："你的意思是我派李陵出兵就错了，对李陵亲属的处理不对啦？"于是，盛怒之下的汉武帝，听不进去司马迁的辩解，直接把他打入了监牢。

司马迁为什么会惹得汉武帝生这么大的气呢？

作为史官，必须要有坚持真理，客观记述史实的精神。司马迁没有虚伪地为统治者歌功颂德，而是如实地记录并且评价着统治者的功过是非。对汉武帝的缺点，他也是毫不客气地加以指出。这样，就招致了汉武帝对他的嫉恨，并且早就准备伺机收拾他了。这次正好借李陵事件对他加以迫害。

司马迁被判了宫刑。所谓宫刑，就是像对待太监一样，阉割男子的生殖器。这样的酷刑，对于司马迁来说，不仅剥夺了他作为男子的权利，更丧失了作为人的尊严。因此，司马迁觉得自己已经一无所有了，留下的只有难以洗刷的耻辱。在耻辱和负罪的双重压力下，结束痛苦，最快捷的办法就是一死了之。事实上，司马迁不是没有想到过死，可当他重新审视了古往今来的圣人贤人的处事之道后，他对忍辱负重的那些人的生命价值作了理性的思考。终于，司马迁毅然决然地放下了儒家的"士可杀不可辱"的志士仁人的观念，虽然自己遭受的耻辱比历史上其他先贤们所受的耻辱都要惨烈，但是，父命尚未完成，自己的文采还没有得到发挥。既然残酷的现实已经无法改变，他就只有寄希望于未来了。

于是，他从《周易》《春秋》《离骚》《国语》中汲取了强大的精神力量，终于完成了为后世流传千古的史学巨著《史记》。

司马迁呕心沥血完成了《史记》，这之后他是否安度余生了呢？他是在什么时候辞世的呢？

司马迁命运坎坷，在遭受宫刑之后，曾复任中遏者令，得以继续从事他的史学研究。然而，江山易改，本性难移，他不肯摧眉折腰侍权贵的性格是改变不了的。其后，在《报任安书》中，他又一次直言不讳，贬损了汉武帝，引起了汉武帝的愤怒，终招致杀身之祸。汉武帝以大逆不道之罪，将司马迁逮捕下狱。严刑拷打，再加上不堪病痛，司马迁暴毙在狱中了。

后人根据史书推断，从"陵降匈奴，故下迁蚕室，有怨言，下狱死"的记载中，得出司马迁死于公元前93年年底。

也有人从他在《史记》中对汉武帝称呼为"孝武皇帝、武帝"，根据其用汉武帝刘彻的谥号来称呼他，得出司马迁作《史记》时，必在武帝死后的结论。按照这个结论，我们可以推出司马迁应死于公元前86年，即汉昭帝即位初年。

还有人依据公元前87年锅穰已任中遏者令的事实，判断司马迁这时已经被罢官或者死去了。

因为没有具体的记载,史家对于司马迁究竟是死于何时没有确切定论,我们基本采用上述的第二种观点,因为史家对谥号和庙号的运用是非常严格的,稍有差池即会招来杀身之祸。因此,综合考虑司马迁死于武帝之后,昭帝元年是比较可信的。

李延年妙曲荐妹得宠

汉武帝即位时很年轻,他曾宠爱卫子夫和王夫人,后来王夫人早死,卫子夫又不得他欢心,所以后宫佳丽虽多,却没有一个得到武帝专宠的,宫廷乐师李延年便想将自己的妹妹推荐给汉武帝。

李延年精通音律,颇得武帝欢心,他所作的曲子凡听到者都会莫名感动。李延年的妹妹是个歌女,长得非常漂亮,但因为李延年出身微贱,不便自荐,于是便请求汉武帝的姐姐平阳公主代为荐引。

这一天,汉武帝在宫中置酒,平阳公主也在座,李延年侍宴。待到酒酣,平阳公主命李延年弹琴,李延年就边弹边唱自作的一首新歌,其歌曰:"北方有佳人,绝世而独立。一顾倾人城,再顾倾人国。宁不知倾城与倾国,佳人难再得。"

武帝平日所接触的女子无可计数,不过就是有几分颜色的,在那么多美女之中也失去了光彩。现在听到李延年歌词,触动了潜藏已久的心事,不禁叹息说:"世间哪有你所唱的那种佳人?"平阳公主在一边揣摩得知李延年歌中的寓意,于是趁机说:"陛下有所不知,延年的小妹,就是一位倾国倾城的绝世佳人。"武帝心中一动,便命李延年召其妹入宫一见,李延年见目的达到,便将其妹引入。武帝一看,果然是倾国倾城,美丽无比,遂纳李氏为妃。

李氏由此便宠冠后宫,号为李夫人,不久后她怀孕生下一个男婴,武帝封为昌邑王。自从武帝专宠李夫人,所有宫女无不艳羡嫉妒。

一天武帝去李夫人宫中,忽然觉得头痒,于是用李夫人的玉簪搔头。这件事传到后宫,人人想学李夫人的样子,头上都插了玉簪,一时长安玉价加倍。

王甫陷害渤海王

东汉末年,宦官专权,先后出现了"五侯""十常侍"把持朝政达数十年之久。他们依势欺人，贪赃枉法，搅得朝政混乱，终于把东汉王朝推上了绝路。太监王甫就是其中的一个。

王甫是东汉桓帝和灵帝年间的一位宦官。桓帝时期，他仅是太后所居的长乐宫的一名专掌饮食的"食监"，可是到了灵帝初年，他使诡计诛杀了当时在朝中掌权的大将军窦武，一跃而成为中常侍，掌握了朝廷的大权。

王甫这个人非常贪婪，最喜欢的事就是聚敛财富。为了得到更多的钱财，他可谓是用尽了各种手段巧取豪夺。但是大多数时候，王甫聚敛财富的最重要手段，就是通过收受贿赂来实现的。因为手握大权，他不但对一般人敲诈勒索，就连皇帝的弟弟也成了他勒索的对象，当时的渤海王刘悝便是受害者之一。

桓帝即位之后，曾经封他的弟弟合吾侯刘悝为渤海王。延熹八年（165年），刘悝犯了"谋为不道"罪，桓帝不忍过重治罪，便把他贬为瘿陶王（其封地在今河北宁晋县境），由原来食邑一郡之租，减少到仅食一县之租。由于租税收入骤减，难以满足这个王子的日常挥霍。如何能恢复原来的封地，是刘悝朝思暮想的一大问题。他清楚地知道，王甫十分得宠，如果让王甫从中说情，或许事情能够成功。但王甫有一个特点，只要托他办任何事情，他便会借机索贿，没有大量的钱财，他是不肯尽力的。于是刘悝私下里与王甫达成了交易，请王甫在自己兄长桓帝的耳边多进美言，恢复自己原来渤海国的封地，事成之后，送赠王甫酬金五千万。王甫虽然表面答应，但由于刘悝事先没有重贿自己，所以在桓帝面前从未替刘悝说过半句好话；更不要说去提及恢复渤海国封地的事情。时过不久，桓帝得了重病，而且病得很厉害。在病榻之上，他想到以前对待自己的同胞兄弟处罚有点过重，心中不免有点懊悔，在临死之前，他留下遗诏，恢复刘悝的渤海王爵位。桓帝死后，这道遗诏被公布于众，刘悝的封地马上由一县而恢复到一郡之大。王甫根本没有料想到桓帝的如此之举，事情出现后，他连忙在刘悝的面前装好人，表白自己在桓帝面前替刘悝说尽了好话，终于使皇上幡然改悟。言下之意，刘悝爵位的恢复，全是由王甫挣来的，并毫不客气地张口向刘悝索取五千万的报酬费。但刘悝也不是个白痴，他清楚地知道，自己爵位的恢复，完全是由于兄长桓帝的开恩，并非是王甫之功，所以分文不给。二人为此撕开了脸皮，争执得面红耳赤，从此结下了仇怨。

宦官的性格，大都残酷阴险，王甫对刘悝的嫉恨，很快发展到报复。当初，桓帝死后，因其无后，太后与窦武决定让章帝之子、河间孝王刘开的后代——解读学侯刘宏继位。王甫觉得，只有挑拨灵帝与刘悝之间的关系，才能置刘悝于死地，才能一解自己的心头之恨。而当初灵帝继位之时，曾有一种流言蜚语，传说刘悝对自己不能继位称帝而十分气愤，一度曾打算"钞徽书"赴京即位。王甫不失时机，添油加醋地把这些流言传到了灵帝的耳朵里，灵帝虽然感到不快，但未做表示。阜平元年（172年），王甫让尚书令诬奏中常传郑飒等人阴谋迎立刘悝为帝，大逆不道。灵帝仅听一面之词，使命冀州刺史将刘悝收捕入狱，拷问其罪。又令大鸿胪持节与宗正、廷尉到渤海国迫责刘悝，刘悝被逼自杀。妃妾十一人，子女七十人，使女二十四人，皆死于狱中。渤海国的太傅、国相以下，以不能辅助渤海王的罪名，全被诛杀。这便是王甫贪财不成，一手所制造的大冤案。对待皇帝之弟王甫尚敢如此敲诈，那么对待一般庶民的敲诈就更不堪言状了。

刘悝死了以后，糊涂的汉灵帝还认为是王甫立了大功，又不免对他进行大加封赏，加封王甫为冠军侯。于是，王甫就成了东汉末年恶名昭彰的"五侯"之一，从此更加嚣张跋扈，谁都不放在他的眼里。

但是俗话说得好，善恶到头终有报，横行一时的王甫终究还是没有能逃脱法律的制裁。王甫被封为侯后，其秩禄为二千石，在当时已经算是最高的了。但是，他还是觉得自己的钱财不够多。于是他明知故犯，故意违背朝廷的律法，仍然想方设法地捞取钱财。他为了经商发财，采用了十分巧妙的手法，指使自己一位名叫王翘的门生，以自己的名义出面活动，而王甫躲在背后进行策划。门生王翘有恃无恐，肆无忌惮地"于郡官商界辜榷官财物七千余万"，王甫发了一笔横财。京兆尹杨彪了解到内情之后，就把此事上告于司隶校尉阳球。阳球对王甫的罪行早已恨之入骨。当初，阳球还在任尚书令时，就曾经发誓说："如果我做了司隶校尉，一定不会放过这些唯利是图的小人！"光和一年（179年），阳球的愿望实现了，被迁为司隶校尉。他接到上告后，趁王甫出宫在家休假的机会，谓阙上奏，揭露王甫辜榷官财物等罪行，请求皇上下诏收捕王甫及其党羽，很快就得到了皇帝的允准。于是阳球便逮捕了王甫及其子永乐少府王萌等人。阳球亲自主持考审，使用了各种刑具，最后用土塞满了王甫的嘴，将其乱棍打死。还把他的尸体曝尸街头，用大笔写下"贼臣王甫"四个大字。王家的财产也被全部没收。这个贪赃枉法，无恶不作的恶宦，终于受到了应得的惩罚。

尹翁归不徇私情公正执法

尹翁归是西汉时候的一个清官,他为朝廷做事 20 多年,一直为官清明自守、严格执法、语不言私。他为人温良谦让,不居功自傲,不贪财受贿,在朝野都享有很高的声誉。

尹翁归,字子兄,是河东平阳(今山西省临汾市西南)人。他出身贫寒,父母很早就去世了,他从小在叔叔家里长大的。

后来,尹翁归在平阳衙门里当了个卒吏,公务之余,常常读些法律方面的书,通晓各项法律条文。此外,还经常习武学剑,会一套娴熟的剑法,在平阳一带很有点名气。

由于尹翁归聪明能干,后来县令就让他做了管理市场的小官。官虽小,他却认真负责,吃苦耐劳,也从不利用职务之便,勒索他人的钱财。

当时,大司马大将军霍光辅佐年幼即位的昭帝(公元前86~前74年在位),已掌权多年,很有权势。霍光也是平阳人,他在平阳豢养了一帮奴客。这些奴客仰仗霍光的势力横行乡里。他们公然在白天持刀闯入集市,无理打闹,拦抢钱物,地方官惧怕其权势,不敢干涉制止,老百姓有苦不敢言。

尹翁归上任后,不怕权势,不畏强暴,敢于履行自己的职责,严格管理市场,整顿市场秩序,对聚众闹事,扰乱市场的不法之徒,严惩不贷。霍氏家奴尝到了尹翁归的铁拳头,从此不敢再犯。

虽说市吏官卑职微,但却是个人人垂涎的美差。尹翁归的前任利用职权之便,敲诈勒索,受礼纳贿,大发横财。而尹翁归却处处秉公执法,不徇私情,拒不接受商人的赠品。所以商人们既害怕他,又敬重他。那时恰好河东太守田延年到平阳县来视察。他把全县五、六十名做过吏役的旧职员请来,亲自接见他们,并叫文吏坐东边,武吏坐西边。太守接见了好几个人,轮到尹翁归时,他却俯伏在地上不肯起来。田延年间他是什么缘故,尹翁归说:"我既能文也能武,专听候您的安排。"功曹认为这个小吏傲慢不恭,田延年却说:"这有什么呢?"便叫他上前,向他问话。尹翁归对答如流,使太守非常惊异,当即任用他为卒吏,将他带回府上,让他审理案件。

果然,尹翁归考问事情,发现奸邪,都能查个水落石出。因此,太守很器重他，认为自己的能力不如尹翁归，就提拔他担任督邮，代表太守督察县乡。尹翁归任职期间查办的案子，都合乎法令规定，定罪判刑时，一定要掌握真凭实据。因此，所属各县官吏虽被人检举而受到查办，却没有一个怨恨他。

后来，尹翁归每荐举到一处，都能把当地治理好。以后，他被选调任都内令，继而被推荐做了弘农郡的都尉。

汉宣帝即位后，尹翁归被任命为东海郡太守。赴任前他到廷尉于定国的府上辞别。

于定国是东海人，在当时权势很大，正是当朝红得发紫的权臣。尹翁归要来拜见时，刚好他的老家东海有两个故友的儿子，找到府上有私事相求。于定国对他俩说："我虽身为廷尉，供职京都，但远水解不了近渴。正好翁归要前往东海赴任，求他帮帮忙，看来不成问题。今天他要前来拜我。你俩且在后堂坐等，等会儿我派人来叫，你们再前去见他。"

说后，于定国就去前堂见尹翁归。于廷尉满以为依仗自己的权势和威望，把同乡的两个后生推荐给尹太守，谋个一官半职是蛮有把握的。于是在与尹翁归交谈中，就委婉地把自己的想法说了出来。谁知尹翁归听后，没有正面回答可否。他转了话题，只谈东海郡的治理，征求于廷尉的意见，并请他介绍东海郡的情况。

尹翁归与于定国交谈了一整天，就是不回答两后生谋求的事，也不提接见两个后生的事。两个后生在后堂整整等了一天，不见来传，心急如焚，烦躁不安。

到了晚上，于定国来了，老远便说："让你俩久等了。""太守呢？大人！"两后生迫不及待地问。"已经走了。""求他的事答应了吗？""此太守乃贤吏啊！"于定国赞叹道，"我和他长谈一日，知他奉公廉洁、守正不曲，请托之事，终不作答。"最后，于定国又叮嘱两后生："你们还是不要到他手下去任职为好，以后到东海郡也切记不要以私事相求。"

尹翁归到东海后，治理郡务，明察秋毫，郡中的官吏、百姓，哪个贤良，哪个恶劣，以及哪个做了什么坏事，犯了什么罪过，他全知道。遇有吏民法纪松弛，发生案件时，他就叫各县拘捕那些刁吏恶民，公开审讯他们的罪行，情节严重的还判处死刑。百姓们都因为他公正的处理而心悦诚服。

东海郡郊县有个豪强，叫许仲孙。此人横行霸道，为人奸诈狡猾，严重扰乱社会治安,郡中的人都让他害苦了。前几任太守捉拿他时,许仲孙就利用势力,多方变通,玩弄狡诈的手段而得到解脱。因此,始终没有人能制服他。尹翁归到任后,立即将许仲孙依法治罪,斩首示众,使全郡大为震惊。从此,再没有人敢违抗禁令,东海郡得到大治。

尹翁归由于政绩优异,后被选调京都长安,当了京城的父母官。他注意选拔和重用那些清廉平正、痛恨奸吏的下属,对他们以礼相待,与他们好恶相同,但谁要是违抗法令或失职,也必定加以处罚。他治政的方法,还和治东海郡一样,对各县歹徒的犯罪情况,也都有专门的簿册加以登记。当盗贼在某地作案时,尹翁归便将这个县的主管官吏召来,把那些奸险狡猾的首犯的详细情况告诉他,教他用类推的方法追寻盗贼经过和投宿的踪迹。结果,往往如尹翁归所预料的那样,这些盗贼没有一个能逃脱。

尹翁归审判罪犯,对于弱小从宽,对于豪强则从严。尹翁归一经将豪强定罪,就把他们送交掌畜牧的官吏,罚他们切草服刑,责令他们按时完成定额,而且不得请别人顶替。要是完不成定额,就鞭打处罚,有的豪强给折磨得疲惫不堪,以致用切草的铡刀自杀而死。京城的人都畏惧尹翁归的威严,不敢再胡作非为,结果他主管的地区都被治理得很好,百姓们安居乐业。尹翁归肃清盗贼一项的考核成绩,常常在京城三辅中名列前茅。

永康四年(公元前62年),尹翁归因病逝世。当时,他的家里毫无积蓄,一贫如洗。汉宣帝对他的政绩和人品倍加赞许,他诏示御史大夫说:"我起早睡晚,日夜思虑的,就是重在求贤。用人不论亲疏近远,但务必要能安抚百姓的才行。右扶风尹翁归廉洁清正,治政理事成绩卓著,不幸早逝,没能完成他的功业,我感到非常惋惜。"汉宣帝特准予赏给他的儿子一笔钱财,以便让尹翁归的后代供奉、祭祀他。尹翁归的三个儿子继承父德,为官也都非常清廉。

金日磾从奴隶到大臣

公元前87年二月,汉武帝刘彻病危,时年七十一岁。他紧急诏立当时年仅八岁的太子钩弋王子刘弗陵为太子,托命给四位辅政大臣,然后带着无限的留恋和失落,离开了世界。接受汉武帝遗命辅政的四位大臣,分别是大司马大将军霍光,左将军上官桀,御史大夫桑弘羊和车骑将军金日磾。其中,金日磾是匈奴族人,换言之,是当时的外国人。一个外族人在汉朝的政坛上能够身居高位并且当上了重要的辅政大臣,而且得到一代豪雄汉武帝的赏识,他一定是有着非凡的经历和才能的。

金日磾原本是匈奴王的太子。在汉武帝元狩三年,即公元前120年春天,霍去病率兵出征,和匈奴军队短兵相接,斩获了八千九百多敌人的首级,也俘虏了匈奴王的祭祀者。接着,霍去病等人又在夏天继续深入到祁连山腹地,再次斩获了敌人三万多首级,俘虏了匈奴王、王母和王子等五十九人。接二连三的惨败,使得匈奴单于对于统辖匈奴疆域西部的匈奴王大为生气,要召其回来问罪。匈奴王恐惧,于是密谋投降汉朝。未料到,其中一个匈奴王中途反悔,另外一个人一不做二不休,杀死了他,并率领所有的部众,一起投降了汉朝。因此,这个匈奴王被汉武帝封为列侯,而金日磾母子三人却因为其父反悔了投降汉朝的计划而沦为养马的奴隶。此时,金日磾刚刚十四岁。

对于年少轻狂的金日磾而言,从匈奴王太子的尊贵身份,一下子跌为汉朝的阶下囚,而且遭杀父夺地之恨,简直就是从天堂跌入了地狱,他根本就接受不了这样的事实。值得庆幸的是,他的母亲贤惠达观,深明大义,在母亲的耐心的开导和循循善诱下,金日磾终于明白,即使父亲不投降汉朝,率领部族回到匈奴单于那里请罪,也免不了一死的命运,而且没准还要满门抄斩。这就是自己的命运。虽然现在沦为汉朝的阶下囚,但汉武帝对他们母子毕竟有不杀之恩,而且只是养马,只要勤奋努力,自己还有出头之日。由于这个原因,金日磾精心养马,他养的马都膘肥体壮,奔驰神速。

一晃几年过去了,一日,汉武帝出游,乘兴要看看自己的御用马匹。他带领着众嫔妃来到了马圈,众多的养马人一下子见到这么多美女,而且都是汉武帝的妃子,一个个自然是花容月貌,美艳无比,于是养马人们都心猿意马,目不转睛地盯着看。唯有金日磾昂首阔步,目不斜视。此时的金日磾,已经是个大小伙子了,仪表堂堂,气宇轩昂,他牵出来自己喂养的马匹,又都是高头大马,于是就引起了汉武帝的注意。在询问了他的出身之后,汉武帝非常同情,想起了当年结局悲惨的匈奴王原来就是金日磾的父亲,不禁扼腕叹息。后来,汉武帝就封金日磾为御马监,随后,又升为侍中,驸马都尉,后又拜为光禄大夫,出任汉武帝乘舆的卫士,要知道,这是非亲信不得担任的职务,由此可见,金日磾很是得汉武帝得赏识和信任。

一个外国人，从养马的奴隶得到高升，直到位列九卿，这可是前无古人的事，自然引起了朝野上下的不满和嫉妒。有人公开宣扬说，汉武帝得到一名胡人，反而却以他为贵重起来。尽管谣言纷飞，但金日磾以自己的谨慎和忠诚，克己奉公，尽职尽责，终于赢得了汉武帝全心地信赖，并日益获得了汉武帝的倚重和朝臣的敬佩。汉武帝知人善用，不计流品，他知道金日磾从奴隶之中被自己提拔起来，必定是感恩图报，能够全心全力地辅助太子。果然，金日磾兢兢业业，全力辅佐少主，忠贞无比，效犬马之劳。

金日磾有两个儿子，此时尚年幼，很是聪明伶俐，活泼可爱。特别是他的长子，更是深得汉武帝的喜爱，汉武帝经常把他带在左右，形影不离。在汉武帝的娇惯下，这个孩子长大后恣意任性，公然在殿中和宫人淫乱，被其父金日磾碰到了，很是愤怒，当即把他给杀死了。汉武帝听说后很是震怒，更是十分生气，金日磾就顿首谢罪，讲明了因由。汉武帝虽然很哀痛，但内心却十分钦佩金日磾如此维护朝廷的礼仪，为保全了宫廷的声誉而大义灭亲。从此，汉武帝更加信任金日磾了。

金日磾在汉武帝身边生活了几十年，深得汉武帝得宠信，汉武帝曾经想把他的女儿纳入后宫，他也不肯。这样一来，汉武帝就越来越信任他了，而且很敬重他。就这样，金日磾以一个外国人的身份，成了托孤大臣。而汉武帝也是用人不拘一格，不顾朝臣们保守的反对意见，坚持将金日磾立为四个辅政大臣之一，任重而道远。

金日磾还曾经立下过救驾的大功劳。有一次，他发现了打算暗杀汉武帝的人，奋勇扑上去，将敌人摔倒在地，从而挽救了汉武帝的性命。立下大功后，他也不恃宠而骄，仍旧谦虚诚恳的为皇帝效命。汉武帝从鬼门关跑了一趟之后，又见了他这种得体的态度，更加欣赏金日磾了。从此，金日磾更是以忠孝节义而闻名于朝野，大臣们也都很佩服汉武帝的知人善用。

当汉武帝临终嘱托霍光辅佐少主时，霍光曾辞让给金日磾。金日磾推辞说，自己是外国人，而且是罪臣之子。金日磾忠心耿耿，一片赤诚。最后，遂以霍光为正，金日磾为副，共同辅佐汉昭帝执政。

金日磾从奴隶到辅政大臣，位列三公之首，执掌汉朝大政，说明了汉武帝不计前嫌，破格用人，也体现了金日磾个人的勤勉和刻苦努力。所以，从这一点看来，汉武帝一朝也是兼收并蓄、开放的，所以我们也就不难明白，汉武帝时的繁盛局面的形成了。

梁冀被称为"跋扈将军"

东汉王朝从汉和帝起,即位的皇帝大多是小孩子,最小的是只生下一百多天的婴儿。皇帝年幼,按照祖例,由太后临朝执政,太后又把政权交给自己的娘家人,这样就形成了东汉外戚专权的局面。有的皇帝死后没有儿子,太后、外戚就从皇族里找一个孩子接替皇帝即位,以便他们控制政权。

但是,小皇帝渐渐长大,日益懂事,就不再甘心长期当个傀儡皇帝,于是想要摆脱外戚的控制。可是皇宫里里外外都是外戚的亲信,跟谁去商量呢? 只有一些宦官每天在皇帝身边伺候。于是皇帝只好依靠宦官的力量,扑灭外戚的势力。这样一来,外戚的权力就转到宦官手里。

无论是外戚也好,宦官也罢,都是豪强地主阶级中最腐朽势力的代表。外戚和宦官两大集团互相争夺,轮流把持着朝政大权,东汉的政治局面就越来越腐败了。

公元 125 年,东汉第七个皇帝即汉顺帝即位,外戚梁家掌权。梁皇后的父亲梁商、兄弟梁冀先后被封为大将军。

梁冀是一个十分骄横的人,胡作非为,公开勒索,全然不把皇帝放在眼里。

汉顺帝死去的时候,接替他的汉冲帝是个两岁的娃娃,可没料到,过了半年也死了。梁冀就在皇族中找了一个八岁的孩子接替,这就是汉质帝。

汉质帝虽然年纪小,却也伶俐。他对梁冀的蛮横劲儿看不惯。于是有一次,他在朝堂上当着文武百官的面指着梁冀说:"真是个跋扈将军!"(跋扈即强横的意思。)梁冀听了,气得要命,可当面却不好发作。背后一想,这孩子小小年纪就那么厉害,长大了还了得,于是就暗地里派人把毒药放在煎饼里,送给质帝吃。

汉质帝毕竟是个孩子,哪里会知道饼里有毒,吃了饼,马上觉得肚子不舒服,赶紧叫内侍把太尉李固叫进来。李固见汉质帝十分难受的样了,就问他是怎么回事。汉质帝回答说:"刚刚吃了饼,只觉得肚子难过,嘴里发干,想喝点水。"

梁冀在旁边连忙阻拦说:"不能喝,喝了水就要呕吐。"他的话音还没落,可怜的汉质帝,这个八岁的孩子已经倒在地上,滚了几滚,断气了。

梁冀害死了汉质帝后,就又从皇族里挑了一个十五岁的刘志接替皇帝,这就是汉桓帝。

汉桓帝即位后,梁皇后成了梁太后,于是朝政全落在梁冀手里,梁冀更加飞扬跋扈起来,越发目空一切了。他为了自己享受,盖了不少高楼大厦,把洛阳近郊的民田都霸占下来,作为梁家的私人花园。花园里面亭台楼阁,应有尽有。梁冀喜欢养兔子,就在河南城西造了一个兔苑,命令各地交纳兔子。他还在兔子身上烙上记号,谁要是伤害梁家兔苑里的兔子,就治那人的死罪。据说,有个从西域到洛阳来的商人不知道这个禁令,无意间打死了一只兔子。结果为了这件案子,竟株连了十多个人,商人自己也丢了性命。

梁冀还把几千个良家子女抓来作为奴婢,把这种奴婢称作"自卖人"。意思就是说,他们都是"自愿"卖给梁家的。他还派人去调查有钱的人家,把富人抓来,随便给他安一个罪名,叫他拿出钱来赎罪,出钱少的就得办死罪。有个叫孙奋的人很有钱财。梁冀送给他一匹马,却向他借钱五千万。孙奋被梁冀逼得没办法,给了他三千万。梁冀火了,吩咐官府把孙奋抓去,诬说孙奋的母亲是他们家逃出来的奴婢,偷去大量珍珠、金子,要追还。孙奋不肯承认,就被官府活活打死,财产也全被没收了。

梁冀就这样无法无天地掌权将近二十年,最后跟汉桓帝也闹起矛盾来。梁冀派人暗杀桓帝宠爱的梁贵人的母亲。汉桓帝实在忍受不了,就秘密联络了单超等五个跟梁冀素有怨仇的宦官,趁梁冀没有防备,发动羽林军一千多人,突然包围了梁冀的住宅。梁冀慌里慌张直发抖,等他弄清楚是怎么回事的时候,知道自己再也活不了了,只好吃毒药自杀。梁家和梁冀妻子孙家的亲戚也全都被治罪,有的被处死刑,有的撤了职。朝廷上下,梁冀的爪牙心腹三百多人全撤了职。结果一时间朝廷上的官职差不多一下子全空了。

梁家倒台,老百姓别提有多高兴了。汉桓帝没收了梁冀家的家产,一共价值三十多亿,这笔钱相当于当时全国一年租税的半数。那些被梁家占用作花园、兔苑的民田,仍旧给农民耕种。

汉桓帝论功行赏,把单超等五个宦官都封为侯,称作"五侯"。从那时起,东汉政权又从外戚手里转到宦官手里了。梁冀势力的覆灭,说明外戚势力在东汉朝堂上暂时的结束和被削弱,宦官势力这时有了较大的起色,单超等五人开始深得皇帝的信任。外戚、宦官交替专权，成了东汉政治的一大特色。而梁冀的跋扈和其族人的猖獗，也不过是外戚一时势力盛行的写照，是东汉其他皇帝遭遇到外戚专权时都会遇到的局面。不是外戚，就是宦官，总之东汉的朝政是被除了皇帝自己以外的势力所把持的，是豪强地主势力的集中体现。

严子陵坚决不做官

严光，字子陵，本姓庄，因避汉明帝刘庄的名讳，后人就将他的姓改作"严"了。他是两汉之际会稽余姚（今属浙江）人。

严光少小时就聪明好学。十多岁时，就精通《诗》《书》，在家乡一带颇有些名气，与别人论辩中，逻辑缜密而奇诡多怪，不同凡响。乡里以为他将来一定会出将入相，给家乡带来无限荣耀，因而都对他另眼相看。稍长之后，他希望自己能成为一个学富五车的饱学之士，于是他决定结识一些良师益友，来到当时人才荟萃的全国最高学府——京师长安的太学学习。在严光的太学同学中有个叫刘秀的人，来自南阳，豪强地主家庭出身。他见严光才恩敏捷，谈吐不凡，于是他们志趣相投，成为挚友。年轻的严光经常与刘秀等人在一起兴致勃勃海阔天空地谈诗书，谈人生，谈社会，谈自己的理想。

此时，西汉王朝统治已十分腐朽，各种社会矛盾尖锐，已是日薄西山。外戚王莽趁机代汉而建立了"新"政权。王莽代汉，引起了一些人的强烈不满，当西汉末绿林、赤眉军大起义爆发以后，其中有些人带着难以明说的动机加入了反对王莽的武装斗争，成为起义军中的关键人物。严光静观这纷纭的世界，觉得自己是生不逢时，壮志难酬，京都长安已不是久留之地，只得怀着难以名状的心情，揖别长安，踏上了东归的漫漫之路。

他本想回到自己的故乡去，但南归的路为混战的烽火所阻，归途已是危险丛生。再说当时自己辞别家乡时，带着乡亲们的殷切期望，现在这样落魄而归，真是无颜见江东父老。左思右想，最后他决定，倒不如先到人杰地灵的齐鲁之地，这里是文化中的藏龙卧虎之地，或许能寻访到良师益友。于是他来到了沂蒙山区。

沂蒙山绵延起伏，在山麓之南，严光发现了一条河流，这就是沂河。沂河之水清澈见底，美丽的鱼儿在水中悠忽游弋。鱼儿是多么快乐呀。这使严光想起了人世间是多么污秽不堪，尔虞我诈，互相倾轧。什么功名利禄，什么理想抱负，算了吧，都是追腥逐臭，不如把自己的情怀，投入这山水之中，采山中之蕨，捕水中之鱼，这也是一种人生啊！于是摘下那已破败不堪的方巾，抛弃那功名的诱惑，就在青山之麓，河水之滨，搭起一间栖身的小棚。当太阳升起时，严光踏着朝露在河水边静静垂钓，红日西沉时，在暮鸦的聒噪声中回到小棚。这样不知过了多少岁月，人间的纷繁早已抛到九霄云外去了，几乎不知有汉。

山中才数月，世上已千年。在严光做"钓翁"的时候，外面的世界却发生了巨大的变化。公元25年，严光昔日的同学、挚友刘秀，已经扫平群雄后，君临天下，建立了东汉王朝。他想到了自己昔日的同窗，才高学富、颇有名气的严光，想征召他来朝廷效力。

会稽太守接到旨令后，星夜骛趋，赶到严光的家乡，一打听，才知严光已多少年没有回家了。太守只好命人扩大搜寻的范围，将会稽境内的山山水水逐个搜了个遍，也没有找到严光的踪影。会稽太守将查访严光的情况详细汇报给光武帝以后，光武帝猜想严光一定是躲起来了，不禁有些恼怒，觉得严光恐怕是在假作清高，抬高身价。于是他口述太学时严光的相貌特征，让画工描绘出"严光肖像"，在全国各地张贴。

皇帝诏令一下，严光确实是扬名天下了，各地官员派人四处打听严光的下落。不久，齐国(封国，在今山东泰山以北)官员报告说："沂河边有一男子，独居于山谷中，身披羊皮，经常静坐在沂河边垂钓，长相有几分像画像上所描绘的，只是不敢肯定。"

光武帝一听，精神大振，认为此人八成是严光。于是马上派出使者，备上专门聘请贤人的车辆，带上表示尊贵的玄色丝帛，前往齐国，召聘那位垂钓的男子。他一连派了三次使者去敦请那位男子。最后，那男子承认自己是严光后，使者前呼后拥，硬是将他请到车上，一起来到京城洛阳。

光武帝在皇宫中听到手下人报告："钓翁"已被请来，就亲自出宫迎接，以示自己对"钓翁"的重视。当走到宫门外一看，果真是严光老同学，欣喜之情就不必说了，立即上去又是拉手，又是拥抱。可严光却推说旅途劳累，需要休息，不愿与光武帝谈话。光武帝只好把他先安置在皇家的馆舍中，一应生活用品及膳食全部由皇宫提供。

严光住下来后，也不去拜见皇帝，成天饮醇酒，睡懒觉，无所事事。刘秀没办法,只好亲自去馆舍看望严光。车驾来到馆舍门前,侍者忙不迭地冲进严光房中,一看,严光还在床上拥被高卧。"先生,先生,快快请起,皇帝驾到,皇帝驾到!"侍者大声叫着,严光理也不理,照旧呼呼睡着。光武帝进了严光的房间,不禁心想:自己以天子之尊,百般迁就,竟然打动不了严光的心!想到此,不由得怔怔地站在床边。约莫过了半个时辰,严光才缓缓地睁开眼睛,有气无力他说:"昔日唐尧治理天下,仁德远扬,还有巢父洗耳之事。人各有志,你又何必苦苦相逼呢?"光武帝摇摇头说:"子陵,朕徒然拥有四海,连自己过去的同学也说服不了呀!"说罢,垂着头,一路叹息地走了。

过了数日,光武帝不再提严光入仕之事,只说请他去皇宫叙叙旧,严光这次倒未推辞就去了。两人坐定以后,回忆起当年在长安大学读书的往事,细数少年同学的变故,感叹世事的无常变幻。两人从容谈吐,气氛十分融洽。刘秀还以为严光终于被自己打动了。当天夜里刘秀还留严光与自己同榻共寝。

睡到半夜,光武帝迷迷糊糊中感到似乎有个东西压在自己的肚子上,还有一股淡淡的泥土味。醒来后用手一摸,原来是严光的一只贵脚压在自己的身上。光武帝何曾受到这等压迫之苦!他本能地想把这只压在自己身上的脚推开,但他又担心这是严光对自己的考验,看自己是否确实能礼贤下士,与士人同甘共苦。光武帝非常清楚,国家政权建立之初,多么需要一些满腹经纶、有真才实学的人才啊!因而只得忍着肚皮上的酸楚,度过这难熬的一晚。

不久,光武帝面授严光为谏议大夫之职。严光既不推辞,也不对光武帝谢恩,似乎是接受了这一职务,光武帝对此满心欢喜。可没过几天,严光却对光武帝说:"你让我走,咱们还是昔日的朋友;你让我留在这里做什么谏议大夫,反倒会伤和气。"光武帝看严光说得坦诚,纵使留下人也留不下心,只好让他走了。

光武帝最终没有使严光留在朝廷任职,只好派人将他送回故乡会稽。回到会稽以后,严光独自一人到了富春山。富春山旁边就是富春江,严光就在这里种地、钓鱼,过着悠闲自在的生活,直到八十而终。

名人逸史

韩信听人训导自强终成名

韩信是西汉王朝的开国元勋之一,他是一个智勇双全的人,秦末汉初最杰出的军事家。但在小的时候,由于家里贫穷,他一直过着饥寒交迫的日子,为了活命,他既没养成好习惯,也没养成好德行,还常常寄人篱下混饭吃,为此认识他的人都很讨厌他。

韩信曾多次投靠南昌亭亭长,在人家家里白吃白喝。有一次,他一连吃了好几个月,这位亭长的妻子很嫌弃他,有一天吃早饭时,亭长的妻子把饭做好后自己一家人提前吃了。到开饭时,韩信一看没有为他准备,心里很生气,但他也懂得人家意思,就知趣地离开了。

韩信没吃没喝,只好到城外的河里去钓鱼,回家好做了吃,但他经常钓不着,于是就常饿着肚子坐在那里钓。

有几位漂洗丝绵物品的老太太常在离他不远处洗衣服,其中的一位很有善心的老太太看见韩信饿了,便把自己带的饭分给他吃,一连好多天都是如此。

对此,韩信非常感激,他对这位老太太说:“我将来一定会重重地报答您。”

谁知这老太太听了,竟生气地说:“男子汉不能养活自己是很丢人的,我是可怜你才给你饭吃的,难道是希望回报的吗?”

一句话说得韩信哑口无言。从此,他下定决心非要混出人样来不可。他便在养活自己之余开始努力学习兵法,学成之后就先去投靠项羽,在得不到重用后便又投靠刘邦。

在刘邦那做了一段管粮食的官后,因萧何的推荐,韩信被刘邦拜为大将军,指挥汉军征战天下,他历尽百战,功绩显赫,助刘邦建立了大汉王朝,终于功成名就。

韩信忍胯下之辱终成功

能"忍",也是自我克制的一种妙用。"忍"字的妙用是不可言喻的,可是能看到它的妙用的人却是越来越少了。"小不忍则乱大谋",没有能忍的品格,就干不了大事,每个人的成功之路虽然都不一样,但都需要学会去忍。

说大一点,"忍"是和自我克制力有很大关系的,要真正地做到能"忍",是需要超强的克制力的。没有能忍的品格,就干不了大事,许多古人的事迹就说明了这一点。

汉朝开国名将韩信,由于家境贫寒,小时候他连一日三餐都很难维持,只得到处投靠亲友,成为一个不受欢迎的人,但不管别人怎么对他,韩信都忍下了。

有一天,韩信在淮阴街上碰到一位杀猪的屠户,这人看他不顺眼,就说:"你的模样还挺神气的,其实你只不过是一个中看不中用的家伙,有种就杀了我,如果不敢,就从我的胯下爬过去。"韩信不禁大怒,但是他又想到:"我当然可以一剑杀了他,但是,这有什么意义呢? 大丈夫能忍一时之辱,何必跟这家伙一般见识。"便克制自己的怒气,一言不发,弯下腰来,从这人的胯下爬了过去。史书上称他的这件事为"胯下之辱"。

其实韩信并不是怕这个屠户,而是觉得跟这种人斗一场实在是没有意义的事,自己若是一气之下拔剑杀了他,势必会遭到官府的逮捕和惩罚,那么自己的远大抱负就难以实现了。他认为没有道理的事,是不能做的,因此他宁可受辱受气也不做这种没什么好处的事情。正是因为他能忍人所不能忍,后来才成为了刘邦麾下的大将,指挥大军南征北战,将不可一世的楚霸王战败,帮助刘邦得了天下,自己被先后封为齐王和淮阴侯。

韩信将军是大汉王朝的开国三杰之一,他的能"忍"的性格说明了他具备卓越的自我克制的能力,也说明他是一个眼光长远,凡事能够慎重处理的人,他的成功与他所具备的这些品质是分不开的。

陈平示人无财避凶险

汉初名臣陈平本是在楚霸王项羽手下做事的,后来因项羽的属下司马卯背楚降汉,司马卬又与陈平关系不错,项羽便迁怒于陈平。陈平不仅遭到了项羽的责备,而且他出的计谋项羽也不再采纳。陈平觉得自己成了受气包,说不定哪一天项羽还会杀他,尤其是他已看清了项羽是个鲁莽武夫,最终是不可能取得胜利的,于是他就从项羽的军营里只身逃出来,思前想后,他决定去投奔汉王刘邦。

就在他投奔刘邦的路上,曾发生过一件性命攸关的险事,但由于陈平机智,被他轻易地化解了。

事情是这样的,那天他来到黄河边上想渡过河去,这里一个人影也没有,他等了半天,终于过来一艘不大的渡船,他赶紧登了上去。

船很快离岸向河心划去,陈平四周看了一下,顿时后悔自己竟上了这条船。原来他没上船时见船上只一个船夫,结果上来后发现船舱里还有一个,且这两人长得都很结实粗壮。而自己又不懂水性,倘若这两人杀人越货,那么自己将没有任何反抗的机会。但此时想退回去已无可能,他也只得硬着头皮往前赶。

于是他留心观察,船舱里的人看了他一眼,便去和船头的船夫一起摇橹,两个人还窃窃私语,不时用斜眼看看陈平,还相互递着眼色,流露出不怀好意的举动。

因走得匆忙,陈平是穿着一身华丽的官服跑出来的,看上去给人一种很有钱的样子。陈平在舱内再也坐不住了,他心想:"他们要谋财害命!我身上没有什么财物和珍宝,我只是一个人,只有一把剑,肯定敌不过他们。如何安全地摆脱危险的困境呢?"

这时船到了河中央,速度明显地减缓了。陈平一看,立即明白他们想要下手了,怎么办?危急时刻他灵机一动,计上心来,只见他从船内站起来,走出船舱对两个人说:"舱内好闷热啊!热得我都快要出汗了。"

陈平边说边佯作若无其事地脱掉大衣,扔到了船板上,两个船夫看他的衣服扔下去没有任何声音,知道里面没有什么值钱东西,便失望不少。接着陈平又说,我也来帮你们摇橹吧,让我学学看,说着便将自己的内衣也脱了下来,光着上身就去摇橹,这两人一看他里外什么也没有,眼神也和善起来,陈平却扶上去摇起来,边摇边和他们闲聊天,不一会儿船划到了对岸,陈平捡起地上的衣服,边穿边上岸而去,两人还热情地与他拜别。

陈平在这样的情况下,以他一介文士的身份,不论是向船家极力辩解还是凭一时血气之勇与船夫展开搏斗，恐怕都难以逃脱被船夫杀害的结局。陈平能在这紧急的瞬间想出办法，不露声色地把危机消解于无形，不愧为刘邦手下的一大谋士。

司马相如一首妙曲得文君

在中国的爱情故事中，司马相如与卓文君的故事流传很广。司马相如是西汉有名的辞赋家，音乐家，字长卿，临邛（今四川邛崃）人。早年家贫，并不得志，父母双亡后寄住在好友县令王吉家里。卓文君的父亲卓王孙是当地的大富豪。卓文君当时仅17岁，其"眉色远望如山，脸际常若芙蓉，皮肤柔滑如脂"，更兼她善琴，文采亦非凡。本来已许配给某一富家公子，不料那公子短命，未待成婚便辞世了，所以当时文君算是在家守寡。

卓文君

卓王孙与王吉多有往来。某日，卓王孙在家宴请王吉，司马相如作为一个客人和乐手也在被请之列。席间，免不了要做赋奏乐。卓文君听见乐音悦耳，便前来大厅边上的帘后倾听。司马相如奏琴时窥见此女美貌非凡，心想可能是卓王孙之女，遂有心留情，于是奏了一首《凤求凰》。其诗曰：

凤兮凤兮归故乡，遨游四海求其凰；时未遇兮无所将，何悟今兮升斯堂！有艳淑女在闺房，室迩人遐毒我肠；何缘交颈为鸳鸯，胡颉颃兮共翱翔！皇兮皇兮从我栖，得托孳尾永为妃。交情通意心和谐，中夜相从知者谁？双翼俱起翻高飞，无感我思使余悲。

卓文君也早就听说司马相如之才，今又见其相貌堂堂，才艺过人，其琴与诗中之求偶之意声声入心。于是心生爱慕，席散后，文君寻到相如，两人相谈甚欢，有意相好。但司马相如觉得自己落魄至此，无钱上门求亲，而其父卓王孙也势必不会同意，没办法，两人商量后便决定私奔。卓王孙非常生气，宣布与卓文君断绝父女关系。

司马相如带卓文君回到成都,生活窘迫,文君就把自己的头饰当了,又想了一个让其父资助的办法,他们来到临邛,临街开了一家酒铺,卓文君亲自当垆卖酒,司马相如则光着膀子与伙计们一起在大街上涮大缸。

卓王孙闻讯后,深以为耻,觉得没脸见人,就整天闭门不出。他的兄弟和长辈都劝他说:"你只有一子二女,又并不缺少钱财。如今文君已经委身于司马相如,司马相如一时不愿到外面去求官,虽然家境清寒,但毕竟是个人才;文君的终身总算有了依托。而且,他还是我们县令的贵客,你怎么可以叫他如此难堪呢?"

卓王孙无可奈何,只得分给文君奴仆百人,铜钱百万,又把她出嫁时候的衣被财物一并送去。于是,卓文君和司马相如双双回到成都,过上了富足的生活。

卓文君一诗挽夫心

汉武帝初即位时,他的奶奶窦太后掌握大权,汉武帝无事可做,待在宫里实在无趣,他喜欢文学辞赋,东方朔、吾丘寿王等著名的文人,便经常陪伴在他的身旁,吟诗作赋,倒也十分快活。

一天,汉武帝读到司马相如的《子虚赋》,被赋中华美的文辞与磅礴的气势所吸引,不由拍手叫好。他一口气读完《子虚赋》,以为作者是前朝人,便连声叹息说:"写这篇赋的人,真是个才子,可惜我没有和这个人生活在同一个时代!"

这时,在汉武帝身边服侍的狗监(替汉武帝管理猎狗的人)杨德意谄笑着说:"陛下,写这篇赋的人小臣知道,他是小臣的同乡司马相如,现在成都闲居。"

汉武帝听了又惊又喜,问道:"你说的可是真实情况吗?"

杨德意回答说:"是的,司马相如曾经对我说过,是他写的《子虚赋》。"

汉武帝大喜说:"太好了! 这么一个有才华的人,竟没有人对我说过。"于是,他马上派人召司马相如来京。

且说司马相如被召到朝廷,汉武帝接见了他,问他道:"《子虚赋》是你写的吗?"

司马相如非常自负地回答说："是的，陛下，《子虚赋》正是臣写的。不过，那是写诸侯的事，并没有什么了不起。若准臣陪陛下游猎，臣可写出天子游猎赋献给陛下。"

汉武帝听了非常高兴。为司马相如安排了豪华的住处，给以优厚的待遇。第二天就带了司马相如等人去上林游猎。没过几天，司马相如就挥洒大笔，写出了一篇《上林赋》，呈献给汉武帝。汉武帝读了《上林赋》，感到十分满意，心中高兴，就封了司马相如一个郎官（帝王的侍从官）。

司马相如在事业上略显锋芒，终于被举荐做官后，久居京城，赏尽风尘美女，并与一茂陵女子十分要好，加上官场得意，曾经和文君患难与共，情深意笃的日子此刻早已忘却，哪里还记得千里之外还有一位日夜倍思丈夫的妻子卓文君？竟然产生了弃妻复娶之意。

终于某日，司马相如给妻子送出了一封 13 字的信：一二三四五六七八九十百千万。聪明的卓文君读后，泪流满面。一行数字中唯独少了一个"亿"，无"亿"岂不是表示夫君对自己"无意"的暗示？她见事竟至此，就怀着十分悲痛的心情，写了一诗一书以回赠，其诗是哀怒的《白头吟》："皑如山间雪，皎若云中月。闻君有两意，故来相决绝。今日斗酒会，明旦沟水头，蹀躞御沟上，沟水东西流。凄凄重凄凄，嫁娶不须啼，愿得一心人，白首不相离。竹竿何袅袅，鱼尾何蓰蓰，男儿重义气，何用钱刀为？"

其书是凄怨的《诀别书》："春华竞芳，五色凌素，琴尚在御，而新声代故！锦水有鸳，汉宫有水，彼物而新，嗟世之人兮，瞀于淫而不悟！朱弦断，明镜缺，朝露晞，芳时歇，白头吟，伤离别，努力加餐勿念妾，锦水汤汤。与君长诀！"

司马相如看完妻子的信，不禁惊叹妻子之才华横溢。遥想昔日夫妻恩爱之情，羞愧万分，遂乘驷马高车亲赴成都，将文君接往长安，从此不再提遗妻纳妾之事。

东方朔机智诙谐得高官

汉武帝即位初年，征召天下贤良方正和有文学才能的人。各地士人、儒生纷纷上书应聘。名士东方朔也给汉武帝上书，上书用了 3000 片竹简，两个人才扛得起，武帝读了两个月才读完。在自我推荐书中，他说："我东方朔少年时就失去了父母，依靠兄嫂的扶养长大成人。我13岁才读书，勤学刻苦，三个冬天读的文史书籍已够用了。15岁学击剑，16岁学《诗》《书》，读了22万字。19岁学孙吴兵法和战阵的摆布，懂得各种兵器的用法，以及作战时士兵进退的钲鼓。这方面的书也读了22万字，总共44万字。我钦佩子路的豪言。如今我已22岁，身高九尺三寸。双目炯炯有神，

东方朔

像明亮的珠子，牙齿洁白整齐得像编排的贝壳，勇敢像孟贲，敏捷像庆忌，廉俭像鲍叔，信义像尾生。我就是这样的人，够得上做天子的大臣吧！臣朔冒了死罪，再拜向上奏告。"

武帝读了东方朔自许自夸的推荐书，赞赏他的气概，命令他待诏在公车署中，但其职俸禄不多，也很难得到武帝的召见。

过了一段时间，他不满意目前的处境。一天出游都中，见到一个与他同职的侏儒，心生一计，就恐吓他道："你的死期要到了！"

那侏儒问他为何，他说："像你这样矮小的人，活在世上无益，你力不能耕作，也不能做官治理百姓，更不要说拿兵器到前方去作战。像你这样的人，无益于国家，只是活在世上糟蹋粮食，所以如今皇上一律要杀掉你们。"

侏儒听后大哭起来。东方朔对他说："你不要哭，你去找皇上去叩头谢罪就没事了。"

侏儒便去在武帝经过的地方等到武帝，于辇前号泣叩首。武帝问："为何哭！"侏儒说："东方朔说皇上对我们这些矮小的人都要杀掉！"

武帝便让东方朔过来问他为什么要如此说。东方朔回答道："臣朔活着要说，死了也要说这些话。那矮子身长只有三尺多，一袋米的俸禄，钱240。我身高九尺多，却也只拿到一袋米的俸禄，钱240。那矮子饱得要死，我饿得发慌。陛下广求人才，您认为我讲的话对的，是个人才，就重用我；不是人才，也就罢退我，不要让我在这里浪费粮食。"

皇上听了哈哈大笑,便任命他为待诏金马门,这样他见到皇帝的机会就多了起来。

一天武帝在宫里玩耍,把一只壁虎放在盂盆下要大臣们猜是何物。大臣们都猜不出。东方朔上前猜道:"它是龙吧,没有角;是蛇,却有脚,它趺趺脉脉地会在墙壁上爬行,这不是壁虎,就是四脚蛇!"

皇上说:"是的!"便赐给他十匹缎子。接连又叫他猜,他都能猜中,得到很多的赏赐。

一年夏天,武帝下诏官员到宫里来领肉。等了好久,分肉的官员还未来,东方朔就自己拔出剑割了一大块肉,并对同僚们说:"大伏天,肉容易腐烂,大家快快拿回去吧!"

第二天,武帝对东方朔说:"昨天赐肉,你为何不等诏书下来,擅自割肉归家,这是为什么? 你要自做批评!"

东方朔说:"朔来! 朔来! 受赐不等诏书下来,为何这样的无礼! 拔剑割肉,为何这样勇敢! 割得不多,为何如此廉俭! 带回家给细君(妻妾),又为何表现得如此的仁爱!"

汉武帝听后说:"要你自做批评,倒是表扬起自己了!"觉得他很好玩,便又赏赐给他酒一石,肉100斤。他都拿回家去孝敬老婆。

汉武帝好大喜功,也喜欢臣下歌功颂德。一次,武帝问东方朔:"先生以为朕是一位什么样的君主呢?"

东方朔回答说:"圣上功德,超过三皇五帝,要不众多贤人怎么都辅佐您呢,譬如周公旦、邵公奭都来做丞相,孔丘来做御史大夫,姜子牙来做大将军……"东方朔一口气将古代32个治世能臣都说成了汉武帝的大臣。他语带讽刺,但又装出一副滑稽相,使汉武帝欲恨不能,笑恨之余又确实感到自己不如圣王。

班超投笔从戎

班超出生于一个书香门第,父亲班彪、哥哥班固、妹妹班昭(即"曹大家"),一家子都是著名的史学家、文学家。班超也是自幼饱读诗书,志向远大,他从小就立下了建功立业、报效国家的理想。

他勤奋好学,思路敏捷,颇有口才,且胆识过人。在班超三十岁时,他的家庭遭到意外事变。正当哥哥发愤编著《汉书》的时候，有人向皇帝告发其"私修国史"，因而被捕入狱。班超为了替哥哥辩明冤屈，向汉明帝说明班固修《汉书》的目的是颂扬汉德，并无毁谤朝廷之意。明帝将班超召进京城做了兰台今史，并对班超的口才和学识有了深刻印象。

班超的字非常漂亮，年轻时就经常被朝廷雇佣，抄写文书。当时，北方的匈奴时常侵犯汉朝的边疆地区，还控制了西域，割断了西域各国同汉朝的联系。此时的他已经是博览群书、胸怀韬略、小有名气的史学家了。一天，班超正在抄写文书，忽然又想起了自己的将来，难道就这样在抄写文书中度过吗？想到这里，他情不自禁地把笔扔到地上，感慨道，男子汉大丈夫，活在世上就应当有报效国家的远大理想，至少也应该像张骞那样到边关为国出力，怎么能像现在这样，整日和笔墨纸砚打交道呢？

班超的一席话，遭到了同事的讽刺和嘲笑，然而他并没有将这些放在心上。班超心想，一般的人是不会理解想干一番大事业的人的思想的，既然自己认准了目标，就应该坚定地走下去。

公元前73年，班超的机会来了。东汉政府决定出击匈奴，恢复和西域地区的友好关系。班超跟随大将军窦固出征匈奴，在军中任假司马。这路大军出酒泉塞（今甘肃酒泉），西北至天山，大败匈奴呼衍王，并攻占了伊吾庐（今新疆哈密）。班超在战斗中初露锋芒，他的军事才能深得窦固赏识，立下了大功。为了联络西域各国孤立匈奴，恢复汉朝同这些国家的友好关系，在窦固的推荐下，他被任命为出使西域的使者。

班超带领着一支由三十六人组成的使团，先到达了鄯善国（在今新疆境内）。鄯善国王友好地接待了班超及其随员，表示鄯善愿意同汉朝建立友好关系。可是，几天后，班超发现鄯善国王开始有意疏远自己了，他警觉起来。通过观察，班超推测匈奴也向鄯善派来了使团，而且鄯善国王已经倾向于匈奴了。于是，他十分机智地请来了接待汉朝使团的鄯善官员，两人一见面，班超就突然很严厉地问道，匈奴使团来到鄯善几天了，你们偷偷地把他们安排在什么地方？这位鄯善官员一听，以为机密已经泄露，只好把详细情况一五一十地说了出来。果然被班超料到了，匈奴派来了一个一百多人的使团，住在离汉朝使团驻地三十里处。鄯善国王看到匈奴使团人多势众，无奈地准备和匈奴结成友好关系，从而抛弃汉朝。

班超闻听此言,立即召集自己的随员们商议对策。班超说,现在匈奴来了一百多人的使团,鄯善国王正准备和匈奴建立友好关系,如果他们达成共识,我们必将死无葬身之地,大家说,我们现在应该怎么办?

随员们都说,班大人,我们要生就生在一起,要死就死在一起,你说应该怎么办,我们万死不辞。

班超想了想,鼓动大家说,不入虎穴,焉得虎子。现在也只有一个办法了,先下手为强。我们今天夜里就突袭匈奴使团的驻地,把他们全部杀掉。只有这样,鄯善国王才会和我们汉朝建立友好关系。

众人一致同意了班超的决议,个个摩拳擦掌,跃跃欲试。

当夜,班超率领这三十多位勇士,以迅雷不及掩耳之势,冲进了匈奴使团的驻地。班超一马当先,一路砍杀,冲进了匈奴使者的大帐。一时间,匈奴人的大营里,火光冲天,鼓角齐鸣。等匈奴使者明白到底是怎么回事时,大多数匈奴人的脑袋都搬了家。转瞬间,匈奴使团被班超和他的随员们消灭得一干二净,而班超一行则无一伤亡。

第二天,班超不露声色地去见鄯善国王。鄯善国王此时已经知道匈奴使团被汉朝使团消灭的事了。这样,导致鄯善和匈奴已经结下了仇怨,鄯善只有死心塌地地依附于汉朝了。于是,鄯善国和汉朝建立了友好关系。

班超前前后后在西域共活动了三十多个年头,经过长期的艰苦努力,汉朝终于和西域五十余个国家都建立了政治、经济、文化上的联系。他为我国统一的多民族国家的巩固和发展,做出了不朽的业绩。班超被封为定远侯,实现了自己年轻时立下的宏伟愿望。

班超弃文从武,使班氏一族在班彪、班固、班昭这些著名的史学家、文学家之外,又出了一位大将军,是著名的武将。而他当初放下书本,投身疆场的故事,也就是"投笔从戎"这个成语的来历。

蔡文姬归汉

蔡文姬,名琰,字文姬,又字明姬,她的父亲便是大名鼎鼎的大儒家蔡邕。蔡邕是大文学家,也是大书法家,还精于天文数理,妙解音律,在洛阳俨然是文坛的领袖。像杨赐、玉灿、马月碑以及后来文武兼备终成一代雄霸之主的曹操都经常出入蔡府,向蔡邕请教。蔡文姬生长在这样的家庭,自小耳濡目染,既博学能文,又善诗赋,兼长辩才与音律就是十分自然的了。文姬博学多才,音乐天赋自小过人,她6岁时听父亲在大厅中弹琴,隔着墙壁就听出了父亲把第一根

蔡文姬画像

弦弹断的声音。其父惊讶之余,又故意将第四根弦弄断,居然又被她指出。长大后她更是琴艺超人。

蔡文姬16岁时嫁给卫仲道,卫家当时是河东世族,卫仲道更是出色的大学子,夫妇两人恩爱非常,可惜好景不长,不到一年,卫仲道便因咯血而死。蔡文姬不曾生下一儿半女,卫家的人又嫌她克死了丈夫,当时才高气傲的蔡文姬不顾父亲的反对,毅然回到娘家。

东汉政府的腐败,终于酿成了黄巾军大起义,使豪强地主为代表的地方势力扩大。大将军何进被宦官十常侍杀后,董卓进军洛阳尽诛十常侍,把持朝政,董卓为巩固自己的统治,刻意笼络名满京华的蔡邕,将他一日连升三级,三日周历三台,拜中郎将,后来甚至还封他为高阳侯。董卓在朝中的逆行,引起各地方势力的联合反对,董卓火烧洛阳,迁都长安,董卓被吕布所杀。蔡邕也被收付廷尉治罪,蔡邕请求黥首刖足,以完成《汉史》,但终未免一死。

她父亲死后,关中地区又发生李催、郭汜的混战,长安一带百姓到处逃难。蔡文姬也跟着难民到处流亡。那时候,匈奴兵趁火打劫,掳掠百姓。有一天,蔡文姬碰上匈奴兵,被他们抢走。匈奴兵见她年青美貌,就把她献给了匈奴的左贤王。这心境是可以想象得到的,当初细君与解忧嫁给乌孙国王,王昭君嫁给

呼韩邪，总算是风风光光的占尽了身份，但由于是远居异域，产生出无限的凄凉，何况蔡文姬还是被掳掠呢！饱受番兵的凌辱和鞭笞，一步一步走向渺茫不可知的未来，这年她二十三岁，这一去就是十二年。在这十二年中，她被左贤王纳为王妃，饱尝了异族异乡异俗生活的痛苦。当然她也为左贤王生下两个儿子，大的叫阿迪拐，小的叫阿眉拐。她还学会了吹奏"胡笳"，学会了一些异族的语言。打这以后，她就成了左贤王的夫人，左贤王很爱她。她在南匈奴一住就是十二年，虽然过惯了匈奴的生活，还是十分想念故国。

在蔡文姬流落匈奴的十几年里，中原变化很大，曹操已经统一了北方，生产逐渐恢复，百姓生活也比较安定了。曹操很重视提倡文化，他想到了自己的好朋友蔡邕，想到了他的女儿文姬，就决定派人带着黄金千两，白璧一双的重礼出使匈奴，赎回文姬，让文姬发挥出自己的才华。使者到了匈奴，向左贤王赠送了厚礼，并说明了要接文姬归汉的来意。左贤王当然舍不得把蔡文姬放走，但是不敢违抗曹操的意志，只好让蔡文姬回去。文姬知道能回到日夜想念的故国后，又是高兴又是难过，高兴的是她盼望的这一天来到了，难过的是要和自己的一双儿女分离。她心里矛盾极了，经过再三考虑，最后决定忍痛离开自己的骨肉，回归汉朝。

蔡文姬在周近的卫护下回到故乡陈留郡，但断壁残垣，已无栖身之所，在曹操的安排下，嫁给田校尉董祀，这年是公元208年她三十五岁，这年也同时爆发了著名的"赤壁之战。"哪儿知道时隔不久，董祀犯了法，被曹操的手下人抓了去，判了死罪，眼看快要执行了。

蔡文姬急得不得了，连忙跑到魏王府里去求情。正好曹操在举行宴会。朝廷里的一些公卿大臣、名流学士，都聚集在魏王府里。侍从把蔡文姬求见的情况报告曹操。曹操知道在座的大臣名士中不少人都跟蔡邕相识，就对大家说："蔡邕的女儿在外流落了多年，这次回来了。今天让她来跟大家见见面，怎么样？"

大伙儿当然都表示愿意相见。曹操就命令侍从把蔡文姬带进来。蔡文姬披散头发，赤着双脚，一进来就跪在曹操面前，替她丈夫请罪。她的嗓音清脆，话又说得十分伤心。座上有好些人原来是蔡邕的朋友，看到蔡文姬的伤心劲儿，不禁想起蔡邕，感动得连鼻子也酸了。

曹操听完了她的申诉，说："你说的情形的确值得同情，但是判罪的文书已经发出去了,有什么办法呢?"

蔡文姬苦苦央告说:"大王马房里的马成千上万,手下的武士多得像树林,只要您派出一个武士,一匹快马,把文书追回,董祀就有救了。"

曹操就亲自批了赦免令,派了一名骑兵追上去,宣布免了董祀的死罪。

那时候,正是数九寒天。曹操见她穿得单薄,心中大为不忍,就送给她一顶头巾和一双鞋袜,叫她穿戴起来,又让她在董祀未归来之前,留居在自己家中。

一次,曹操问文姬:"听说你家里过去有很多书,现在还记得吗。"文姬说:"从前,我父亲赐给我古书四千多卷,可是由于到处流亡,都丢失了。现在我还记得内容的只有四百多篇了。"曹操说:"我派十个人,帮你默写下来,好吗?"文姬说:"不必了,您给我纸和笔,让我自己写好,交给您吧。"果然,蔡文姬凭着自己惊人的记忆力,默写出了四百多篇古代珍贵的典籍,不但令曹操觉得十分满意,也可见蔡文姬的过人才情。

据说蔡文姬刚刚自朔漠归来以后嫁给董祀,起初的夫妻生活并不十分和谐。就蔡文姬而言,饱经离乱忧伤,已经是残花败柳之身了,再加上思念胡地的两个儿子,时常神思恍惚;而董祀正值鼎盛年华,生得一表人才,通书史,谙音律,是一位自视甚高的人物,对于蔡文姬自然有一些无可奈何的不足之感,然而迫于丞相的授意,只好勉为其难地接纳了她,董祀犯罪当死,何尝不是在不如意的婚姻中,所产生的叛逆行为所得到的结果呢? 蔡文姬当然明白其中的道理,因而铆足了劲,要为丈夫开脱,终于以父亲的关系,激起曹操的怜悯之心,而救了董祀一命。从此以后,董祀感念妻子的恩德,在感情上做了一百八十度的大转弯,开始对蔡文姬重新评估,夫妻双双也看透了世事,溯洛水而上,居在风景秀丽,林木繁茂的山麓。他们还生有一儿一女,女儿嫁给了司马懿的儿子司马师为妻。若干年以后,曹操狩猎经过这里,还曾经前去探视。

可叹蔡文姬这样一个博才多学的奇女子,却一生坎坷,命运是如此凄惨,婚姻生活如此不幸。总算在晚年过上了安定平静的生活。

季布一诺千金

战国末年,楚国人季布一向轻财仗义,侠肝义胆,以任侠名闻于当时。楚汉相争之际,季布是项羽手下的大将,后来又归顺了刘邦,被刘邦拜为中郎将。但是，季布最为人称道的却是他的语言信实、说话算话，当时人曾流传着这样的话："得黄金百斤，不如得季布一诺。"季布的军功政绩都为人们所忘记，而季布"一诺百斤"的佳话却至今为人们所称颂。

当初，季布在项羽手下做大将，曾经好几次带着军队把当时力量还不强大的刘邦逼得走投无路，所以刘邦一直对他恨之入骨。项羽兵败自杀之后，刘邦建立了汉朝，当上了皇帝。他发下命令，悬赏千金捉拿季布，想报以前被季布追逼的仇。他还宣布，谁都不能收留季布，否则就要被诛杀九族。季布从此不得不东躲西藏。最后，他藏在了濮阳的一个姓周的人家里。那个姓周的人在乡里一向以侠义敢为出名，他听说过季布的侠义名声，所以一向想要帮助他。季布一到他家，他就对季布说："现在皇帝正在下令捉拿将军，追捕的很急，马上就会搜捕到我家，到时被朝廷的人发现了，就没有办法逃脱了。您如果愿意听我的话，我就斗胆献上一计；如果您不信任我，不能从我的计策，我情愿先行自杀。"季布相信周氏，答应全听他的安排。于是，周氏就让季布剃掉头发，穿上粗布衣服，然后藏在丧车里，与几十个家童一起，把他送到鲁国去，卖给了朱家。朱家人也心知肚明，知道自己买回来的这个高大魁梧的佣工就是非常有名的大将季布，所以对他都很敬重，田地里的劳动全部由他支配安排，吃饭的时候，也让他和主人一家坐在一起。

周氏把季布安顿好以后，就起了一匹快马赶到洛阳，求见汝阴侯腾公。腾公和周氏早就认识，留他在自己家中吃饭。席间，周氏就问腾公说："季布究竟犯了什么大罪，陛下这么急着要抓到他？"腾公回答说："季布曾经帮助项羽多次围困陛下，陛下一直恼恨他，因此才非要急着抓到他。"周氏又问："您看季布这个人怎么样呢？"腾公直率地回答说："他是一个人才。"周氏于是借这个机会劝说道："人臣各为其主，季布为项羽效力，不过是尽他身为人臣的职责罢了。只因为这样，就要抓他，难道那些曾经当过项羽的属下的，可以因此而被斩尽杀绝吗？如今陛下刚刚得到天下，还没有安定下来。现在却要因为个人的恩怨追捕一个人，这在天下人面前显得何等的小肚鸡肠啊！况且，季布这样的人才，如此苦苦追逼下去，到最后，他不是北投胡人，就是南奔越地。记恨壮士而逼他资助敌国，这不是明摆着给敌人输送人才吗？您何不把这些道理找个机会奏明陛下呢？"腾公听了心里就明白了，他知道这个周氏一向很有侠义心肠，估计季布就藏在他的家里，便也答应为季布说情。后来，腾公果然把周氏说的这些话在汉高祖刘邦面前说了，又说了季布许多好话。高祖觉得他说得很有道理，就下令赦免了季布，还把他招到朝中，任命他为郎中。

季布在汉朝做了官以后，仍然本性不改，为人耿直，不善于阿谀奉承。惠帝时，他任官中郎将。那时候，汉朝和匈奴的关系很紧张。有一次，匈奴单于写信给吕后，吕后觉得其中有侮慢之意，便召集诸将商议讨伐匈奴之事。上将军樊哙说，他愿意率领十万兵众横扫匈奴。樊哙是吕后的妹夫，一向很受吕后的器重，手中掌握了很大兵权。朝中的大臣们见樊哙说出了这样的话，吕后又连连点头表示赞许，就也都顺着吕后的意思，表示赞同樊哙的意见。这时只有季布站出来对吕后说："樊哙这是当面欺瞒，按律当斩。当年高皇帝率了四十万兵马去攻打匈奴，仍然被围困在平城，当时樊哙也在军中，对这件事很清楚。可现在樊哙却说以十万兵就能横行匈奴，这不是在当面欺瞒吗？秦朝就是因为向匈奴起衅，而不得不修长城进行抵御，为此耗费了大量的人力物力，而使得陈胜吴广起义，这创伤至今还没有被平复。现在，樊哙又当面奉谀，想要发动对匈奴的战争，这是要动摇国家的根基！难道不应该斩吗？"大臣们听季布说得如此直接，都很恐慌，生怕吕后会动怒。但是吕后听了却什么也没说，只是点了点头，从此以后再不议论讨伐匈奴的事儿了。

汉文帝时，季布做了河东的郡守。当时有人向文帝推荐季布，说他是一位贤者。文帝便诏季布到京城，想提升他为御史大夫。但是，季布来到京城后，却又有人向文帝说季布好喝酒，难以接近。文帝于是又放弃了原意。就这样，季布留在京城整整一个月无所用事。后来，他面见文帝时说："臣因为陛下的恩宠任河东守，现在陛下无故召臣到京城来，大概是有人向您说了我的好话。但是我到了以后，却又无所受事，这大概是因为又有人向您说了我的坏话。陛下以一个臣子的称赞召臣来，又因为一个大臣的贬低而疏远我，陛下这样做，我只恐怕有人会利用您这一点的。"文帝听了觉得很惭愧。不久，季布就辞官而去，离开了朝廷。

在那个动乱的时代，季布能直言无忌，做到这一点是极不容易的。唐代诗人李白在他的诗中，把"一诺"和"千金"联系起来，于是就有了这个"一诺千金"的故事。这当然是一种夸张，但也可见这事受到重视，历久不衰。

贾谊一生不得志

贾谊是西汉前期杰出的政治家、思想家和文学家。他少年得志，才华横溢，后遭猜忌排斥，抑郁而死。

贾谊从小精通诗书，18岁时就写得一手好文章，在洛阳一带很有名，被以爱才著称的河南郡守吴公赏识，招为弟子。后来吴公上调，贾谊也被吴公推荐做了博士。

贾谊年纪轻轻，21岁就当上了博士，深得汉文帝赏识。但是，和许多悲剧性人物一样，他太过于锋芒毕露了，难免引起某些人的嫉妒，给自己埋下了隐患。这时朝廷官员多为年长者，因自汉朝建立二十多年来一些功臣宿将多居要职，一般老官吏也未退休。贾谊入朝时年仅二十出头，在朝廷官员中最为年少。他年轻敢为，思想敏锐，每当朝廷商议国家大事，许多老臣往往无言对答，贾谊却能对答如流。汉文帝赏识器重他，一年之中，三次擢升，从博士提为大中大夫（较高级的顾问官）。但是，当汉文帝还准备提升他为公卿时，丞相周勃和太尉灌婴等人，十分妒忌他的才能，交相诋毁，说什么贾谊夸夸其谈，意在擅权，不宜重用。汉文帝见这么多大臣反对，就动摇起来，逐渐疏远了贾谊。另外，贾谊虽才高，但不懂人情世故，不知权衡轻重，从统治者及权贵的利益出发。他迫不及待地提出许多改革措施，文帝不但没有采纳，反而觉得他书生气，华而不实。

后来贾谊建议为了强化皇上的权力，让列侯离开京城，回到他们的封地去，结果得罪了列侯，招致后祸。

贾谊年纪轻轻就得皇帝赏识，招致小人的嫉妒，又大力提倡改革，得罪权贵，结果上下左右均在文帝面前诽谤他，久而久之，文帝也觉得他人缘不佳，就把他调出京，下诏将他贬往长沙，作了长沙王的太傅。

长沙国在遥远的南方，距离京师数千里。贾谊辞别京师前往长沙，因是被排挤出京，又听说长沙炎热潮湿，担心身体不能适应，心情非常不好，深感委屈，慨叹人心险恶，哀伤自悼，一蹶不振。后来，他在渡湘水时，写了《吊屈原赋》，把自己的遭遇与屈原的命运联系起来，认为同是遭庸人的排挤与迫害，只好远走高飞；并要发扬屈原精神，坚决与庸人对立与斗争。

这篇《吊屈原赋》传人京都后，文帝虽然赞赏其文采，但又觉得贾谊气量小,言过其实,更觉得此人不堪重用。

贾谊流放到长沙之后,每日就这样郁郁寡欢,终日不乐,时间转眼就过去了。

四年后,文帝忽然想到贾谊年轻有为,是个人才,又将他召回京城。贾谊接到圣旨,喜出望外,立即收拾行李,离开长沙。回京以后,贾谊进宫去拜谢文帝。当时文帝刚刚祭完鬼神,正静坐宣室(即未央宫前殿的正房)休息,贾谊来时,他脑子还不断萦绕着鬼神的事,见到贾谊,便向他询问各种鬼神的由来。贾谊想不到文帝竟会向他提出这样的问题,大出意外,但皇上垂询,不能不答,只好将鬼神的起因,鬼神的形象,鬼神的危害等等,一一尽述。文帝听得津津有味,竟忘记了疲倦。贾谊见文帝听得这样入神,也就越讲越长,从下午一直讲到夜色朦胧。内侍几次来请文帝用晚膳,他竟全然不知,却接连三次将身体移近前席(古人席地而坐),尽量与贾谊靠得近些,唯恐贾谊说的某一句话未听清楚。待贾谊出宫,三更已过,文帝方才进入内寝,长叹一声道:"我长期信奉鬼神,以为贾谊这方面的知识定不如我,今天一席交谈,才知我远不如他。"

贾谊回家之后,觉得这次谈话,虽使文帝高兴,自己却感凄然。原来他以为文帝召他入京,是要与他商议国家大事,谁知却与他大谈鬼神,使他十分失望,报国无门,壮志难酬,不禁喟然长叹一声,真有不胜唏嘘之感。

这次论鬼之后,贾谊本来以为从此会留在京城了,谁知汉文帝又把他派去作梁怀王的太傅。梁怀王刘胜(又名揖),是文帝的小儿子,非常受宠爱,而且还喜好读书,所以文帝才把学问渊博的贾谊派去辅导他。

梁怀王与贾谊相处很好。过了几年,梁王刘胜从马上坠下而死,贾谊,本来没有什么责任,但他害怕文帝追究,又追悔自己疏忽,没尽太傅的责任。从此更加郁郁寡欢,哭泣不已,经常为此而感到伤感。过了一年多,也去世了。他死于文帝十二年(公元前168年),终年仅三十三岁。

贾谊在其短暂的政治生活中,非常关心国家大事。他察觉当时社会存在严重矛盾,政策有着不少过失,反复思考国家长治久安之计,或著书立说,或上书建议,发表一些具有重要意义的政论,最著名的是《过秦论》和《治安策》。《过秦论》的主要论旨,就是如何安民的问题,认真地总结了秦朝兴亡的历史经验和教训,为汉初的政治改革提供了历史根据。而《治安策》则是在揭露现实矛盾的前提下,提出治国安民的方案。他的这些论点在当时虽然没有引起封建君王的足够重视,但是却成了我们今天学习古文的经典篇章。

李膺被称为"天下楷模"

李膺,是东汉时的名士,他在当时的上流社会中非常有声望,甚至有人夸张到能和李膺见上一面就视为无上的荣耀,把能和李膺谈一次话就视为登上了龙门,更有人视李膺为"天下楷模"。那么,他为什么会获得这么高的赞誉呢?

李膺是颍川襄城(今河南省襄城县)人,出生在一个官僚之家,可是他却没有官宦人家常见的长袖善舞的本事,为人非常不善于应酬,也不轻易和别人来往,性格正直,很讲原则。

东汉后期,宦官掌握了朝廷大权,他们专断独行,扰乱朝纲,胡作非为,结果导致黎民饱受痛苦,百姓民不聊生。李膺是一个从小就有远大志向的人,从自己步入官场之日起,他就把同宦官做斗争、保卫汉家皇室的威严,作为自己一生的神圣使命。

李膺

在李膺担任司隶校尉期间,朝中有个权势很大的宦官,名叫张让。他的弟弟名叫张朔,借着哥哥的光当上了县令。这个张朔在地方上贪赃枉法,草菅人命,坏事都做尽了。但是因为他哥哥在朝中的权势太大,从来没有人敢去管他。就是级别比他高的官员见到了他,都是恭恭敬敬的,生怕说错了话。李膺却不管这一套,从他上任伊始,就准备要惩治张朔。张朔听说后,吓得魂飞魄散,马上弃官而逃了。他逃回京城,躲到哥哥张让的宅子里。李膺得知后,立即亲自来到张让府上,不顾张让的请求,毫不留情地逮捕了张朔。经过严格审理,确认罪名属实,立即就宣布将张朔处以死刑。

作威作福惯了的张让怎么也想不到有人敢拿自己的弟弟开刀。他连忙赶到宫中,向汉桓帝告状,说了李膺很多坏话。汉桓帝听了,信以为真,因此十分生气,立即宣李膺进宫觐见。汉桓帝指责李膺,怪他没有在请示自己前就随便

处斩了张朔。可是李膺却理直气壮地回答道:"陛下,以前晋文公在周天子身边捉住了为成公就立即处决,当时也没有事先请示周天子,而周天子也没有说他有什么不对。如今张朔犯了重罪逃回京城,微臣只是依法办事将他处死,本来就用不着请示陛下啊。"

汉桓帝听了李膺所说,想想也觉得有道理,何况自己也挑不出他什么毛病。汉桓帝心想:是啊,本来处死这样一个罪犯就是无须请示皇帝的,只不过这个罪犯是张让的弟弟,才显得与众不同罢了。想到这里,汉桓帝心里都明白了,但他还是坚持的对李膺说:"你刚上任没几天,还没了解全部情况,不该那么快就处死犯人的。"

李膺发现汉桓帝在故意找自己的毛病,就说:"春秋时期,孔子在鲁国做司寇,上任七天,即斩了少正卯。微臣到今日,已经上任十天了,一直担心因为自己办事不力而有负皇恩,想不到陛下却嫌微臣办事太快而不高兴。臣自知难逃一死,但希望陛下能让臣再担任五天这司隶校尉,让臣杀了那些罪大恶极的人之后,臣死而无憾。"

汉桓帝见李膺这么说,知道自己再也挑不出他的什么错了。于是挥挥手,让李膺出宫去了。等李膺走远后,汉桓帝才扭过头来,对张让说:"这件事看来也只能怪你弟弟,他为什么要去找李膺的不自在呢?"

李膺处斩张朔之后,宦官们的气焰不再那么嚣张了。有些自己知道已经犯下滔天大罪的宦官,更是连宫门都不敢出,生怕被李膺揪住把柄。

汉桓帝见身边这些平日里天天到外面去惹是生非的宦官突然间都变得老实起来,不禁觉得很纳闷,大惑不解。于是就问身旁的宦官们,是什么原因让他们如此安静?宦官们回答说,外面大街上有老虎啊,还是躲着点儿好啊!

正因为这个原因,后来发生了宦官反对清议的"党锢之祸",他们首先想到的,就是要置李膺于死地,他们恨死李膺了,忌惮了好久后,终于可以报复他了。李膺被捕后,深知自己得罪了宦官,难逃一死,于是坚决不肯向那些败坏国家、作恶多端的宦官们屈服,最终还是被害死了。

李膺不畏权势,敢于向专权跋扈的宦官们挑战,再加上他优秀的个人品德,所以被天下的读书人称为"天下楷模"。在当时东汉末期特殊的政治环境下,他的所作所为,是无愧于"天下楷模"的称号的,他也一直受到后世人的敬仰和爱戴。

梁鸿甘心做一个隐士

梁鸿,字伯鸾,扶风平陵(今陕西咸阳市西北)人,东汉初年著名的隐士。皇帝几次派人在全国各地找他,他都隐藏了行迹,终生没有出仕做官,而是一直隐逸在山林之中。

梁鸿生于官宦之家,父亲梁让在"新"莽政权建立以前被封以修远伯的高爵。王莽好古成癖,登基后,认定一些人是三皇五帝、先贤哲人之后,分别赐予爵号,以显示自己的新朝能克绍先圣,弘扬仁德。王莽认为梁让是上古五帝之一少昊的后代,封他为修远侯,封地在北地郡(在今甘肃庆阳西北县马岭镇)内。王莽新朝短命,几年后,天下大乱,梁让举家逃难,途中他得病死去。梁让一死,昔日的官僚家庭就此衰落,成了一个赤贫户。树倒猢狲散,那些宾客、仆人、僚属见自己的主子不在了,都纷纷抢掠财物,远走高飞,另谋出路了。梁鸿的母亲在无可奈何的情况下,丢下了年幼的梁鸿,和尚未掩埋的丈夫的尸体,独自离开了梁家。少小的梁鸿,顿时陷入了举目无亲的状况,只得用一张破席草草地埋葬了父亲。战乱与家庭的变故给小梁鸿的心灵以极大的震撼。世态炎凉,人情冷暖,深深地刺痛了梁鸿的心,这对他成年以后淡泊名利性格的形成有很大的影响。

为了能自力更生,梁鸿不得不离开北地到当时的京师长安谋生和求学。作为西汉帝国和新莽政权政治、经济中心的长安,也是全国的文化中心。当时,全国的最高学府——太学,就设在这里。梁鸿到达长安后,无依无靠,不免踯躅街头。幸亏他父亲昔日的几位故吏向他伸出了援助之手,既给他解决了衣食困难,还通过关系将他送入了太学学习。

在太学读书的大学生,几乎全是贵族官僚和富家子弟,个个穿戴阔绰,一掷千金,唯有梁鸿衣着破旧,经常为温饱发愁。这样,不免招来了那些纨绔子弟的嘲笑和欺凌。这又给梁鸿的心灵以极大的创伤,看透了荣华富贵人情冷暖,使他萌发了逃避尘世的念头。

梁鸿好学不倦,博览群书,经书、诸子、诗赋等无所不通,他对当时儒学中那种皓首穷经,拘泥于一字一经的做法不屑一顾。梁鸿不愿钻研章句之学,无异是自绝了做官的门径。

梁鸿结束在太学的学业后,就在长安郊区的皇家林苑——上林苑中养猪为生。在偌大的上林苑中,只见梁鸿早出晚归,放牧不辍。放牧之余,梁鸿夜夜在昏暗的灯光下苦读。清贫的生活,本来就使梁鸿吃尽了苦头。不料屋漏偏遭连夜雨。行船又逢浪头风。一天,梁鸿在家中边做饭边读书,读到入神处,疏忽了灶中的火种,引起了火灾,当火光热浪使他醒悟时,他的小屋已是烈焰冲天,无法抢救了。不仅如此,大火还蔓延到了邻家,烧坏了邻居的部分财物。

事后,梁鸿主动来到被火灾殃及的邻家,把自己喂养的那群小猪全都赔出。邻居一看梁鸿如此忠厚老实,贪心顿起,不肯放过梁鸿,说区区十几只小猪不足以抵偿他家的损失。梁鸿说:"如今我孑然一身,没有任何财产可以赔你了,我给你家干活吧。"邻居答应了。

梁鸿成为无偿佣工以后,将邻人家里里外外的活统统包揽,粗活细活无所不做。夙兴夜寐,不懈朝夕,勤勤勉勉,绝无怨言。村里人见他举止不似常人,便为他抱不平,纷纷责备那位邻居贪心失礼。邻居也为梁鸿的宽厚忍让精神所感动,不仅不要梁鸿干活了,而且把那群小猪全部退还给他。梁鸿坚决不肯收回,说:"火因我的过失而起,已给你家造成损失,我理应赔偿,岂能收回?"

从此,村里人都非常尊敬梁鸿,见面都称他"先生""夫子"。梁鸿的名声也渐渐传了出去。后来,他见在上林苑已无法安稳宁静地生活,便悄然回到了平陵老家。

在老家生活的一段时间里,梁鸿的最大收获就是找到了一个志同道合的妻子——孟光。后来,他们夫妻为了躲避世间的各种烦扰,悄然隐迹山林,过起了耕读自娱的生活。他们整日在山间田野漫步,丈夫开垦几片田地,妻子纺织几件布匹,晚上就一个弹琴,一个读书,过着神仙般的快乐日子。后来,每当他们被人发现了行踪,有人因为各种理由寻上门来时,他们就迅速地搬家,再次消失在人群之中。甚至后来皇帝发布命令,在全国寻找他们夫妻的踪迹,开始说要治罪,然后又许诺做官,但是也始终没能发现他们的踪迹。

梁鸿和孟光,真的做到了乱世中的隐士,人间的神仙,把自己的一生都寄情于山水之中,而没有让自己沾染到一丝世俗的气息,实在令人羡慕不已。

东方朔到底是一个怎样的人

东方朔是汉代政坛中的一个神秘人物,就好像是刘备身边的诸葛亮,朱元璋身边的刘伯温一样，深受皇帝的尊重与信任。他原本姓张，小名曼倩，但后来却又为什么又姓起"东方"来呢？原来他是一个"弃儿"。生父姓张，名夷，字少平，母亲田氏。当他来到人间刚三天，母亲就去世了。父亲觉得实在无法养活他，只好把他扔出了家门。当邻家听到婴儿啼哭声将他抱回来的时候，此时正值东方发白，于是便取姓"东方"，名"朔"。据说，东方朔生性滑稽，出语诙谐，举止荒诞，常给他的升迁带来麻烦，甚至引起人们的攻击，用"狂人"的称呼来侮辱他。但是看起来东方朔对这个外号却并不怎么在意，反而还有一些得意呢！

他虽然在无知中就失去了亲生父母的爱抚，但在义母的精心抚养下苦壮成长起来了。刚满三岁，就显露出独特的性格。他记忆力特别强，而又富有好奇心，对周围的一切充满兴趣。尤爱"天下秘识"，"一览"就能"暗诵于口"，且又喜欢指天画地，像着了迷一样地独言自语。为了探索书中的奥妙和寻求未知的世界，小小年纪就敢离家出走，经月不回。义母虽曾严加管教，但这个放纵不羁的孩子，在猎奇心的驱使下，多次逃离家园，在外流浪，即使是被蚊叮蛇咬，狼追狗扑，也在所不惜。就是这样，东方朔渐渐地从苦难中挣扎出来，得到了足够的知识、胆识和体魄，就等着有伯乐来发现他这匹千里马了。这样的机会很快就来临了。

武帝即位初年，为了招揽天下贤才为自己的帝业效忠出力，便下了一道征召天下贤良方正和有文学才能的人的诏书。于是，四海有识之士，纷纷聚集长安。他们殚精竭智、洋洋洒洒向皇上进言，希望自己的言论能够被皇帝所赏识，进而分得个一官半职。机灵洒脱的东方朔当然也不会放过这个机会，他也给汉武帝上了一封书信。据说，这封上书足足用了三千片竹简，要两个人才能扛得起，武帝读了两个月才读完。在自我推荐书中，他毫不自逊地夸赞自己"身长九尺三寸，目若悬珠，齿若编贝"，是一个英俊潇洒的后生，具有勇、捷、廉、信的性格特征。即自诩有齐国勇士孟贲般的膂力，春秋时庆忌般的敏捷，齐国鲍叔般的廉洁，战国尾生般的信守，具备了成为"天子大臣"的条件。他还声称，自己大气早成，才学过人，说："我十三岁才读书，勤学刻苦，三个冬天读的文史书籍已够用了。十五岁学击剑，十六岁学《诗》《书》，读了二十二万字。十九岁学孙吴兵法和战阵的摆布，懂得各种兵器的用法，以及作战时士兵进退的钲鼓。这方面的书也读了二十二万字，总共四十四万字。"看起来他非常有自信的认为皇帝一定会对自己感兴趣的。果然，武帝读了东方朔自许自夸的推荐书，被他这种不亢不卑、大言不惭的自白，引起了好奇心，又很赞赏他的气概，所以就召他在公属中做了一个小官。

过了一段时间，东方朔不满意目前的处境。因为他始终没有机会接近皇上，发表自己对治国的建议，施展自己远大的报复，而且，生活待遇低下，每天都食不果腹。一天他出游都中，见到一个侏儒，就恐吓他道："你的死期要到了！"那侏儒问他这是为什么，他回答说："像你这样矮小的人，留下来根本毫无用处，要你们去种田吗？你们不能耕地扛锄，算不了一个好农民；叫你们去当官吗？你们没有理政、治民的本领；要你们去当兵吗？你们又不能横枪跃马、杀敌夺房，留着你们对国家对社会都是一个累赘，不如统统杀了的好，这样可以减少一些只知伸手要吃、要穿的人。所以如今皇上一律要杀掉你们。"侏儒听后大哭起来。东方朔对他说："你暂时不要哭，皇上就要来了，他来了你就去叩头谢罪，也许还能得到宽恕。"一会儿，武帝真的乘辇经过这里，侏儒立即上前去哭着跪下，连连磕头。武帝觉得很奇怪，就问他："你为什么这样哭啊？"侏儒回答说："东方朔说皇上要把我们这些矮小的人全都杀掉！"

汉武帝这才知道原来是东方朔出的歪点子，就找他来责问。东方朔却振振有词地说："侏儒身长不过三尺许，他们一月能得到一袋口粮，还有二百四十钱俸金。他们撑饱了还有余有剩。我身高九尺三，每月也是一袋口粮、二百四十钱俸金，食不饱肚，衣不蔽体，这实在是不公平了。如果陛下认为我是一个可用的人才，就应该给予优厚的待遇才对。如果认为我是无用之辈，就应该早早遣散我回家。您怎么能忍心让我沦为长安城中的一名乞丐呢？"汉武帝听罢，哈哈大笑。不仅没有责备他，反而升了他的官，让他留在自己身边以备咨询。从此，东方朔的生活待遇得到了改善，更重要的是有了接近皇帝的机会。

据说，因为东方朔读的书很多，总是知道一些别人闻所未闻的稀奇古怪的事情。所以，武帝也经常找他来询疑解惑。有一次，皇宫的花园中忽然钻出一头奇怪的动物，有人向汉武帝报告，并引来一群人围观，但谁也说不清这是什么，于是只好诏见东方朔。狡黠的东方朔一看就知道答案了，但他却故弄玄妙地先提出个要求道："我知道这是什么动物，但陛下先赐给我美酒佳肴，我才愿说出来。"汉武帝满口答应了。等到他酒足饭饱之后，又提出一个要求道："某地有公田、鱼池、蒲苇数顷，陛下要是慷慨赐给我，我立即就说出来。"汉武帝急于要了解这头不知名的怪物究竟是什么，也就爽快地答应了。东方朔这才胸有成竹地说出："这是一种名叫驺牙的动物。这种罕见的动物出现，说明远方必有来归附的人，所以驺牙先来预报。"武帝听了，若有所悟地点了点头。一年以后，果然有匈奴混邪王率领着将士十万前来降汉。真不知这是一种奇妙的巧合，还是真如东方朔所说这是一种预告迹象的动物。反正不管如何，这都博得了汉武帝的欢心，又赐给他很多钱财。

又有一天，武帝在宫里玩耍嬉戏，把一只壁虎放在盂盆下要大臣们猜是何物，大臣们都猜不出。东方朔上前猜道："这是龙吧，没有角；是蛇，却有脚，它跂跂脉脉地会在墙壁上爬行，这不是壁虎，就是四脚蛇！"汉武帝便赐给他十疋缎子。接连又叫他猜，他都能猜中，得到很多的赏赐。真不知他到底是如何猜中的。

正是因为东方朔来自下层社会，接触面较广，加之又读过很多书，有着超人的见识，常能为汉武帝解疑答难，且性格活泼，出语诙谐，深得武帝的欢心。所以虽然他经常有一些行为不检的地方，但是武帝都会原谅他的过错。例如有一天，天气特别热，汉武帝下诏要官员们到宫里来领肉。官员都到了，可是等了好久，分肉的官员还未来，东方朔就自己拔出剑割了一大块肉，并对同僚们说："大伏天，肉容易腐烂，大家快快拿回去吧！"第二天，武帝很生气地对东方朔说："昨天赐肉，你为何不等诏书下来，擅自割肉归家，这是为什么？"东方朔却诙谐地说了一首顺口溜："朔来！朔来！受赐不等诏书下来，为何这样的无礼！拔剑割肉，为何这样勇敢！割得不多，为何如此廉俭！带回家给细君（即妻妾），又为何表现得如此的仁爱！"汉武帝听了，不但没有再生气，反而被他逗笑了，说："我要你作自我批评，你倒是表扬起自己了！"于是又赏赐给东方朔酒一石，肉一百斤，让他都拿回家去孝敬老婆。

正是由于东方朔在许多时候能为皇上解难答疑，又很机敏灵活，汉武帝一直把他留在身边，他的官职也逐步由待诏公车、待诏金马门，直至太中大夫的很高职位。

苏武牧羊十九年

苏武牧羊的故事人们大概都听说过，也都说苏武的身上真正地体现出了汉民族的高尚气节。但是,大概没有多少人知道,苏武作为汉朝出使匈奴的使者,为什么要在北海边孤孤单单地牧羊十九年呢?他后来又是如何回到中原的呢?

原来,汉武帝时期,汉朝的实力最为强盛,雄才大略的汉武帝多次派出大军进击匈奴。尤其是他先后两次派大将军卫青和霍去病去攻打匈奴,使匈奴人元气大伤,从此退回大漠以北,不敢再骚扰汉朝的边境。自此以后,汉匈双方有几年都没打仗。然而,匈奴只是在口头上表示要跟汉朝和好,实际上他们变换了许多狡诈的手段欺骗汉朝朝廷,心里还是想着等自己恢复好了再随时进犯中原。

于是,为了争取军队修整的时间,匈奴的单于一次次派使者来求和,可是当汉朝的使者到匈奴去回访时,有的却被他们扣留了。没有办法,汉朝便也只得扣留了一些匈奴使者。

公元前 100 年,汉武帝正想出兵攻打匈奴时,匈奴派使者来求和了,还

苏武牧羊

把汉朝的使者都放了回来。汉武帝为了答复匈奴的善意表示,就派中郎将苏武拿着旌节,带着副手张胜和随员常惠,出使匈奴。

苏武到了匈奴,送回扣留的使者,送上礼物。苏武正等单于写个回信让他回去,没想到就在这个时候,祸从天降,一件意外的事情发生了,导致了苏武后来九死一生的生活,被匈奴扣留了十九年,差点客死异乡。

原来,在苏武没到匈奴之前,有个汉人叫卫律,在出使匈奴后投降了匈奴。单于特别重用他,封他为王。卫律有一个部下叫作虞常,对卫律很不满意。他跟苏武的副手张胜原来是朋友,就暗地跟张胜商量,想杀了卫律,劫持单于的母亲,逃回中原去。

张胜对这个计划表示赞同,但是他却没有向苏武报告这件事。没想到虞常

的计划没成功,反而被匈奴人逮住了。单于大怒,下令就地幽禁全部汉使,还让卫律审理此案,并让他劝降苏武。苏武本来不知道这件事。到了这时候,张胜怕受到牵连,才告诉苏武。事情到了这个地步,苏武很是冷静,他对卫律说,我是汉使,要是辱没了国家的使命,活着也没有颜面回祖国了。说完,苏武拔出佩刀就要自杀。张胜和随员常惠眼快,夺去了他手里的刀,把他劝住了。那个虞常倒也是一条有骨气的好汉子,尽管他受尽了种种刑罚,却只承认跟张胜是朋友,曾经说过几句话,拼死也不承认汉使跟他同谋。卫律向单于报告。单于大怒,想杀死苏武,被大臣劝阻了,单于又叫卫律去逼迫苏武投降。

苏武一听卫律叫他投降,就说:"我是汉朝的使者,如果违背了使命,丧失了气节,活下去还有什么脸见人。"又拔出刀来向脖子抹去。卫律慌忙把他抱住,苏武的脖子已受了重伤,昏了过去。卫律赶快叫人抢救,苏武才慢慢苏醒过来。

单于觉得苏武是个有气节的好汉,十分钦佩他,就让苏武好好养伤。等到苏武伤痊愈了,单于又想逼苏武投降。单于派卫律审问虞常,让苏武在旁边听着。卫律先把虞常定了死罪,杀了。接着,又举剑威胁张胜,张胜贪生怕死,投降了。于是卫律对苏武说:"你的副手有罪,你也得连坐。"苏武说:"我既没有跟他同谋,又不是他的亲属,为什么要连坐?"

卫律又举起剑威胁苏武,苏武不动声色。卫律没法,只好把举起的剑放下来,劝苏武说:"我也是不得已才投降匈奴的,单于待我好,封我为王,给我几万名的部下和满山的牛羊,享尽富贵荣华。先生如果能够投降匈奴,明天也跟我一样,何必白白送掉性命呢?"

苏武怒气冲冲地站起来,说:"卫律!你是汉人的儿子,做了汉朝的臣下。你忘恩负义,背叛了父母,背叛了朝廷,厚颜无耻地做了汉奸,还有什么脸来和我说话。我决不会投降,怎么逼我也没有用。"卫律碰了一鼻子灰回去,向单于报告。单于把苏武关在地窖里,不给他吃的喝的,想用长期折磨的办法,逼他屈服。

这时候正是入冬天气,外面下着鹅毛大雪。苏武忍饥挨饿,渴了,就捧了一把雪止渴;饿了,扯了一些皮带、羊皮片啃着充饥。过了几天,居然没有饿死。单于见折磨苏武没有用,就把他放到北海(今贝加尔湖)边上去放羊,跟他的部下常惠分隔开来,不许他们通消息,还对苏武说:"等公羊生了小羊,才放你回去。"公羊怎么会生小羊呢,这不过是说要长期监禁他罢了。

苏武到了北海,旁边什么人都没有,唯一和他做伴的,就是那根代表汉室朝廷的旌节。匈奴不给苏武口粮,他就掘野鼠洞里的草根充饥。日子一久,旌节上的穗子全掉了。这期间,苏武的好友,李陵投降了匈奴,他曾经是苏武的知音和至交。李陵也受单于的委派,前来劝降苏武,可苏武坚决拒绝了李陵的游说和劝诱,告诉他,不要再说了,没有意义和结果的。

一直到了公元前85年,匈奴的单于死了,匈奴发生内乱,分成了三个国家。新单于没有力量再跟汉朝打仗,又派使者来向汉朝求和。那时候,汉武帝已经死去,他的儿子汉昭帝即位。汉昭帝派使者到匈奴去,要单于放回苏武,匈奴谎称苏武已经死了。使者信以为真,就没有再提。

后来,汉朝使者又到匈奴去,苏武的随从常惠此时还在匈奴。他买通匈奴人,私下和汉使者见面,把苏武在北海牧羊的情况告诉了使者。使者见了单于,严厉责备他说:"匈奴既然存心同汉朝和好,不应该欺骗汉朝。我们皇上在御花园射下一只大雁,雁脚上拴着一条绸子,上面写着苏武还活着,你怎么说他死了呢?"

单于听了,吓了一大跳。他还以为真的是苏武的忠义感动了飞鸟,连大雁也替他送消息呢,就连忙向汉朝使者道歉:"苏武确实是活着,我们把他放回去就是了。"

苏武出使的时候,才四十岁。他在匈奴受了十九年的折磨,胡须、头发全白了。回到长安的那天,长安的百姓都出来迎接他。他们瞧见白胡须、白头发的苏武手里拿着光杆子的旌节,没有一个不受感动的,都说他是个有骨节的大丈夫、真英雄。

田横和五百义士慷慨赴死

在山东半岛的最东边,有一个本来毫不起眼的小岛,但是它却有着一个响亮的名字,那就是田横岛。正是这个名字,使这个本来默默无闻的小岛在中国的广袤大地上声名鹊起,屹立不倒。田横岛这个名字的由来是因为一个名叫田横的人。他和他手下的五百壮士一起,用鲜血和生命谱写了一曲壮烈的悲歌。

田横,是战国时齐国的贵族,他和自己的兄长田儋、田荣一起,起兵抗秦,其中,田儋自称为齐王,领导着这支起义队伍。

田横和五百义士

　　公元前 208 年,田儋被章邯所杀。田荣和田横决定立田儋之子为齐王。这时,项羽已经得了关中,大封功臣,他自称为西楚霸王。但是,由于项羽怨恨田荣和田横,就没有封他们的王,而是将原来齐国的领地封给了另一个人做齐王。田横兄弟二人很不服气,就杀了项羽分封的齐王,田荣自立为王。

　　公元前 206 年八月,项羽讨伐齐国,田荣兵败身亡。田横又立了田荣的儿子为齐王。公元前 204 年十一月,韩信攻破了齐楚联军,杀了齐王。田横败走,这一次,终于自立为齐王。后来,田横又败给了汉军的将领灌婴,只好投归了彭越。

　　公元前 203 年,刘邦采纳了张良的计策,封彭越为梁王,促使彭越进攻项羽。项羽在垓下之战输了之后,田横害怕刘邦报复自己,就带着仅剩的五百名将士,一起逃到了东海的一个孤岛之上。这就是后来的田横岛。

　　田横躲在孤岛上,过着艰苦的生活。可他带领的这五百人,却成了刘邦的一块心病。在刘邦看来,田横平时很得人心,如果他以后再趁机叛乱,就会给刘邦带来很大的麻烦。于是,刘邦派使者去田横所在的孤岛传达命令,让他们归降汉朝,并说前尘往事一概不究,只要归顺,就可赦免。田横和五百将士一起商议投降的事宜。大家都认为刘邦心胸狭窄,不能投降。田横于是拒绝了刘邦的使者提出的投降的要求,他说,我的亲戚杀了郦食其,现在他的弟弟郦商当了汉朝的将军,他是不会放过我的。请告诉汉王,我愿意长期在这海岛上做个普通百姓。

　　使者回到京城,将田横的话汇报给刘邦。刘邦召来郦商,对他说,如果齐王田横归顺我大汉,有人敢动他或者他的手下,我一定诛灭他全族。于是,刘邦再次派人来到田横的海岛上,对田横说,只要你们立即前去见皇上,就可以封王封侯,如果不来,就会发兵来讨伐你们,这可是皇上的特诏。田横仔细思量,觉得一个小岛上居住五百人,实在难以长期维持下去,不如趁此机会前往京城去探探虚实。众人听说田横要去京城,都说要和他一起去。田横很是感动,对大家说,并不是我不愿意和大家一起去,而是如果大家同去,人数太多,反而会引起误会。我一个人去,如果确实能够受封,就回来接你们。说完,他就带了两个门客,跟着刘邦的使者一起前往洛阳。

到了尸乡(今河南偃师县以西)驿站,田横停下来对使者说,做臣下的要见皇上之前,都应当沐浴更衣,以示敬意。于是,汉使暂时离开,让他沐浴。等汉使走后,田横对两个门客说,我和汉王都曾经是王,如今他做了皇帝,我却成了俘虏,要我去朝拜他,这样的耻辱我实在无法忍受。再者,我的族人以前杀了郦商的哥哥,现在让我跟他一同侍奉刘邦,就算是他不敢加害于我,我也感到惭愧。我现在已经家破人亡了,死也就死了。汉王叫我来,无非是要见见我的容貌。这里离洛阳很近,你们割了我的头,快马送去,他还是可以看得很清楚的。说罢,他不顾手下人的阻拦,就拔剑自刎了。

两个门客悲痛异常,他们含泪遵命,包了田横的头去见汉高祖。刘邦感慨道:唉,真了不起。他们弟兄三人先后为齐王,很不简单啊。随后又拜田横的两个门客为都尉,像对待国王的礼节一样,把田横厚葬。葬礼完毕,两个门客在祭拜过田横后,就在坟边自行挖了两个坑,双双自刎而死。刘邦听说后,大为吃惊,感到很费解,不明白他们和田横之间为什么会有这么深厚的情谊。汉高祖又想起海岛上还有五百个这样的义士,就再一次派使者到海岛上,想赶快召他们回来。

使者到了海岛,传达了刘邦的命令,让他们快去洛阳,与田横同享荣华富贵。这五百人听了将信将疑,来到洛阳后,他们见田横已死,就一同来到田横的墓前,边祭拜边痛哭,还一起唱了一首曲调十分悲哀的歌。唱完,他们伤心欲绝,又没有能力反抗,又不想投降,终于也全部自刎去追随田横了。

刘邦闻听了使者的报告,惊愕得半天说不出话来。他不理解,世上怎么会有这么忠义的人呢?这五百人怎么可能竟然全都一条心,竟全都自杀了呢?像他们这样的忠义之士,如果能够归顺汉朝,将成为不可多得的人才。但是如果他们坚持不肯投降的话,还真是汉朝的一大心腹之患。现在,无论最终结果如何,刘邦总算是消除了这块心腹之患。最后,他在感慨之余,命令手下士兵把这五百人全部厚葬。

于是,后人为了纪念田横和这五百个义士,就把他们居住过的海岛,称为田横岛。当代著名画家徐悲鸿先生曾画过一幅画,描绘的就是这五百义士。徐悲鸿先生十分敬重五百义士,就把自己的头像也画了进去,成了这五百分之一,被后人传为佳话。

王昭君愿意远嫁塞外

中国古代有四大美人:西施、貂蝉、王昭君、杨玉环。其中,以王昭君的故事最为坎坷,她因"昭君出塞"而闻名,做出了自愿和番,出塞匈奴的义举,为民族友好和边境安宁做出了积极的贡献。她的大义之举使得她的地位,远在其他三人之上,受到人们的尊重和深深的怀念。那么,王昭君为什么要抛弃汉宫安逸的生活,选择去寒冷又荒凉的匈奴出塞呢?

王昭君,是西汉时南郡人,故乡大概在今天湖北省的秭归一带,她十七岁被汉元帝选人宫中,服侍皇室。那时人数众多的宫女们进宫后,一般都是见不到皇帝的,而是由画工画了像,送到皇帝那里去听候挑选。有个画工名叫毛延寿,给宫女画像的时候,宫女们送点礼物给他,他就画得美一点。于是,这些宫人们纷纷贿赂毛延寿,以求他能把自己美化些,能让皇帝召幸自己。

毛延寿在给王昭君画像时,也暗示她应该花钱"孝敬"自己,这样就能蒙皇上召见。可初入汉宫,还不太明白后宫门道的王昭君不愿意依靠送礼物来谋求自己的出身,所以毛延寿没有把王昭君的美貌如实地画出来。他在王昭君的画像上动了手脚,把她丑化,大致的样子还是一样,但是在一些细小的地方,他都尽量丑化。汉元帝看到这样的画像,大倒胃口,哪还有兴趣。于是,迷人漂亮的王昭君被埋没了。

当时,由于西汉的西北边疆常被匈奴骚扰,而西汉抵御这骚扰的能力又十分有限,经常顾此失彼。这使得汉元帝十分头疼。恰好,匈奴人中有一个单于名叫呼韩邪,被他的哥哥郅支单于打败了,死伤了不少人马。呼韩邪和大臣商量结果,决心跟汉朝和好,亲自带着部下来朝见汉朝皇帝。他和汉朝派出的大军联合,终于打败了自己的哥哥郅支稳固了自己的地位。为了表示感谢,呼韩邪就向汉朝上书说,愿娶汉朝女子为妻,请求世代修好,永不用兵。汉元帝同意了。以前,汉朝和匈奴和亲,都得挑个公主或者宗室的女儿。这回,汉元帝决定挑个宫女给他,他吩咐人到后宫去传话说:"谁愿意到匈奴去的,皇上就把她当公主看待。"王昭君知道了这样的消息后,感觉这是解决自己久居深宫,无缘见皇上的机会,于是失望之余,主动要求出塞和亲。她心想:嫁作胡人妇,强作活死人。

等到迎娶的这一天,王昭君盛装打扮,光彩夺目,使后宫嫔妃们都黯然失色。汉元帝见此景大吃一惊,不知自己后宫竟有如此丰韵动人的美女。于是心中不免舍不得王昭君,可又一想,已经答应了匈奴呼韩邪单于,不能失信,否则恐怕会引起边疆的再次骚乱。于是,汉元帝只得忍痛割爱,送王昭君上轿。王昭君看到汉元帝的表情,心想,皇上到底睁开眼了啊,看见我是何样人物了,是你逼我远走塞北的啊!呼韩邪单于见到她却是大喜,没想到自己能娶得如此美娇娘,高兴和感激的心情就不用说了。汉元帝却是又气又怒,可是又不好开口反悔,于是在一气之下,就把毛延寿杀了。

呼韩邪单于则领着仙女一般的王昭君,在汉朝官员的护送下,离开了长安。王昭君骑着马,冒着刺骨的寒风,就这样千里迢迢地到了匈奴,做了呼韩邪单于的阏氏。日子一久,她慢慢地就生活惯了,和匈奴人相处得很好。匈奴人都喜欢她,尊敬她。她远离自己的家乡,在长期定居在匈奴时。劝呼韩邪单于不要去发动战争,还把中原的文化传给匈奴。打这以后,匈奴和汉朝和睦相处,有六十多年没有发生战争。

据说王昭君来到漠北以后,与丈夫呼韩邪单于相敬如宾,两个人生有一子,起名伊屠智牙师。然而,呼韩邪单于年事已高,几年后就去世了。根据匈奴人的习俗,新的继承者想娶王昭君。王昭君感到辈分混乱,与礼不符,就不同意,后上书汉朝,请求返回汉朝。当时在位的汉成帝给她的回答是要她从大局出发,依从匈奴习俗,继续为汉朝和匈奴的友好做出贡献。于是,王昭君又嫁了第二次,也是夫妻恩爱,生下两个女儿。从此汉朝西北边疆百姓和睦,友好往来。

王昭君死后,人们把她葬在面向南边母国汉邦的坟墓里。据说,那里一年四季墓旁的草木都是青的,所以被人们称为"青冢"。

王昭君出塞,最初是因为得不到皇帝的宠爱,心中不免积怨,于是负气主动请求。可后来,她把心思都放在沟通汉朝和匈奴两国关系上,以和亲重任为己任,不断地做民族和解的工作。同时,她还带去了很多农业生产的技术,教匈奴人自食其力,不必掠夺别人的粮食也可以生活。她还教授给匈奴人文化礼仪,减少了他们的好战之心,促进边疆居民友好往来。王昭君出塞,为稳定边疆、汉匈友好做出了积极的贡献,意义远大。

但是,也有人说,昭君出塞,是毛延寿设下的救国计策。昭君被选入汉宫时,毛延寿见其千娇百媚,恐怕汉元帝被其迷住,陷入女色,贪色误国。于是,有意地丑化了王昭君,反倒是促成了她成为呼韩邪单于的妻子。

王昭君出塞的理由到底是什么,在史家来说,至今仍然是个谜。但人们按照自己的愿望,加诸在她身上的"理由",是可以理解的。当时的汉室不够强大,武力解决不了的争端,采取和亲的怀柔政策,以安抚边疆,这其中贡献最大的,就是王昭君,这是谁也改变不了的事实。

杨震被称为"关西孔子"

杨震,字伯起,是东汉华阴(今陕西省华阴)地区人。据说,杨震在少年时就失去了父亲,自幼家境贫寒。但他靠着自己那顽强的意志品质,刻苦读书,成年后成为一个知识渊博的人。和杨震在同一个时代的很多学者,都亲切地称他为"关西孔子杨伯起"。

杨震年轻时,以教书为生,到了五十多岁时,他被推荐到朝廷做官,从荆州刺史做起。在任职期间,杨震品德高尚,廉洁公正,从不参与腐败贪污,敲诈勒索和收受贿赂的活动,由此,他到荆州后,就获得了清官的美誉。从官职上说,杨震的权力并不小,可他的家庭经济状况和他任教书匠时差不多,依旧寒酸清贫,未曾添置过像样的家产,每日吃的依旧是粗茶淡饭。

很多朋友见此情景都劝杨震,应该趁做官掌权时,给后辈们置办些家产,也好对后人有个交代。杨震听到这样的话时总是笑

杨震

笑，但会很认真地回绝他们说，我把"清官"这个产业留给子孙后代们，让众人都知道他们是清官的子孙，这不是很好吗，这是多么丰厚的一份产业啊？

由于在职期间政绩突出，杨震后来被调到东莱任太守。在他去东莱上任的途中，经过昌邑县（今山东省巨野县）时，碰到了一个熟人，叫王密。王密是昌邑县的县令，原来也是穷书生一名，还是杨震举荐他做了县令。王密在自己的辖区见到杨震，十分高兴，于是就执意要留杨震在昌邑县多住几日，好让自己尽尽地主之谊，借此机会来款待一下恩人。杨震见王密如此真心真意地挽留自己，感到很不好意思，也就没再推辞，就在昌邑县停了下来。杨震来到王密府上，简单地吃了顿便饭，喝了几杯王密为自己准备的接风酒，就回到了驿站，打算早些休息，以便次日继续赶路。

在杨震准备就寝时，王密一人独自到访。杨震正纳闷着对方怎么这么晚还来造访，而且自己刚从他府上回来，就见王密环顾了周围确定没有旁人后，从怀中拿出一包金子，放在杨震屋里的桌子上。

杨震脸色一变，立即质问王密，你这是什么意思？王密低声回答说，当年如果不是恩师的保荐，我是怎么也不可能做到今天这样的位置的。这些黄金是我的一点小意思，不成敬意，还望恩公一定不要拒绝，请笑纳。

杨震看到王密这样的举动，听到这样的话语，严肃地对他说，向朝廷举荐人才，是任何一个享受朝廷俸禄的人的分内之事，我当初推荐你，是因为我认为你是一个既正派又有才能的人，我并没有让你来报答我，你今天这样，是不对的。

王密执意要让杨震留下金子，又说，恩师请息怒，这只是我个人的一点意思，现在社会时兴这个，也谈不上是什么贿赂啊。再说，这间屋子里，只有您和我两个人，不会有第二个人知道此事的。

杨震很是生气地说，怎么能说是没人知道呢，天知地知，你知我知。你是知道我的性格的，我是不会收下你的黄金的，你赶快带着金子，离开我这里。

杨震愤怒之中，下了逐客令，王密只得惭愧地收起了自己的金子，悄声退出了杨震的房间。次日，杨震很早就起身，离开了昌邑县，马不停蹄地奔向东莱，上任去了。

后来，杨震深夜拒绝王密献金的事被百姓们知道了，都纷纷称赞他这个清官真是表里如一，这段故事也被后人称为"杨震暮夜却金"，并且成为千古美谈。

在我国古代历史中,官场上大多是肮脏不堪,封建地主阶级为谋求经济利益,尔虞我诈,你死我活。然而,也有廉洁奉公的人存在,也有两袖清风的人存在。杨震就是他们当中的一个,正是由于有了这样的好官,清官,中国古代的官场上,才有了阳光。这样的好人,好官,是符合"关西孔子"这样的称号的,可谓是当之无愧啊。

周亚夫被称为"真将军"

但凡历朝历代的皇帝,都有几个大臣,是自己的亲信,很受器重,能被重用。比如萧何之于刘邦,和珅之于乾隆等等。那么,在汉文帝一朝,周亚夫就是汉文帝赖以重用的臣子。

汉朝在高祖刘邦以来,一直对匈奴采取和亲的政策,没有发生过大规模的战事。但是到了匈奴军臣单于继位时,他听信了属下的谗言,与汉朝绝交了。

公元前 158 年的一天晚上,汉朝都城长安,皇宫里灯火通明,文武大臣全都聚集在大殿,汉文帝坐在中间,其余人排列两旁,气氛很是紧张。在这样诡异的氛围下,许久,汉文帝说,匈奴军臣单于受奸人挑唆,废毁了和我们大汉之间原有的和亲旧约,与我们断交了,来势很是凶猛。现在请大家

周亚夫

商议一下对策。群臣听罢,个个义愤填膺。武将们都争着请命出征。当时的形势已经非常严峻。事急从权,汉文帝调兵遣将,派三位将军率领三路汉朝大军前往边疆抵抗匈奴军队的侵略。而且为了保卫都城长安,特别加强了京都地区的防卫。汉文帝命令将军刘礼驻军在灞上地区,命令将军徐厉驻兵在棘门(今陕西省咸阳市东北)地区,命令将军周亚夫驻兵在细柳(今陕西省咸阳市西南)地区。于是三将军各自走马上任。

几天后,汉文帝在未事先通知的前提下,亲自到三处营帐去视察,并想慰劳将士,以鼓舞士气。

他先来到了棘门地区,守卫营门的卫兵一看到皇上亲自驾临,赶忙大开营门,迎接天子。汉文帝和随行的侍从们从营门飞驰而入,直抵营中,一路顺畅地来到了将军的营帐前,未见有任何人来阻拦他们。汉文帝视察了棘门大营后,发现有一些军纪不严的情况,觉得是小毛病,未加责怪,仅仅是指出了而已。慰劳完棘门的将士们,汉文帝赶往把灞上大营。临行前,棘门的将士们全体列队恭送汉文帝,并且遥望着汉文帝远去,才回到各自的岗位上。

在灞上地区,汉文帝受到了同样的礼遇,飞马直抵营中将军大帐,未见有人阻拦,也有一些治军不严的现象,汉文帝也是未加批评,主要是想慰劳将士,鼓舞士气。从灞上大营离开时,汉文帝也受到了全营将士们的列队恭送,将士们也是一直遥望着汉文帝远去的方向。

最后,汉文帝一行来到了周亚夫将军驻兵的细柳军营。还未行至营前时,守营的卫士发现远处有一队人马过来,立刻做好了战斗的准备。汉文帝看见这里的将士们都身披铠甲,手持刀枪,张弓搭箭,如临大敌一般,心中不觉暗暗称奇。汉文帝派先行官来到营门前,只见大门禁闭,刀枪如林,根本就进不去。先行官对守营的将士说,皇上即刻就要抵达这里,你们还不赶快开门迎接。可没想到,守营的将士们回答说,我们只听周亚夫将军的命令,不服从皇上的诏令。先行官返回禀报汉文帝,文帝心想,准是周亚夫的守营将士怕是敌人有诈,所以需要验明身份,须得朕亲自去一趟儿,他们才会打开营门。于是,汉文帝亲自上营前来,可没想到的是,仍被阻挡在营门外。随同汉文帝一起来的臣子们都很气愤,怪周亚夫把皇上堵在营门外。

最后,汉文帝只好派使者拿着符节去见周亚夫,通知他皇上前来慰问将士们。使者卸去佩剑,来到细柳营中,见到了周亚夫,说明了一切。周亚夫这才下令打开营门,让车队进来。守卫营门的士兵接到命令,郑重地向汉文帝宣布说,将军有令,军营内不许车马快跑。汉文帝的随行大臣们听到这样的话更生气了,可汉文帝却让大家服从命令,放松缰绳,缓缓前行。等到到了将军的营帐前面,才见周亚夫姗姗率将士们出迎。周亚夫全副武装,可谓是威风凛凛。他对汉文帝拱手作揖道,穿盔甲的军人不能跪拜,请准许我行军礼吧。汉文帝见此情景,听此言语,大为震动,也扶着车前的横木欠了欠身,向周亚夫表示答礼。

接着，又派人向全军将士传达他的慰问。

随后，汉文帝一行视察了细柳军营，慰劳了将士们，鼓舞了他们的士气。细柳营中的将士们见到皇上亲自来慰劳自己都很激动。

之后，汉文帝离开了细柳军营。临行前，周亚夫也没有像棘门和灞上的将士们一样，出营门相送。汉文帝刚刚出了营门，他就命守卫营门的将士们把门关住了。

在回宫的路上。跟随着汉文帝的侍从们，都认为周亚夫对皇上很是失礼，应该治他的罪。然而汉文帝还不时地回头，望着细柳军营，感慨道，这才是真正的将军，棘门和灞上的将士们，和细柳的将士相比，简直就如同儿戏。敌人如果突然来袭击，只有细柳的将士们能够从容迎战，其他的不做了俘虏才怪呢。如果我大汉的将军都像周亚夫这样严谨地治军，敌人怎么还敢侵犯我们啊？

在这次危机过去后，不久，汉文帝就将周亚夫由将军提升为中尉，负责京城和皇宫内外的保卫和治安工作。

一年后，汉文帝病重，医治无效。在临终前，汉文帝把太子刘启叫到床前，嘱咐他说，周亚夫是真正的将军。将来一旦发生叛乱，你可以让他统帅军队，不必担心。随后，汉文帝就病逝了。太子刘启继位，就是汉景帝。有了文帝的嘱托，汉景帝对周亚夫也是十分的礼遇。从而文景两朝中，周亚夫都得到了重用。

周亚夫治军的严明，远近闻名。他一丝不苟、认真负责的态度是后世人应当认真虚心学习的。他的治军方法，对今天也有实际的参考意义。所以，汉文帝重视他，汉景帝重用他，也就不足为奇了。

民间轶事

陈寔感化"梁上君子"

汉灵帝的时候，颍川有一个叫陈寔的人，他很早就已经退休在家，不问政治了。后来他在84岁高龄的时候去世了。这个消息传出去后，天下士人无不悲痛万分，各地不辞劳苦前来吊唁的人多达数万人之多，这在当时交通极不发达

的情况下是非常少见的。这其中甘愿为他披麻戴孝的就有几百人。当时在朝

陈寔感化"梁上君子"

中掌握大权的大将军何进,也派专人前来吊唁,还刻石立碑来纪念他。这个陈
寔到底是什么人呢?为什么他的葬礼能引起如此大的轰动呢?

原来,陈寔之所以被人们如此推崇,完全是他的宽仁之心,赢得了当时人们
的普遍敬重。

陈寔出身于下层民众,虽然出身卑微,但是他却从小有志于学,因为当时官
场非常黑暗,他也不愿意出仕做官,就隐居在阳城山中埋头苦读。有一次,当地
发生了命案,县里的小吏怀疑陈寔是凶手,就把他抓去严刑拷问,但是最后却因
为没有证据而被释放。后来,陈寔为生活所迫,终于也入朝为官,当上了县督
邮。他不但不计前嫌,还托人找来那个小吏,对他非常礼待。这件事传出去后,
周围的人都很佩服他的容人之量。

不但如此,他还经常舍己为人,代人受过。当时东汉朝廷正是宦官秉政,气
焰最嚣张的时候,很多人迫于压力不得不屈服于宦官的淫威之下。那时朝中一
个权势很大的宦官名叫侯览,他利用手中的权力,托陈寔的上司太守高伦给自
己的亲信安排一个职位。太守迫不得已,只好照办。正巧陈寔得知了这件事,
他就主动提出由自己出面按照惯例推荐那个亲信,这样就能避免太守背上接受
请托、趋炎附势的恶名。他作了这件事以后,当时的人们果然反响巨大,都认为
陈寔为政不公。陈寔对此却始终默不作声,默默地承受着众人的指责。后来,
大宦官侯览犯罪被杀,高伦升任了尚书的官职,他不愿意让陈寔再替自己背这
个黑锅,在临去上任之时终于向人们坦诚了这件事的原委,称赞陈寔"善则称

君,过则称己"。人们这才知道陈寔原来一直都在代人受过。

陈寔这种博大胸怀最好的体现还是在他的著名的"梁上君子"故事中。据说陈寔隐居在家的时候,有一年正好遇上灾荒,百姓饥困无以为生,很多人迫不得已就干起了偷盗的事。有一天夜里,有一个小偷溜进了陈寔的家中准备行窃,正巧陈寔回来了,小偷情急之下就藏在了陈寔屋中的大梁上。陈寔在暗中发现了这件事,就郑重其事地穿戴好,叫来儿孙,严肃的训导说:"做人不能不经常检讨监督自己,有劣行的人,不一定就是心地不善,本性为恶,而是因为作了恶行习以为常,以至于此了。梁上君子就是这样。"陈寔这话说得义正词严,话里有话。他的家人们听了感到莫名其妙,梁上的小偷听了却是大吃一惊,顿时醒悟过来,马上从梁上跳了下来,跪在地上,向陈寔请罪。家人们猛然见到房上跳下来一个人,都不禁吓了一跳,陈寔却心平气静地向那个小偷说:"我看你的相貌也不像是大恶之人,为什么要干这种事呢? 做人最好能时时警醒检讨自己,与人为善。你这样做可能是因为贫困吧?"说完,他不但没有惩罚小偷,反而让自己的家人拿来一些钱送给小偷,叫他带回家去度日,只是不要再作偷盗的事了。这件事传出去后,从此陈寔居住的县城中再也没有偷窃的事发生了。

后来,宦官作乱,许多地方上的名人都被牵连其中,被捕入狱。提前得到消息的人都跑去逃命了,但是陈寔却说什么也不肯离开家一个人去逃命,当别人再三劝他出去避避风头的时候,他就说:"如果我一逃走,恐怕就会牵连到许多无辜的族人,我又怎么能自私地扔下他们一个人逃走呢?"于是,他就主动站了出来,表示由自己一个人承担所有的罪责,主动要求入狱。他的这种在危难关头表现出的无所畏惧的仁爱之心,更是赢得了人们的信赖和爱戴。

陈寔在地方上做官的时候,非常体谅百姓的难处,持论公正,不偏不倚,用自己的仁爱感化百姓,所以在他的任内,百姓们全都安居乐业,一派和平安宁的景象。临近各县的人民也都很仰慕他,慕名前来投奔归附。在汉朝,官员政绩的考核标准就是自己管辖区域内的人口的多少。陈寔面对这种情况,想的却是与同僚的和睦关系和社会的安定,就亲自去劝导那些外来的民众各归本土,人们都非常愿意听从他的安排。他在居家为民的时候,也一贯公正待人,一字千钧,在地方上的威望非常高,临近几个县的人们都流传着"宁为刑罚所加,不为陈君所短"的话。就是当时朝中位居人臣的那些大臣们也都不由自主地感慨称赞陈寔为人的高尚道德情操。

在东汉末期那种朝政混乱,社会动荡,人们都只想着一己私欲的状况下,陈寔能保持着这种公正无私,无偏无党的人实在是非常少见的,更何况他还成功地用自己的道德风范赢得了社会各界的普遍爱戴和崇敬。

丑女孟光

东汉初年,陕西扶风县有一户姓孟的人家,虽不是高门贵族家庭,但却靠经商聚积了不少钱财,算得上是当地数一数二的富家,孟家有一个女儿,粗眉大眼,身材矮小壮实,肤色黧黑,可谓姿色俱无。这副容颜本来就使她的婚姻成为困难,但她偏又自视甚高,别人不挑她,她倒挑起别人来了。

有一次,一个落魄书生,饿昏在荒野,被孟女发现,背回家救醒,疗养月余,渐渐康复,书生渐生好感,对孟女的外貌也就并不在意,有求婚之意,孟家父母都感到非常满意,但却碰了孟女的"冷钉子",并被数落了一顿:"你们读书人,不缺胳膊不少腿,到处请托权门。得意时,正眼都不瞧我们;失意时却饥饿不能自存,还痴心妄想娶媳妇呢? 我如果在这时候答应你的求婚,人家会说我趁人之难。你还是不要这样打算吧!"书生只好答谢她的救命之恩,快快而去。这件事一传开,乡里大为震惊,都佩服孟女的侠义,不少人前往求婚。当地一家财主的儿子求婚,遭到孟女的拒绝之后,顿生羞恼,指斥道:"我上门求婚是抬举你,凭我的财富,找一个漂亮媳妇难道还成问题吗? 瞧瞧你那模样。"孟女毫不示弱,针锋相对:"有钱就财大气粗吗? 模样丑是天生的,你有钱就买'俊'的,就是买不去我这'丑'的。"县令的小舅子一听,也决定来碰碰运气。他尽量打扮得儒雅一些,装出斯文相,登门求亲,与孟女相见,开口夸赞道:"久闻姑娘高义,实在佩服!"孟女莞尔一笑:"高义怎比高官? 一人得道,鸡犬升天。我哪里值得您如此称道?"县令的小舅子一听,也就悻悻地走了。

孟女几次拒婚以后,再也没有人敢登门求亲了,及至三十岁时,仍是待字闺中。父母终于失去了耐心,问她:"女儿,你到底要嫁个什么样的夫婿?"女儿不假思索地应声而答,"我要嫁个像梁伯鸾一样的贤士!"父母以为自己听错了,请她又说了一遍,以为是女儿灰心至极说的气话,但女儿神色安详,哪像是在生气呢! 父母都认为女儿的这个念头荒唐之极,绝无实现的可能。

这是为什么呢? 原来,扶风有一位著名的隐士,名叫梁鸿,就是孟女口中的梁伯鸾。这个人才高八斗,学富五车,而且为人品行端正,诚信忠厚,在当地有很高的声望。他甘于贫困,立志不仕。附近的人仰慕他的名声,许多人都主动上门提亲,可是都被他拒绝了。所以,孟家的人认为想让梁鸿许婚事不可能的。

可是万万设想到,梁鸿听到了这个消息后,竟然真的请人来下聘礼。孟家人喜出望外,满口答应,又唯恐梁鸿反悔,很快议定了嫁娶之期。

待到成婚之日,孟女被人打扮得花枝招展,头上珠宝金银,身上丝织衣服闪闪发光,脚穿青丝鞋。一路吹奏弹唱,好不热闹。然而,婚后一连七日,梁鸿一言不发。第八天早上,孟家女来到梁鸿面前,恭恭敬敬地行过礼,然后对他说:"妾早闻夫君贤名,立誓非您莫嫁;夫君也拒绝了许多家的提亲,最后选定了妾为发妻。妾深感荣幸!婚后,夫君默默无语,使妾诚惶诚恐。想必是妾犯了重大过失,如此,请夫君治罪。"

梁鸿听罢,带着一种不满的神情说:"我一直希望自己的妻子是位能穿麻、葛制作衣服的人,并且能与我同甘苦,能够与我一起隐居到深山大泽之中。而现在你却穿着绮缟等名贵的丝织品缝制的衣服,涂脂抹粉、梳妆打扮,一副贵夫人模样,这哪里是我理想中的妻子呢?"

孟女听了,不但不恼,反而欣然作喜,对梁鸿说:"我这些日子的穿着打扮,并不是我的初衷,我只是想验证一下,夫君是否真是我理想中的贤士。其实妾早就备妥了劳作的服装与用品。"说完之后,便将头发卷起来,穿上麻布衣服,架起织机,动手织布。梁鸿见此,又惊又喜,连忙走过去,笑容满面地对妻子说:"你是我梁鸿真正的妻子!"他怀着尊敬的心情,为妻子取名为孟光,字德曜,意思是她的仁德如同光芒般闪耀。

自从梁鸿妻子换上麻布衣服,亲自纺纱织布以后,夫妇互敬互爱,男耕女织,在家乡度过了一段平静的日子。一天晚饭后,当梁鸿像平时一样拿起书本时,孟光拉住了他的手,用深情的目光注视了他好久好久,弄得梁鸿疑惑不解。这时,孟光用低沉的声音对梁鸿说:"妾早就知道夫君要遁世归隐,避开尘世的烦恼。但为何我们至今还不走?难道夫君还要向世俗低头,委屈自己去入仕吗?"梁鸿猛然惊悟,忙说:"贤妻说得好,此处无甚可留恋的,我们即刻归隐吧。"于是就在当天晚上,夫妻二人忙碌了一个通宵,收拾行装,将必需的生活用品打包装点,第二天天刚蒙眬亮,夫妻二人背着包袱,踏着未尽的月色,悄悄地进入了霸陵(今西安市东北)山中,过起了与世隔绝的隐居生活。在霸陵山深处,他们就着岩石,用枯树枝和茅草搭起了能遮风避雨的草棚,在山谷中开垦出了一片土地,种上了小麦等作物。白天,他们共同劳动;夜晚,梁鸿就着火边或诵读经书,或赋诗作文,或弹琴自娱。孟光则或缝衣纳鞋,或夫弹妻唱,抒发他们对前代高士的仰慕之情和不为利禄所染的高洁品格。

但是霸陵山山势并不幽深、险峻,更不是无人涉足之地。梁鸿夫妻隐居于此山的生活终于被外人知道了,昔日平静、恬然的日子再也去法保持,经常有人慕名前往寻找他们。为了保有自由安宁的生活,梁鸿夫妻以后又多次搬家,躲避这些世俗的烦扰。再加上梁鸿做的一首讽刺东汉统治者的《五噫之歌》触怒了皇帝,派人在全国各地捉拿他们,所以他们隐姓埋名,躲避得更隐秘了。

后来,他们来到了吴地(今江苏境内),寄居在当地大族皋伯通家宅的廊下小屋中,靠为人舂米过活。皋伯通开始倒未留意这个舂米人是何等人物。一天,他偶然看见梁鸿妻子孟光给梁鸿送饭,只见妻子恭恭敬敬地走到丈夫面前,低头不敢仰视,把装饭的盘子高举齐眉,请丈夫进食。皋伯通大吃一惊,心想:一个雇工能让他的妻子如此守礼,那此人一定是个隐逸的高人。他立即把梁鸿全家迁进他的家宅中居住,并供给他们衣食。

梁鸿已上了年纪,干体力活渐渐力不从心了,皋伯通热情款待他一家,又非常知趣,没盘根问底,梁鸿也就安心在皋家住下了。他晚年利用这段衣食不愁的宝贵时光,潜心著述,成书十余篇。

也就在他致力于写作的过程中,由于长期颠沛流离的生活,繁重的劳动,使他积劳成疾,卧病在床。临终前,梁鸿对皋伯通说:"我听说前代的高士都是不择生死之地,是随遇而安葬。我死之后,请您千万不要让我的孩子把我弄回故乡去安葬。我既然死在吴地,就把我埋在吴地吧!"

梁鸿死后,孟光按照他的遗愿,在当地安葬了他,然后就带着孩子离开了吴地,不知所终了。梁鸿夫妻品行高洁是毫无疑问的,他们的一生大多都处在颠沛流离之中,并没有做出什么惊人之事。但是,他们却在历史上留下了这个"举案齐眉"的美好故事,让人们永远怀念着他们。

缇萦舍身救父内幕

连坐是汉朝一种非常苛刻的刑罚。一个人犯了法,全家都要受到他的牵连而一同坐牢。在汉文帝时，这项苛刻的刑罚制度被废除了，可除此之外，还有一些残酷的刑罚在继续使用着。

缇萦舍身救父

公元前167年的一天，汉文帝正和百官在宫中商议政事，忽然听到有侍卫前来报告说，宫门外有一个女子，自称是从齐鲁大地来，有奏章要呈报给皇上。于是，汉文帝接过奏章来仔细地阅读。

原来，在齐国的临淄地区，有一个读书人，名叫淳于意（复姓淳于，意是名字）。他很酷爱医学，熟读医书，而且无意中还得到了古传的治病的方法，因此医术非常高超，当地的很多人都找他治病，于是一传十，十传百，他就成了远近闻名的医生。后来他做了太仓的县令，为官清廉，爱护百姓，只因为不愿意溜须拍马，所以最后辞去官职，决定回乡行医。

这时，有个富商的妻子病了，就请淳于意去医治。但是由于那富商的妻子病情实在太严重了，用药后也不见好转，没有几天就死了。那个富商倚仗着自己有钱有势，就告到了官府，说淳于意把自己的妻子医死了。当地官吏和富商相互勾结，判处了淳于意肉刑（汉朝的肉刑分为三种：在脸上刺字，割去鼻子，割去左脚或右脚），还要把淳于意押解到长安受刑。

淳于意没有儿子，只有五个女儿。在临赴长安受刑前，他望着一个个哭成泪人的女儿们，长叹说，可惜我没有儿子，只有女儿，遇到急难，连个有用的人都没有。女儿们听了父亲的话，哭得更厉害了。只有淳于意最小的女儿缇萦没有哭，她心中暗自想，为什么女儿就没有用，难道我就不能助父亲一臂之力吗？也可以为天下受委屈的百姓们排忧解难。于是，缇萦决意跟父亲一起上长安，为父亲鸣冤。临淄距京城长安路途遥远，当时的道路交通又非常不发达，这一路上，淳于意父女俩跋山涉水，风餐露宿，很是艰难。他们历尽艰辛，终于来到了当时的首都长安。

缇萦到了长安，就要求见汉文帝，可侍卫不让她进。没办法，缇萦只得上书汉文帝,说:我叫缇萦,是齐国的一名女子。我父亲淳于意曾是太仓的县令,当地百姓都十分爱戴他,称赞他是个清官。现在我父亲被诬告治罪,判处了肉刑。我很为父亲伤心,也为天下所有受肉刑的人难过。人被砍去脚,就成了残废;人被割了鼻子,就不能再长出来;在人的脸上刺字,不但疼痛难忍,而且终生都要蒙受这种耻辱,洗也洗不掉。凡是受了肉刑的人,即使以后想改过自新,却再也没有这种机会了。因此,我情愿入官府为奴婢,为父亲赎罪,只求能使他有改过自新的机会。恳请皇上开恩。

汉文帝读完缇萦的奏章,深深地被她的孝心所感动。同时,通达事理的汉文帝也感觉到,缇萦关于肉刑的话很有见地,很有道理,在自己的心中产生了很大的影响。肉刑到底是不是有必要?政府真的需要这么残酷地来对待犯人吗?是不是让犯人太没有尊严,是他们一辈子也洗刷不掉的耻辱了?汉文帝在仔细地思量这些问题,权衡他们的利弊。

最后,汉文帝召集大臣们开了个会,商量了一番,认为应该废除这样残酷的刑罚。于是,肉刑被废除,改肉刑为打板子,割鼻子的改为打三百板,砍脚的改为打五百板。而且明确下达命令,不允许在犯人的脸上随意刺字了。

长安城里的百姓,早在缇萦初抵长安之初就听说了这件事,都十分关心她的境遇,也关心着淳于意最后的命运。在看到汉文帝赦免了淳于意,称赞他有个孝顺又机智聪敏的好女儿时,百姓们都高兴地为缇萦欢呼。因为缇萦的建议,不仅救了自己的父亲,也救了全天下受肉刑的犯人,她为天下人做了一件大好事。

缇萦救父的故事,在我们小的时候就已经耳熟能详了。在封建社会里,女性的地位比较低下,在社会上和在家中都没什么地位。所以,淳于意才会望着女儿感慨,自己没有儿子。但是,年幼的缇萦却具备了十分的勇气和智慧,她以一个小女孩家的身份,竟然敢于陪父亲上长安,不畏路途艰难,千辛万苦,终于来到了长安,而且有胆量去上金殿告御状,求皇帝为自己为父亲做主。她的勇气是非同寻常的。缇萦少年时的智慧,直到今天都是妈妈们教育子女的典范。而对于汉朝来说,除了废除连坐,还有像肉刑这样的一些不人道不公平的刑罚在继续存在着,这就需要统治者炼出火眼金睛,在实际生活的,案例中认真思考,逐步废除那些过于残酷、极大伤害黎民百姓的不合理的刑罚。既然是与民休息,让百姓安宁地过日子,就要实实在在从百姓的角度出发,最大可能地安抚他们,这样才能有更好的空间去促进生产,繁荣经济的发展。汉文帝借缇萦救父的契机,接受了正确的意见,考虑到了人民的利益,废除了一些苛刻的刑罚措施,所以受到了人民的爱戴与拥护,缔造出了汉朝的第一个盛世——文景之治。这也确实是他的过人之处。

缇萦救父的典故,直到今天还经常被引用。也多亏了缇萦的聪明机敏,淳于意才能获得新生。

历史上真的有董永这个人吗

"树上的鸟儿成双对,绿树青山带笑颜。"这几句戏词在中国可谓是妇孺皆知,大人小孩都会唱的。大家也都知道这出《天仙配》的故事情节:年轻的男子董永,从小就是一个远近闻名的大孝子。他自幼丧母,和父亲相依为命,父子两个为了躲避兵祸而逃难在外,父亲却不幸病死在途中。董永没钱给父亲办丧事,只好卖身葬父。后来,他在途中偶遇一个落难的女子,极力央求董永收留自己,还说愿意嫁给董永做妻子。这个女子容貌秀丽无比,好比天仙,董永又一向善良,尽管自己的处境非常艰难,但他还是答应了姑娘的请求,带着她一起前往债主家中为奴。那个债主要求董永织三百匹锦来还债,董永本来非常发愁,觉得这个债还不清了,他实在想不到,自己的妻子只用了一个月就织好了,而且锦上的图案栩栩如生,逼真的好像要跳出来一样,众人看到她织出的布都赞叹不已。原来这个姑娘不是凡人,而是天上的仙女,她在天上看到董永卖身葬父,为他的孝心所感动,特地下凡前来协助他的。董永还清了债,和仙女互诉衷肠,情意绵绵,正准备夫妻双双把家还,不料玉皇大帝派人来拆散了他们。于是人世间就有了七仙女和董永之间的浪漫爱情故事。

在这个故事中,董永的仙女妻子显然是虚构出来的人物。那么,董永又是否确有其人呢?

史书中曾有这样的记载,汉朝确实有一个人叫董永,是千乘人,他也是自幼孤独,与父亲共同居住。父亲死后,他没钱埋葬,于是卖身为奴。可见,在现实生活,董永还是存在的。那么,他是什么时候的人呢?

从后世记载董永的文字中,我们可以判断出,董永生活的年代应该是在汉朝。比如那个以"本是同根生,相煎何太急"而闻名的曹植,就曾记载过董永的故事,虽然故事内容有些粗糙和简单,但描绘得却很有活力。以后,历代文人雅士也有不少人都挥笔记下了关于董永行孝的故事。由此,我们可以认定。董永是个实实在在的人物,而且至少是生活在汉朝或汉朝以前。

在江苏省东台县,有个董永墓。据当地的老人说,董永是该县西溪镇人。这里还建有董永父亲的墓,很像是这位大孝子的老家。山东省广饶县也有董永墓,墓旁还建有董永祠,而且还有写明"子孙至今永祀不忘"的石碑。这样看来,这里还生活着董永的后人,似乎也像是他的老家。同时,山东省的鱼台县,也有董永墓,墓侧村中还生活着许多姓董的居民,好像这里也是董永的祖居地。

其实,认为董永是本地人氏的,还不止这几家。那么,董永这位大孝子,到底是何方人士呢?据权威的学者们考证认为,董永为东汉人,从齐地来到汝南(今河南省汝南县),后又迁居安陵,最后终老于汝南。还说他有个儿子叫董仲,自幼聪颖机智。相对应的,河南省汝南县县内,也有董永墓和董永祠,看来真实性也不容怀疑。而且据说,汝南还不止有董永墓,甚至还有一座仙女墓,是董永之子董仲为了追思母亲七仙女而建造的。

在各地的史书中,董永的事迹记载得最为详细的莫过于孝感了。孝感县志中说,董永是东汉末年人,汉灵帝年间,董永父子为了躲避青州一带的黄巾军起义,从老家千乘辗转来到安陆(今湖北省)一带,靠打工和借债为生。不久父亲病故,董永借了富户裴氏的钱安葬了父亲,讲好以身为奴偿还债务。后人认为董永是个孝子,生活得实在是太可怜了,在同情之下,就附会了一个七仙女给他做妻子。

那么,为什么董永的墓能够遍及全国呢?这大概与魏晋时期北方人为了躲避战乱,大规模的向南迁徙有关。当时的黄河流域,尤其是山东一带的居民,都匆匆地携家带口逃往南方,舍弃了自己的世代生活的家园,却没有忘记家乡美好的传说,把家乡的动人故事带到了新的家园。董永的故事也就自此传遍了大江南北。久而久之,众人未必记得他的老家,就都把董永当作是本地人对待了。

董永的做法感动了天地,而且又有如此艳遇,这使得他的名字广为流传。南朝宋武帝还特地表彰董永的孝行,并且还特别为此而设置了今天的孝感县。所以,许多人以为董永是孝感人也就不足为怪了。何况,孝感县志的记载影响最大,流传的也比较广泛,再经过近代黄梅戏的加工,以《天仙配》来歌颂董永的故事,就变得尽人皆知了。

无论董永是哪里人，在罢黜百家独尊儒术的汉代，提倡孝道，除了有助于统治阶级进行封建统治之外，也在一定程度上使社会风气有了很大的改善和进步。毕竟，孝道成为我国的传统美德，就是从汉代开始逐渐形成并确立下来的。

历史上是否有夜郎这个国家

历史上，夜郎王的一句"汉孰与我大？"的话让世人贻笑了千年。"夜郎自大"作为狂妄自大、目空一切的典故几乎成了固定的代名词，和"鼠目寸光"、"井底之蛙"有着异曲同工的效果。那么，"夜郎自大"这个成语的背后，又有着什么样的故事呢？这个夜郎，是一个人、还是一个国家呢？它真的存在于真实的历史中吗？

原来，夜郎指的是古时候的夜郎国。夜郎国的历史，大致起于战国，至西汉成帝和平年间，前后约三百年。之后，古夜郎国就神秘地消失了。于是从此，这个古老的文明就在史籍的记载中留下了一团迷雾，成了一个未解之谜。

据说，这是一个人口稀少，土地贫瘠的小国家。它的面积和当时汉朝的一个普通的县差不多大。但是，夜郎国的国王却非常骄傲，自认为全天下就只有夜郎国最大，是唯一的大国。

这个夜郎国的国王是个弃婴，从小就没有父母，也不知道他姓什么，他出生后就被装在一个大竹筒里，扔到河中。恰好有位姑娘在河边洗衣服，看到水面上漂来一个大竹筒，隐约地听到竹筒内有婴儿的啼哭声。她立刻把竹筒从河中捞出来，发现里面有一个男婴，姑娘可怜这么小的一个孩子就成了弃儿，就把男婴带回家抚养。这个弃婴长大之后，勇敢强壮，气概不凡，后来竟然建立起了夜郎国，自立为王，并且以"竹"作为自己的姓氏。

汉武帝时期，因为听说了有这个边境小国的存在，汉武帝就命令大将军唐蒙去访问夜郎国。唐蒙带了大量的锦缎，率领着一千多人，从长安城出发。他们翻山越岭，历尽无数困难，终于到达了夜郎国境内。因为夜郎国是被包围在崇山峻岭之中，地理环境非常闭塞，交通更是很不方便，所以跟中原地区也没有来往。那位夜郎的竹姓国王从来没有出过国到过其他地方，他周围的十几个部落都不如夜郎国面积大。所以，夜郎国王就认为，天下就是他所知道的这么大。既然夜郎是当地最大的国家，那么天下也就数夜郎国最大了。

当夜郎国王见到汉朝使者大将军唐蒙时,不禁问道,汉朝和我们夜郎国相比,哪一个更大呢？唐蒙哭笑不得,只好如实地向夜郎国王介绍了汉朝的政治、经济、军事、地理等各方面的情况。唐蒙一边讲述着汉朝的强盛、美丽、广博和富饶,一边把自己准备的锦缎等礼品拿出来,献给夜郎国王。夜郎国王忽然意识到,眼前的一切,都是闻所未闻,见所未见的"天外"的事情,不由得瞠目结舌了。

夜郎国王再也不敢自大了,他当即表示,愿意臣服于汉朝。他还召集了附近那十几个部落,告诉他们汉朝的情况,说明和汉朝交好,有很多益处。同时,各部落首领也都收到了唐蒙带去的汉朝的锦缎等礼品,都非常高兴,纷纷表示也归顺于汉朝。

唐蒙在和夜郎国王及其他十几个部落首领订立了盟约后,就启程返回长安,归途又花费了很长时间,跋山涉水。回到长安后,唐蒙向汉武帝汇报了出使夜郎国的情况,说及了夜郎自大的故事,汉武帝不由得哈哈大笑,同时也为自己拥有这样广阔的一个国家而深深自豪。后来,汉武帝在夜郎等地设置了郡县,命令那里的郡守统辖管理南部的边远地区。

那么,夜郎国究竟有多大呢？专家们分析,夜郎在贵州的可乐地区建国时,已经发展到了鼎盛的时期。夜郎王为了扩展自己的领地,曾经携家带眷,率领着兵卒,先后在云南、四川、贵州等地区多处建立城池。由于夜郎王在这些城池都有过短暂的时间居住,于是就成了今天那些地方的人们争论夜郎古国到底在何方的理由。现在我们能够确定知道的是,夜郎建国的可乐,是与当时的成都、重庆、昆明等西南著名城市相齐名的,是当时贵州的彝族地区当之无愧的政治、经济、文化中心之一。

这样看来,对外界缺乏了解的夜郎王,在自己的土地上,有那种"天下我最大"的想法,倒也不是全无根据的。而"夜郎自大"的典故,却已经在汉朝的首都长安传开了,并且慢慢传到了汉朝各地,大家都把它当成一个笑话来讲,夜郎国也因此而为人们熟知起来了。

任性纵情的大侠郭解为什么被杀

郭解,字翁伯,河内轵(今河南济原南)人,是汉代著名的相士许负的外孙。

他的父亲就是因为爱好行侠仗义,在汉文帝时被诛杀。到了郭解这一代,他并没有吸取父亲身亡的教训,或者说郭家的血液里就流动着激情澎湃,酷爱冒险的因子,郭解仍然随心所欲地纵情任性,为所欲为,很像是后代武侠小说中亦正亦邪的人物,如此特立独行,在民间赢得了很高的声望。但是,在一个控制严密的封建社会中,皇帝需要的是任由摆布的听话顺民,而不是这样极有个性和主张的知名侠士。因此,最后名声太大的郭解就因此被皇帝下令处死,就连他的家人也没能逃过这个劫难。

史书中说,郭解长得短小精悍,貌不惊人,但是他的性格沉静,为人勇悍,从不喝酒。郭解年轻时也曾经像他的父亲一样,心狠手辣,恣意杀人。

大侠郭解

他有时候肯舍命帮助素不相识的人去报仇,但有时又干些藏匿奸人、打家劫舍、铸钱掘冢的事情。谁也搞不清他为人究竟是好是坏,是正是邪,只知道他不听从任何人的命令,所作所为全是凭着自己一时的心意。后来不知什么原因,郭解忽然出人意外地一改前行,从此开始对人以德报怨,厚施薄望,救人之命而不自恃功劳。本来他已经在当地有了不小的名声,因为这种人人乐见的改变,他在当地的声望更高了。

据说,郭解有一个外甥在与人喝酒时,仗势欺人,强行向对方灌酒,却被对方一怒之下杀死了。郭解的姐姐来求郭解给自己儿子报仇,但是郭解因为还没有把事情搞清楚,所以没有答应。他的姐姐因此大为愤怒,把儿子的尸体陈尸街头,想借此来羞辱郭解。后来,那个杀害郭解外甥的凶手自己归来,将实情告诉了郭解。郭解不仅没有加罪于他,反而还说,这是我的孩儿做得不对,把他放走了。随后,他又默不作声地埋葬了外甥。郭解如此公正,深得大家敬重,当地百姓越发依附于他了。

郭解有一次出门,见有个人姿势不端地坐在路旁,很不礼貌地看着他。门人看见了很生气,就想上前杀了那个人。郭解说:我在家乡得不到尊重,这说明我的修行还不够呀。暗地里,他叮嘱当地的尉史说:这个人我很敬重,到践更时不要为难他。践更是当时的一种徭役。结果在这以后,每月一次的践更,过了好几个月,都没有人去找那个人。那个人觉得很奇怪,找人一问,才知是郭解求人替他解脱的。于是,他袒胸露腹地前去向郭解谢罪。郭解此举,更是得到乡里少年们的倾慕。

那时候,郭解所居住的邻县雒阳有一对互相结仇的人,县里的豪杰多次从中调解,他们始终不听,不肯放弃冤仇。郭解听说后,就连夜赶过去见那对仇家。那两个人最终听从了他的劝解,放弃了恩仇。郭解这时才长出了一口气,说:"我听说雒阳诸公在这里调解,您都不听,幸而现在您听了我的话。但是,在雒阳地面上出了这样的事儿,反而由我劝解开了,恐怕有点不合适。我还是尽快离开这里的好。"于是,他连夜悄悄地离开了雒阳邑。

郭解处世恭俭,在本县从不乘车,到邻郡去为人办事,也是能办则出,不能为则不为,从不为难人家。因此,当地的许多富家大族都很依赖他,争相请他做事,那些四处亡命者也多从远方来投奔郭解。而县中那些崇拜郭解的少年和旁近各县的豪杰,也经常把自己的大车送到郭解家,以备那些投奔郭解的人使用。

武帝的时候,朝廷下令要迁徙豪富于茂陵(在今陕西兴平县东北),以便于朝廷的控制。郭解的家里其实很穷,甚至连买柴的钱都没有,但也在迁徙之列。大将军卫青听说过郭解的名声,就主动为郭解向武帝求情。武帝听了卫青的话,却说:"郭解身为一届布衣百姓,能使大将军替他说话,可见他并不贫穷啊!"于是,郭解仍旧被迁徙到茂陵。在他临行之日,县里前来送行的人数非常多,可见郭解在当地的影响之大。后来,他到了陕西茂陵后,关中的豪杰无论听没听说过他的名字,都纷纷前来与他结交。

郭解一家被迁徙到茂陵,本来是朝廷的诏令,可是郭解的侄儿却非常鲁莽地把当地县吏的头扭断了。后来,县吏的父亲杨季主也被人杀了。杨家有人为了这件事向武帝上书,可是又被那些仰慕郭解的人杀了。接连出了几件这样的事情,武帝听说了,就下令逮捕郭解,并且命令一定要抓住那些杀人犯法的人。接受了皇帝的命令来办案的人到了郭解住的地方,郭解的门客一致声称郭解根本就不知道这些事情,还齐口称赞郭解的贤德。但是,这时却有一儒生说:"郭解专门做这些奸邪的事,以至于触犯了国家的法律,又哪里称得上是贤人呢?"这话一下子就触动了众怒,书生不久便被郭解的门客们杀死,凶手却不知去向。

办案人查明以后，于是回报武帝说郭解不知道这些事情，是无罪的。但是，当时朝中的御史大夫公孙弘却说："郭解虽然不知是谁杀了人，但他身为布衣百姓，任侠行权，收罗众多门人，让这些人因为一些小冤小仇就动辄杀人，这罪更重于他亲自杀人，当属大逆不道。"武帝采纳了他的建议，结果，郭解全家都被诛杀了。

谁是汉朝的第一个博士

秦始皇是个严苛的皇帝，他焚书坑儒，烧毁六经，打击天下的读书人和各种术士，以法家治天下，社会上一时间重法轻儒蔚然成风。受到这样的风气感染，从小生长在秦朝的汉代开国皇帝刘邦不仅自己不读书，而且还最瞧不起读书人，特别是对那些死心眼儿、不懂得变通的迂腐的文人。刘邦把这些人视为鄙儒、竖儒，说话之间全都是辱骂人的字眼儿。他平时在朝廷上，对待自己那些儒生大臣很不礼貌，动辄就摘下他们头上戴的高顶帽子当尿盆，很不恭敬，也就更别提对他们以礼相待了。可以说，刘邦是在不自觉中奉行着秦始皇的法家以力服人的思想，认为自己是"马上天子"，自己的政权是从弓马中、从浴血的战斗中得来的，因此，他也想"以马上治之"，用过去打仗中的强硬手段来治理天下。然而，时势的变化，国家发展的实际需要，并不能以刘邦个人的意志为转移了。他也不得不适应形势，推行一些文治，在政府中任用一些有名的文人。

公元前202年，刘邦打败了项羽，天下初定，各路诸侯共同推举刘邦为皇帝。这原本就是刘邦梦寐以求的事，自然是当仁不让了。可刘邦只是一个市井出身的粗人，他没有想到，原来即位当皇帝还挺不容易的，需要有一套君君臣臣的严格的等级礼仪。一向懒散放纵惯了的刘邦对此感到很不适应，他不愿意受秦始皇所执行的那种严格的繁文缛节的约束，于是就要求简便行事。但是他手下那些草莽出身的英雄们本来就不太守法纪，现在更可以了，公然在宴会上饮酒争吵，相互邀功，吵得不可开交。更可怕的是，这些人喝醉了酒后还大发酒疯，狂呼乱骂，拔剑相击，几乎要动起手来，闹得一塌糊涂，天翻地覆。一旦这些人喝醉了，就连一国之君的刘邦也觉得束手无策，毫无办法。他这才深刻地意识到，战争时期处理问题的办法在建国后已经不再适用了，现在需要的是大力整顿政府，赶快制定出一套新的更适用的朝法礼仪和礼乐制度。

被刘邦选中制定这个礼仪和制度的人,不是人们所熟知的丞相萧何,也不是神机妙算的留侯张良,而是一个阅历丰富,人情练达的儒生,这个人名字叫作叔孙通。

叔孙通是鲁国地区人,鲁国是先圣孔子的故乡,儒家学说的发祥地。那里浓厚的儒家文化氛围,造就了一代代数不清的儒家英才,使儒学在那里得到了一脉相传的发展。尽管秦始皇曾经杀害了一大批"以文乱法""是古非今"的迂腐儒生,并且实行了禁书的政策,不准民间私自藏有诗书,但他仍然在朝中设立了博士官,博士官所用的书也就不在禁毁之列了。

叔孙通就是在秦朝时应征为文学博士,可是正式的任命还没送到他的手中,陈胜吴广就揭竿而起了。山东发生农民起义的消息传回咸阳,秦二世着急地向他的博士们询问这到底是怎么一回事。博士们一致认为那是些犯上作乱的乱臣贼子,劝秦二世火速发兵征讨。秦二世一直被赵高控制着,只知道每日在宫中寻欢作乐,对天下的大事根本一无所知。他听了博士们的说辞,马上怒形于色。这时,老于世故的叔孙通却向前回答说:"他们说的都是不对的。现在天下都是一家,郡县的城墙都被毁掉了,武器也都被销毁,而且又有英明的君主坐镇在朝中,国家法律齐备,官员尽职,四方平安,哪里有什么造反的事呢?"他这一席话,报喜不报忧,使糊涂的秦二世连连称好。他又接着询问其他人,有的人回答说是造反,有人回答说是盗贼,结果,回答造反的一律被逮捕,回答盗贼的无罪释放。叔孙通则因为猜透了皇帝的心思,回答应对得体,马上被正式封为文学博士。后来因为这件事,许多人都纷纷指责叔孙通,说他欺君罔上。他却理直气壮地回答说,你们不知道,我不得不这么说,几乎是从虎口下逃得性命的。

叔孙通也知道,自己的权宜回答实在是睁着眼说瞎话的,他知道国家马上就要有大乱,彻底对秦二世放弃了幻想,找了个机会逃回故乡,先是投奔了项羽,后来又在楚汉之争时归顺了刘邦。

叔孙通和其他只会背诵经书,不达时务的儒生不同,他非常善于察言观色,揣摩人的心思,也懂得投其所好,见机行事。在跟随刘邦后,他探知刘邦讨厌戴高冠的博士装束,就立即将自己的服饰改成短衣,以此博得刘邦的欢心。在楚汉争霸的关键之际,刘邦最需要能征善战的人,他又向刘邦推荐了很多勇士。因此,刘邦封他为博士,号稷嗣君。所以,史书上记载,叔孙通既是秦末的最后一个文学博士，也是汉代的第一个儒学博士。正是因此，刘邦即位后，领悟到只有儒生才能为自己制礼作乐、整顿纲纪，于是就自然地重用了通达世情、懂得自己心思的叔孙通。

于是，叔孙通揣摩着皇帝的心意，率领一班弟子和鲁国的儒生，杂糅古礼和秦朝的礼仪，因地制宜，删繁就简，创制了汉代开国之后的第一部礼乐大典。公元前200年，长安城中的长乐宫落成，群臣齐来朝见，第一次施行了叔孙通等人制定的汉代礼仪，成为中国历史上最早的有详细史料记载的朝拜仪式。

据载，这天，天刚擦亮，宫廷中的礼官就带领着群臣次第步入殿门。廷中陈列着车骑步兵卫队，设置了各种武器和各色旗帜。在一声传呼令中，殿下数百官员站立在台阶两旁，武将立于西边，文官立于东边。刘邦则乘舆出现，百官都举着旗帜，左右侍卫高呼"皇帝驾到"，于是诸侯王以下依次奉贺。场面十分壮观，气氛肃穆，诸侯王、文武百官，无不震恐。大礼完毕，又大摆宴席，殿上的臣子们都俯身俯首，按照尊卑的次序先后上寿。如果有不懂礼仪的，当即押下去法办。整个宴会自始至终秩序井然，尊卑有序，没有人再敢任意地在此时高声喧哗。

刘邦看到这种情景，不禁感慨道，今天才知道做皇帝的尊贵啊！于是龙颜大悦，封叔孙通为太常，专职制定礼仪。这时，叔孙通趁机进谏，为参与制礼作乐的弟子们和儒生们求官。素来鄙视儒生的刘邦在高兴之余，接受了叔孙通的请求，拜封儒生为郎。先前不理解叔孙通、甚至埋怨他的儒生们也终于心悦诚服，称赞他是圣人。

叔孙通后来官至太子太傅，在刘邦犹豫太子的改废之事时誓死捍卫太子，为汉惠帝立下了大功。惠帝即位后，叔孙通继任太常之职，所以汉初的各种礼仪制度，皆出自叔孙通之手。司马迁曾评价叔孙通为"汉家儒宗"。纵观叔孙通一生的为人处世和他的功业，这样的评价是十分中肯的。叔孙通和他的弟子确实可以称得上是汉代儒学的先声了。

元宵节的来历

农历正月十五夜是我国民间传统的庆典元宵节，俗称又叫"灯节"。每年一到了这个时候，城里乡间，到处张灯结彩，观花灯，猜灯谜，盛况空前。元宵节的节期与节俗活动,是随历史的发展而延长、扩展的。就节期长短而言,汉代才一天,到唐代已为三天,宋代则长达五天,明代更是自初八点灯,一直到正月十七的夜里才落灯,整整十天。与春节相接,白昼为市,热闹非凡,夜间燃灯,蔚为壮观。唐朝灯会中还出现了杂耍技艺,宋代开始有灯谜,明朝又增加了戏曲表演。其中灯谜经过历代发展创造,至今仍在使用。今天,元宵节吃元宵、观灯、猜谜,仍然是中国广大地区人民喜闻乐见的民俗娱乐活动。那么,它究竟是什么时候起源的呢?

元宵节赏灯的习俗始于汉朝,相传汉高祖刘邦死后,吕后之子刘盈登基为汉惠帝。惠帝生性懦弱,优柔寡断,大权渐渐落在吕后手中。汉惠帝病死后,吕后独揽朝政,把刘氏天下变成了吕氏天下。朝中老臣、刘氏宗室皆深感愤慨,但都惧怕吕后残暴而敢怒不敢言。吕后病死后,吕家惶惶不安害怕遭到伤害和排挤,于是在上将军吕禄家中秘密集合,共谋作乱之事,以便彻底夺取刘氏江山。此事传至刘氏宗室齐王刘襄耳中,刘襄为保刘氏江山,决定起兵讨伐诸吕,随后与开国老臣周勃、陈平取得联系,设计解除了吕禄的军权,"诸吕之乱"终于被彻底平定。平乱之后,众臣拥立刘邦的第二个儿子刘恒登基,称汉文帝。文帝深感太平盛世来之不易,便把平息"诸吕之乱"的正月十五,定为与民同乐日,京城里家家张灯结彩,以示庆祝。从此正月十五便成了一个普天同庆的民间节日——"闹元宵"。

还有一种说法,即佛教传入中国,佛教徒认为正月十五日是佛祖示现神变降伏妖魔的日子,要举行法会以纪念佛祖神变。为了彰显佛祖神威,因此要大放华灯。此举流传到民间,士族庶民,一律挂灯,成了规模盛大的灯节。

与上面这些正统的说法相比,民间还流传着一些更加美丽动人的传说。有的传说认为,隋炀帝色迷心窍,欲娶自己的妹妹。妹妹硬扭不过,借托除非正月十五出现繁星满地的奇迹,才可成婚。隋炀帝下令京城四周百姓到十五日晚每户燃灯火,违令者斩。至十五日晚,妹妹登楼见满地都是灯火,误以为真是繁星落地,纵身投河自戕。为了纪念这位不甘凌辱的女子,民间百姓每逢正月十五都燃起了灯火。

与此相比,汉朝的东方朔巧定元宵节的故事则更加流传广泛。相传汉武帝有个宠臣名叫东方朔,他善良又风趣。有一天冬天,下了几天大雪,东方朔就到御花园去给武帝折梅花。刚进园门,就发现有个宫女泪流满面准备投井。东方朔慌忙上前搭救,并问明她要自杀的原因。原来,这个宫女名叫元宵,家里还有双亲及一个妹妹。自从她进宫以后,就再也无缘和家人见面。每年到了腊尽春来的时节,就比平常更加的思念家人。觉得不能在双亲跟前尽孝,不如一死了之。东方朔听了她的遭遇,深感同情,就向她保证,一定设法让她和家人团聚。

一天,东方朔出宫在长安街上摆了一个占卜摊。不少人都争着向他占卜求卦。不料,每个人所占所求,都是"正月十六火焚身"的签语。一时之间,长安里起了很大恐慌。人们纷纷求问解灾的办法。东方朔就说:"正月十三日傍晚,火神君会派一位赤衣神女下凡查访,她就是奉旨烧长安的使者,我把抄录的偈语给你们,可让当今天子想想办法。"说完,便扔下一张红帖,扬长而去。老百姓拿起红帖,赶紧送到皇宫去禀报皇上。

汉武帝接过来一看,只见上面写着:"长安在劫,火焚帝阙,十五天火,焰红宵夜",他心中大惊,连忙请来了足智多谋的东方朔。东方朔假意地想了一想,就说:"听说火神君最爱吃汤圆,宫中的元宵不是经常给你做汤圆吗?十五晚上可让元宵做好汤圆。万岁焚香上供,传令京都家家都做汤圆,一齐敬奉火神君。再传谕臣民一起在十五晚上挂灯,满城点鞭炮、放烟火,好像满城大火,这样就可以瞒过玉帝了。此外,通知城外百姓,十五晚上进城观灯,杂在人群中消灾解难"。武帝听后,十分高兴,就传旨照东方朔的办法去做。

到了正月十五日长安城里张灯结彩,游人熙来攘往,热闹非常。宫女元宵的父母也带着妹妹进城观灯。当他们看到写有"元宵"字样的大宫灯时,惊喜的高喊:"元宵!元宵!",元宵听到喊声,终于和家里的亲人团聚了。

如此热闹了一夜,长安城果然平安无事。汉武帝大喜,便下令以后每到正月十五都做汤圆供火神君,正月十五照样全城挂灯放烟火。因为元宵做的汤圆最好,人们便以这位元宵姑娘的名字命名,把汤圆叫元宵,这天叫作元宵节,从此诞生了这个正月十五吃元宵、赏灯的节日,继而成为皇帝和百姓同聚同乐,喜气洋洋的佳节,并沿用流传至今。

直到今天,我们老百姓在每年的阴历正月十五,都要吃元宵,吃汤圆,以求团圆美满幸福。这体现了传统的中华民族企盼祥和、安宁的美好心愿。

从汉朝起源的元宵节也就流传至今了。

汉朝盛行男同性恋

男风,就是男宠之风,到了汉代,大大向前发展了。汉朝几乎每个皇帝都有一个至几个美男子作为性爱对象,并且都记入正史。如高祖的籍孺,汉惠帝的闳孺,汉文帝的邓通、赵谈、北宫伯子,汉景帝的周仁,汉昭帝的金赏,汉武帝的韩嫣、韩说、李延年,汉宣帝的张彭祖,汉元帝的弘慕、石显,汉成帝的张放、淳于长,汉哀帝的董贤等,真是数不胜数。特点是这些美男多数是宦者,以后的地位显贵了,仍然扮演着这一皇帝私宠的特殊角色。据统计,自西汉高祖至东汉宁帝,就有 10 个帝王有过男同性恋的史迹,在西汉 25 个刘姓帝王中,占了 40%。就连一向被后世认为是英明君主的汉武帝,所宠的男子竟达 5 个之多。

汉代的男风,可以说是始于汉高祖刘邦。汉朝从高祖、孝惠的初年起就在宫廷中刮起了这股风,男宠盛行,时时与皇帝同起同卧,成了上层社会中公开的秘密。

汉高祖有一件"枕戚夫人"的故事,说的是有一次他生病,许多大臣都被门卫所阻,不能见他。莽撞的樊哙不顾一切,强行进入,却发现高祖什么事也没有,正枕在一个美貌太监的腿上小憩呢。樊哙一向忠心耿耿,性格又很莽撞直率,他发现了这个令他震惊的事实,马上痛哭流涕,劝谏高祖要警惕,不要重蹈秦二世时宦官赵高祸国的惨事。高祖知道他的性格,还笑他过于敏感,并笑称这个太监是他的"枕戚夫人"。

汉文帝是西汉皇帝中最节俭的一个,就连一件衣服也舍不得丢掉,可是,赐予及花费在他的男宠邓通身上的,可谓前无古人,后无来者。有一次,汉文帝命一个有名的相士给邓通算命,相士说邓通会饥贫冻饿而死。汉文帝听了顿时大怒道:"我一定会使邓通荣华富贵,他又怎么会如你所说的冻饿而死呢?"之后,为了避免这种情况真的发生,文帝马上下令将蜀郡的严道铜山赐给邓通,允许他享有铸造钱币之权,于是此后"邓氏钱布天下。"人们都知道,经济是社会的命脉,货币流通额的多少及价值轻重,对社会生活影响极大,所以历代铸钱造币之权都由国家掌握,不能落在私人手中,但文帝竟然赐邓通以开矿、铸钱之权,使邓通更富于王侯,不能不说是骇人听闻。

还有一次,汉文帝长了一个疮,化了脓,邓通用口去吸吮伤口。后来文帝用这件事试探太子,也叫他用嘴给自己吮脓,太子面有难色,文帝告诉他邓通已经这么做了,太子很惭愧,也因此更加怨恨邓通。文帝死后,太子即位当了皇帝,就是汉景帝。于是,他所怨恨的邓通被罢免、判罪、抄家,最后真的饿死了。文帝的男宠也不止邓通一人,还有宠宦赵谈和北宫伯子,不过这两人所得远没有邓通那么多,下场也没有那么惨。

汉文帝之后,汉武帝极为宠爱李延年和韩起,据史料记载,李延年经常和武帝同卧起,而韩起所得到的赏赐则可以与前代的邓通相比拟。汉成帝则宠张放,史称他与皇帝同卧起,宠爱无人能及。可见,汉朝的皇帝几乎是代代如此,而且都是"与上卧起",宠爱程度之深不在话下。

对于封建帝王来说,这种同性恋是宫廷秽乱生活的一个组成部分。例如李延年,父亲和他以及他的兄弟姊妹,出身于技艺。延年因为犯了罪,被判处腐刑,分在宫中做事。平阳公主听说了李延年的妹妹非常善于歌舞,就把她推荐给武帝,武帝果然一见就非常喜欢她,把她收入宫中,还封她为李夫人。李延年也因此而得到宠幸。李延年也和妹妹一样,精善歌舞,武帝这时正在兴建天地祠,想找人做一些乐府诗歌作为颂词。于是,李延年就秉承皇帝的心意,制了一些新的乐章,极得武帝的意。所以从此以后,李延年被赐给二千石的厚禄,赐号协律尉,与武帝一同卧起,如同夫妇。时间长了,李延年日渐骄横,还与宫女们发生混乱的性关系。等到他的妹妹李夫人死后,武帝也开始对他的这些行为感到不满,于是宠爱渐弛。最后,李延年兄弟都被判以重罪,落了一个族诛的悲惨下场。

古人用"分桃""断袖"来形容同性恋,"分桃"出自卫灵公与弥之瑕,"断袖"之典则出自汉哀帝与董贤。董贤的父亲已官居御史的高位,董贤本人聪明美貌,还有如水仙花一般的自怜自爱的行为。汉哀帝见了他,欢喜得不得了,把他招入宫中,很快就被封为霸陵令,又迁光禄大夫,宠爱日甚。他出则参乘,入则跟随在皇帝的左右。旬月间就赏赐巨万,贵震朝廷,经常与皇帝一同卧起。董贤与哀帝如同夫妻,连放假也不肯回家一次。当时,董贤一门大富大贵,妹妹被立为昭仪,称为"次皇后",她的房子名"椒风",和皇宫的居所"椒房"相似。董贤其他亲属也都得以拜为高官。

当他20岁时,哀帝爱他爱的实在无法表达,就命人在自己的皇陵旁边另筑一墓给董贤,使他们死后还能朝夕为伴。有一次,董贤和哀帝午后共眠,不久哀帝有事要起床，但袖子被压在董贤身下，哀帝不忍惊醒他，就用刀把袖子割断了，这就是"断袖"这一典故的来历。董贤22岁时就官拜大司马、大司徒、大司空，集"三公"于一身，权力几乎可以与君主相同，以至于从匈奴来的使臣看到这么年轻的大臣，都感到十分惊讶。哀帝如此宠爱董贤，甚至还想像尧舜禅位那样，把皇位让给董贤。大臣们为此十分惊慌，赶快劝谏。

董贤贵显骄恣，是汉以前的宠臣前所未有的，自然也招致许多嫉恨。所以，不久后哀帝病重，董贤就被禁止入宫。哀帝一死，他所有的权力马上被全部剥夺，缴回他的大司马印，并令他在家中听候罪罚，董贤走投无路，只好和妻子一起自杀了。朝中的重臣王莽还亲自验棺。他死后全家被抄，财产有43万万之多，真是惊人。

男宠由于过于受皇帝宠幸，最后往往得不到好下场。张放和汉成帝也是一个例子。张放不但身居侯爵，他的曾祖父也官拜大司马，他的母亲又是公主之女。他因年少英俊，而且聪敏过人，所以深为成帝所宠幸，并且将皇后的侄女嫁给他，婚礼铺张华丽，金银赏赐以千万计。他除了和成帝"同卧起"外，并且还经常一起出游微行。后世的人评论，君臣之间双爱之情，以此为最。

汉宫不仅男同性恋层出不穷，女同性恋也时有发生。宫女由于性寂寞而发生同性恋，历代都有发生，但很少记于正史。汉朝时曾发生过这么一件事：武帝时，陈皇后宠衰，寂寞难耐，就命令宫女穿着男子衣装，与皇后寝，处如夫妇，情爱弥笃。武帝后来产生怀疑，继而下狱究治，才知道这件皇后与宫女相恋的事，于是废皇后于长门官。这就是西汉时有名的"巫蛊之祸"。

汉朝的女权运动

汉代是中国历史上的重要时期。在汉代，妇女的地位和作用，与其他历史时期相比，特别是被人们认为比较典型地体现出中国传统文化特色的宋明时代，在某些方面有着很明显的不同。

说到汉代的女权运动，就像提起唐朝就想到武则天一样，大家首先会想到的就是家喻户晓的吕后专政故事。吕后出身高贵，和刘邦的卑微身份是十分不相配的，她多谋而果断，帮助刘邦吞并天下以后，又努力协助刘邦剪除异姓诸侯王。她怂恿刘邦处死韩信，又力促刘邦夷灭彭越宗族。刘邦死后，她的儿子当了皇帝，就是汉惠帝。惠帝早死，吕后临朝称制八年，大权独揽，开了女性统治国家的先河。在她以后，汉代的这种所谓"母党专政"，"权在外家"的情形也屡有发生。例如在东汉统治的很长时间里，都是女主临朝，任用她们的父兄子弟，险些把汉朝的天下变成了自家的。

汉武帝是武功卓越的帝王，他的文治武功名扬千古，为后代的皇帝们奉为明君，但是他也不能完全避免这种情况的出现，或多或少地受到了他的妻子们的影响。例如在青史留下盛名的抗击匈奴的英雄人物卫青就是以皇后卫子夫同母弟弟的身份而被任命为大将军，霍去病则是以卫子夫姐姐的儿子的身份被任命为骠骑将军，李广利则以汉武帝所宠幸的李夫人兄长的身份被任命为贰师将军。汉武帝时代的这三位名将都是由女宠而获得擢升，这也可以反映出汉代妇女对政治生活的重要影响力。

世系从母系方面来确定，是远古时代的婚姻关系所决定的。在汉代，仍然可以看到这种承认女系的古老文化现象的遗存。汉景帝的长子刘荣就因为母亲是栗姬，而被人们称为"栗太子"。汉武帝的儿子刘据被立为太子，因为他的生母是皇后卫子夫，所以又被称为"卫太子"。刘据的儿子刘进，因生母为史良娣，所以又称作"史皇孙"。汉代的平阳公主也随母姓，号为"孙公主"。汉灵帝的儿子刘协，也就是后来的汉献帝，因为由董太后亲自抚养，称"董侯"。淮南国太子有时被称为"蓼太子"，据说"蓼"也是"外家姓"。这一现象不仅表现在皇族，例如汉朝的开国功臣夏侯婴的曾孙夏侯颇娶了被称为"孙公主"的平阳公主，以致后世"子孙更为孙氏"。

姓氏从母，是保留古风的文明程度较为落后的民族的习俗。在汉代的上层社会里可以看到这么多同样的现象，是很令人惊异的。而且，对于汉代一般人来说，女性祖先被置于男性祖先之前。"先妣"较"先祖"占据着更尊贵的地位，在祭祀礼俗中也有着更为优先的地位。"汉高祖尊母不尊父"说的就是汉高祖刘邦即皇帝位后，先封吕雉为皇后，封子为皇太子，又追封其母曰昭灵夫人，又大封群臣，该封的不该封的都封了，却在很长时间里一直没有封过自己的父亲，群臣也没有人提及这件事。这　点让后代的人感到很惊讶。这也正说明汉代"尊母不尊父"这一普遍现象的存在。

汉代还多有妇女封侯，得以拥有爵位和封邑的例子。例如，高祖刘邦封哥哥刘伯的妻子为阴安侯。吕后当政，封萧何的夫人为酂侯，樊哙的妻子吕媭为临光侯。汉文帝时,又赐诸侯王女邑各二千户。汉武帝也曾经尊王皇后的母亲臧儿为平原君,并封王皇后和前夫生的女儿为脩成君。汉宣帝赐外祖母号为博平君,以博平、蠡吾两县户万一千为汤沐邑。王莽的母亲被赐号为功显君。东汉时期,光武帝刘秀的儿子刘疆因为无子,3个女儿都被封为"小国侯",刘疆以致终生感激。两汉史籍所记载的这样女子封侯封君的事多至30余例。

汉代妇女对于个人情感生活的处理也极为大胆,丝毫不像后代一样以男女之事为耻,而是敢于表现出自己的真感情。汉武帝的姑母馆陶公主常年寡居,她宠幸一个叫董偃的面首,城中的人都因此尊敬地称呼董偃为"董君"。董偃还建议馆陶公主把自己的长门园献给汉武帝。汉武帝因此而大悦,在去探望馆陶公主时,尊称董偃为"主人翁",君臣相见欢饮,于是一时间,"董君贵宠,天下莫不闻"。于是,这种被后世的人认为是有伤风化的败德之举经过了皇帝的承认,反而得以合法化了。

汉家公主不避讳私养情人,天子也对这种情况安之若素,朝野上亦是司空见惯。皇族妇女的这种行为能够堂而皇之地面对社会,是有一定的历史文化背景为条件的。在当时的社会,寡妇再嫁是很自然而合理的事。史书记载的社会上层妇女比较著名的实例,就有薄姬初嫁魏豹,再嫁刘邦;平阳公主初嫁曹时,再嫁卫青;敬武公主初嫁张临,再嫁薛宣;王媪初嫁王更得,再嫁王乃始;许嬺初嫁龙额思侯,再嫁淳于长;汉元帝冯昭仪母初嫁冯昭仪父,再嫁郑翁;臧儿初嫁王仲,再嫁长陵田氏;汉桓帝邓后母初嫁邓香,再嫁梁纪等。

汉光武帝时,皇帝的姐姐湖阳公主新寡,刘秀有心微察她的心意,好再为她安排婚嫁。公主大大方方地回答说:"宋公威容德器,群臣莫及。"明白表示出对大司空宋弘的德才与仪表的爱慕。刘秀也愿意谋求撮合,不惜亲自做一次媒人。据说刘秀后来专门为了此事接见宋弘,并让公主坐在屏风后面,劝宋弘说:"都说人尊贵了就会换朋友,富有了就会换妻子,这也是人之常情吧?"宋弘也早已经对这件事有所耳闻,这时就从容地回答说:"我只听说过贫贱之交不可忘,糟糠之妻不下堂。"刘秀知道了他的意思,就返回去对公主说:"这件事不成了。"在对这件事的记载中,虽然宋弘拒绝了皇帝想安排公主下嫁的暗示,事情最终没有成功,但是湖阳公主敢于主动追求有妇之夫的行为也给人们留下了深刻的印象,可以看作是反映当时社会风尚的重要信息。

汉初丞相陈平的妻子,据说在嫁给陈平之前已经五次守寡,仍然不厌再嫁,也有陈平这样的男子喜欢她、要娶她。寡妇的父亲,也并不以女儿为寡妇而降低其择婚的标准,还积极地帮助女儿寻找下一任佳婿。

《汉书·张敞传》说,汉宣帝时京畿地区最高行政长官的京兆尹张敞,甘心为妻子画眉,画的眉样还颇好,一时传闻京中。于是有了所谓"张敞画眉"的典故,成为形容夫妻和美的最佳写照。张敞的这一行为还曾经被有关部门举奏给皇帝,皇帝也很好奇,还曾经亲自询问。

纵观中国古代封建社会,汉代的女子的地位可谓是很高的了,而汉代的女权运动,也达到了后世难以逾越的高度。

中国古代逸史

三国两晋南北朝逸史

马昊宸 ⊙ 主编

线装书局

帝王逸事

思维独特的曹操

　　三国时代曹操能成为著名政治家、军事家和文学家,这与其独特的思维方式密切相关。正因为曹操能在关键时候采取非常有效手段,因而常能扭转时局,最终建立强大的曹魏政权。

　　曹操(155～220年),字孟德,小字阿瞒,沛国谯(今安徽亳州)人,个性机警、有权数。机警或谨慎,或多疑,或反应快,而曹操机警则是敢作敢为。当时善于识人的桥玄和何颙便认为曹操是奇才。以评论人物著称的许劭称曹操是"治世之能臣,乱世之奸雄",对其独特的思维方法和能力做出了十分准确的评价。

　　1.敢做乱为。曹操认为董卓必将失败,于是逃归故里。随从数骑经过成皋故人吕伯奢庄。吕伯奢出行,五个儿子都在,准备尽地主之礼。因曹操违背董卓之命,当他听到"食器声",怀疑他们谋害自己,于是连夜杀

曹操

死数人。曹操因疑杀人,既而却又凄怆说:"宁我负人,毋人负我"(《三国志·魏书·武帝纪》注引孙盛《杂记》)。从感情方面来讲,曹操认为因疑杀人,杀之不妥,因而感到伤感和悲痛;从理性来说,又认为应该杀,这样可以保全自己性命,所以是"宁教我负天下人,不教天下人负我"。这就是身逢乱世之秋的曹操具有的矛盾心理和与众不同的思维。这反映了曹操既好疑又果断,既狡黠残忍

又具有干大事的能量。

2.敢做能为。据《三国志·魏书·武帝纪》注引《曹瞒传》记载：曹操为洛阳北都尉时，"缮治四门。造五色棒，县门左右各十余枚，有犯禁者，不避豪强，皆棒杀之。后数月，灵帝爱幸小黄门蹇硕叔父夜行，即杀之。京师敛迹，莫敢犯者。"按常人之理，对于权贵，一般是巴结恭维，而曹操却不然，敢于碰硬。乱世用重典，即使权贵也不例外，这是何等的胆量气魄！

3.敢做诈为。据《三国志·魏书·武帝纪》注引《曹瞒传》记载：曹操经常讨伐贼寇，粮食不足，私下询问负责粮草之人：怎么办？对答：可以小斛足之。曹操称善。后来军中传言曹操欺众。"太祖谓主者曰：'特当借君死以厌众，不然事不解。'乃斩之"，并取其首级示众宣告："行小斛，盗官谷，斩之军门。"这反映了曹操奸诈的一面。

曹操处理事务，很有见地，既出人意料，又在情理之中。汉献帝建安二十三年(218年)春，汉太医令吉本与少府耿纪、司直韦晃等人造反，进攻许昌，烧毁丞相长史王必军营。王必与颍川典农中郎将严匡讨伐，斩杀了吉本等人。后十多天，王必伤重而死。"王闻王必死，盛怒，召汉百官诣邺，令救火者左，不救火者右。众人以为救火者必无罪，皆附左。王以为'不救火者非助乱，救火乃实贼也。'皆杀之"（《三国志·魏书·武帝纪》注引《山阳公载记》）。按照一般思维方式，救火者不要说是无罪，更应该论功嘉奖。现将救火动机做一分析：①有的就是放火之人，是以救火为名，推波助澜，制造混乱的人，这类人数应不低于一半人数。因为作乱之人最先接受任务，在第一时间赶到现场，而真正救火者只有近在咫尺才先到现场。②有一小部分人并未救火，只不过是想保全性命，甚至认为有可能受赏，才弄虚作假，冒充救火者，站在左边。③还有一小部分救火者是真正救火，是因为出于人的本能或做好事而为之。通过分析得知，真正救火者应为少数。既狡黠又残忍的曹操在非常时期采取非常手段，岂能不多杀？曹操的目的是想镇压放火者。试想如果不杀站左者，势必漏掉放火者；如果杀站右者，同样放掉放火者。如果不杀人，这样做便毫无意义。曹操出乎人们意料，虽无情却合理。

另外，在官渡之战前曹操手下不少将士为了保全性命和留条后路，与袁绍私通书信。曹操胜利后，得到了这些书信。根据曹操严厉的军法和残忍个性，这些人是非杀不可的，但曹操却将书信一烧了之。这是因为战前曹操与袁绍相比力量悬殊，作为主帅的曹操都曾犹豫不决，几乎动摇斗志，何况将士。曹操说得好："当绍之强，孤犹不能自保，而况众人乎！"（《三国志·魏书·武帝纪》注引《魏氏春秋》）表现了对将士的理解，更重要的是法不治众，曹操以后还需要这些将士来打江山，保卫政权。如果再来滥杀，不要说开创大业，就连目前来之不易的胜利果实也难保，势必军心动摇，后果是比较严重的。

曹操面对失败，积极乐观。胜不骄不易，败不馁更难，而在失败中仍然保持乐观精神，正视现状，积极进取，更是难上加难。曹操在人生旅途中屡遭败绩与挫折时，表现出不俗的胆略和智慧，令人佩服之至。

据《三国志·魏书·武帝纪》注引《山阳公载记》记载：曹操战船被烧，从赤壁向华容道逃走。当时道路泥泞不通，又遇大风，于是曹操命令老弱之兵背草填路，骑兵得还。老兵被人马践踏，死者无数。"军既得出，公大喜，诸将问之，公曰：'刘备，吾俦也。但得计少晚；向使早放火，吾徒无类矣。'备寻亦放火而无所及"。曹操在如此狼狈之时，却能发现值得高兴的事情而"大喜"，为对方总结经验，找到对方没能大获全胜的原因，化悲观为乐观，这是一般人所难以做到的，也是让人始料未及的。

另据《三国志·魏书·武帝纪》注引《曹瞒传》记载：曹操被马超追击，箭如雨下，诸将见失败，没有看见曹操，十分惊惶。当看到张郃保护曹操而来，便悲中喜来，有人甚至流下了眼泪。曹操面对失败，首先表现出来的是大笑，接着若无其事地说："今日几为小贼所困乎！"反映出其乐观、沉着的精神状态，这对稳定军心，树立必胜信念起了有益作用。曹操是三国时代大笑次数最多的人。

正因为曹操具备常人难有的独特的乐观精神，所以才能在多次失败中重整旗鼓，反败为胜。汉献帝建安二年（197年），曹操率军到宛（今河南南阳）。张绣率众来降，后又反悔。曹操被打败，所乘绝影马被流矢所中，曹操伤及右臂，长子曹昂遇害，勇将典韦阵亡。然而曹操并没有就此溃败，而是退兵设伏。张绣率众追击，中伏失败。曹操在失败时依然设谋用计，反映其耐战、善战，没有被困难所吓倒。

西晋历史学家陈寿评价曹操"运筹演谋，鞭挞宇内"，"可谓非常之人，超世之杰矣"。

曹操割发代首治军有方

我们常说组织领导者要"严以律己",其实就是对自己要求得严格,国有国法,家有家规,组织也有自己的"纪律",个人也有自己的做人准则,这里的准则其实就是对自己的高要求,严格要求自己,做到自我批评和自我检讨,但这对很多人来说都是比较难的。

曹操割发代首

东汉末年,"挟天子以令诸侯"的曹操统一了北方以后,看到中原一带由于多年战乱,人民四处流散,田地荒芜,就采纳部将的建议,下令让军队的士兵和老百姓实行屯田。很快,荒芜的土地种上了庄稼,收获了大批的粮食。有了粮食,老百姓安居乐业了,军队也有了充足的军粮,为进一步统一全国打下了物质基础。看到这一切,大家都很高兴。可是,有些士兵不懂得爱护庄稼,常有人在庄稼地里乱跑,踩坏庄稼。曹操知道后很生气,他下了一道极其严厉的命令:全军将士,一律不得践踏庄稼,违令者斩!从此,部队行军训练十分谨慎,遇有麦场,骑兵下马而行。百姓见状均交口称赞。

将士们都知道曹操一向军令如山,令出必行,令禁必止,决不姑息宽容。所以此令一下,将士们小心谨慎,唯恐犯了军纪。将士们操练、行军经过庄稼地旁边的时候,总是小心翼翼地通过。有时,将士们看到路旁有倒伏的庄稼,还会过去把它扶起来。

有一次,曹操率领士兵们去打仗。那时候正好是小麦快成熟的季节。曹操骑在马上,望着一望无际的金黄色的麦浪,心里十分高兴。

正当曹操骑在马上边走边想问题的时候，突然"扑剌剌"的一声，从路旁的草丛里窜出几只野鸡，从曹操的马头上飞过。曹操的马没有防备，被这突如其来的情况吓惊了，马嘶叫着狂奔起来，跑进了附近的麦子地。等到曹操使劲勒住了惊马，地里的麦子已经被踩倒了一大片。看到眼前的情景，曹操把执法官叫了来，十分认真地对他说："今天，我的马踩坏了麦田，违犯了军纪，请你按照军法给我治罪吧！"

　　听了曹操的话，执法官犯了难。按照曹操制定的军纪，踩坏了庄稼，是要治死罪的。可是，曹操是主帅，军纪也是他制定的，怎么能治他的罪呢？想到这，执法官对曹操说："丞相，按照古制'刑不上大夫'，您是不必领罪的。"

　　"不行！"曹操说，"如果大夫以上的高官都可以不受法令的约束，那法令还有什么用处？何况这糟蹋了庄稼要治死罪的军令是我下的，如果我自己不执行，怎么能让将士们去执行呢？"

　　"这……"执法官迟疑了一下。又说："丞相，您的马是受到惊吓才冲入麦田的，并不是您有意违犯军纪，踩坏庄稼的，这处罚还是免了吧！"

　　"不！这绝对不行！军令就是军令，不能分什么有意无意，如果大家违犯了军纪，都去找一些理由来免于处罚，那军令不就成了一纸空文了吗？军纪人人都得遵守，我怎么能例外呢？"

　　执法官头上冒出了汗，他想了想又说："丞相，您是全军的主帅，如果按军令从事，那谁来指挥打仗呢？再说，朝廷不能没有丞相，老百姓也不能没有您呐！"众将官见执法官这样说，也纷纷上前哀求，请曹操不要处罚自己。

　　曹操见大家求情，沉思了一会儿说："那好吧，我想了想，因为我是主帅，治死罪也不恰当。不过，死罪没有，活罪却不能免，我想就用我的头发来代替我的首级吧！"说完他拔出了宝剑，割下了自己的一把头发，掷在地上，以代斩首，接着又下令传谕三军：统帅战马践踏麦苗，本当斩首，众将不允，遂割发代首，务望全军将士严守军法。

　　接着，曹操手下的将士们都得知了这件事，他们都十分佩服曹操这招玩得高明，但自己不是统帅，不能像曹操一样割发代首，还是自觉遵守纪律，别践踏麦田了。不久，曹操统率这支严格训练，严明军纪的二万精兵，一举击败袁绍十万大军，取得了官渡决战的胜利。

曹操分香欲留美名

东汉末年天下大乱,曹操挟天子以令诸侯,借东汉朝廷的名义平定了中国北方,曹操名为汉室宰相,实比皇帝的权力还大,他在皇帝面前作威作福,皇帝的权力和财富,他均都受用了。但他在临死之前却留下遗嘱,让人把自己收藏的香料分给自己的诸姬妾,又说自己也没留下什么财产,姬妾们以后可以靠做鞋来维持生活。

曹操一直想夺取汉朝的天下,而且在死前已经为儿子曹丕当皇帝做好了准备。可是他在遗嘱中却假惺惺地把自己装扮成一个没任何野心,死后连姬妾的生活都不能维持的贤臣。对于他的这一行为,明代的冯梦龙在《古今谭概·专愚部》中评价说:"人有盗范氏钟者,负之有声,惧人之闻,遽自掩其耳。人皆以为至愚。抑知曹瞒(曹操小名阿瞒)之分香为掩耳乎?彼自谓一世之英雄,熟知乃千古之愚人也。"意思是说,有个人去盗范氏的钟,怕弄出声响来被人发现,他捂上了自己的耳朵,人们都认为这个人实在是愚不可及。但曹操(为自己的诸姬妾分香)的举动不也是掩耳盗钟之举吗?他自称是一世之英雄,但我们若熟知他的为人,就知道他实乃一个千古愚人罢了。"

曹操成长于乱世,攀升于仕途宫廷,又曾率军东征西讨,所以诡计多端而为人又小心翼翼,他的人格有着多方面的分裂色彩,很多事情他要去掩盖,曹操临死时以分香之举,试图在历史上给自己捞点重彩,但人们看得出曹操的鬼把戏,硬是不给他一个美名流传的机会了。反过来说,这更成了他一种藏有贼心的愚蠢举动,故曹操此举可谓劳而无功。

刘备种地迷曹操

东汉末年诸侯割据,刘备得陶谦三让徐州后据有徐州之地,后来被吕布寻机夺取,并为其所逼,只得败归曹操。曹操势力较大,便挥军东征生擒了吕布并将其杀死。刘备就跟从曹操回到许都。

刘备虽然投靠了曹操,但其雄心壮志却依然未减,他知道曹操也不是想重振汉朝的人,不过是个窃国大盗,便想脱身的办法,还暗地里参加了反对曹操的一个组织。

可是，这曹操乃何等人物，识遍天下英雄。他认为刘备乃当时豪杰，虽手下将不过关、张；兵不过三千，却一向"信义著于四海"。一旦羽翼丰满，刘备将是一位非常可怕的对手。

刘备也一样，他素知曹操生性多疑，是当世奸雄。因此时常小心谨慎，掩饰自己的雄心壮志，以防备曹操得知自己的图谋后加害自己。于是他就在自己住处的后院种菜，并亲自浇灌，以为韬晦之计。

刘备

他的结义兄弟关羽、张飞对此非常不理解，问道："兄长！你不留心天下大事，却整天从事这种下人们做的事，这是为什么呢？"刘备微微笑说："现下无事，不如种种地活动下筋骨"。二人也就不再多言了。

有一天，关羽、张飞都不在，刘备自己正在后园浇菜。许褚、张辽带着数十人入园中说："丞相有命，请使君便行。"

刘备惊问道："有什么要紧事吗？"

许褚回答："不知，只教我来相请。"刘备只得随二人去见曹操，心里却忐忑不安。

曹操一见刘备就笑着说："在家做得好大事！"一句话就吓得刘备面如土色。曹操笑执刘备的手，直至后园，说："你学习种菜，也不容易啊！"

刘备方才放心，答道："无事消遣罢了。"

曹操又说："适见枝头梅子青青，不可不赏。又值煮酒正熟，故邀使君小亭一会。"玄德心神方定。二人对坐，开怀畅饮。

饮到酒正酣时，突然天边黑云压城，忽卷忽舒，又有龙卷风从云中直垂下来，有若龙翻腾在其中。曹操说："龙能大能小，能升能隐；大则兴云吐雾，小则隐介藏形；升则飞腾于宇宙之间，隐则潜伏于波涛之内。方今春深，龙乘时变化，犹人得志而纵横四海。龙之为物，可比世之英雄。玄德（刘备的字）游历四方,想必非常了解天下的当世英雄,就请玄德在这小小的酒桌上数一数天下的英雄豪杰怎么样?"

刘备谦让了一下,接着说道:"当今天下的英雄豪杰,据我看来,当数袁术、袁绍、刘表、孙坚、刘璋、张鲁、张绣等人。"

不料曹操却说:"玄德此言差矣!凡是英雄,都必须是胸怀大志,腹有良策,有包藏宇宙之机,吞吐天地之气。"

刘备当然知道这些,但他继续装傻,问道:"除了这些人之外,我实在不知道了。那么谁能当之?"

谁知,曹操竟然指了指刘备,然后又指了下自己,说:"天下英雄,唯使君(刘备曾任使君之职)与操耳!"意思是说天下能称得上英雄的人,不过只有你和我两个人罢了。

刘备闻言心中骤惊,以为曹操知道了自己的一些事,手中所持的筷子不由得掉到了地上。

正巧这时外面猛地打了一声雷,刘备灵机一动,便从容俯下身去拾起筷子,说道:"雷声太大了,以至于掉了筷子。"

曹操却哈哈大笑,说:"大丈夫也怕打雷吗?"

刘备连忙巧妙地回答说:"圣人说遇到疾雷暴风,必定要改变容色,表示对上天的敬畏。那我怎么能不怕呢?"

刘备就这样把自己闻言失态的惊恐轻轻掩饰过去了,曹操却想:一个连打雷都害怕的人,还能做什么大事呢?于是,曹操也就不再怀疑刘备的野心了。

刘备打江山

关于刘备军事才能,历来毁多誉少,就是在三国时代也评论不佳。《三国志·蜀书·先主传》注引《傅子》载曹操的丞相掾赵戬语:刘备"拙于用兵,每战则败"。《三国志·吴书·陆逊传》也载陆逊语:刘备"前后行军,多败少成"。事实果真如此吗?

如果将刘备一生分为两个阶段,便以赤壁之战为界,前期刘备多吃败仗,而在赤壁之战中,孙权和刘备的军队以少胜多,大败曹军,成了刘备军旅生涯转折点,接着便下荆州、取成都、定汉中,建立了蜀汉政权,由于这一系列胜利,是在刘备遇上诸葛亮之后发生的,而刘备又信赖诸葛亮,先后以诸葛亮为军师中郎将、军师将军、丞相,似乎诸葛亮是扭转局势的关键人物。不久,刘备征吴大败,又证明了诸葛亮不赞成伐吴的英明正确。

其实,刘备经历大致与曹操相似,刘备前期失败比曹操稍多,而曹操也有许多大败记录。刘备建蜀,曹操统一北方,这是孙权、袁绍等英雄豪杰所无法企及的。刘备有夷陵之败,曹操有赤壁之败。所以刘备有堪与曹操相匹配的军事才能,难怪曹操很早就称赞刘备:"今天下英雄,唯使君与操耳"(《三国志·蜀书·先主传》)。

在魏、吴势力已稳据北方、东方的情况下,刘备打江山难度大大增加,但刘备仍然坚韧不拔,勇往直前,顺利实现了战略目的,体现出高超的军事指挥才能。

1.决策果断。在刘璋斩杀张松,传文诸将"勿复关通先主"的危急情况下,刘备立即诱杀刘璋部将杨怀、高沛,夺取葭萌关,一路过关夺隘,争取战争主动权。在定都成都时,刘备力排众议,让年轻将军魏延担当镇守汉中的重任,反映刘备决策的果断英明。

2.实战经验丰富。刘备戎马一生,经常身先士卒,亲临一线,参与作战,具有丰富的作战经验,如在博望坡诱敌深入,伏击魏国大将夏侯惇;在定军山附近,刘备夜烧曹军围鹿角,使魏国大将夏侯渊、名将张郃兵力分散,顾此失彼,刘备掌握了战争主动权。

3.善于用人。刘备以善于用人著称。关羽、魏延等六个蜀汉名将均产生于刘备时期,绝非偶然,仍是刘备善于用人所致。庞统献上、中、下取川之计,法正为取得定军山设谋,都为"知人待士"的刘备所采纳,获得成功。蜀汉前期人才济济,与蜀汉后期人才匮乏,形成鲜明对照。

4.笼络人心。刘备在战争中,很得民心,加快了战争进程。由于刘备施行仁义,因而原刘表手下的荆州不少士人归附刘备,江南四郡很快相继投降。刘备在川"厚树恩德,以收众心"(《三国志·蜀书·先主传》),对于动摇刘璋部将抵抗决心,招降刘璋部将起到了积极作用。

在赤壁之战中,诸葛亮一未用谋,二未上战场发挥作用,此战为刘备在战场上直接指挥,配合吴军行动。在取得江南四郡后,"分封拜元勋"(《三国志·蜀书·关羽传》)。以汉寿亭侯关羽,为襄阳太守,荡寇将军;张飞为宜都太守,征虏将军,封新亭侯;而诸葛亮为军师中郎将,没有封侯,职位明显低于关羽、张飞,这说明诸葛亮军功不大。

在进军成都过程中,庞统协助刘备从葭萌关一路打到雒,在雁桥擒杀了蜀中名将张任,功劳卓著。可惜在进攻雒城中,中箭身亡。张飞在江州义释严颜,一路顺风,比诸葛亮、赵云最先到达成都。而在围攻成都中,马超作用突出,"城中震怖"(《三国志·蜀书·马超传》)。刘璋随即投降。

在收取汉中中,张飞大败魏国名将张郃,先声夺人,接着黄忠又在定军山斩杀夏侯渊,对取汉中起决定作用,尔后,刘备又率兵敛众拒险,逼迫曹操退军。此时,诸葛亮并未莅临前方,当然,诸葛亮在成都足食足兵,保障了后勤供应,功不可没。所以,刘备为汉中王时,封关羽为前将军、假节钺(假节,有权杀犯军令者;假钺,总统诸军大权),张飞为右将军、假节,马超为左将军、假节,黄忠为后将军,而诸葛亮为军师将军,职务和荣誉也低于以上诸将。刘备称帝时,关羽、黄忠和法正已经去世,张飞为车骑将军、西乡侯,马超为骠骑将军、斄乡侯,而诸葛亮虽为丞相,地位重要,却未能封侯。诸葛亮到了后主建兴元年,才被封为武乡侯。

刘备虽然与诸葛亮为"鱼水"关系,但在军事上并未重用诸葛亮,在赤壁之战中,刘备独当一面。在平定江南四郡中,刘备重用关羽、张飞。事后,才调诸葛亮督零陵、桂阳、长沙三郡,征调赋税,以资军用。

虽然在荆州,庞统与诸葛亮都为军师中郎将,刘备对庞统"亲待亚于诸葛亮"(《三国志·蜀书·庞统传》),但刘备入川时,是以庞统为第一谋士,黄忠为第一员武将,让诸葛亮协助关羽镇守荆州,明显看出对庞统等人的重视。取得成都后,又重用法正去打汉中,让诸葛亮守在成都。这从刘备征吴失败后,诸葛亮的言语中也得到了证实。"法孝直若在,则能制主上,令不东行;即复东行,必不倾危矣"(《三国志·蜀书·法正传》),反映刘备对谋略出众的法正的重视,也说明诸葛亮自己阻止不了刘备东征,抵不上法正的分量。

真正重用诸葛亮开始于刘备称帝,大的战争已经结束,直到白帝城刘备托孤时,才全权让诸葛亮负责。而此时张飞、马超已经去世。

综上所述,是刘备决策、指挥打下了蜀汉江山,并不是诸葛亮为关键人物,诸葛亮只不过是与庞统、法正和关羽、张飞等一样,在刘备的指挥、安排下发挥作用。

善于激将的孙权

东吴虽偏处江南一隅,却人才辈出,群贤毕至,以死效力,这与孙权善于激将法密切相关。孙权是既得地利,更得人和的三国历史人物。

孙权善于厚待部下。孙权(181~252年),字仲谋,吴郡富春(今浙江富阳)人。据《三国志·吴书·周瑜传》注引《江表传》记载:周瑜很早便称孙权为"知己之主,外托君臣之义,内结骨肉之恩,言行计从,祸福共之"。赤壁之战前夕,孙权抚着周瑜后背说:你与鲁肃、程普在前进发,孤当后续士众,多装军资粮草,作为你的后援,你看能办的事,便可当机立断,如不称心如意,便与孤会合,孤当与曹操决一雌雄。孙权不仅放权给周瑜,而且不计较周瑜胜负得失,反映了孙权的博大胸怀。这样,怎不令周瑜感动和效力?

名将甘宁粗暴好杀,经常违反孙权命令,使孙权很愤怒。吕蒙劝说孙权"天下未定,斗将如宁难得,宜容忍之"。孙权于是厚待甘宁,使甘宁人尽其才。大将潘璋为人粗猛,十分奢侈,所率将士,数不奉法,甚至杀人越货。孙权因为其功劳而不加追问。孙权执政时,没有杀一个将军级别的违法将领,也没有杀一个文化名人。而刘备却杀了副军将军刘封,曹操杀了海内大儒孔融等。陈寿评论孙权厚待江表虎臣:"以潘璋之不修,权能忘过记功,其保据东南,宜哉!"

孙权关心将领的学习和成才。据《三国志·吴书·吕蒙传》注引《江表传》记载,孙权对吕蒙和蒋钦说:你们共同掌管军务,应当开卷有益。吕蒙说:军中事务繁多,无暇顾及读书。孙权说:我岂要你们研究经学为博士呀?当今只要学习往事。"卿言多务,孰若孤?"孙权首先以现身说法,谆谆诱导。孙权少时便遍读《诗经》《尚书》《礼记》《左传》《国语》,执政以来,又学习《战国策》等史书及诸家兵书。其次,勉励二人读书。"如卿二人,意性朗悟,学必得之,宁当不为乎?"宜急读《孙子》《六韬》《左传》《国语》《战国策》《史记》《汉书》等。孙权不仅鼓励其抓紧时间学习,而且还列出书目,诚可谓用心良苦,关怀备至。再次,用历史名人对学习的态度来说明学习的重要性。孔子说:终日不吃,终夜不睡来思考,没有什么益处,不如踏踏实实地读书。光武帝刘秀在战争之际,丝毫没有放松学习;曹操也称自己老而好学。既有孔子理论,又有刘秀、曹操实例,相得益彰,颇具说服力。"蒙始就学,笃志不倦,其所览见,旧儒不胜"。后来,鲁肃赞赏吕蒙"学识英博,非复吴下阿蒙"。吕蒙说:"士别三日,即更刮目相待。"孙权经常赞叹:"人长而进益,如吕蒙、蒋钦,盖不可及也。"吕蒙、蒋钦后来均成为吴国的栋梁之材,尽心尽力辅佐孙权。

孙权长于人文关怀。孙策治吴时,孙权在宣城为数千山贼所包围,被砍中马鞍,手下将士手足无措,只有别部司马周泰奋起激战,冲入包围圈,保护孙权,胆气倍增,激发了孙权手下将士,一同作战,终于击溃了山贼。周泰身中十二处刀伤,好长时间才苏醒过来。当时,如果没有周泰的话,孙权已十分危险。不久,孙权以周泰为宜春长,所在地的征赋为周泰所用,给予周泰比较高的待遇。濡须之战后,孙权对周泰酣战负伤仍铭记在心,以周泰为平虏将军。当时,朱然、徐盛等人不服从其领导。孙权特地到濡须巡营,大宴众将领。孙权行酒至周泰前,让周泰解开衣服,手指创痕,一一询问,周泰也一一回答当时战况。孙权亲抚周泰手臂,涕泪横流,称赞周泰"战如熊虎,不惜驱命,被创数十,肤如刻画。孤亦何心不待卿以骨肉之恩,委卿以兵马之重乎! 卿吴之功臣,孤当与卿同荣辱,等休戚"(《三国志·吴书·周泰传》注引《江表传》)。孙权让周泰穿好衣服,一直欢乐到半夜,"其明日,遣使者授以御盖。于是盛等乃伏"。(《三国志·吴书·周泰传》)。

孙权在合肥逍遥津被魏将张辽所围,部将凌统率领三百人,奋死相救,将孙权救出,又迎战前来追击的魏兵,左右亲兵全部战死,凌统也受伤,杀数十人,估计孙权已脱险,便回营。孙权看见凌统,很是惊喜。凌统有感亲近之人,无一还者,十分悲痛。孙权手拿自己衣襟,为凌统擦泪,安慰凌统:死者已经死去了,就不要悲哀吧! 有你在,就很好。孙权于是以凌统为偏将军,加倍拨给本部兵马。据《三国志·吴书·凌统传》注引《吴书》记载:当时,凌统身负重伤,孙权留凌统于船中,尽换其衣服。并用卓氏良药医治,所以,凌统安然无恙。孙权注重细节,对将士体贴入微,这是刘备、曹操所没有的以情感人的事例。

孙权对去世将领的善后工作十分到位,对于激励在世将领有着奇特效果。首先,孙权经常"素服临吊",参与葬礼,很是悲哀。"权哀之,自临其葬",参与陈武葬礼;孙权参与周瑜葬礼,"权素服举哀,感动左右"。这是曹操与刘备所没有做到的。其次,孙权照顾去世将军遗属。朱桓去世后,孙权赐盐五千斛,以周济丧事。董袭去世后,"权改服临殡,供给甚厚"。对待去世将领的后人,视如己出,悉心照顾。听说凌统去世,扶床起座,悲痛不能控制,一连几天饮食减少,谈及此事便流眼泪,并让张承来做悼念文章。当时凌统两个儿子,凌烈、凌封都还年幼,孙权便将其养育在内宫,爱待与自己儿子相同,每遇宾客接见,均称"此吾虎子也",并让其读书,学习骑马。再次,孙权在多年以后称帝时,对于建立和保卫东吴政权的将军功绩又做了充分肯定。"后权称尊号,谓公卿曰:'孤非周公瑾,不帝矣'"(《三国志·吴书·周瑜传》注引《江表传》);"权称尊号,临坛,顾谓公卿曰:'昔鲁子敬尝道此,可谓明于事势矣'"(《三国志·吴书·鲁肃传》)。

据《三国志》记载,刘备对于法正、庞统、刘封三人之死流过泪,曹操对荀攸、典韦、庞德三人之死流过泪,而孙权对张纮、周瑜、凌统、吕范四人之死流过泪,孙权并对吕蒙等近二十人之死表达了自己的悲哀情感,远比刘备、曹操更具人情味。孙权在陆逊最后阶段,虽对陆逊有所疏远,但后来与其子陆抗攀谈中,乃表示追悔和悲痛。总之,孙权也更具人和。

孙权认为:"能用众力,则无敌于天下矣;能用众智,则无畏于圣人矣。"(《三国志·吴书·吴主传》注引《江表传》)所以,孙权与部下,"虽君臣义存,犹谓骨肉不复是过,荣福喜戚,相与共之。忠不匿情,智无遗计"。部将与孙权"岂得从容而已哉!同船济水,将谁与易"(《三国志·吴书·吴主传》)?正是因为孙权采取多种策略,发挥众将特长,所以,孙权时期,"战少败而江南安"(《三国志·吴书·吴主传》注引《傅子》)。

东晋历史学家孙盛称赞孙权养士,"倾心竭思,以求其死力,泣周泰之夷,殉陈武之妾,请吕蒙之命,育凌统之孤,卑曲苦志,如此之勤也"。西晋历史学家陈寿评论孙权"任才尚计,有勾践之奇,英人之杰矣"。

司马炎徇私误国

高平陵事变后,曹魏的大权完全落入了司马懿、司马师和司马昭父子手中。当时司马懿已年过七旬,久病在身,自知难以久在人世,便把篡魏的希望寄托在诸子身上。他权重于魏帝,非但不必天天朝见魏帝,每有军国大事,魏帝还要亲临他的府中咨询。他不想过早地让人议论自己有篡位的野心,打算让儿子去做代魏称帝的事情。

司马懿共有九子,其中长子司马师最受他赏识。嘉平元年(249 年)发生的高平陵事变,就是司马懿单独与司马师策划的。直至事件发生的前一天晚上,司马懿才告诉次子司马昭。司马昭得知后,心情紧张,一夜没睡好觉,司马师则相反,起居一如往常,镇定自若。而且,他平时即培植了自己的势力,加之他任中护军,统领中央禁军,在事件爆发时,他将禁军及私人武装布置在司马门内外,对司马氏控制局势起了很大作用。因此,司马懿在嘉平三年(251年)去世时,特意指定由司马师辅政,任抚军大将军。

随后的几年中,司马师又以大将军、侍中、都督中外诸军事、录尚书事之职总揽朝政。年岁渐长的魏帝曹芳不堪忍受司马师专权,于正元元年(254年)一月与中书令李丰、张皇后父亲张缉(时任光禄大夫)等大臣密谋,策划让太常夏侯玄代替司马师执政。夏侯玄父亲是魏初功臣夏侯尚,母亲是曹魏皇族之女。他若上台,必然对专权的司马氏不利。由于走漏了风声,司马师捕杀了李丰、张缉及夏侯玄等,并株连三族,又先后废黜了张皇后和魏帝曹芳,另立年仅十四岁的曹髦为帝。

次年,镇东大将军毋丘俭、扬州刺史文钦又在寿春举兵反对司马师,率军六万西进,司马师亲率步骑十余万迎战,将叛军镇压。司马师的眼睛旁原来长了个肉瘤,出征前刚动过手术,在这次讨伐过程中因一度受到敌方冲击,精神过于紧张,以致眼病恶化,暴卒于许昌。

司马师原本无子,其弟司马昭把自己的次子司马攸过继给了他。司马师死时,司马攸年仅十岁,由司马昭继任大将军、都督中外诸军事、录尚书事等职,辅佐朝政。

司马昭自正元二年(255年)继任宰辅至咸熙二年(265年)死去的十一年间,加紧了篡魏的步伐。他先出兵镇压了因不满他专权而在淮南反叛的诸葛诞,继而攻杀了魏帝曹髦,另立十五岁的常道乡公曹奂为帝。并逼曹奂拜自己为相国,封晋公,加九锡,为逼帝"禅让"做准备。景元四年(263年),他又发兵十八万攻灭蜀国,使自己在朝中的地位更加崇重,魏帝亲自下诏承认晋公可以相国身份总管百官。不久,又让他晋爵为王。

司马昭在准备篡位的同时,也开始选择自己的晋王王位继承人。司马炎是他的长子,理应由他继承王位。但被过继给司马师的司马攸才识在司马炎之上,深受司马昭喜爱,而且司马昭因自己以弟弟的身份继承了司马师的职位,所以不止一次地抚摸着晋王座位说:"天下是景王(指司马师)打下来的,我百年之后，这就是桃符的座位！"司马攸小名叫桃符，当时被封为舞阳侯。司马昭每每向人流露出让他继承晋王位的意思。

司马炎虽然才识不如弟弟司马攸，但他把司马昭身边深受信用的大臣全拉到了自己一边，让他们为自己说话。司马昭的心腹裴秀，曾从征诸葛诞，参与谋略策划；魏帝曹髦被杀后，又与司马昭一起议定对策，立常道乡公曹奂；后来又受晋王命改定官制，是司马昭的重要谋臣。司马炎拉拢了裴秀，让他借相面术为自己做宣传，于是裴秀到司马昭面前说："中抚军司马炎名望高，又有一副不像人臣的仪表，非同寻常啊！宜立为世子。"司马昭又问声望很高的山涛，山涛说："司马炎年长，司马攸年幼，废长而立幼，违背礼制。国家的混乱，常常是因为这样的事导致的。"眼见这样多大臣为司马炎说话，司马昭只好改变自己的主意了。

司马炎不仅得到大臣相助，而且也得益于他身边的出谋划策的人。司马师的夫人有个堂弟叫羊琇，从小与司马炎一起长大，两人关系甚密。羊琇工于心计，常为司马炎出主意。他很仔细地分析了司马昭处理政事的主导思想，掌握了其对各种时政的思想倾向，推测出他所关心的问题，然后让司马炎对这些问题详加考虑，提前做好应答司马昭提问的准备，使他在与司马昭谈论时务时，能够对答如流，且显出很有见识的样子。司马昭非常高兴，以为此子真是个了不起的人才，遂于咸熙元年正月正式确定他为世子。

司马昭尚未称帝，他的亲信则已把他当皇帝看待了。三公是百官中等级最高的官，除了皇帝外，他们不必向任何人下拜。而身为三公之一的何曾每次入见相国司马昭，却用觐见皇帝的礼节下拜，表示敬意。司马昭也把自己视同天子，戴上了皇帝专用的垂有十二旒的冠冕，树起了天子的旗帜，仪仗也完全等同于帝王之仪。然而，这个距皇位仅差一步之远的权臣，还没来得及篡位登基，却忽然得病而死，时年五十五岁。

司马昭临终前，怕司马炎容不下司马攸，对他千叮咛万嘱咐，让他善待司马攸，司马炎慨然应允。

司马炎篡魏称帝、建立晋朝后，封司马攸为齐王，对他还算尊崇，让他掌握部分军权，参与议定国家大事，官职由卫将军迁骠骑将军，又转镇军大将军，后由武官转为文官，任太子太傅、司空等职。但到了武帝晚年，情况却发生了很大变化。

武帝共有二十六子,司马衷被册立为太子。然而,司马衷智力低下,自己的日常生活都不能料理,将来继承皇位、治理国家就更成问题了。朝中许多大臣对此忧心忡忡,屡劝武帝另择贤明。武帝一度产生了动摇,曾与皇后杨艳商量是否另选太子,杨皇后坚决不同意,说:"依照礼制,选择太子的标准是,看他是不是嫡长子,而不必考虑他是否贤明。这一规定绝对不可破坏。"武帝自此不再提废黜太子之事,也不愿听别人议论太子不聪明,千方百计为太子树立威严。

与有争议的司马衷相反,齐王司马攸则名望甚高。他自幼博览群书,善于写文章,时人非常赞赏他的才思。加之他承嗣司马师,本来就几乎继司马昭之后执掌朝政,因没竞争过司马炎而屈居郡王之位。他如果继武帝之后即皇位,不仅名正言顺,而且他的突出的才干与司马衷的愚蠢形成了鲜明对照,凡是真心为朝廷未来的振兴着想的人,无不对他推崇备至,期待着他来取代司马衷的位置。太尉贾充是个很惯于见风使舵的人。他原来追随司马昭,在篡魏的阴谋中起过较大作用,所以司马昭临终前,特意对司马炎说:"知你者莫过于贾充,你一定要重用他。"司马炎建立晋朝后,贾充果然成为他身边的重臣。为了加强自己的权势,贾充极尽谄媚取容之能事,想方设法迎合司马炎的旨意,还把女儿贾荃嫁给当时官职甚高、参预朝政的齐王司马攸,使自己成了朝中举足轻重的人物。侍中任恺、中书令庚纯等人比较刚直,他们看不惯贾充在朝中搬弄权势,便趁关中鲜卑人叛乱不息的时候,向武帝进言,让贾充离京赴关中、任都督秦凉二州诸军事,平息叛乱。武帝正为关中不安定而忧虑,正在考虑出镇关中的人选,经任恺等人一说,立即表示赞同。

贾充为自己被忽然调离朝廷,不能再在朝中弄权而沮丧。在将要启程之际,他的僚属皆来到城外的夕阳亭为他饯行,中书监荀勖也在其中。荀勖是个颇有文采而人品较差的人,他与左卫将军冯䌹长期巴结贾充,逢迎武帝所好,颇受武帝信任。贾充一旦离京,荀勖和冯䌹会感到势力太单薄,很难继续专权。因此,荀勖在为贾充饯行的宴席间,悄悄对贾充说:"贾公身为国家宰辅,却被一两个小人物给算计了,真是莫大的耻辱。现在要推辞诏命不去关中是困难的,如果能将女儿嫁给皇太子,那么,留在京师就不成问题了。"贾充大喜,赶紧派人贿赂皇后杨艳,让她劝武帝为太子纳贾充女贾南风为妃,还让太尉、太傅荀颛为此事帮忙。这样,贾充得以借此机会留京。

对贾充来说,晋武帝死后,无论继皇位的是司马衷还是司马攸,都不会影响他已有的权势，因为这二人都是他的女婿。然而，由于武帝希望群臣支持册立自己的亲生儿子司马衷，而不是弟弟司马攸，这使得贾充不能不表明自己支持司马衷的态度。齐王司马攸的妃子贾荃是贾充的前妻李氏所生，因为李氏的父亲是司马氏的"罪人"，贾充想趁此向人表现一下他对"罪人"家属的冷酷。在郭槐之女贾南风成为司马衷之妃而武帝又坚决要让司马衷继承皇位之后，贾充更不顾齐王妃贾荃的再三请求了。为此，贾荃忧愤而死。

中书令和峤刚直不阿，素有"森森如千丈松，有栋梁之用"的美誉。他从不掩饰自己的看法。武帝常想听到像贾充、荀颛等人夸赞太子聪明之类的话，而和峤见过太子后，总是说："皇太子圣质如初！"每次言及国家大事，和峤都要大谈对嗣君的忧虑，以致武帝后来不再与他商议自己驾崩之后的事情。

与和峤、任恺交往甚深的张华，也对贾充、荀勖、冯紞等人看不顺眼，时常在武帝面前否定、驳斥他们的一些建议，最显著的例子就是议论是否尽快伐吴这件事。武帝有心伐吴，在与大将羊祜商量后，向朝中征询意见。以贾充、荀勖等人为首的许多大臣反对马上出兵，而张华力排众议，坚持支持出兵，被武帝任命为度支尚书，筹划各种伐吴事宜。众军进攻之初，尚无捷报传至洛阳，贾充即认定晋军必不能胜，在朝中制造张华误国的声势。直至晋军攻下吴都、孙皓投降，贾充等人才面有愧色，哑口无言。但他们仍视张华为眼中钉，嫌他在朝中碍事，一直在寻找机会让他出镇外地。

朝中许多大臣在议论谁当太子合适的问题。武帝希望主要大臣中有更多的人支持他选定司马衷，曾问张华："在我身后谁继承皇位合适？"而张华坚持自己的立场，不苟合取容，他说："要论既有德才，又是亲骨肉，我认为齐王司马攸最合适。"武帝听了很不高兴，贾充等人趁机进谗言，排斥张华，武帝遂在太康三年(282年)正月改任张华为都督幽州诸军事，离京前往幽州。

齐王司马攸向来厌恶荀勖、冯紞等人的奸佞行径，荀勖、冯紞也知道如果司马攸将来登基，将对他们不利。因此，他们在扬太子、抑齐王的过程中，为达到个人的目的而不择手段。武帝相信了这两个人的劝说，于太康三年下了一道诏令，命齐王为都督青州诸军事，返回他的封国。诏令一下，引起朝中许多大臣的反对。王浑在疏奏中直言不讳地指出："陛下让齐王回封国，带个都督青州的虚号，没有镇守一方的军队可指挥，远离朝廷，不再参政，未免太不重兄弟手足之情了，有违文帝(指司马昭)临终前对陛下的嘱托。"武帝最怕别人说他不重兄弟之情,碍于面子,他不便对老臣王浑发作,而年轻一些的人进行劝阻,就难免使他发怒了。

皇后杨艳的叔父杨珧与荀勖来往密切。太康三年(282年),太尉贾充死后,荀勖推荐杨珧为太子太傅,辅佐东宫,使他们的小帮派不因贾充死去而势力削弱。杨珧在排斥齐王攸的过程中非常卖力,中护军羊琇图与北军中侯成粲一向为齐王所信用。他们恨杨珧与荀勖等结成帮派,曾密谋用刀捅死他。杨珧得知这一消息后,吓得不敢迈出家门,便派人告发羊琇谋刺杀大臣,为齐王攸出力。羊琇自幼与武帝一起长大,曾为武帝即位发挥过很大作用,平时深受武帝信任,但他在齐王的问题上栽了个跟头。武帝得到杨珧的告状后,不顾多年的情谊,将他降职为太仆。

齐王将行,武帝命掌管礼仪的太常议定将赐给的物品。而太常中的博士没有议论应赐之物,却上了一封劝留齐王的奏章,极言齐王有如此之才,与武帝有如此之亲,不应远出海隅。武帝见疏大怒,遂免去太常郑默和国子祭酒曹志的官职,以示惩处。

武帝的态度如此坚决,以致百官中再没有人敢公开站出来反对逼齐王离京了。齐王攸知道武帝完全听信了荀勖、冯𬘓的谗言,心中愤恨不已,不久便病倒了。武帝派御医前去诊治,而御医迎合武帝的意愿,故意说齐王没病。齐王病情越来越重,武帝却不停地催他启程。齐王没办法,只好强打起精神入朝向武帝辞行,武帝见齐王的举止仍保持平时的样子,更确信他是没病装病。直到他两天后躺在病榻上吐血而死,武帝才吃了一惊。

齐王死后,其子司马冏愤愤不平,但又不敢指责武帝,便把愤恨发泄在御医身上,称御医误诊其父的病。武帝随即下令将御医斩首,让他们成为替罪羊,以示齐王之死与己无关。

齐王一死,太子司马衷的地位就牢不可动摇了,没人敢再说废立太子之事。而晋王朝由盛而衰的悲剧正发源于此。

姚苌宠爱子不顾江山

后秦,是姚苌(羌族)于公元384年,在今陕西、甘肃、宁夏、山西的一部分创建的一个国家。他于公元386年称帝,死于393年,传位给他儿子姚兴。姚兴在位二十二年（394~416 年），是个颇有作为的君主。他积放自卖为奴婢的平民，注意农业；提倡佛教和儒学，邀请龟兹僧鸠摩罗什翻译佛经，兴学校，生德达一万好几千人。势力进一步扩展到今河南一带。

可惜，他也没有处理好"交接班"的问题。他死后仅一年，他雄心勃勃费尽心机创建的国家就被刘裕灭亡了。而他儿子互相残杀的某些祸根，应该说是他亲自栽下的。

晋安帝元兴元年（402 年），秦王兴立子泓为太子。

泓这个人倒不坏，是个很善良、厚道、宽和而且喜好文学文艺的一个人。但体弱多病，就因为这一点，姚兴曾几次狐疑不决，考虑不立他为太子。犹豫再三，还是下决心立了他。

与此同时，他封了他的儿子懿、弼、洸、谌、愔、璞、质、逞、裕、国，皆为公，一共十一个公。

晋义熙三年（407 年），兴让太子泓录尚书事，是想培养锻炼他的从政能力。

对于这十二个孩子，除太子外，最为兴所喜爱的，要属广平公弼了。他喜欢弼，当然瞒不过一些喜欢察言观色寻求机遇以求飞黄腾达的人的眼睛。姜纪就是这样一个人。他看出秦王兴有宠于弼，就极力巴结弼。得到弼的好感与信任后，他就给弼出主意，劝弼交结姚兴周围的亲信大臣，要求入朝。这一招见效后，姚兴就不断听到身边人的建议，要求调弼回京。姚兴便任命弼为尚书令、侍中、大将军，调回京城。弼趁此机会，就全力结交拉拢朝廷中的官员，收罗有名的人士，然后造舆论丑化、削弱、孤立东宫太子。但他搞的这一套，自以为很聪明，其实朝野中的广大人士看得还是很清楚的，这就引起广泛的不满与反感。

正好这个时期（义熙七年，411 年），西北边境连续发生叛乱。陇东太守郭播借此机会，建议姚兴派姚弼去镇压。实是调虎离山，维护太子。姚兴没听从这个建议。

左将军姚文宗，很为太子所信赖。姚弼知道了，就很仇视文宗。他跑到姚兴面前，凭空捏造说文宗对皇帝有怨言。姚兴一听就火了，也不调查核实，便把文宗杀了。

显然，姚兴年纪大了，身体不好，加上对姚弼有偏爱，已失去正确判断问题的能力。

杀了文宗以后，群臣知道是怎么回事，所以都对姚弼侧目而视，不敢惹他，但也不接近他,知道他还会闹大乱子,如掌管机要等,都甜言蜜语地说服姚兴,换上他所亲信的人。姚兴在这样的重大问题上,再次丧失警惕,助长了内乱危险。

右仆射梁喜、侍中任谦、京兆尹尹昭,找了个机会对姚兴说:"父子之间的事情,别人是不好说什么的。然君臣之议,也并不薄于父子。因此,臣等不敢保持沉默。广平公弼,是有夺太子之位的企图的。这一点大家都看得很清楚。陛下对他宠得太过,给他这么大的权力,让他在陛下周围用了这么多倾险无赖之徒。"姚兴说:"哪会有这样的事呢?"喜等说:"如真的没有,好吗,陛下这样宠爱弼,正是害了他。愿陛下去掉他身边那些不正派的人,减少他的权力,这不仅可以使弼平安无事,也可以使宗庙、社稷得以稳定。"这些意见是很重要很中肯的。姚兴听了之后,却不表态。

大司农窦温,司德左长史王弼,趁此机会秘密上书劝兴废泓立弼。这本是动摇国家根本,大逆不道的行为。姚兴看了这一密报,虽没同意,但也没责备提这种意见的人。这自然就使看风向投大机的人,进一步受到鼓励纵容,加强了内部的分裂趋势。

姚兴的病情突然加剧。姚弼见时机来了,聚众数千人,准备作乱。姚裕就派人把姚弼要谋反的信息,告诉在各藩镇的九个弟兄。于是,姚懿就在薄阪动员军队,姚洸就在洛阳调集军马,姚湛所部在雍集结,都准备出兵长安讨伐姚弼。住了几天,姚兴的病又有好转,出来会见群臣。征虏将军刘羌,因一场内部相残的大战差一点爆发,哭着把危机事实告诉了姚兴。梁喜、尹昭请求兴杀弼,且说:"即使陛下不忍心杀他,也应夺掉他手中的权力。"兴不得已,下令免了弼的尚书令职,只让他挂个将军、公的空头衔,回家待着。懿等听到这一情况,纷纷宣布罢兵,兴还没死,已乱象丛生了。

懿、洸、湛、宣这四个儿子都来到京都,通过在姚兴身边的小儿子姚裕,要求面见姚兴。兴说:"你们不就是要告弼的状吗?我已经知道了。"不想接见。裕说:"弼如有可告的,陛下听听为好。如果懿等说的不对,该治什么罪就治什么罪。为什么要拒绝他们呢?"姚兴这才答应见他们。姚宣哭着揭露了弼的种种罪行。姚兴说:"对于这些问题,我会处理的,你们不要担心。"抚军东曹属娄虬上书说:"今圣朝之乱,起于爱子,虽然可以为之掩蔽,而他下边那些存心不良的党羽,还是会不停地煽动诱惑他的。弼的作乱之心,是不可能去掉的。应拆散他所有凶徒,断绝祸根。"兴把虬的奏章给梁喜看,问梁怎么看?梁说虬说得对,陛下应早下决心。姚兴默默地把奏章放下,又不表态。

大局已势如累卵,因是他心爱的儿子,他却置天下安危于危地而不肯断然处置。

他不采取措施,弼却采取了行动。他先向姚兴诬告姚宣图谋不轨。恰好这时姚宣的司马权丕不进京来,姚兴指责丕没有好好辅导姚宣,把他抓起来,要杀他。权丕这个人很狡猾诡诈。为求自己的命,他就造谣说姚宣确实有罪恶。姚兴大怒,派人去杏城把姚宣抓起来下到狱中,命弼率三万人镇秦州。有人劝兴慎重行事,兴不听。这是义熙十一年(415年)三月的事。

秋天九月,姚兴病重。弼一听说父王不行了,便自称有病不上朝了,在家里集结部队。姚兴很火,心想,果然你想造反,便把弼党唐盛、孙玄等杀了。太子泓请求说:"这都是我不好,不能团结兄弟,以致弄成这个样子,都是我的罪。如果我死了,国家能安定,就请赐我死。若陛下不忍心杀我,请免掉我的太子,让我去守一个边地吧!"姚兴一听,不由觉得泓很可怜。便把姚赞、孙喜、尹昭、敛曼嵬叫来商量把弼关了起来,要杀掉他,并彻底清理其党羽。太子泓却哭着一再求赦免弼及其一伙。泓仍待弼和过去一样好。

十二年(416年)春,姚兴去华阴,命太子泓监国,居西宫。兴病又转重,要回长安。黄门侍郎阴谋在泓出来迎接兴时,杀掉他。太子泓没出来。尚书姚沙弥给尹冲出主意,把姚兴弄到广平公弼家,使太子孤立起来,再杀太子。冲没接受这个意见。等兴回到宫内,布置好内外警卫,没收了弼的武器装备之后,兴妹南长安公主去看兴,叫了一声,兴没答应,她以为兴死了,便告诉她的两个儿子,联合尹冲发动政变。两个儿子便率领他们的军士攻打端门。宫内立即展开一场激战,叛方烧了端门。姚兴强打精神来到前殿,宣布赐弼死。禁兵一见兴还活着,高兴得跳了起来,很快就把叛军打垮了。姚兴布置了辅政大臣,第二天就死了。泓登上皇位。

这时,南方的东晋国,知道了后秦内部一再发生的动乱,便由刘裕率领大军出发北上西征。九月至彭城,十月到达洛阳,攻克洛阳。就在这种危急形势面前,姚懿又起野心,要偷袭长安,杀绍废泓。部下劝他,告诉他与母弟安危休戚,不能这么干。他很火,把提意见的人杀了。绍出兵平定了称帝的懿。十三年(417年),恢又起来造反杀向长安。被绍、赞前后夹击杀死。夏王勃听说刘裕伐秦说："姚泓非裕敌也。且其兄弟内叛，安能拒人？裕取关中必矣！"事实果然如此！

永初三年(422年)三月，刘裕重病。几位朝廷重臣，长沙王刘道怜、司空徐羡之、尚书仆射傅亮、领军将谢晦、护军将军檀道及太子刘义符等都在刘裕身边伺候。

一天，谢晦私下对刘裕说："陛下年事已高，应该考虑如何使国家大业万世长存，皇位至关重要，不能交给没有才能的人。"刘裕心里明白，谢晦所说的没有才能的人是太子刘义符。刘义符，是刘裕的长子。其时刘裕已年过不惑，他非常喜欢刘义符。刘裕称帝后，立他为太子，成为皇位的当然继承人。但刘义符自幼不喜欢读书，喜欢骑马射箭，颇有勇力。他整天与一帮奸佞小人混在一起，与他们游戏玩乐。许多大臣对刘义符不满，对他将来继位表示担忧。那么，改谁继位好呢？刘裕心里没有主意。于是说："庐陵王怎么样？"谢晦说："臣请求去观察一下。"刘裕点头同意。

庐陵王即刘裕的次子刘义真，他很有才气，但性情轻浮。谢晦前去拜访刘义真，刘义真见谢晦来访，很兴奋，盛情款待，并想与他长谈。而谢晦却对他尚空谈不感兴趣。支吾了几句就告辞了。回宫后，谢晦对刘裕说："义真的德行低于才能，不可为人主。"立刘义真为皇太子的事被搁置起来。

五月，刘裕病危，他把太子刘义符召到床前，告诫他说："檀道济虽有干略而无远志，不像他哥哥檀道韶有一股难以驾驭的气质。徐羡之、傅亮没有其他企图。谢晦多次随我征伐，颇识机变，日后若有变化，一定是他。"说罢，刘裕又写下亲笔诏书："后世若有幼主，朝中政事一根委任给丞相，皇太后不准临朝。"刘裕命令徐羡之、傅亮、谢晦、檀道济等人为顾命大臣，辅佐幼主。五月二十一日(癸亥)刘裕去世，终年六十岁。十七岁的皇太子刘义符即皇帝位，是为宋少帝。

刘义符即位之初，理应为父亲守灵尽哀。但是，他却不在灵堂，整日在后花园与随从练武习阵。只听花园内喊卢震天，鼓声隆隆，大臣们都非常不满。臣范泰上书劝谏道："陛下在后花园习练武功，鼓声远传至宫外，在深宫深院这样打闹砍杀，实在不妥。这样做，不但不能威服四夷，还使远近人感到荒唐不堪。陛下只与小人亲近，恐怕这不是治理国家的好办法。"刘义符不听范泰的劝告，而且变本加厉，更加放任自己了。

有一天,他突发兴致,命人在花园中开了一排商店,他和随从们装扮成商人和市民模样,买入卖出,讨价还价;又跟左右亲信划船取乐。傍晚,刘义符又与随从去天池游玩;晚上也不回宫,就睡在龙舟上。后来,刘义符高兴起来,就搞这种做买卖的游戏。还有一次,刘义符见运河中有埭(小坝),过往船只有困难,用牛牵引行驶。他觉得有意思,便让民工在宫后花园中模仿破岗埭,等到埭建成后,刘义符和左右随从拉着船又喊又唱,非常热闹。

对刘义符这些举动,顾命大臣徐羡之、傅亮、谢晦都非常失望,他们认为刘义符太不称职了。决定废掉刘义符,另立新帝。立谁为帝呢?按照顺序,应立刘裕的次子刘义真。而这几位顾命大臣对刘义真都不感兴趣,刘义真爱好文学,与著名诗人谢灵运、颜延之及慧琳道人等情投意合,关系密切。当时,谢灵运任太子左卫率,颜延之任员外常侍。刘义真曾经说:"有朝一日我当上皇帝,就任命谢灵运、颜延之为宰相,慧琳为豫州都督。"谢灵运是谢玄之孙,虽才华横溢却性情傲慢偏激,不遵守法令及世俗的约束。朝廷认为谢灵运有文才不遇而愤愤不平。颜延之也是孤高自傲,喜爱饮酒,放荡不羁。徐羡之等辅政大臣对刘义真与谢灵运、颜延之交往十分厌恶。刘义真的部下范晏也曾婉言规劝刘义真,刘义真不以为然地说:"谢灵运思想空疏,不切实际,颜延之心胸狭窄,见识浅薄,这正如魏文帝曹丕所说的'古今文人,多不拘小节呀!'我们几个性情相投,不能在我得意的时候忘记他们。"依然与他们密切来往。这样一来,徐羡之等人对谢灵运、颜延之更加反感了。他们认为谢、颜拨弄是非,离间亲王与朝廷的关系,于是贬谢灵运为永嘉太守,颜延之为始安太守。

刘义真对朝廷不满。他当时历阳任南豫州刺史等职,不断向朝廷索要供应。掌权的朝臣每次都裁减,故意刁难他。刘义真愤懑不平,常发牢骚。他还上书要求回京师建康。徐羡之等人便乘机向刘义符说刘义真的坏话,建议下诏将刘义真贬为庶人。刘义符不知其中的内幕,再加上兄弟二人平时就不和,便同意了。

前吉阳县(今江西吉水东)令张约之同意将刘义真贬为庶人,上疏说:"庐陵王(刘义真)从小就得到先帝优厚的待遇,长大后又与陛下和睦友爱。他也许有违背为臣之道的行为,但他天资聪颖,才华过人,应该对他宽容,发挥他的长处,原谅他的缺点。现在突然剥夺了他的爵位,贬为庶人,不仅伤害了陛下的手足之情,还使大臣惶恐不安。大宋王朝刚刚建立,宗至枝叶未繁,互相之间,应和睦友好,以保证国家稳固。人谁能无过?贵在自新。刘义真是先帝的爱子,陛下的弟弟,怎么可以因为他一时过失,就舍弃放逐!"张约之的话合情合理,但刘义符不但没听,反而将他杀害。

刘义真被废为庶人后,徐羡之等人加紧了废帝的行动。南兖州刺史檀道济是刘裕时的大将,握有重兵,在朝廷内外很有威望。景平二年(424年)四月,徐羡之将他及江州刺史王弘召入京师建康,把废立皇帝的计划告诉了他们,他们均表示同意,并留在建康参与谋划。刘义符对徐羡之等人的活动全然不知,每天依旧玩乐游戏,无忧无虑。

五月,徐羡之、谢晦决定动手。谢晦先借口领军府房屋破败,将家人全部迁到别的地方居住。而在府内聚集了军队,又派中书舍人刑安泰和潘盛在宫内为内应,时刻准备动手。起事的前一天晚上,谢晦请檀道济同住一室,谢晦十分紧张,思前想后,不能合眼,檀道济却倒下便睡。谢晦十分佩服檀道济处事不乱的大将风度。

五月二十五日(乙酉)清晨,檀道济、谢晦领兵在前,徐羡之紧随其后,从云龙门直接入宫。因为邢安泰已提前说服了禁卫军,所以一路上没有人阻拦。檀道济、谢晦等人一直进入天渊池。这天,刘义符玩乐后,没有回宫,在天渊池的龙舟上就寝。檀道济、徐羡之指挥士兵冲上龙舟,这时刘义符还没有起床。士兵们先将刘义符身边的两名侍从杀死,刘义符被惊醒,未来得及反抗,手指就被砍伤。几名士兵上前将他推出东阁,收缴了皇帝的玉玺。刘义符被送至故居太子宫。接着,刘义符接到徐羡之等人以皇太后名义下达的命令:他被废为营阳王。另由他的弟弟宜都王刘义隆即皇帝位。刘义符被送至吴郡,软禁在金昌亭。

六月二十四日(癸丑),徐羡之等人派邢安泰前去刺杀刘义符。刘义符平时习武,身强力壮,他奋力反抗,逃出昌门,士兵们从后面赶上,用门闩将他活活打死。为了免除后患,徐羡之又派人将刘义真杀死。

刘义符被杀后,徐羡之等人决定迎立刘义隆为帝。

景平二年七月,尚书令傅亮率领百官,备齐法驾,前往江陵(今属湖北)迎接刘义隆回京。徐羡之认为荆州地理位置十分重要,担心刘义隆回京时,任命别人为荆州刺史,便以录尚书事的名义,任命谢晦代理都督荆、湘七州诸军事,兼荆州刺史,使谢晦成为在外地支持他的力量。

这刘义隆已接到傅亮来江陵接他回京继承皇位的报告,也得到了刘义符、刘义真被杀的消息。他非常惊恐。左右诸将也认为,徐羡之等人擅自废立,心不可测,轻率东下,凶多吉少。司马王华的看法与众不同。他说:"先帝有大功于天下,四海威服。虽嗣主违法犯纪,但刘氏仍为人心所向。再说,徐羡之为中才寒士,傅亮也不过是布衣书生。他们并没有晋皇帝司马懿、王敦那样的野心。他们接受托孤重任,享有崇高地位,一时不会背叛。另外,徐羡之等人地位相同,谁肯服谁? 即使他们当中有人图谋不轨,企图背叛,也势必不成。他们不过想牢牢掌握大权,巩固地位,使年轻的君主仰视他们而已! 殿下只管长驱六辔,入宫即位称帝,以符天人之心。"长史王昙首、南蛮校尉到彦之都劝刘义隆动身东行。王昙首又陈述天人符应,说明刘义符称帝乃是天意。刘义隆经过反复考虑,终于下决心回京师建康。他说:"徐羡之等人受先帝遗命,不至于背义忘恩。而且功臣旧将,布满朝廷内外,现有的兵力足以制服叛乱,我决定东行了!"他命令王华留守荆州,至彦之镇守襄阳。

这时,傅亮等人到达江陵。先在城南立起一座象征性的宫门城门——"大司马门",然后率百官前往,向刘义隆呈上皇帝的印玺及各种器物。刘义隆发布文告说:"我以微薄的才德,接受大任,实在不安! 现在暂且回到京师,哀祭祖先陵墓,并与朝中大臣共议国事,希望诸位大臣体谅我的用心!"

七月十五日(甲戌),刘义隆从江陵出发。临行时他接见了前来奉迎的傅亮。一见傅亮,便失声痛哭,左右众人见状,也一起落泪。过了一会儿,他向傅亮问起刘义符、刘义真被废、被杀的经过,又不禁悲泣呜咽。两侧侍者不敢抬头,傅亮被问得汗流浃背,张口结舌。

刘义隆上路后,为防不测,以原府州将士自卫,朝廷所派百官士兵一律不得接近。他的心腹、中军参军朱容子,手持佩刀,日夜守卫在刘义隆所乘船的舱门外,一路上,衣带不解直到建康。

八月,刘义隆到达说师,群臣拜迎于新亭(今江苏南京南)。徐羡之傅亮见面,问道:"宜都王可与谁相比?"傅亮回答:"是晋文帝、景帝以上之人。"徐羡之听了,说:"既然如此,他一定能明白我们的一片忠心。"傅亮苦笑着摆摆头说:"不然。"似有难言之隐。

八月初九(丁酉),刘义隆拜谒了父亲刘裕陵墓后,正式登基继承了皇位。大赦在下,改年号为元喜,是为宋文帝。

　　檀道济,高平金乡(今山东金乡)人,世居京口(今江苏镇江),是刘宋王朝的一位名将。

　　公元416年,东晋派刘裕北伐后秦,檀道济为先锋,兵锋所指,秦军莫不望风而降。克洛阳,俘秦军四千人。有人主张把俘虏全部坑杀以为"京观",檀道济以远大的军事眼光分析了当时的战争形势,却把俘虏全部释放了。这一行动动摇了秦军军心,来降者络绎不绝。之后,檀道济顺利地克平长安。

　　公元426年,宋文帝西讨领军谢晦,战前问策于檀道济。他说:"我曾和谢晦一同北伐,入关制定的十条计策,有九条是谢晦提出的。智谋才略,我难以和他匹敌。但他从未独立带兵作虞,领兵布阵不是他的长处。我了解他的才智,他了解我的勇猛。现在我奉王命去讨他,需列阵便能擒住他。"果然,谢晦不战自溃,被生俘后押到都城处斩。檀道济因功封征南大将军、开府仪同三司、江州刺史。

　　公元431年,檀道济率军征讨北魏,与魏军大将叔孙建对阵三十多次,无一失败。后来,在北魏强敌的前后夹击下,檀道济军粮断绝,士卒忧惧。在这种危急形势下,檀道济不慌不忙,胸有成竹。他令士兵深夜唱筹量沙以充军粮,欺骗魏军。最后便服小车,从容地从魏军面前撤回全军。

　　由于他善于用兵,有勇有智,身经百战,功勋卓著,被誉为屏障刘宋王朝安全的"万里长城"。

　　然而不久,这位威名显赫的将领却由于立功前朝、名重朝廷而陷入了宗室和朝臣精心设计的一个政治陷阱中。

　　公元435年的秋天,正在江州刺史任上的檀道济突然接到皇帝的诏书。在诏书中,宋文帝以至高无上的语气和威严峻急的词令命他立即返回都城建康,入官议事。面对这突如其来的诏书,檀道济的妻子向氏忧心忡忡。她焦虑不安地提醒檀道济说:"你功名显赫,早已成为小人嫉妒诽谤的对象,现在皇上突然无事见召,恐怕凶多吉少。"檀道济虽久经沙场,经验丰富,但毕竟是一介武夫,不懂政治权诈,他并不知道有一块巨大的政治乌云笼罩在他的头上。因此,他安慰妻子:"皇上突然见召肯定发生了紧急边患。"在告别了家人之后,他立即启程来到了都城建康。

　　他没有想到,这时的建康,已成为权力角逐漩涡的中心。宋文帝病重,生命垂危,早已无力过问军国政务,最高权力出现了暂时的真空。诸王觊觎皇位,朝臣欲窃权柄。对权力富贵的共同嗜求，使他们结成了一个个错综复杂的政治集团。为了谋取最高权力，主宰宋文帝以后的政治格局，这些集团明争暗斗，互相倾轧，不择手段地互相攻讦、诬告、罗织、咬噬。在这种自残自毁的内耗之中，以宋文帝的弟弟彭城王刘义康和领军刘湛结成的集团逐渐占据了优势。

刘义康想当皇帝，取宋文帝而代之。刘湛想独揽朝政，成为皇帝奴才的班首。权力的齿轮使他们紧密咬合在一起，联起手来对付异己，清除夺权道路上的障碍。而檀道济，正是他们必欲除之而后快的最大障碍。檀道济手握重兵，威震朝廷。他的儿子檀植、檀粲、檀松、檀混等都是朝廷重臣，才能出众。檀氏一家在刘宋王朝中举足轻重，檀道济更是左右刘宋王朝政局的关键人物。檀道济的地位、身份、影响，使刘义康和刘湛不敢等闲视之。在对最高权力的追逐中，檀道济成了他们不可逾越的障碍。要么取得他的首肯、支持，要么便除掉他，除此之外别无选择。事实上，在宋文帝病重期间，作为宗室诸王之一的刘义康便开始降低身份，有目的结交檀道济。他不断地放出试探气球，以高官厚禄为诱饵，企图把檀道济纳入自己的势力范围。但檀道济或装聋作哑，或顾左右而言他，丝毫不为所动。在这种情况下，刘义康和刘湛担心，一旦文帝死去，檀道济便不可控制。要想登上权力的巅峰，只有在宋文帝死前除掉檀道济。但在当时的情况下，除掉檀道济并不是刘义康和刘湛的力量所能办到的。檀道济威名重，心腹多，处理不当反而会导致政局动荡和社会混乱，甚至还会把自己也牵连进去。但另一方面，檀道济本身也有弱点，他虽能征善战，运筹帷幄，却不大懂政治，不谙政治权诈。因此，刘义康和刘湛认为，假宋文帝之手堂而皇之地除掉檀道济，既能达到目的，又不牵连自己，是一个最稳妥的办法。

经过密谋策划，刘义康和刘湛开始行动起来。他们利用宋文帝病中猜忌、多疑的心理，不断地捏造谣言，密告檀道济企图谋反。为了使宋文帝深信不疑，刘义康不惜用司马懿篡位的故事来影射檀道济。刘湛也五番五次别有用心地在朝中扬言："安知檀道济非马中仲达也。"刘义康和刘湛配合默契，鼓动如簧之舌，不断地渲染檀道济要谋反的严重性。宋文帝终于为其谣言所动，于是便发出了那道令檀道济速回建康入宫议事的诏书。

檀道济入宫叩见了躺在病榻的宋文帝，宋文帝一改过去对他亲切、信任的精神，变得非常冷淡、疏远，眉宇中透露着明显的不信任和猜忌。急急被召入宫，但既无边患也无政事，檀道济感到不得要领。最后，他只得辞别了皇帝，快快出宫。

因是奉皇帝诏命进京，所以，即使无事可议，没有皇帝的命令，檀道济也不敢擅自回江州。他只得在建康住下来，等候皇帝的诏令，定时进宫叩见问安。但每次召见，皇帝只泛泛地说几句不着边际的话，并不给他任何指示。因此，每召见一次，檀道济就觉得皇帝和自己疏远了一层，而自己的担心和紧张也就增加了一层。皇帝的心，就像那缥缈不定深不可测的宇宙，变幻无常。檀道济越来越感到自己无所适从。他不知道，这时他已被罩进一张网里，撒网的人是皇帝，而拉网的人则是躲在皇帝背后阴影里的刘义康和刘湛。

从公元435年冬到公元436年春天，怀着忐忑不安的心情，檀道济举措无定地在建康住了好几个月。在这期间，宋文帝的病竟逐渐好转起来。虽然刘义康和刘湛担心夜长梦多，不断地罗织罪名，在皇帝耳边吹风，无奈宋文帝并不急于马上治檀道济的罪。他还在不断地观察檀道济。在一次召见中。檀道济试探着表示，皇上圣体已安，自己想回江州料理一下搁置已久的军务。出乎他的意料之外，宋文帝竟马上批准了他的请求。

公元436年暮春的一天，檀道济辞别了宋文帝返回江州。正当他在江边登船解缆欲行的时候，皇上的使者突然急驰到江边。檀道济只好下船听旨，原来宋文帝突然病情加重，命他立即返回宫中。事起突然，檀道济来不及细加考虑，只好跟从使者又回城入宫。

原来，刘义康和刘湛见宋文帝突然允许檀道济回江州。他们立即意识到宋文帝对檀道济的疑忌放松了，自己密谋多时的计划有失败的危险。如果听任檀道济返回江州，无异于放虎归山，不但再无机会除掉他，而且连自己篡位夺权的美梦也要落空。于是，他们决定立即矫诏逮檀道济，然后再杀掉他。

于是，当檀道济返回都城进入宫门后，立即便被刘义康指挥的禁军逮捕了。

一同被捕的还有他的八个儿子及心腹多人，甚至连他的妻子和年幼的孙子也没有被放过。之后，刘义康和刘湛便入宫叩见宋文帝，二人演双簧戏一般地绘声绘色地报告檀道济对皇上怨恨刻毒，一出都城便各召集部下准备谋反。因事起仓促，来不及请示皇上，权且先把檀道济收治狱中，听候皇上发落治罪。宋文帝听后，又惊又恐，封建帝王那特有的疑忌之心刚刚愈合又崩开了。盛怒之下，他失去了客观冷静的理智，竟下诏将檀道济交给刘湛议罪。刘湛不经任何审问，不需任何客观冷静的理智，竟下诏将檀道济处以死刑，立即执行。

在刑场上,檀道济听着刘湛宣布的自己一件件莫须有的罪名,最终明白了一切。自己已跌到了一个政治陷阱里,而且跌到了陷阱的最底层。挖阱的人是刘义康和刘湛,但启动陷阱开关的却是宋文帝。面对着突然迎面打来的大棒,他不仅无力还手,甚至连招架几下都不可能。因为他面对的是至高无上的皇帝。望着刑场上一同被捕的妻子儿女,檀道济只有无可奈何地独对着无语的青天。犯罪的人不一定处死,处死的人却一定要有罪,他的真正罪过便是为刘宋王朝立下了赫赫战功,用自己的全部才智和一腔忠诚捍卫着刘宋王朝的安全。明白了这一切,檀道济一腔悲愤化成满腹凄凉。行刑前,他从容地把头巾抛在地上,只说了一句话:"你们毁掉了自己的万里长城!"

当檀道济被害的消息传到北魏后,魏人兴高采烈地说:"檀道济已经死了,江南还有什么值得害怕的人呢。"于是,开始有饮马长江之志。

公元450年,当北魏强劲的骑兵漫过中原直指瓜州城下的时候,无数无助和无辜的妇孺老幼在魏兵的马蹄践踏马刀挥舞下发出凄绝恐怖的呼救声,越过宽阔的长江传进建康城里。宋文帝带着满脸忧色登上了石头城,望着江北瓜州城下那无人可挡的北魏劲旅,他不无后悔地慨叹道:"假使檀道济还在,哪能到今天这个地步!"在这生死存亡攸关的时刻,他的心底终于不自然地流露出了这句真话。舍去战功,名将不成为名将。名将的内涵和价值,名将存在的理由和证据在他那运筹帷幄的天才和卓越的功勋上。

一个人最宝贵最重要的东西竟成了他最致命的东西!

恩泽内外尚节俭　贪色成性乱后宫

北魏太武帝拓跋焘南征北战,为北魏创下了一统的基业,不料太子拓跋晃谋逆自立,想将他杀死。他设计杀死了太子,准备立秦王拓跋翰为太子。宫中风云突变,太武帝信任的宦官宗爱与其第五子拓跋余勾结,谋立太子,结果事泄,宗爱毒杀太武帝。又假传遗诏,立拓跋余为帝,为防患于未然,假传太后懿旨,诱杀秦王拓跋翰。

宗爱拥立有功,授太宰,执掌朝廷大权,拓跋余则醉心于酒色。宗爱侦知拓跋余不信任自己,想杀掉而除后患,便派亲信太监贾周将拓跋余刺死于宫中。

南部尚书陆丽、禁军统领源贺对魏室忠心耿耿,面对王朝危亡,他们议定拥皇太孙拓跋浚继位,源贺封锁皇城,围宗爱府,陆丽驰奔皇太孙处,抱上马入永安宫,登基,为文成帝。捕杀宗爱党羽,源贺、陆丽辅政。文宗帝时年十一岁,其母郁久闾氏在他登基一年后病故。他力排众议,尊乳母常氏为保太后,次年尊为皇太后。文成帝十七岁,皇太后建议皇帝立后,统率中宫,文成帝欣然同意。

拓跋焘

魏自道武帝拓跋珪始,有三条宫中条规:立皇后必令皇后候选人手铸金人,铸成则吉,铸不成则不得立;立子杀母;汉妇人不得为天下母。当时的文成帝后宫,有冯氏、李氏、曹氏、沮渠氏为皇后候选人,其中冯氏最得宠,封为贵人。冯氏是长乐信都人。父亲冯朗,授秦雍二州刺史、西城郡公。母亲是乐浪王氏。冯朗因罪被杀,家人没入宫中。冯氏的姑母受太武帝庞,封冯昭仪。冯氏年幼,被冯昭仪引入宫中抚养,十四岁选入文成帝后宫。冯氏极尊皇太后,很得太后的赏识。文成帝很宠爱她,封为贵人。

四位女人奉命铸造金人,另三位不知从何着手。冯氏在宫中长大,熟知宫中的事,在两位老太监王遇、张佑的指导下,只她铸金人成功,于是,太安元年(455年),被立为皇后。

文成帝十四岁时幸宫女李氏因而有了一个儿子,名拓跋弘,李氏因之为夫人。冯氏立皇后时,长子拓跋弘两岁,次子长乐仅几个月。冯氏鼓动常太后,册立拓跋弘为太子。李氏因儿子立储而被杀,冯氏就免去了忧虑——立子杀母,自己算是保住了。冯氏以皇后之尊,于是受命抚养两岁的太子。

冯氏做皇后九年,文成帝二十六岁,做了十四年皇帝,不幸病死于平城永安宫,这一年冯后二十四岁。冯后盛年守寡,又无子嗣,太子不是自己的骨肉,日后怎么办?冯氏异常哀痛。宫中的规矩,大丧的第三天,皇帝日常所用的御用物品统统在灵前火化,冯氏承受不了这巨大的悲痛,号哭着,奔下大殿,纵身投入了大火。所有的人呆在了那里,大惊失色。冯后被内监救起,许久方才苏醒,殉情有惊无险,没有成功。

拓跋弘11岁即位,为献文帝,尊冯氏为文明太后,丞相乙浑辅政。乙浑是太武帝驸马乙瑰的宗族,身任丞相,此时见皇上年少,他便大权独揽,事无大小均由他裁决。大臣们表示反对,他便杀死尚书杨保年、贾爱仁等。朝廷危急。

冯太后与心腹太监王遇、张佑商议,密召在代州温泉养病的重臣陆丽入朝。乙浑派人刺死了陆丽。冯太后的哥哥冯熙为定州刺史,献文帝令内调冯熙,乙浑置之不理。冯太后密与献文帝、王遇、张佑定议,又说服了殿中将军元郁,一举将乙浑擒服,夷其三族,权力又操在皇帝的手中。冯后知道了权力的重要,便过问政事。她以高允、源贺、闾秀辅政,任高允为首辅,一应大事均须请示太后。献文帝渐渐长大,十五岁时生皇子拓跋元宏,由冯太后亲自抚养。三年后拓跋元宏立为太子,冯太后归政。

冯太后荣尊显贵,盛年寡居,难耐空帏寂寞。她先后宠爱了三位仪容俊美的美男子:吏部尚书王睿、南部尚书李冲、宿卫监李奕。她与他们在后宫淫通。尚书李敷也很得太后的宠幸,与李亦兄弟一道,有恃无恐,在朝中跋扈用事。献文帝对此极为不满,献文帝便召母父散骑常侍李惠问计。不久,相州刺史李欣贪赃枉法,押解京师问罪。李欣、李敷同族,又很要好。于是李惠说服李欣,要他告发李敷、李奕。李欣不同意。其女婿裴攸晓以利害,找来李敷的亲信冯阐弟弟,得李敷、李奕及其亲族罪二十余条,李欣正式上书告发。献文帝大喜,拷问属实,便将李敷、李奕及其亲党十余家数百人一同斩首。李欣首告有功,减刑不死,后受信用,参决政事。

献文帝已经十六岁,有意整饬朝纲。他杀了李敷、李奕之后,又杀了几个太后的宠臣,冯太后大为愤怒。后来,冯太后希望兄太傅冯熙的长女能立为皇后。献文帝没有同意,献文帝想立宠爱的韩贵人,两人意见不一,最后不欢而散。献文帝厌烦了权力之争,有意将皇位禅给叔父京兆王拓跋子推。冯太后不同意,只得禅位给太子拓跋元宏,年方五岁。十八岁的献文帝做太上皇,移居北苑崇光宫,建鹿野寺,过隐居生活,冯太后宠幸的太卜令王睿,秘书令李冲搬弄是非,冯太后便鸩杀了做了六年太上皇的献文帝。

太子拓跋元宏即位,年十岁,冯太后被尊为太皇太后,临朝称制。冯太后大开杀戒,先杀李惠,一门诛灭。再杀李欣,并殃及其他一应不顺眼的朝臣。冯太后大权在握,朝廷大小事情均由她决断。兰台御史张求联络天宫寺住持法秀想乘建醮大法会之机,拘捕太后,逮冯熙以下朝官,拥任城王即位。不料事泄,太后下令诛张求、法秀等一百余人，夷灭三族，共计杀死数千人之众。

太子拓跋元宏雅性仁孝，即位后，即为魏孝文帝。孝文帝对冯太后很敬让。冯太后有一次与孝文帝游于方山，看见草木繁盛，冯太后感叹地说："舜葬苍悟，二妃不从，岂必远祔山陵，然后为贵哉！吾百年之后，神其安此。"孝文帝马上诏令有司，在方山营建寿陵，又起永固石室，三年以后建成，刻石立碑，称颂太后的功德。冯太后见孝文帝渐渐长大，作《劝诫歌》三百余章，又作《皇诰》十八篇，劝诫文帝。太后又在长安立文宣王庙，在龙城立思燕佛图，均刊石立碑，太后恩泽内外，自己极尚节俭，不好华饰，日常只是缦缯而已。

然而，太后虽对衣食一无所求，却生平只好一个色字，可谓贪色成性，恣意淫乐，她的男宠有很多。太后在众多的男宠中最最宠爱的是美男子王睿。王睿先见爱于文成帝。太后宠他，封中山王，进而擢迁首辅。太后与他淫通，他随时出入卧内，得到了太后许多的赏赐。太后怕人非议，赏赐往往在夜间进行，藏于车中，由太监护送。

南朝齐国使臣到魏国。太后一眼看上了使臣刘缵，被他的风度翩翩和过人的美色所动，不能自己，竟至于在宫中公然赐宴示爱，收刘缵为出入卧内的男宠。

太和十四年（490年）冯太后病死，时年四十九岁。谥文明太皇太后。

纸醉金迷太荒唐

刘骏是南朝宋世祖孝武皇帝，字休龙，小字道民，文帝刘义隆的第三个儿子，母亲是路惠男。六岁时封武陵王，食邑二千户。十岁即都督湘州诸军事、征虏将军、湘州刺史、领石头戍事。次年迁使持节、南豫州刺史。十八岁为安北将军、徐州刺史。二十四岁时，太子刘劭杀文帝刘义隆自立，密令太子步兵校尉沈庆之杀死刘骏。沈庆之附刘骏反刘劭。荆州刺史南谯王刘义宣、雍州刺史臧质、司州刺史鲁爽也起兵响应。刘骏在新亭大败刘劭，即皇帝位。随之攻克建康。刘骏杀大哥、太子刘劭和二哥、始兴王刘浚，将他们暴尸于市。

刘骏"少机颖，神明爽发，读书七行俱下，才藻甚美，雄决爱武，长于骑射。"经过一场兄弟的残杀即位以后，刘骏便越来越放荡，行为怪异。

诛杀刘劭、刘浚、六叔、南谯王刘义宣、雍州刺史臧质等有功，刘骏以大将军、江夏王刘义荼太尉、录尚书事、南徐州刺史,以荆州刺史,南谯王刘义宣为中书监、丞相、录尚书六条事、扬州刺史。雍州刺史臧质为车骑将军、开府仪同三司、江州刺史。刘义宣、臧质自恃功高,骄横行事,对沉湎酒色的刘骏根本不当一回事。刘骏也不讲什么礼义廉耻,只是满足自己的淫欲,无所不为,竟将其六叔刘义宣的几个女儿逼淫。刘义宣大为愤恨。

孝建元年(454年)二月,刘义宣联合臧质举兵反骏。因响应起事的很少,加之所谋不周,很快被击溃。臧质逃奔武昌,被人斩首,头颅传示京师。刘义宣被活捉,在江陵被赐死。寻进抚军将军柳元景为抚军大将军,镇北大将军沈庆之并开府仪同三司。

同室操戈,互相残杀,刘骏深感诸王、宗室、朝中重臣、封疆大吏等不能权重,重则尾大不掉,于是借机分割封疆、削弱权势。他分割扬州,设东扬州。又分割荆、湘、江、豫四州,设郢州。罢南蛮校尉,省录尚书事,吏部尚书之职一分为二。

南徐州刺史竟陵王刘诞天性仁厚,知书达礼,在诛灭刘劭、刘义宣之乱中有功,人心向往,豪士云集,势力强大。刘诞是文帝的第六个儿子,是排行第三的刘骏的六弟,刘骏对他又忌又畏。

大明三年(459年)四月,刘骏不宣而战,突然派兵攻袭刘诞,试图一举击溃刘诞,借机将刘诞杀死。不料,刘诞所部训练有素,遇袭并不慌乱,反而将前来攻袭的刘骏兵将一举击溃。刘骏大怒,下令搜捕刘诞在建康的亲属、故旧、心腹、同籍、私党,全部将他们斩首,死者数以千计。

刘骏随后调集重兵,围攻广陵城。大明三年七月,广陵城攻破,刘诞斩首。城中男子不论大小老幼,统统杀死。士民先被刳肠剔眼,笞面鞭腹,烈酒灌创,然后斩首的达三千之众。刘骏还将首级集中建康,称为京观。城中所有女子都赏赐军士,供他们淫乐。

刘骏喜酒好色,终日沉迷其中。他在宫中但见所好的女人即淫,而从不问尊卑亲疏,宫禁混乱。他好游猎,玩乐通宵达旦,不分昼夜。性喜奴媚谄佞之徒,刘骏还爱聚赌,他的赌友是侍中颜师伯,动辄一输百万,开心玩乐。

刘骏临幸了六叔刘义宣的女儿之后,纳为妃子。大明六年(462年)四月,其殷太妃死,刘骏大哭,厚葬殷太妃。然后,刘骏率领群臣,浩浩荡荡前往殷太妃的墓地,向死者致哀。刘骏对群臣说,要试试谁最哀痛。他指着秦郡太守刘德厚说"卿哭贵妃,悲者当重赏"。

刘德厚知道只能遵命,便应声恸哭起来,哀予凄切,捶胸顿足,涕泗横流。刘骏满面喜色,不禁大笑起来,当即赏刘德厚任豫州刺史。

刘骏淫乱后宫,又骚扰京郊,朝野尽知。丹阳尹颜竣痛感国危时艰,心中万分悲痛,便对其淫乱奢侈,数次上书切谏。刘骏大为恼火,诬指颜竣与叛臣刘诞通谋,先砍断颜竣的双脚,然后慢慢把他弄死。前卢陵内史周朗也不满于朝政昏暗,国事艰危,上书直言切谏。刘骏只以"居母丧不如礼"为说词,将周朗杀死。

刘骏奢侈淫逸,大兴土木,广造宫室,一应土木宫室都极尽华丽,加之赏赐幸臣无度,府库为之尽空。葬殷太妃仅凿通山道就达数十里,又为殷太妃立庙祭祀,所葬宛如一座后宫。刘骏一面奢侈淫逸,一面又勒索刺史、二千石等封疆大吏,让他们奉献,然后又不计多寡的豪赌。这样的结果便是民不聊生,生灵涂炭。

刘骏嗜酒如命,饮必大醉。每次宴会亲友、群臣、来使,总是令在座者痛饮至醉。而且在宴饮中,刘骏还爱让群臣相互嘲讽、叫骂,丑态百出,以此取乐。侍中沈怀文仅以不爱酒、不与嬉戏,就激怒了刘骏。刘骏指他心怀诡计,为异己分子,迫令自杀,接着又杀死了沈怀文的三个儿子。

黄门侍郎宗灵秀长得并不灵秀,肥肥胖胖,拜见起坐极不灵便。刘骏就爱以他取乐,动辄赐宗灵秀一点东西,看他笨拙的拜谢,开怀大笑。使还根据群臣的高、矮、胖、瘦、圆脸、长脸、漂亮、丑陋,一一赐给绰号,然后不论朝堂殿下,直呼绰号取乐,从不称其官称名姓。更令人难以忍受的是,他还让奴仆侍婢手拿木杖,随意指示他们敲打朝臣,即便国戚、重臣、上主尚书令也不能幸免。

改革迁都融合汉化

北魏太和十四年(490年),冯太后病死,二十四岁的魏孝文帝元宏独自执掌了朝政冯太后丧事处理完毕,他思谋进行的第一件大事,便是迁都洛阳。从道武帝定都平城已来近城百年间,形势发生了很大变化,北魏王朝早已成为北方唯一的最高政权。而平城偏居北边,不便于控御中原地区和向江南用兵,也不便于深入汉化和实行文治,还不免遭受北方柔然与荒年饥馑的威胁,故迁都之事，作为最高统治者，实是不能不考虑的问题。

太和十七年（493年），孝文帝经过深思熟虑之后，开始着手安排迁都之事，他知"北人恋本"，直接提出迁都，定会遭到众人反对，于是采取了"外示南讨，意在谋迁"的办法，这年五月，他在明堂召集群臣，商讨南伐，试图用占筮之卦来统一意

孝文帝独掌朝政

见，由于占筮得出的《革》卦内容与南伐不符，未达到预计效果。以尚书令、任城王拓跋澄为首的一些大臣认为《革》卦不吉利，反对南伐，孝文帝一时理穷。众人散后，孝文帝派人单独召来拓跋澄，屏退左右，对拓跋澄全盘端出他的计划，分析指出，自拓跋部定都平城已来，虽然完全占有北方，富有四海，然而平城"乃用武之地，非可文治"，如果进一步移风易俗，势将更难，因此打算借南伐之名，迁都中原。拓跋澄表示完全拥护，二人商定，仍然照孝文帝既定计划行事，借南伐之名，行迁都之实。

随后几月，孝文帝积极布置南伐。六月，他下令在黄河上架桥，以便大军通过。七月，他下令实行中外戒严，宣布南伐。八月，他命太尉拓跋丕、广陵王拓跋羽留守平城，亲自统率大军三十万南下。九月，孝文帝抵达洛阳，命大军作短暂休息，自己到西晋太学遗址参观《石经》。洛阳是汉、魏、西晋的故都，虽遭到战争的严重破坏，但仍然是中原政治与文化的中心地区，以决意深入汉化的孝帝文来说，至此更坚定了迁都洛阳的信念。从南伐大军离开平城，一直霖雨不止，使南伐将领更加丧失信心。这次南伐并无长期准备，南齐政权也并非不堪一击，随军将领、大臣都知前景凶多吉少，因此当孝文帝又命令大军继续南进时，众人齐跪在孝文帝马前，请求停止南伐，大司马、安定公拓跋休等人甚至哭泣以死相谏。这正是孝文帝所期望的，他乘机说："大军出动一次不易，既出军不可无功，若不南伐，就得迁都洛阳。两者必须选择一，要大臣立刻做出决定。拓跋部人多恋北土，不乐迁都，但因南伐极为凶险，毫无胜利把握，无敢坚持南者，于是选择了迁都。全军齐呼万岁，迁都洛阳之事便这样决定了。孝文帝也

知大臣内心实属勉强,事后把曾就此事征询卫尉卿、镇南将军于烈的意见,回答是一半乐迁,一半恋旧。

洛阳城早已破败,迁都洛阳之议决定后,大军停止前进。孝文帝遣任城王拓跋澄还归平城,向留守官员宣布迁都之事。又命司空穆亮、尚书李冲与将作大匠董尔留下营建洛阳,又派于烈去镇守平城。一切布置停当,孝文帝便离开洛阳,到河北等地去巡视郡县。次年十月,洛阳大体营建完毕,北魏才正式迁都。

太和十八年(494年)十二月,即迁都后两月,为减少民族隔阂,孝文帝下令禁止鲜卑族人再穿鲜卑服装,一律改穿汉族服装。诏令宣布后,"国人多不悦",只是畏于禁令,绝大多数鲜卑人换上汉装。也有少数鲜卑族人仍留恋鲜卑服装。有一次,孝文帝从前方回来,仍见京城鲜卑妇女有"冠帽而著小襦袄者",或"仍为夹领小袖"者。于是把留守京城的拓跋澄及其他官员训斥一顿,认为是他们知而不问,督察不严的缘故。老贵族拓跋丕不乐意变易旧俗,当朝廷大臣皆穿汉族衣冠议政时,唯独他一人身穿鲜卑服夹在中间,因他年老功高,孝文帝也不勉强。不过后来拓跋丕也"稍加冠带",朝廷内外,汉族服装便逐渐取代了鲜卑服。

次年,孝文帝又下令禁止在朝廷说鲜卑语,即他对他弟弟咸阳王兄禧说的"自上古以来及诸经籍,焉有不先正名而得行礼乎,今欲断北语,一从正音。"具体又规定:朝官年三十以上者,习性已久,可容许逐渐改变。三十以下者,如在朝廷不说汉语,仍旧说鲜卑语,当降爵或罢职、免职。北魏初进中原时,"军容号令,皆以夷语。"迁都后,孝文帝禁止朝官讲鲜卑语,时间既久,下层的鲜卑人也很少有人讲鲜卑语了。那些迁到洛阳来的"代北户",有的后来甚至听不懂鲜卑语,有些怀旧的人,还专门在拓部部人中教授鲜卑语,"谓之国语"。可见孝文帝的语言改革是很成功的。语言和服装的改革,大大加快了北魏民族融合的步伐。同年,孝文帝又下诏规定,南迁洛阳的鲜卑人,死后只能葬在河南,不得送回代北。此令一下,那些南迁的代人,便都成了河南洛阳人了。孝文帝此规定,显然是要割断"代北户"与故土的联系,断绝其客居洛阳的念头,使他们长久定居中原。

转年,孝文帝又下召改鲜卑姓。在此之前,鲜卑人的姓氏多是由两个字组成的复姓,如拓跋、尉迟、独孤、勿忸于、步六孤等。姓氏的强烈差别,影响着鲜卑族与汉族的进一步融合。因此命令改鲜卑复姓为汉姓。诏令说:"北人谓土为拓,后为跋,魏之先出于黄帝,以土德王,故为拓跋氏。夫土者,黄中之色,万物之元也,宜改姓元氏。诸功臣旧族自代来者,姓或重复,皆改之。"太祖以来的八大著姓也随之改为汉姓,如丘穆陵氏改为穆氏,步六孤氏改为陆氏,贺赖氏改为贺氏,独孤氏改为刘氏,贺楼氏改为楼氏,勿忸于氏改为于氏,纥氏改为嵇氏,尉迟氏改为尉氏。其余所改,不可胜纪。

紧接着,孝文帝又下诏命令定族姓。孝文帝一向欣羡汉族的门阀制度,在中原地区,士族公认清河崔氏、范阳卢氏、荥阳郑氏、太原王氏为士族之首,号称"四姓",孝文帝在承认四姓为汉族士族之首的基础上,又下令定鲜卑拓跋的族姓,改变代人"虽功贤之胤,无异寒贱"的状况,规定把道武帝以来"勋著当世,位尽王公"的鲜卑贵族穆、陆、贺、刘、楼、于、嵇、尉八姓定为国姓,"勿充猥官,一同四姓,"即与汉族崔、卢、郑、王四姓地位相当,享受同等政治待遇。同时依据父祖官爵高低,对鲜卑其他人也划分了姓族等级,在鲜卑族内首次建立了门阀世袭等级制度。

为使鲜卑贵族与汉族进一步融合,形成联合统治,孝文帝又利用皇帝的权威强令两族高姓联姻。他自己首先取"衣冠所推"的范阳卢敏,清何崔宗伯、荥阳郑羲、太原王琼四姓之女充入后宫。另外陇西李冲家族虽非魏晋以来的显族,但也多是当朝权贯,"所结姻娅,莫非清望",孝文帝也破格把李冲之女纳为夫人。陇西李氏也因之上升为一流士族,与崔、卢、郑、王并列,"故世言高华者,以五姓为首"。他又特地为五个弟弟与汉族大姓联姻。下令:咸阳王元禧,聘陇西李辅女;广陵王元羽,聘荥阳郑平城女;颍川王元率领,聘范阳卢神宝女,始平王元勰,聘陇西李冲女;北海王元详,聘荥阳郑懿女。在这之前,咸阳王元禧,曾娶一个隶户之女为妻,受到孝文帝的严厉责备。由此孝文帝命令诸王,以前所娶的妻子,皆降为妾媵。鲜汉两族联姻之风兴起后,汉族大姓也多有娶鲜卑贵族之女为妻的,通过这种两族大姓的频繁政治联姻,两族大姓之间的矛盾逐渐淡化了,政治利益日趋相同,共同构成了北魏王朝的阶级基础与社会基础。

孝文帝的上述改革是成功的,但并非一帆风顺。从上述改革之始,就遭到了部分鲜卑贵族的抵制反对,甚或演变为武装反抗。迁都之初,拓跋部人就是"多所不愿",迁都之后,还有相当大的保守势力反对汉化,对孝文帝的改革多次阻挠破坏,这派以北魏鲜卑的元老穆泰、陆叡等人为代表。后来太子元恂也加入这一派。元恂在迁居洛阳后,总怨河洛暑热"常思北归"。孝文帝赐给他衣冠,他不愿穿,"常私著胡服"。太和二十年(496年),乘孝文帝去嵩岳之机,他与左右密谋,"欲召牧马,轻骑奔代",被人报告,孝文帝将他囚禁,召见群臣说:"此小儿今日不灭,乃是国家之大祸",毅然废掉其太子之位。同年冬,鲜卑贵族穆泰、陆叡与宗室元隆、元业、元超等人勾结,阴谋征平城起兵叛乱,另立新帝。孝文帝得讯,派任城王元澄率人速往平城,平定了这次的反叛。诛杀穆泰、元隆、元乙升、元超、陆叡诸人。新兴公元丕知情不报,本也当死,孝文帝念他昔日功高,曾许过他不死之诏,免其死罪,废为庶民。其后,元恂又企图谋乱,孝文帝逼令他自杀。

后宫逸闻

吴夫人巧劝孙策收人心

东汉末年天下大乱,孙坚在战乱中被杀,其子孙策继其父遗志,领兵迅速平定江南,人称其为"小霸王"。

孙策虽然勇武、刚毅,极具谋略,但他的性格也有轻率、倔犟的一面,这又很像他的父亲孙坚,有时处理事务显得急躁,而一旦发起脾气来,则是不计后果,固执地听不进不同的意见。

孙策治下的会稽郡功曹魏腾,字周林,是个性格直率、刚正不阿的人,办事坚持原则,决不会以长官的意志行事。有一次,魏腾因一件小事违背了孙策的意旨,激怒了孙策。孙策为此火冒三丈,大发雷霆,决意要杀死魏腾。

下属们见孙策发怒,都非常害怕,不敢去劝说,又想不出什么好办法来解救魏腾。孙策的母亲吴夫人知道后,也想去劝儿子释放魏腾,但她很了解儿子,知道平常的说教基本是没有用的,便想了个法子,她走到水井边哭泣,说想要跳井自杀,侍从们一看就赶紧报告了孙策。

孙策是个孝子,听说后急忙前来看望母亲,问她是因为什么事要寻短见。吴夫人倚扶着井沿,流着泪对儿子说:"你刚刚立足江南,好不容易开创了一个新局面，很多事务尚在草创之中，根基还没有稳固。当务之急是要礼贤下士，舍弃他们的过错，表彰他们的功劳，这样人们才会来投奔你。魏腾功曹办事遵守法度，尽职尽责，你今天要是杀了他，那么明天大家就会背离你而去。我不忍心看到你大祸临头，还是先投井自杀了省心。"

孙策听了母亲的诉说，心中大为震惊，马上省悟了过来，领会了母亲的良苦用心，于是立刻释放了魏腾。

原来，魏腾所在的魏姓家族是会稽郡的望族之一，他们在会稽郡乃至江东地区都有较大的影响力与号召力。孙策刚刚据有江东，处于开基创

孙策

业之时，根基还没有稳固，势力还没有壮大，会稽郡以及江东的一些大族，有的还处于敌对顽抗的状态，没有完全归顺，即便归顺的，也只是还处在徘徊观望之中。孙氏要想立足江东，处理好与他们的关系，才是永久之计。

所以，对于魏腾的处置，孙策在发怒时杀了他，在那个动乱的时代，也不是什么大不了的事，但其影响则会是很大的，它会影响到一些大族的归顺与否，甚至激起更坚决的抵抗。吴夫人能清醒地认识到事态的严重性，以及它所产生的负面影响，并能及时地现身说教，促孙策释放魏腾，既往不咎，这对稳定江东的民心是有很大的影响的。

杨皇后为丈夫选择嫔妃

司马氏夺取了魏政权而建立了西晋，晋武帝司马炎为了选尽天下美女，竟下令禁止天下人结婚。史载：晋武帝司马炎的年号是泰始，当时司马氏刚刚建立起西晋政权。他登上帝位之后，马上着手"博选"后宫佳丽。为了切实做到"博选"，他先下了一条命令，杜绝老百姓结婚嫁娶，以便所有适龄女人留着供

他选择。接着,他派了宦者(当然只有宦者才合适)驾着车,带着随从驰往各个州郡,物色美色去了。由宦官选来的"良家子",再由"后"(司马炎的皇后杨艳)亲自挑选。

这样一来,晋武帝司马炎的后宫顿时爆满。史称:"时,帝多内宠,平吴之后,复纳孙皓宫人数千,自此,掖庭殆将万人……"

晋武帝的皇后杨艳怎样为她丈夫选择嫔妃呢?原来,这位杨皇后也不乏天下的女人共有的缺点——嫉妒。来自州郡的"良家子"们聚集在洛阳,排成长长的队伍,杨皇后只留下那些长得白净的,而真正姿容美丽者全部放弃。当时有一位朝臣名叫卞藩,他的女儿卞氏长得非常漂亮,司马炎看上了她,司马炎用扇子掩着自己的嘴,私下里对杨皇后说:"这位卞氏长得不错!"杨皇后却反驳说:"她父亲卞藩乃出身于三代皇后的豪门贵族,女儿怎能甘心做一个小小的嫔妃呢?"听了这话,司马炎只好放弃了此事。

说虽这样说,但是出身名门望族的"良家子"大多却被选择入宫了,像晋司徒李胤、镇军大将军胡奋、廷尉诸葛冲、太仆臧权、侍中冯荪、秘书郎左思及世族子女"并充三夫人。九嫔之列"。一时间,晋、冀、兖、豫四州"二千石将吏家"的女子们,许多被补为"良人"(皇宫中的低等小妾)。

司马炎的强取豪夺,使名门望族非常恐惧。名家盛族子女,都尽可能扮成既贫困又丑陋的样子,以逃避这一灾难。

许多世族女子被杨皇后选进宫,例如当时大文学家左思的妹妹左芬,此人其貌不扬,但文采却是一般人都比不上的。

当时,左芬的文名,仅次于其兄左思。过了几年,她升为修仪(是帝王妻妾的第四等)。但是由于她生得难看,司马炎并不喜欢她。因终年一个人居住,无人陪伴,情绪愁苦,体弱多病。司马炎只是偶尔游幸华林园时,才顺便看看她。与她见面,也仅仅是谈一谈文辞之事。除此之外,凡是得到了异常的稀世珍宝,司马炎就命令她写一篇歌颂文章呈交上去。

左芬曾经感叹后宫的凄凉寂寞,赋诗一首,大意如下:

出身于贫寒的人家

不懂诗词书画

不谙雕刻画像之美

圣贤之说知之甚少

孤陋寡闻

却有幸跻身于皇家之列

宫殿并非贫民栖身之所

令我忧心忡忡

我思索再三

非常想念我的家乡

愁绪越积越深

却无处倾诉

内心百无聊赖

情绪低沉

夜不能寐

好不容易才挨到天明

凄凉的夜，萧瑟的风

白皑皑的雪已布满门庭

惨淡的太阳发出微弱的光

天气也变得凄凉，心里愁绪万千

不胜悲凉！

从前曾有一女名伯瑜

华服之下更显妩媚

回乡与父母团聚

令我的心更加悲伤

与父母遥遥相望

如繁星遥不可及

如近在咫尺

却海角天涯

幽深清冷的皇宫啊

将我和父母永远隔离

面对着行云流水的天空

禁不住泪洒衣襟

悲痛之情不逊屈原

只为那离别之苦

屈原作赋于宫阙一天胜似一月

我与家人诀别

从此遥遥无期

我对着长天仰叹

悲痛万分

亲人永远离我而去,睡梦中故人的影子仿佛若隐若现

醒来禁不住涕泪横流

执笔抒情,不由自主写了此诗。

司马炎后宫妻妾成群,他怎么宠幸得过来呢? 说起来令人难以置信。史称:……掖庭殆将万人,而并宠者甚众,帝莫知所适。常乘羊车,恣其所之,到便寝焉。

宫人乃取竹叶插户,以盐汁洒地,而引帝车。

这段引文的意思是:由于司马炎的妻妾众多,其中他所宠爱的也为数不少,使得他很难决定该到哪个女人那里。有趣的是,他平时乘坐的是用羊拉着的小车,干脆就让羊引路吧,它可以任由性子地走,羊车在哪停,司马炎就在哪住。后宫女子们于是就有了对策:把新鲜的竹叶插在自己寝宫的窗户上,又在甬道上洒上盐水,以此吸引羊儿把皇帝拉到自己的宫殿。

这事听上去不可思议,然而却是事实。

即使这样,司马炎还是有他的最爱,她就是前面所提及的胡奋(镇军大将军)的女儿胡芬。她简直是沉鱼落雁,闭月羞花,与左芬容貌迥异。

原来,经过初选之后的"良家子",再由杨皇后进行最后评定,她故意把美人选掉,但还是不免有"漏网"者,何况司马炎也在看着呢,他如果一定要选上某个人,杨皇后也就没了办法。胡芬就是典型一例。

胡芬的性格刚烈。一次,皇帝与胡芬玩"摴蒲"的游戏。胡芬与他抢夺"矢"(箭),结果胡芬抓破了司马炎的手指,使得司马炎勃然大怒,骂道:"你真是个武夫的女儿!"武夫指的就是大将军胡奋。胡芬也毫不示弱:"我父亲向北平定公孙,向西打败诸葛,我以我的父亲而自豪!"

左芬和胡芬都是司马炎的"贵嫔",一丑一美,一拙一才,受宠不同,不可同日而语。

接下来谈谈晋武帝的皇后杨艳。杨艳又名杨琼芝，弘农华阴人。她既有才，又美貌。史称：

后少聪慧，善书，姿质美丽，娴于女工。有善相者尝相后，当极贵。文帝（司马昭，是司马炎之父）闻而为世子（登极之前的司马炎）聘焉。甚被宠遇，生毗陵悼王（司马）、惠帝（司马衷）、秦献王（司马柬）、平阳、新丰、阳平公主。武帝（司马炎）即位，立（杨氏）为皇后。

杨艳的籍贯、杨艳的聪慧多才和容貌美丽、杨艳被选娶为司马炎之妻的经过在这段文字中表述得十分清楚，当皇后以前杨艳生了三个儿子和三个女儿，后来的晋惠帝司马衷等人便是她的子女。

后来，杨艳得了病，快要死了。她看到胡贵嫔一直受到司马炎的宠爱，预料自己死了之后，皇后的位置必然归于胡芬，而太子司马衷愚昧无能（曾多次险些被废黜），杨艳担心胡芬会加害司马衷，内心惶恐。临终前，杨艳枕着司马炎的腿说："我快不行了。我的叔父（杨骏）有个名叫男胤的女儿，无论品德还是容貌都非常好，希望陛下娶她为妻。"说完失声痛哭。司马炎流着眼泪同意了。

从这件事可以看出杨艳确实聪慧、有远见。不久，杨艳死在在光明殿，当时仅三十七岁。

宫廷发生如此重大的事件，左贵嫔便有了用武之地。司马炎命她写了一篇《诔词》献上。文辞华丽，内容充实，只是篇幅甚长，在此就不抄录了。

杨艳介绍给司马炎的杨男胤是一个什么样的人呢？此人名叫杨芷，字季兰，小名男胤。杨芷具有很高的素质并且长得很漂亮。她于咸宁二年嫁给司马炎，立为皇后。司马炎非常宠爱她，生了渤海王，但是此儿很小的时候就死了。

杨艳的儿子被册立为太子。太子的妻子叫贾南风。贾南风嫉妒心很强，司马炎要废掉她。皇后杨芷于心不忍，对司马炎说："贾妃的父亲是开国大臣，应当世世代代给以良好的待遇。贾妃虽然嫉妒，但这只是很小的毛病，不能因为这点小事而杀她。"司马炎采纳了她的建议，没有废掉贾氏。杨芷又训诫了贾氏很多次，贾氏不知道皇后对她的恩惠，只知道皇后对她很严厉，于是对皇后怀恨在心。

晋武帝司马炎死了，杨芷成为皇太后。太子司马衷当了皇上，就是晋惠帝。贾南风立为皇后。杨芷从此受到了贾南风的排斥与压迫。

贾后凶狠，她最先做的是夺权和报复。首先，她诬陷杨芷的父亲杨骏要谋反,命令楚王司马玮、东安王司马由诛杀杨骏。当时内忧外患,杨芷急中生智,就在帛上写了"救太傅者有赏"几个字,系在箭上射出城外。太傅指杨骏。不料帛被人拿到,交给了贾氏,贾氏于是一口咬定:杨芷与其父杨骏是同伙,想夺取晋朝大权。

于是杨骏被诛杀,杨芷被囚禁于永宁宫。杨芷母亲庞氏虽然被保留了一条性命,但却被罚与她女儿杨芷同住于永宁宫。

贾氏并没有就此罢手。她暗示群臣,让他们开会,将杨芷皇太后的身份永远废除。朝臣们争论不休。皇帝司马衷非常昏庸无能,与白痴无异,大权完全掌握在贾氏手中。贾氏一定要杀掉杨芷,所以下决心一定要把杨芷的皇太后身份废掉。经过多次讨论,贾氏下诏:废皇太后杨芷为普通老百姓;杨骏作乱,其妻庞氏立即处死。

庞氏将要被杀死,杨芷紧紧抱住她母亲,大声哭泣,听了让人心都快碎了。杨芷急急忙忙上奏贾氏,表中称自己为"妾",请贾氏手下留情,保全其母庞氏之命。贾氏完全不听她的哀求,杨芷的父母先后被杀死了。杨芷被废为庶人之后,身边的十几位侍从也被贾氏下令强行夺走。杨芷悲愤至极,绝食而死,当时年仅三十四岁。

本来,杨艳为了儿子司马衷把自己的妹妹杨芷推荐为皇后,不料却殃及全家。

农家才女李太后

后晋灭亡后,河东将领刘知远于晋阳自立为帝,历史上称之为后汉高祖。

刘知远生性狡诈,而且善于收买人心,称帝时,口口声声说不改后晋年号,一定要迎回北迁的晋出帝,因此他的部下十分尊重他。不久,为了让士兵卖命,他打算散发国库钱币,但是国库已没有库存,刘知远便想从广大百姓身上榨取钱财,但是李皇后却不同意他这样做。

李氏劝谏说:"新登基的皇帝,都是努力拯救百姓,使他们摆脱艰难困苦,陛下刚即位,不去想为百姓做好事,却反其道而行之,这是万万不可取的!"

刘知远听了十分不开心,反驳道:"国库空虚,你说应该怎样犒劳军队呢?"李氏说:"后宫嫔妃的私人物品也有不少,先拿出来鼓舞将士们!"

刘知远十分感动，让后宫按此办法去执行。将士们得了钱，并且知道了钱的来历，对刘知远更加信任了。

李氏是一个十分漂亮的农家女子。刘知远年轻时在晋阳参加了军队，第一次见到李氏的时候就非常喜欢她，托人向李父说媒。因为刘知远穷，因此李父不答应他。刘知远大为恼火，纠集了几个兄弟，深夜把李氏硬性抢走。李氏没有办法，又见刘知远相貌堂堂，就跟他结了婚。也许是她命该享福，刘知远在军中不断努力，最后做了皇帝，李氏也做了一人之下、万人之上的国母。

刘知远即位后，很受民间的拥护。他率军打败辽军，从太原一路进军，占据洛阳只用了十天的时间。可惜他继位才一年，就因长子刘承顺的夭亡过度悲伤而死。李氏的儿子刘承祐做了皇帝后，李氏就成了皇太后。

刘承祐是个出身于皇族的后代，他见天下太平，便不务正业，与一些小人混在一起，不理政事。李太后常召隐帝（刘承祐）入宫严词督责。隐帝起初还能够听取她的意见，后来听得不耐烦，竟讽刺李氏道："国家大事，我知道该怎么做，太后只管养好自己的身体就行了！"

李太后虽然气得要命，但他仍然我行我素，置之不理。

隐帝的宠臣郭允明、李业等人怂恿他杀死史私肇和杨分等人，而这些人都是刘知远在世时的重臣。密谋已定，隐帝向李太后说了这件事。太后十分吃惊，阻拦道："这种关系重大的事情，不可以随便下令，应与宰相一起商议一下才好。"

隐帝不高兴地回答说："父皇在时，曾说朝廷大事，应该有自己的主见，难道母后忘记这话了吗？"

"史、杨等人同枢密使郭威很合得来，若杀了他们，必引起郭威的不满，他难免会因此而生反心，到时应该怎么办呢？"李太后仍然不同意。

郭威是朝廷重臣，手握重兵，曾为后汉的建立立下汗马功劳。李太后说这话，是经过深思熟虑的。但愚昧的隐帝，不听她的意见，怒气冲冲地出门而去。

隐帝杀了史、杨等人，还不肯收手，又派人秘密地去郭威的地盘打算杀死他。郭威没有办法，只好起兵反汉。为掩人耳目，收买人心，他以"清君侧"为口号，又下令"攻入京城，准许抢掠十天"，好让军士更好地为他卖命。果然不出所料，七天之内，郭威的大军就攻打到京城。隐帝十分恐慌，打算亲自出城抵抗。太后又劝阻道：

"郭威本是先帝故旧,不至于如此绝情,只要不和他交战,派人持诏书安慰他一下,他自然会退兵而去。"

隐帝坚持披挂出城。结果是很明显的,他大败而逃,结果死于自己的宠臣郭允明的手中。

郭威进汴京城后,没有立即做皇帝,他与众大臣议定,决定一切事情都让李太后做主。李太后深知郭威的用心,坚持不同意,后来,刘知远的侄子刘赟被册封为帝,郭威是摄政大臣。

徐州节度使刘赟听到他被立为皇帝,高兴极了,立即威风凛凛地进京。谁知走到宋州(今河南商丘),又有朝使告诉他,说郭威已被部下拥戴,做了皇帝,他被封为上柱国、湘阴公。刘赟只好十分悲伤地去封地上任。

郭威做了皇帝之后,仍然假惺惺地表示自己仍忠于汉室,尊李氏为母后。到了这地步,李太后也别无选择。幸亏郭威这个伪君子仍对她以礼相待。于是,她下诏将郭威颂扬一番,册封他为皇帝。郭威改国号为周,史称周太祖。李后又被尊为昭圣皇太后,移居太平宫安度晚年。三年之后,因病而死。

李后是个很有远见的女人。在后汉存在的短短四年中,提出过不少积极的主张。可惜,她的骄横愚蠢的儿子不听忠言,致使后汉短暂而亡。当然,她的聪颖和明智也使她得到了一个比较好的结局。

王氏惠风守贞

太子妃王氏字惠风,乃太尉王衍之女,有贞婉志节。当司马遹见废,王衍上表,不与惠风说要绝婚,令其休随司马遹徙金墉,别行改嫁豪士。惠风曰:"忠臣不事二君,烈女岂嫁二夫。妻生为皇太子之妃,死为皇太子之鬼。"言毕大哭,流泪为雨,即讨车仗随行,同居金墉。时行路之人径其贞节,为之流涕,莫不伤感。

史说,阎缵字续伯,巴西人也。博览坟典,诚通物理。父早世,继母不慈,缵恭事不弥谨。后国子祭酒邹湛荐为秘书监,未就。及闻愍怀太子被贾后废之,阎缵使家人舆棺诣阙,上书理太子之冤。惠帝设朝,缵自至御前上书,惠帝览之。

惠帝览毕,流涕而惧。贾后终不能纳,而遣缵还。缵号泣出朝,群臣无不欷歔也。

太子既废，众情愤怒，卫督司马雅尝给事东宫，与殿中中郎士猗等欲谋废贾后，以复太子。当士猗谓雅曰："若行此事，必须交当权者方为得，不然祸反累族。"雅曰："右将军、赵王司马伦执兵权，性贪冒，可假以济事。赵王府中有一宠士，姓孙名秀，可往与求见而说之，必然克济。"士猗曰："既如此，吾即往说之。"于是士猗来见孙秀曰："今国无嫡嗣，社稷将危矣。臣将举大事，而明公奉事中宫，与贾、郭亲善，太子之废，皆云豫知之，若事起，祸必相及，何不与赵王先谋之乎！"秀曰："君言是也，且退，待吾自见赵王白之。"因是孙秀入府，以士猗之言与赵王白之。赵王伦大悦曰："正合吾心。"即使人请通事令史张林至告知，请为内应，林随从之。期日将发，孙秀入止之曰："且缓之。窃见太子，聪明刚猛，若还东宫，必不受制于人。明公素党于贾后，今虽建大功，太子谓公特逼于百姓之望，以免罪耳，必不深德于公。不若迁缓其期，贾后必害太子，然后废后，为太子报仇，岂徒免祸，更可以大得志矣。"赵王伦然之。于是孙秀因使人反间，言殿中欲废贾后，迎太子。贾后闻知大惊，恐再复太子，先指使人将司马遹更幽于许昌宫之别坊，矫诏使黄门孙虑来害太子遹。虑奉贾后矫诏至许昌宫，谓遹曰："今圣上有诏，命杀殿下。臣不敢刃，上药酒，请殿下自裁。"言讫，捣药倾于酒内，请遹饮。遹不肯服，走如厕，被孙虑以药杵锥弑之。于是太子被害，天下之人尽知冤之。自此以后，贾后恣意专制矣。

自太子死后至三月，尉氏雨血，妖星见南方，太白昼见，中台星坼。当张华少子张韪劝华曰："天道此变，然应大人，宜早逊位，免受大患。"华曰："天道幽远，岂能尽应，不知静以待之。"是以不听。

止足之道诫子岳

晋代是世族统治集团专权的时代。豪强世族竞相攀比奢华。巨富王恺和石崇斗富，恺用麦糖洗锅，崇用白蜡当柴；恺屋涂赤石脂，崇屋涂香椒泥。潘岳和石崇等为伍，潘岳母则常用"止足之道"教训儿子。可惜儿子潘岳不听，终致灭族。临死前方才悔悟："我辜负了母亲的教诲，又连累了哥哥、弟弟和侄儿、侄女们。是潘家的不肖子孙。"

知足常乐，这是古训。潘母常用来教训儿子潘岳。她说，人不能永无止境地去贪图荣华富贵，应懂得"止足之道"为立身之本。可惜，她儿子潘岳不听，和母训背道而驰,终于招致灭族大祸。

潘岳(274～300年)字仁安,出身于仕族世家,书香门第。祖父潘瑾,为安平太守,父潘芘,是琅琊内史。潘岳自幼聪慧异常,又长得极美,在荥阳中牟一带乡里被称为"奇童"。他的父亲也常以他夸耀于人前。等到长成少年,便是闻名于郡县的才貌双全的美男子,以美貌闻名于世。他自己也因此而自负。尽管母亲对他管教很严,希望他有远大志向,而不要沉溺于奢华。告诫他,崇尚的美德莫过于安身;安身最重要的是为人正直;要做到正直无邪,就要能做到无私;而正直无私的根本是在于寡欲。如果一个人总是无止境地贪婪地追求物质享受,那他不会有出息。所以,凡是君子,正派的、品德高尚的人,总是先安身,然后静下心来,修养品行,礼貌,牢固树立自己的高远志向,这样,他就不会走上邪路。但潘岳听不进。加上父亲的溺爱和周围人言过其词的夸耀,自恃而又爱虚荣的潘岳便自我放纵而成为一个纨绔子弟。他终日无所事事,过着花花公子式的生活;一身贵族子弟打扮,不是手持弹弓,四处捕鸟捉虫,便是骑马驾车,到洛阳城外风景名胜处游荡。因为他是美男子,每次出去,总是招徕一些年轻妇女手拉着手地把他团团围住,他便与她们调笑作乐,放浪形骸。有时,那些轻浮的妇女还围着他,向他投掷水果嬉闹调情。水果扔到车上、地下,到处都是。有时,甚至投掷的水果竟多得使他满载而归。而与他很要好的另外一个少年张载——后来也成为西晋著名文学家,却因长得丑一些,小孩子们见到他都向他扔石块、瓦砾。潘岳非但不加劝阻制止,反而因自己貌美,招人爱而洋洋自得。潘母知道后,总是责备他说:"男儿不该因为生得美貌便自满,炫耀于人前。而应当在学业上求长进,品德上重修养。"她并且预言张载会比他有出息。潘岳根本听不进这些。并且他很自恃才高,不相信张载将来会比他还有出息。

在晋代,选拔官吏设立"九品中正"。"中正"是由朝廷指定负责察访本地人物的专职官名。用"九品官人法"来选拔官吏,基本上还是沿袭了汉代以"察举"选拔官吏的制度,不过有所发展。公元220年,曹操的儿子、魏文帝曹丕采纳吏部尚书(负责官吏的选拔、任免、调迁的丞相)陈群的建议,规定州设"大中正",郡国设"中正",而将本地的人物评为上上、上中、上下、中上、中中、中下、下上、下中、下下九品,作为选任官吏的依据。吏部所任命的官吏,必须交由"中正"调查这些人的家世名声,学问品德。又因为担任考察地方人物的专职官吏"中正"的人都是世家大族,以致形成"上品无寒门,下品无世族"的现象。

潘岳出身于世族家庭,本应当被选为上品,但伴随他的美貌,还有一个纨袴子弟的恶谥。本来很早便举荐他到司空太尉府为"秀才",却一直不得委以重任,使他一直怀才不遇。十年之后才出任河阳县令。还在他在司空太尉府为秀才的十年中,他为追逐名利和奢侈豪华的生活享受,学会了阿谀逢迎,谄媚于晋武帝。在晋武帝泰始年间,有一次晋武帝要"躬耕藉田",亲自去尝试一下耕作种田,潘岳马上抓住机会,"作赋美其事",大势歌功颂德,以讨好晋武帝。他在赋里写道:皇帝亲自率领一群皇后嫔妃和文武百官到"千亩之甸",在辽阔的田野里下田耕作。青草萋萋,春意盎然,一辆连一辆的车驾驶过。微风轻轻吹拂着车上的帷幔,朱红色的车轮卷起细微的灰尘。把晋武帝亲自下田耕作写得美如一次春游。晋武帝看了很高兴,但仍未能让他得到升迁。他不免失望和扫兴,于是便又沽名钓誉,想学隐士逸民。他在他的《闲居赋》中写道:"于是退而闲居于洛之溪,身齐逸民,名缀下士。"因为仕途失意,十分懊丧,郁郁不得志,只好闲居在洛水边上,而把这种闲居看作是如同隐士逸民。但内心里却仍是希望有朝一日飞黄腾达。这里只不过是发怨言而已。

当然,潘岳并非没有学识。在他出任河阳县令时,仍然是竭心尽力,对于县政也多有兴革。后来调任尚书度支郎、廷尉等职。不久,因为批评朝政而被免职。

公元290年,晋武帝司马炎死。其子司马衷继位,是为惠帝。惠帝司马衷是一个患有痴呆症极其无能的皇帝。惠帝即位后,由他的外祖父杨骏辅政。杨骏当时任车骑将军,封临晋侯,势倾天下。杨骏辅政后,"高选吏佐",选拔有才能的人一道辅佐皇上,实际是大结私党以便进一步专权。于是,潘岳被选为太傅杨骏府上的主簿。不到一年时间,即公元291年,惠帝的皇后贾南风开始了争权的阴谋活动,终于引发了长达十六年之久的"八王之乱",西晋皇族互相残杀。先是贾后唆使楚王司马玮以"专权"的罪名杀死了辅政的大将军杨骏。于是,潘岳便被免去了太傅府主簿的职位。而且差一点被楚王司马玮所杀。幸亏楚王玮的长史公孙宏出面搭救,他才幸免一死。

公孙宏是个孤儿,家境贫穷。幼时便流落到河阳地方。他很会弹琴,又很能写文章。当时,潘岳正好在河阳当县令,很赏识他的才华,便常常周济他,还勉励他上进。后来,公孙宏投奔楚王玮,当了楚王的长史。楚王玮诛杀杨骏时,杨骏的私党都受到株连。杨骏府上的另一位主簿朱振与杨骏同时被捕杀。这天夜晚,正好潘岳处理一件紧急公务在外未回,公孙宏便赶紧极力在楚王玮面前为他旧日的恩人求情,潘岳才免于一死。

不久,潘岳又被选为长安县令。他十分高兴地走马上任,还作了一首《西征赋》来描述他的这次赴任。这又是劫后余生的一次赴任,所以他母亲的劝阻他也全然不顾。后来,他又调任为博士。这一次,因为母亲重病,他才没有到任。就在他因为母亲重病而滞留在家时,潘母又一再劝他不要迷恋于荣华富贵。对他讲人的贪欲是不会有止境的,应该懂得"知足常乐"的道理。劝诫他"退求己而自省",乘未去上任的机会,像孔子说的应"吾日三省吾身"。还用家庭生活,天伦之乐,"动之以情",从感情上去打动他。这一次,他虽然也承认与"太夫人"母亲在一起,一家人有长有幼,生活十分快乐、幸福。表示一定"退求己而自省"。但是,过了一段时间,他还是又去追名逐利,任著作郎、散骑侍郎。

潘岳"性轻躁,趋时利",已经是不可改移了。他与西晋巨富世族石崇等一道"谄事贾谧"。贾谧是当朝著名的奸相,为时人所不齿。但每当贾谧乘车出去,他和石崇都要对着驶过的贾谧的车骑"望尘而拜"。潘岳、石崇等与贾谧结成私党。当时的人称贾谧等一伙趋炎附势的文士、仕宦为"二十四友",而潘岳竟然名列第一,可见他追名逐利、虚荣和贪图奢华到了无可救药的地步。

贾谧是贾充的孙子。在魏晋年间,贾充深得司马氏的信任。贾充还把他的两个女儿送入宫中,一个为太子妃,一个为齐王妃。司马炎死后,惠帝即位,贾充的女儿贾南风为皇后。贾谧是贾后的侄儿。贾后便与贾谧合谋专权。于是贾谧成为新权贵,潘岳立即趋附于贾谧,以图飞黄腾达,过着骄奢淫逸的生活。

公元291年,贾后与贾谧密谋,先唆使楚王司马玮杀死辅政的太后父杨骏。又让汝南王亮,而不是楚王玮来辅政,以挑起司马氏诸王的不和。果然,楚王玮杀死汝南王亮。贾后再以"专杀"的罪名杀死楚王玮。此后,贾后依靠贾谧专权达十年之久。潘岳就是在这段时间内,依附贾谧而历任著作郎、散骑侍郎、给事黄门侍郎,飞黄腾达,仕途臻于顶峰。但他好景不长。公元300年,赵王伦联合齐王冏起兵攻入洛阳,逼使贾后自杀。贾后临死还把责任推到贾谧身上。直到齐王冏领她到西宫,让她亲眼看看已被杀死的贾谧的尸体就抛在宫中的地上,贾后才因走投无路,不得不自缢而死。

还在贾后专权之时,"专制天下,威服内外",又让"二十四友"为首的潘岳,起草诏书,废掉太子愍怀。潘岳很有文才,趋炎附势,草拟了这份诏书,也为当时和后世的人所非议。贾后专权,重用贾谧。二十四友",又废掉了太子,于是"天下咸怨",遭到百姓的怨恨,对贾后、贾谧"二十四友",都很不满;司马氏诸王便借百姓的不满,打算起兵废掉贾后,立太子愍怀为帝。贾后和贾谧"二十四友"则合谋,"遣宫婢微服于人间"刺探消息。当消息得到证实后,贾后便立即残忍地杀掉了愍怀太子,想用这个办法断绝司马氏诸王立太子愍怀为帝的希望。

贾谧和贾后都被赵王伦和齐王冏诛杀后,赵王伦与齐王冏又为争权夺位而拼杀起来。后来,赵王伦夺权称帝。他的私党孙秀,因想夺取石崇的宠妾、歌舞名伎绿珠没能得到,便诬陷石崇和石崇的外甥、也是"二十四友"的欧阳建谋反,同时还诬陷潘岳共同勾结淮南王允、齐王同作乱。

当初,潘岳的父亲潘芘为琅琊内史时,孙秀是潘芘手下的一名小吏。那时,潘岳年纪尚幼,孙秀为人奸猾,"狡黠自喜",又会巴结人,便常陪潘岳玩耍,以讨好上司潘岳的父亲——潘芘。潘岳很不喜欢他,还曾有好几次用鞭子抽打过他。孙秀记恨在心。后来,孙秀投靠赵王伦,成为赵王伦的亲信,结成私党。等到赵王伦夺权称帝,他便任孙秀为侍中。

潘岳在中书省内曾戏问暴发了的孙秀说:"中书令还记得当年受尽委屈陪着我玩吗?"孙秀便回答说:"一直记在心底哩! 怎么忘得了呢?"

自此,潘岳便心存戒惧,知道自己无法逃过被杀的厄运。

当贾谧"二十四友"中的石崇和欧阳建被绑到刑场后不久,潘岳也被捆绑了。石崇还故作镇定地问:"潘兄,你也来了?"潘岳也装得很轻松的样子回答说:"石友,你我可说是'白首同所归'了。"

原来,当初石崇以巨富显赫一时,在洛阳郊外北芒山中修筑金谷涧别墅,金屋藏娇,与绿珠歌舞作乐的那个时候,潘岳十分羡慕,并与石崇常有诗歌唱和。潘岳在寄赠石崇的金谷诗中,有一联诗句,是表示对石崇的羡慕和趋附的,诗句说:"投书寄石友,白首同所归。"没想到今日真的应验了,两个头发已斑白的好友,同时被诛杀。

跟潘岳同时遇害的还有他年老的母亲,任侍御的哥哥潘释,任县令的弟弟潘豹,任司徒掾的潘据,幼弟潘诜;他自己的子女及侄儿。唯一逃过浩劫的男子是潘释的儿子伯武,在官兵围捕他们家人时逃走了。潘豹的一个女儿紧紧地跟她母亲抱在一起哭,死也不肯分开,后来才得到赦免。

潘岳临死前,看着白发苍苍的老母,内心惭愧不已。他这时才醒悟过来,后悔没有及早记取母亲的教诲,及早明白"止足之道"乃是做人安身立命的根本。他流着泪,向母亲忏悔说:"我辜负了母亲的谆谆教诲,对不起母亲。连累了哥哥、弟弟、侄儿、侄女们。我是潘家的不肖子孙。"这时,潘母倒是镇定自若,满怀悲愤地对儿子潘岳说:"虽然后悔已是晚了。然而你终究还是明白了我平素对你讲过的那些做人的道理。这也使我得到了一些安慰。"说完,又看了看身边的儿子、孙子们,悲哀地哽咽着说:"我这大年纪了,死不足惜。只是你们平白遭受这样的祸害,我哪有脸在九泉之下见你们潘家的祖辈呀!"说完向刽子手走了过去,引颈受刑。围观的人无不为之感动。

截发封鲊训子廉

湛氏,晋代豫州(今江西省)新淦人。东晋名将陶侃的母亲。丈夫陶丹早逝,家贫,以纺织养活儿子,并以古圣贤之道教诲他。

一次鄱阳孝廉范逵来访,陶侃母湛氏拆茅屋的梁柱生火取暖招待客人,因为当时正是隆冬,大雪纷飞,天很寒冷。湛氏将所垫的草荐铡碎喂客人的马匹,还剪下头上的秀发卖与邻人换些粮食与菜肴待客。

后陶侃为浔阳县吏,借管辖渔业之便,送了一罐糟鱼给母亲。湛氏封好鱼罐退回并写信责备陶侃说:你为吏,拿官家的物品送我,非但对我无益,反而增加了我的忧虑。一再嘱咐要儿子为官要清廉。

陶侃(259~334年),字士行。本为三国时吴地鄱阳人。父亲陶丹,三国时孙氏吴国的阳武将军。吴国被司马氏所灭,陶侃的父亲便迁往庐江浔阳(今江西九江)。陶侃的父亲早逝,家里十分贫穷。陶侃与母亲湛氏母子二人,孤苦伶仃,相依为命。

在中国古代历史上,强盛的汉王朝在走向衰败之后,又经过了三国时代的连年战乱直到晋朝,虽然国家统一了,百姓安定,社会生产也有所恢复。但司马氏建立起西晋政权之后,大肆分封司马氏家族为王。从而又很快形成了诸侯割据,世族豪强夺权,社会两极分化日益强烈的混乱局面。富者愈富,出现了像石崇与王恺斗富,石崇用五斛珍珠买一歌舞伎的故事。而贫者愈贫,百姓卖儿鬻女的惨象随处可见。因陶侃家"酷贫",所以,陶侃自幼便在母亲湛氏的严格教诲下刻苦读书,以求进入仕途。陶侃的母亲湛氏,是一个十分贤惠的女子。因为陶家"酷贫",湛氏一嫁过来之后,便织麻纺线,补贴家用。待陶侃生下来后,尤其是陶侃的父亲陶丹因不耐贫寒,早早地便因病死去之后,陶侃母湛氏便只得一面辛勤织纺,以维持生计,一面悉心教诲儿子,以待他长大成人。她自己虽然所学很浅,但古人教子勤学的故事却知道不少。像孟母"三迁"的故事;乐羊子妻"断杼"的故事;春秋战国时的大谋士苏秦刻苦读书,"头悬梁,锥刺股";孙康家贫,买不起蜡烛,便"映雪读书";车胤也是,他用"萤光照读";等等。湛氏不但用这些故事教育儿子陶侃发奋读书,而且还用古代圣贤的教训教诲陶侃要学会做人,修养品德。求知重要,做人更重要。她为儿子立下的做人的准则是:生活要节俭,做事要勤奋,为官要清廉,待人要诚恳,交友要谨慎。

在母亲湛氏的严格教诲下,陶侃勤奋攻读,认真修养品德。但是还是不能入仕。因为晋代选拔官吏,是沿袭汉代的"察举"制度,即由丞相、列侯、刺史、守相等推举,经过吏部考核,确为优秀的,才任以官职。这种选拔官吏的制度,是从汉武帝开始的。"察举"的主要科目有孝廉、贤良、茂才(秀才)等。是一般士人进入仕途的重要途径。"孝廉",是由郡国在所属吏民中推举,被举为孝廉的,往往被任为"郎"。举孝廉,后来在东汉便成为进入仕途的必由之路。"贤良"有两种,一是由皇帝诏举。推选的贤良人才,为皇帝询访政治得失,以方正直言向皇帝进谏。应举者如果表现特殊优秀,即授予官职。这种选拔官吏的方式称为贤良方正。另一种是由郡国推举优秀的文学人才来充选,成绩优秀者,也授予官职,称贤良文学。"茂才",是一般优秀人才的通称。是由各郡县地方推举,也是一般知识分子进入仕途的一个重要途径。东汉时,因要避汉光武帝刘秀的讳,改称秀才为茂才。汉代开始的这种以"察举"选拔官吏的办法,到了魏晋南北朝时期,又有所发展。"察举"发展成为"九品官入法"。设立"中正"具体实施"九品官入法",称"九品中正"。

在这样一种社会的和政治的氛围里,尽管陶侃发奋苦读,修养品行,已经是满腹经纶,品德高尚,也很难进入仕途。直到二十多岁,他才只是当了浔阳县衙里的一名小吏。后来,一个偶然的机遇,陶侃才得以进入仕途,并且使他的才能得以显示,他才累迁并且成就为晋代的一位名臣。当然,这个偶然机遇的获得,也与陶侃和他的母亲湛氏的高尚品行大有关系。

原来,陶侃同郡有一位青年,叫范逵的,是陶侃非常要好的朋友。范逵因为在庐江郡中很有些知名度,便被举为孝廉。范逵被举为孝廉后,要到庐江郡府所在地去参拜庐江郡太守张夔,要从浔阳县路过,便去拜访好友陶侃。

那正是隆冬季节。那一天,又正下着大雪,漫山遍野,一片银色,白茫茫的不辨村路。范逵带着仆从人马一行,过了中午,才到达陶侃家。陶侃和母亲湛氏,见寒门来了贵客,大喜。同时,又因家里"酷穷"而深深地发愁:拿什么像样的食物招待这位贵客和他的仆从呢?天又是这么寒冷,家里的境况又是这么寒酸。茅草瓦屋,破烂不堪。屋梁上还挂着一排排冰柱子,像悬挂着的一排排晶莹剔透的玉磬一般,又如何让这些客人留宿呢?正在母子二人十分难堪,手足无措,商量不出什么好办法时,陶侃母湛氏用手一抚头发,忽然想出了一个好办法。她高兴地对陶侃讲,你只管到外边客厅里去留住客人,我自有办法。

陶侃母湛氏有一头乌黑浓密的秀发,长长的,散开来都可以拖到地上。于是,她立刻拿出剪刀,挽住发髻,将头发剪下来,又挽成两绺,拿去卖给邻人做假发,用卖发得来的钱,买了几斗米;又砍掉茅草房屋的木柱,劈成柴禾,烧火让客人取暖;还把床上厚厚的草垫子拆掉,把这些干草铡碎去喂饱范逵的那些马匹。到了傍晚,摆了一桌精美的筵席,很丰盛地招待了客人。范逵和仆从们非常满足,也很吃惊,这超出了他们的意料。他们既惊叹陶侃母湛氏的待客热情和聪明机巧,又深深感到惭愧。因为他们的到来,给主人增添了这么多的麻烦。所以他们十分感激主人的深情厚谊。直到后来陶侃官至大将军,以贤臣闻名于当世,人们还一直在传说着陶侃母湛氏"截发待客"的故事,还都在赞叹说:"非此母不生此子也。"的确,没有这样的好母亲,是培养不出这样好的儿子的。

第二天,范逵和仆从一行人马,辞别了陶侃和母亲湛氏,往庐江郡府所在地进发。陶侃母湛氏又让儿子陶侃代自己去送行。陶侃送范逵,主客一行数众,踏着一尺多厚的皑皑积雪,送了一程又一程,依依难舍。已经走了一百多里路,陶侃还要再送,范逵再三劝阻说:"你可以回去了。送君千里,终须一别。何况还后会有期。"陶侃这才作罢。便停立下来,目送范逵主仆一行远去。范逵已走得很远,忽然,又策马返回,气喘吁吁地问陶侃道:"你想进入仕途吗?"陶侃回答说:"想进入仕途,只是苦于找不到路径。"因为陶侃的父亲陶丹虽然也曾官至将军,但那是在三国时代,是吴国的将军。后来,吴国被晋朝司马氏所灭,他父亲成了亡国之臣,败军之将,而且,父亲又早早地去世了。在九品官人法,九品中正制之下,他徒有满腹才学和高节远志,要想实现宏图大志,怕是比登天还难。因此，陶侃在对好友范逵说起时，面露忧戚，不无感慨。范逵也曾听说陶侃不但有才学，而且品德高尚。他的母亲湛氏更是一位贤惠高节的女性。这一次亲身目睹和感受了，心里已是十分的感佩，所以很愿意帮助好友运筹一番，以期能有所作为。于是，便对陶侃说："这次我到庐江，见到郡守，一定鼎力举荐你。"

果然，范逵到了庐江，见到了庐江郡太守张夔，便立即举荐了陶侃。因为是庐江郡孝廉所举荐，张夔便征召陶侃为督邮，领枞阳县令。后来，又因为陶侃任县令很有能力，做出了政绩，升迁为庐江郡府主簿。陶侃上任不两天，便正好遇上了州部的一名从事，下到庐江郡来检查工作，说是检查，实际是挑剔苛求。陶侃知道来意后，便闭门不接待。并且让人传话给这位州部来的从事说，若是鄙郡的政务有什么地方违反了州部的指示命令，我们自当按法纪法典严肃查处，你不应该来逼迫。如果你太无礼，我们就要据理抵制。州部从事见主簿陶侃如此刚直，便知趣地返回州部去了。

又有一次，庐江郡太守张夔的妻子患了重病，听说有一位名医可以治好这种病，但要到数百里之外的地方去请这位名医。而当时正是冬令季节，大雪冰封，行路极其困难。郡府的主管"纲纪"很有些畏难，不愿意去请医生。陶侃见了，便挺身而出，说道："郡守和夫人，都是年近古稀的老人，郡守又是我们的上司，我们应该像侍奉自己父母一样，侍奉郡守和夫人。哪有父母有病，而做子女的却袖手旁观，不去尽心尽力看护的呢？"说完，便独自一人冒着严寒，顶着纷飞的鹅毛大雪，出发去为郡守夫人接请医生。旁边的人见了，都敬佩陶侃的这种敬重老人、重情谊的行为。

长沙太守万嗣，听说庐江郡府主簿陶侃不仅是一个正直，很有才能的人，而且还是一个非常敬重老人和重情谊的人。有一次，他因公外出，便特地绕道经过庐江郡。在庐江郡府驿馆一住下来便只身一人前去拜访陶侃。陶侃见是长沙太守登门拜访，十分不安，便格外谦逊礼貌。长沙太守见陶侃果然是一个才学、能力与品德都十分优秀的青年，便十分高兴。他对陶侃说："我听说你是一个优秀的青年，今天一见，果然如此。你会有大出息的。我绕道来拜访你，是想让我的儿子同你交朋友，接受你的影响。你要是愿意接受，我就拜托了。"受到称赞和信任，陶侃心里自然高兴。但凡是这种时刻，他都会很自然地记起母亲湛氏的叮咛："满招损，谦受益。"所以他并不因此而变得骄傲和狂妄。

　　在庐江郡府当主簿不多久，郡守张夔见陶侃才学人品都好，做事又勤勉认真，便推举他为孝廉。于是陶侃便又离开了庐江郡府，到西晋王朝的京都洛阳，去见吏部中书令张华。开初，张华因为陶侃不是名门世家出身，接待得有些敷衍。但陶侃每次去吏部打探消息，都并不因为张华的冷淡而在自己脸上流露出一些不满的神色。终于，张华同陶侃谈了一次话。从这次谈话中，张华才发现陶侃确实有才能，便任他为"郎"。这时，陶侃的一个同乡，叫杨晫，任豫章国郎中令。他知道陶侃任为郎，也很高兴。他赞赏陶侃说："贞国足以干事，陶士行也。"士行是陶侃的字。他评价陶侃是一个品德高尚而又能实际干事的青年。有一次杨晫拉陶侃同坐了一辆马车去见中书郎顾荣，使顾荣大吃一惊，怎么堂堂的朝廷重臣豫章国郎中令竟同一个无名小辈坐一辆车？不过，身为朝廷大臣的中书郎顾荣还是很有修养的。他拉了拉杨晫的衣袖，悄悄地低声说了一句："你为什么要和一个无名之辈同坐一辆车来呢？"杨晫是一个性情开朗直率的人，便当着陶侃的面，对顾荣说："陶侃不是一般的人才；他是一个大才，奇才。"这以后，陶侃可以说是正式步入了仕途。尽管仕途不无坎坷，他还是比较顺利地达到了高峰，成为晋代的一位名臣。

　　当陶侃后来回顾他的人生和仕途经历时，他深感自幼母亲对他严格要求和教诲，才使他一生受用无穷。他后来历任荆州刺史、广州刺史。公元325年，加封征西大将军，官至都督八州诸军事，可谓是飞黄腾达，荣华富贵臻于顶端。但在他四十年的仕途生涯里，他都一直牢牢地记着母亲教诲他为官清廉、为人正直的每一件事。就为官清廉来说，还是在他作浔阳县小吏的时候，便发生过一件使他终身不忘的事。浔阳县府临江依水，渔业兴旺。他初为小吏，又正管辖渔业，因而常有鱼吃。他是一个十分孝顺的人。因想到自从他记事以来，母亲便是十分艰辛地抚养他过日子，成年累月地织纺，母子二人，也终难得一温饱。吃的自不用说是很差的，倘有一星半点鱼肉，母亲也都是省给了他。为了报答母亲，他便送了一小罐浔阳地方的特产糟鱼给母亲。哪知母亲一见包的是一小罐糟鱼，便又重新封好，退了回来，还写了一封信责备他。信很短，但责备很严厉。信里说："尔为吏，以官物遗我，非惟不能益吾，乃以增吾忧矣。"从此以后，陶侃为官，四十年如一日，清正廉明，勤慎吏职。就是在领兵作战的非常日子里，他也都是"戎政齐肃。凡有虏获，皆分士卒，身无私焉。"他带领军队，严肃军纪，又爱兵如子。只要是有战利品，他都分发给士兵，自己丝毫不取。因而，他深受士兵的敬佩与爱戴。他领军作战也常能获胜。公元328年,东晋两将军苏峻、祖约叛变时,大臣庚亮、温峤便是依靠陶侃的军队才收复了健康(今江苏南京)的。

陶侃的仕途也有曲折与坎坷,但他都能以宽阔的胸怀对待。他受奸相王敦排挤,调任广州刺史时,在任上无事可做,便朝夕运甓以练习劳作。史书上记载说:"侃在州无事,辄朝运百甓于斋外,暮运于斋内。"甓,就是砖。早上他运一百块砖到书房外面去,晚上再把这一百块砖运回书房里来。他厌恶饮酒、赌博。那还是在镇守武昌时,有一次同僚和佐吏同他一起饮宴,劝他喝酒,他不喝;又劝他少喝一点,他便伤心地对他们说,自己年轻的时候,在浔阳县为小吏,曾经喝醉过一次,母亲湛氏知道后,狠狠责备了他,他立即向母亲立誓,永不再沾酒。现在,母亲已经去世了,联想起来,有些伤心。他还常对人说,母亲自幼就培养他勤勤节俭的习惯。所以,他也经常用"一寸光阴一寸金,寸金难买寸光阴"的浴语勉励他的下属珍惜光阴。他率领水师,监造舰船,余下的竹木废料,他都要储以备用。他的这种勤劳节俭的美德也为时人所称颂。

训子克己为清吏

崔氏,北周清河(今江苏淮阴)人。十三岁嫁到荣阳(今河南荣阳)郑家。丈夫郑诚,为北周大将军。在讨伐尉迟迥时力战而死。崔氏守寡抚养儿子郑善果。后善果为鲁郡太守。崔氏性贤明,有节操,通晓政事,每次善果升堂处理政事时,崔氏便于幛幕之后察听。若儿子处理的不合理,母亲便生气,蒙着被子躺在床上哭泣,终日不食。善果便吓得伏于床前不敢站起来。母亲对他说,为官应该清廉谨慎,勤勉公允。儿子谨遵母训,不敢荒废政事,终为后人所称颂。

郑诚妻崔氏嫁到郑家后一年,即生有一子,名善果,取善恶终有报应,善必有善果,恶终将有恶报的意思。郑诚战死后,郑诚的父亲郑孝穆见儿媳年纪尚轻,为其前途计,便劝她改嫁。郑诚妻崔氏抱着襁褓中的善果对公公说,善果的父亲才死,他又是为国殉难的,我怎么能一下了就割舍得下我们夫妻之间的情义,马上就改嫁呢?况且,郑诚和我还有我们的这个小儿子善果,我又怎么能狠心丢下亲骨肉,让我们的儿子成为孤儿,我只顾自己享受而去改嫁他人呢?我不能连这一点做母亲的慈爱之心都没有啊!我宁可割掉耳朵变成聋子,剪断头发毁掉容貌，来表达我的坚定的决心。郑诚的父亲郑孝穆很惭愧，也很感动，从此再也不提此事了。

又过了几年，隋文帝改封郑善果为武德郡公，仍承袭父亲的爵位与开封县一千户的封邑。同时又由沂州刺史，转为景州刺史。过了不久，改任鲁郡太守。善果这时年仅十四岁。

善果的母亲崔氏，贤德，明大义，有节操。她博览群书，攻读过古史典籍，通晓为政之道。并一直遵循古训：居官要清廉，为政要勤勉。尚节俭，戒骄淫，讲究名节。善果赴任后，她便跟在儿子身边。每次善果到太守府堂处理政务，她便坐在帷幕后边静听。听到儿子善果处理政事能"部断合理"时，崔氏"则大悦"。儿子退堂进来之后，她便立刻请儿子坐下来，同儿子"相对谈笑"。如果儿子处理公务不恰当、不公允，或者甚至随随便便，就严加训诫。有一次，儿子处理一桩案件，不能公允执法，而且还粗暴地发了火。崔氏听了，便一声不响地回到房间里，"蒙被而泣"，为儿子办事不公，处理不当而感到忧愁，感到伤心，以致"终日不食"。善果是一个很孝顺的儿子，见母亲竟然这样生气，便立刻醒悟到自己的过错，心里很不安，便伏在母亲床前，不敢起身，准备接受母亲的责备和教诲。崔氏见儿子已经冷静下来，并且感觉到了自己的错失，便起身坐在床沿上，语重心长地教诲儿子说："我不是对你生气。我是觉得有愧于你们郑家。因为我没有把郑家的后代教育好。自从我嫁到你们郑家之后，就想到要做郑家的好媳妇。每天洒扫庭院，料理家务，绝不敢懈怠一分一毫。渐渐的，我了解了你的父亲是一位忠诚勤奋的人。为官清廉谨慎，公而忘私，从没有因为家庭私事而分心。我很敬佩他。所以我做家务事，再忙，再累，心里也感觉得高兴。你父亲把整个身心都奉献给了国家，直到为国战死。我希望你也能成为像你父亲一样的人，有他那样一颗廉洁奉公，正直无私的心。"崔氏见儿子恭恭敬敬地听着她的教诲，便又很恳切地接着说："你年纪很小便失去了父亲，我们母子相依为命。长久以来，我所顾虑的一件事，便是我只有慈爱而没有威仪，不能全面地教育你，从而使你不能知道庄敬礼节。人们常说，父严母慈，这样才能有一个完整的家庭教育。而我是一个寡妇，只能给你慈爱。你没有父亲，失去了严格的教诲。所以，你不知道庄敬礼节，责任也不全在你。但是，一个不知道庄敬礼节的人，怎么能担负起像你父亲这样一批国家忠臣所遗留下来的事业呢？你还是一个小孩子，就承袭了一大片土地，位至一方长官，难道这是你自己的能力所换来的吗？你怎么能不牢牢记住这一点，而轻率从事，随便就发脾气呢？你今天在公堂之上处事不公，还大发雷霆，是因为你骄傲了。骄傲、纵乐，就会毁坏公政。"崔氏见儿子一直低着头在聆听和铭记自己的教诲，便进一步对儿子剖析说："你这样做的危害，对我们家庭内部来说，是败坏了家风，就国家社稷而言，则是没有执行皇上的指示法令，这样下去，就会导致违犯法纪，犯下罪过。若是这样，我死之后，有什么面目到地下去见你的祖先呢？"

自此之后，善果便牢记住母亲的教诲，下决心改正自己的缺失。崔氏见了也十分高兴，母子感情更加深厚。"善果由此遂励己为清吏，所在有政绩。"

崔氏自嫁到郑家，一直是克勤克俭。就是在儿子善果小小年纪便当了太守，家道显赫之后，她也仍旧坚持勤俭持家。还是照样去亲手织麻、纺纱、织布、制衣。常常要劳累到深夜才能睡下。善果见母亲长年如此劳累，心里过意不去。有一次，他劝母亲说："我现在已经是受封为侯，官位在三品。我的俸禄足够养活母亲，母亲何苦还要这样辛苦劳累呢？"母亲崔氏听了，吃了一惊。她摇了摇头，叹息地回答说："唉，你已经长大了，我还以为你懂得天下的大道理了。现在听你这么一说，我才知道，你实际上还没有长大。像你这样，抱着这种想法，怎么能把公事做得很好呢？你应该明白，你现在的俸禄，那是你的祖辈先人为皇上效力，为国家捐躯，皇上报答他们的。你应当将这些俸禄分给那些穷困的亲戚，使他们都能享受你祖辈先人的恩惠。我作为你为国捐躯的父亲的遗孀，你作为他的儿子，我们怎么好独自享受这些俸禄呢？更不应该以为这些俸禄是自己的功劳换来的，应该享受这荣华富贵。"又说，"纺纱织布，是每一个家庭主妇所应当做的事情。上自王后，下至士大夫的妻子，她们都应该这样。各个人都应当学会纺纱织布，制作所需要的衣服。若是懒惰，不愿意做这些自己分内的事，那她便会变得骄奢淫逸，就不能算是一个好女子了。我虽然不是一个很知礼的女人，但我深深懂得，要十分爱惜自己的名声。"接着，她便又对儿子善果讲了《国语》上记载的一个类似的故事：春秋时，鲁国有一个大夫，叫公父文伯，他的母亲名叫敬姜。敬姜是公父穆伯的妻子。一天，敬姜的儿子公父文伯朝见鲁国的国君后回到家中，见母亲正在织麻，就对母亲说："我们这样的士大夫家庭，主母还要织麻，同僚们知道了，恐怕还以为我不能孝顺母亲而要责备我哩！"敬姜听了，不以为然。她觉得儿子有这个想法，说明儿子还不懂得为政的道理。于是敬姜便对儿子说："从前，圣王治理国家，选择那些不肥沃的土地，要他的臣民百姓住在那里,使他们劳累,然后使用他们。所以他便能长久保有天下。百姓辛勤劳动,便会动脑筋思考。动脑筋思考,就会生善心。太安逸了,就会产生骄淫的念头。有了骄淫的念头,就会失去善心。失去了善心,则罪恶的心思就要萌生。所以人应该勤勉,不能懒惰。肥沃的土地上的臣民百姓多半不能成才,是因为骄奢淫逸惯了的缘故。贫瘠土地上的臣民百姓,往往心地善良,民风淳朴,就是因为经常在劳动。正是由于这个道理,所以天子要穿五彩衣服一大早便去祭祀日神,同三公、九卿一道,感到大地生育万物的恩德,中午考察政事和百官的政务。师尹、帷旅、州牧、国相,天子的这些臣下也要宣布和告示自己的政教民事,到了傍晚,要去祭月神,认真地观察上天所显示出来的吉凶征兆,夜里还要监督九卿把祭祀用的器皿和贡品清扫干净,然后才可以安心地去休息。这是天子要做的事。到了诸侯,早上要研究天子的诏令,白天要考察自己职责内的政务,傍晚要检查执行刑典的情况,夜里要告诫百官,使他们不致怠惰放荡,然后才可以安心休息。卿大夫则是早上要考察自己职责内的事务,白天办理政务和各种杂事,傍晚总结一天所做过的事,夜里料理家里的私事,然后才能去休息。一般的士人,早上读书,白天讲习,傍晚温课,夜里反思自己一天有无过失,没有什么憾事就可以安心去休息了。普通百姓,则是白天劳作,晚上休息,没有一天敢偷懒懈怠。至于女人,上自王后,下至庶民百姓的妻子,都要劳作,王后亲手织帽子上的黑玄带,公侯夫人要加做系帽子的小丝带,卿的妻子要做大带子,大夫的妻子要做祭服,列士的妻子要做朝服,普通百姓的妻子,都要替丈夫做衣服。春天祭祀,祷告农事的开始。冬天祭祀,禀告农事的成功。男耕女织,共同效力,有过失就要受到责罚。这是古代的制度。君子劳心,小人劳力,这是先王的遗训。从上到下,谁敢滋生淫佚之心而不劳动。如今我是一个寡妇,你文伯又处在下大夫的地位,从早到晚,勤奋做事,还担心忘了先人的事业,要是有所怠惰,怎么能逃避责罚呢?我希望你从早到晚,都要修养自己的品德,警醒自己说:'我一定不放弃先人的事业。'而你现在却说什么,'为什么不让自己过得安逸些呢?'凭你这样的思想去担任国君封给你的官职,我担心穆伯家的祖先将要无人祭祀了。"听了母亲敬姜的这番教诲,公父文伯醒悟了。从此以后,勤勉于政,终于成为鲁国很有声望的公卿。孔子知道后,也很钦佩,并且把这个真实的故事记载下来,要他的弟子们牢牢记住。

善果听了母亲讲述的《国语》上的这个故事,也十分感动。他觉得自己的母亲像公父伯文的母亲敬姜一样,是一位深明大义,贤惠高尚的母亲。她不只是教诲自己做官的道理,还教诲自己做人的道理。郑善果历任州郡太守,却一直都是从自己家里送饭菜去吃。官府供给的饭菜,崔氏都不让接受,而分给善果的同僚或部属。官府供给的其他待遇,他也不接受,而全部用来作维修官府的房屋设施用。这样,善果因克己奉公,被称为清正廉明的官吏。隋炀帝时,还特地派御史大夫张衡去考察。结果,郑善果被考为"天下最嘉",是隋王朝征召的官吏中最为优秀的,授给他"光禄卿"。而在这背后,则是崔氏的教子有方。崔氏也以教子闻名,被载入史书,传于后世。

在隋炀帝被突厥兵围困于雁门(今山西)时,郑善果因防御有功,拜为右光禄大夫。隋王朝末年,大将宇文化发动兵变,杀死隋炀帝,任郑善果为民部尚书,隋宇文化及率军西进至童山(今河南浚县西南)为李密所败。又率余众走魏州(今河北大名东),毒杀秦王杨浩,自立为帝,国号许。次年走卿城,为窦建德所杀,郑善果亦被擒。后郑善果奔相州淮安王,淮安王神通将他送往唐高祖李渊处,李渊待之以厚礼,拜为太子左庶子检校内史侍郎,封荥阳郡公。唐贞观元年(公元627年)为岐州刺史。贞观四年(公元630年)为江州刺史。同年死于任上。

洁身自好毗陵尼

沈皇后,名婺华,为南朝陈后主陈叔宝的皇后。吴兴武康(今浙江吴兴)人。出身名门,父沈君理,为仪同三司望蔡侯。母亲陈氏,是南朝陈武帝的女儿、会稽(今浙江绍兴)穆公主。沈婺华自幼"聪敏强记,涉猎经史,工书翰"。因而识礼仪,有高节,明大义。嫁给陈后主,因不赞同其荒淫腐化的生活而失宠。但她洁身自好,并不嫉恨。公元598年,隋灭陈,将沈婺华与陈叔宝携至洛阳。公元604年,陈叔宝病死,沈婺华即自广陵(今江苏扬州)南抵毗陵(今江苏苏州)入天静寺为尼,取名观音。唐太宗贞观初年去世。

沈婺华的父亲沈君理,"美风仪",博通经史,有识见,刚正。以"干理见称",为陈武帝所器重。陈武帝便将自己的女儿、会稽(今浙江绍兴)穆公主嫁他为妻。夫妇二人家教十分严格。沈婺华聪明好学,记忆力尤其好。自幼便广泛地涉猎了经史典籍,诸子百家,且工于书画,称得上是书画家。她识礼仪,重

国学经典文库 中国古代逸史 · 三国两晋南北朝逸史 · 图文珍藏版

修德,有高志,明大义。她十分孝爱父母。母亲早逝,她十分悲伤,"毁瘠过甚",因为悲痛过度而伤害了身体。每逢年节或初一、十五她都要"独坐啼泣"哀悼祭奠亡母。她这种爱母的诚挚笃厚的真情使周围的人都为之深受感动,既敬佩又惊异。

太建三年(公元571年)被征为皇太子陈叔宝的妃子。不久,沈妃婺华的父亲沈君理死,沈妃按父女之礼为之发丧送葬,为太子陈叔宝所不满。至德元年(公元583年)陈叔宝即位,是为后主,沈妃立为皇后。身居高位的沈婺华仍"身居俭约",不惯于陈后主的"甚爱奢靡",陈后主自然便很不喜欢,对沈皇后"遇之甚薄"。两人因没有多少共同的情趣与志向,感情日益淡薄。

南陈后主陈叔宝(553～604年)是中国历史上著名的骄奢淫逸、腐败无能的皇帝。他不问国事,不理朝政,整日沉溺于歌舞饮宴,寻欢作乐。由于他善淫词艳曲,所以最爱饮酒作诗取乐。每次饮宴,便使其宠姬张贵妃、孔贵人、龚贵人等八名年轻貌美的嫔妃宫女夹坐在他的左右两旁,令文士江总、孔范等十数人参加,称为狎客。先令张贵妃等八人制五言诗,再令十狎客同时吟诗相和。和诗慢了的或者和不上的罚饮酒。就这样,君臣、男女醉酒作乐,通宵达旦。陈后主饮酒便很少有醉醒的时候。皇后沈婺华见此情景,很是不快,且十分忧虑,怕后主因此误国,便常婉言相劝。陈后主非但听不进,反而与沈皇后更加疏远,而移宠于张贵妃、孔贵人和龚贵人。与她们终日寻欢作乐,连沈皇后宫中都极少去,后来竟干脆不去了。

陈后主宠幸的张贵人,名叫张丽华。她原来也是贫苦人家的女子。一家人全靠父亲和哥哥织草席来维持生活。张丽华十岁那年,陈后主还是太子。张丽华初召入太子宫给龚贵人作使女。因为生得聪明伶俐,又很漂亮,不久便被好色的太子陈叔宝看上了,很受宠幸。后来她又为太子生了一个儿子。太子即位,是为后主,便立即拜张丽华为贵妃。张贵妃聪明乖巧,每逢后主带她与宾客游宴时,她都要趁机向后主推荐宫中其他一些聪明美丽的宫女参加。于是,宫中上上下下都感激她的恩德,公扬她的好处。陈后主听了之后也很高兴,便更加宠幸张贵妃了。张贵妃又会巫术,她用巫术来迷惑迷信鬼神的陈后主。她常召集很多巫女进宫,做法事,载歌载舞,营造一种神秘的氛围,使后主深信其巫术。又派出一些巫女到宫廷外面去收集消息。外问有关宫中的一言一事,张贵妃便都能事先知道,她再对陈后主讲,使陈后主以为她能未卜先知,便更加相信张贵妃的巫术灵验了。张贵妃还借自己受宠的机会,将自己家的亲戚和宗族子弟都引入宫中受到重用。直到隋文帝率北军攻破南陈京都建康,攻入台城,陈后主才慌慌张张乞灵于张贵妃的神奇巫术。但张贵妃的巫术至此也不灵验了。于是两人只得跳入了一口枯井去藏匿起来,但很快便被隋军从枯井中搜出,押送到了隋文帝面前。隋文帝立即令人将陈后主解送往隋东都洛阳,而将装神弄鬼祸国殃主的张贵妃斩首,并张榜于青溪中桥。

自东晋建国江东,形成南北对峙。南朝到南陈被隋朝灭亡,其疆域经历了东晋、宋、齐、梁、陈五个朝代。在东晋之后的宋代,疆域最大。而到了陈霸先建立南陈,是南朝自东晋以来土地最少、疆域最小的。而且还面临着为统一了北方的强大的隋王朝所吞灭的危险。然而陈后主却一味沉溺于玩乐,不理朝政,不思强固其国。对沈皇后的劝诫与提醒也全然不理。陈后主甚至一度想废沈皇后而另立张贵妃为皇后。尽管此事未成,但后宫一切权事已尽在张贵妃手中。沈皇后被冷落一旁。不过,沈皇后对此淡然处之。从未有过任何的嫉妒或者怨恨。对于陈后主与张贵妃的游宴纵乐,她毫不生羡慕之意。只是忧虑陈氏的江山社稷前途。每每因此而焦虑得不思饮食。久而久之,她也深感自己无回天之力,只能洁身自好。"居处俭约,衣服无锦绣之饰。"身边左右近侍和宫女仆从只有百余人,她也不计较。"唯寻阅图史,诵佛经为事"。只能用阅览书史和钻研佛经来寄托自己的高节和志趣。南朝至陈,已是地削势弱,民穷财尽。而陈后主只顾贪图骄淫奢靡腐化的享乐生活,挥霍无度。只顾压榨百姓,搜刮民脂民膏。大兴土木,建造宫室,永不休止。他有随从美女千余人,供他饮宴游乐的宫殿居室千余间,为了讨得张贵妃等的欢心,又耗费百万巨金专门修建楼台殿阁供她们寻欢作乐。

据史书记载,至德二年(公元584年)陈后主耗资巨万,使人在光照殿前修建了临春、结绮、望仙三阁。阁高数丈,并排列立有数十间房屋。每间房屋,雕栏画栋,都用檀香木做成,饰以金玉,中间还镶嵌上了珍珠翡翠。房间外边挂上珠帘,内有宝床玉帐,摆设全都是瑰奇珍丽,极为罕见之物。每逢微风吹过,则数里之外都可闻到扑鼻的香气。后面庭院之中,还筑有假山小湖,种有奇树,杂以花药。其奢靡的程度,令观之者莫不咋舌。后主自己居住在临春阁,张贵妃居在结绮阁,龚、孔二贵人居望仙阁。阁与阁之间修有通道,以便交相往来。又令有文学才能的宫女为"女学士"。后主每引宾客与贵妃美人游宴,就使诸贵人及女学士与狎客共赋新诗,互相赠答,选取其最艳丽的诗词谱上曲,用乐器演奏。又选出宫女中长得妖艳动人的以千百数计,让她们练习着伴唱。这些艳词淫曲,大都是颂扬张贵妃,孔、龚二贵人如何美色绝伦。在记载的像《玉树后庭花》《临春乐》等。歌词都是什么"璧月夜夜满,琼树朝朝新"之类。又说什么张贵妃"发长七尺,鬓黑如漆,其光可鉴。聪慧有神,进止闲暇,容色端丽。每瞻视盼睐,光彩溢目,照映左右。"还说她"常于阁上靓妆",扶栏而立,使人从宫中遥望过去,"飘若神仙。"张丽华也特别会察言观色向后主献媚,"善候人主颜色",深得后主的欢心。就这样,陈后主沉迷于饮宴游乐,《怠于政事》。朝中百官启奏,他都不当朝理政,而是让宦官送到阁中来。陈后主则让张贵妃坐在自己膝上,拥抱在怀里,让她与自己一道来批阅这些奏章。张贵妃的受宠达于顶端。一时间,大臣们如有所求,都不向后主禀奏,纷纷求之于张贵妃。张贵妃一时忙不过来,就令求她办事的大臣先到宦官处登记造册,宦官按其所奏事情的轻重缓急,依先后顺序呈送给张贵妃。而只要是张贵妃所说的,陈后主总是没有不听从的。于是,"张、孔之势,薰灼四方。大臣执政,亦从风而靡。宦官奸佞之徒,内外交结,转相引进。贿赂公行,赏罚无常。纲纪瞀乱矣。"朝政的黑暗,社会风气的腐败,贿赂公开盛行,已无纲常法纪可言,从而加速了南陈的灭亡。

自至德二年(公元584年)陈后主修建了华丽非凡的临春、结绮、望仙三阁之后,沈皇后便一直身居后宫,被冷落一旁,连见驾一次都不可能。而国势一天一天衰微,沈皇后只能是忧心如焚,无可奈何。她感叹自己徒有关雎之德,而后主连夫妇情义这个人之大伦也不顾,令她十分伤心,常暗中偷偷流泪。

隋开皇九年(公元589年),隋文帝杨坚在统一了北方之后,令大将贺若弼、韩擒虎攻入南陈京都建康(今江苏南京)。隋发大兵伐陈,隋军已兵临城下,而陈后主仍在临春阁中与张贵妃、孔、龚二贵人以及诸大臣狎客饮酒纵乐。宫中沈皇后几次派人到阁中告急,后主却一笑置之。还说,从前北齐三度来攻,北周的兵也来攻过两次,都大败逃去,因为南陈有长江天险作屏障。杨坚这次来攻,一定会是送死。在一道饮酒作乐的大臣狎客孔范也说,隋兵绝不能渡过长江天险。就这样,君臣依然饮酒赋诗纵乐,不理睬沈皇后派来告急的使者。后来,京都城破,守将一再告急求救,陈后主仍一概不理。于是,隋兵破城灭陈,俘陈后主,陈被灭亡。

陈亡之后,陈后主和沈皇后被带到隋王朝的东都洛阳。成为亡国之君的陈叔宝这才后悔。但也只能填写一些诗歌词赋,作靡靡之音而已。公元604年,陈叔宝忧郁病死于洛阳。沈皇后万分悲痛。"自作哀辞,文甚酸切",以夫妻之情,深深地哀悼后主。其时,正是隋文帝被其子杨广所杀,即位为帝,称炀帝。隋炀帝很敬佩沈皇后的人品和文才,所以待之以礼遇。隋炀帝每逢要出去巡游,都要请沈皇后一齐去作陪。公元618年,隋炀帝在江陵(今湖北江陵)被禁军将领宇文化及所杀,沈皇后便离开洛阳,南下到广陵(今江苏扬州),渡江,抵毗陵(今江苏苏州),入天静寺落发为尼,取法号观音。

尽管陈后主以骄奢淫逸、腐败无能而为当时的百姓所憎恨,他所最为宠幸的贵妃张丽华也为百姓所切齿。但对善良的、遭遇不幸而又有高尚品德和才华出众的沈皇后却满怀着钦佩和同情。所以,沈皇后入天静寺为尼之后,百姓纷纷前往进香朝拜菩萨,同时也是想一睹她的芳容。唐贞观初年,沈皇后在天静寺圆寂。百姓又争相去拜祭。并且以后常年香火不断。百姓称她为大慈大悲的女神仙,有什么要求,有什么苦难,便去天静寺上香,拜求于她。相信她的善良、慈悲,一定能救自己的苦难,或者赐给自己子孙幸福。自此之后,天静寺的女尼沈皇后修成正果的说法便广传开去,而使后世各地神庙中都供奉起女菩萨观音来了。认为她大慈大悲,救苦救难,能超度众生出苦海。无论是当时,或者是后世,人们都怀恋着聪明美丽,善良仁慈的沈皇后,把她看作慈悲善良的化身。

政坛趣话

张飞义释严颜先入蜀

东汉末年,刘备率大军进入蜀地,巴都太守严颜听说刘璋要亲迎刘备,知道蜀地恐将易主,不由得万分感慨地说:"这就叫独坐穷山,放虎自卫啊!"

后来刘备在蜀中遇到麻烦,诸葛亮率大军顺江前去蜀中,张飞也追随诸葛亮溯流而上到达巴都。

等到张飞大军到来,太守严颜便派兵严加把守,坚决不让张飞过去。诸葛亮对张飞说："严颜守义英勇不屈,你怎么对付他呢?"

张飞说："那严颜早已成为亡国贱虏,如果他坚持不降,我就叫他死!"

诸葛亮说："你们刚与刘豫州共定天下来到蜀地,现在是在人家的国土上,怎么能杀义士呢?"

张飞恍然大悟,说："明白了。"于是就下令宣布:"军中胆敢有人杀严颜的,斩无赦!"

张飞义释严颜

在巴都,张飞率军与守城的官兵展开了一场激烈的搏斗,最终严颜的一名守城大将弃城而逃,张飞率军乘机入城,严颜终因寡不敌众被张飞手下的一名勇将活捉。严颜被活捉之后竟然还殊死挣扎宁死不屈。侍卫们好不容易才将严颜推入帐中,带到了张飞的面前。

张飞看到严颜,认为他临死还如此猖狂非常生气,大声喝道:"大军到来,为什么不投降,而胆敢抗拒?"

严颜说："你们无理侵犯我州,这里只有断头将军没有投降将军!"

张飞大怒,喝令手下推出去立即斩首,严颜脸色不变,说："大丈夫能屈能伸,砍头又有什么可害怕的呢?"

张飞被他的豪言壮语所震撼,认为面前的严颜是条好汉子,忙对侍卫说道:"且慢!"

张飞亲自过去为严颜解除绳缚,请他上座,谢罪道:"您难道不知商亡而微子归周的事吗? 刘豫州与刘璋都是同一宗室,一姓相承,何必要生怨嫌呢?"于是对严颜厚加礼意,待如宾客。

严颜投降了张飞之后,入蜀之路上的守关之将多是严颜的部下,也都随严颜投降了张飞,于是张飞竟比诸葛亮先入蜀地。诸葛亮听说此事之后,对刘备说:"张飞是武人,却能义释严颜,有国士的风度啊!"

刘备非常欣慰,于是赏赐张飞 500 斤黄金、1000 斤白银和 10 匹锦缎,并让张飞担任巴西太守,封爵新亭侯。

诸葛亮识破刺客救刘备

三国时期，得以三分天下有其一的蜀汉昭烈帝刘备，其心地宽大，礼贤下士，爱才如子，凡是有些能耐的人他都很喜欢，总是以厚待纳为己用，之所以关羽、张飞、赵云、诸葛亮、庞统等一些很有才智的文士武将都甘心归顺于他。特别是他三顾茅庐请诸葛亮出山辅佐的故事，成为千古流传的佳话！

请出诸葛亮后，在众贤士千辛万苦的努力辅助之下，刘备终于占据蜀中地区，时刻思考着统一天下，振兴汉室的霸业。一天，刘备正在宫中处理政务，突然来了个陌生人，声称有重大的事情要见刘备。这时侍卫们为了安全起见，拦住了他。不料，此人竟在殿外大声喊："玄德公，早就听说你是个爱才如命的人，为何不肯见我呢？"这时，侍卫们便将他推出门外，这人反而更加大声叫喊："当今三国鼎立，谁都想统一天下，若得到我的良策便可使对方俯首称臣，玄德公！玄德公！你可要见我啊！"

诸葛亮

如此大的叫声终于惊动了刘备，他闻听此人有治国的良策，不禁动心，亲自到殿外迎接，还拉着这人的手，恭敬地说："先生，侍卫们不懂事，请不要怪罪。"并将此人请入了内殿。

来人先恭维了一番之后，就与刘备谈论起国家大事来。他们谈论各国的英雄，谈论三国地理、人文和各自施政的得失等等，越发使刘备觉得此人见识不凡，心中愉悦，于是两人越谈越起兴，竟如朋友一般。谁料，这时诸葛亮突然闯了进来，这人一见，还没等诸葛亮开口说话，他便起身说是要上厕所而匆匆离开。

这时，刘备就对诸葛亮极力夸奖此人，说他上知天文，下晓地理，自己很想说服他为己用。可诸葛亮却不以为然地说："主公，你好糊涂啊！我看此人并非善类，他见了臣，脸色骤变，神情紧张，连眼睛都不敢正视我，而是左顾右盼行色不安，这可是奸相外露啊！若不是心怀不轨，又怎么会有如此的行色变化呢？我料想他一定是暗藏杀机而来的，幸亏我早来一步啊！"

听了诸葛亮的一番话，刘备大吃一惊，忙命人捉拿，岂料厕所里哪有人影，来人早就翻越院墙逃之夭夭了。

徐晃伺机而战击败关羽

三国三足鼎立的局面初步形成时，战事并没有停止。此时，曹操的实力最强，野心最大，三方很多次的战役都因曹操而起。孙权虽然也想把自己的势力扩张至江北一带，但是他走的是"稳"的路线。刘备固守关中，虽然他也想进一步扩张，但他的当务之急就是要坚守自己已有的地盘。

一次，曹操派徐晃、乐进协助曹仁讨伐关羽，大军驻扎在宛城。人算不如天算，当时正赶上了汉水暴涨，于禁的军队被关羽用暴涨的汉水围困，几乎全军覆没，失去了援助的曹仁之后也被关羽包围在樊城，这下就只有徐晃的军队还可以来援助曹仁。但是，徐晃看到自己的军队多是新兵，凭借现在的实力很难与关羽争锋，说不定自己也会被关羽所围困。

当下之计，就是找到驻扎之地休养生息，以等待时机。于是，徐晃率领军队在阳陵坡驻扎。当时蜀军正在堰城驻扎，堰城与阳陵坡是相毗邻之地，阳陵坡的地理位置易守难攻，可以较容易地进攻堰城。于是，徐晃扬言要挖壕沟，截断蜀军的退路。蜀军听说后，唯恐徐晃真的挖壕沟截断了自己的退路，就连夜拔营撤走了。

徐晃

徐晃占领堰城后,便在堰城的两边建立相连的营寨,然后就率领军队,向前逼近对手。这时,曹操派人来通知徐晃说,蜀军在围头以及其他的四处都驻扎有军队。于是,徐晃就故意让士兵放出风声,他们准备进攻围头,这样,蜀军自然就会把主力放在围头,以防止徐晃的进攻。但是,让蜀军意外的是,徐晃并没有进攻围头,而是率领大军攻击了其他四处营地。

关羽看到这四处的营寨即将战败,只能亲自率军迎战徐晃。由于仓促迎战准备不足,交战时蜀军逐渐处于劣势,关羽只得退回营寨。

徐晃知道蜀军的营寨极其难攻,一看关羽正率军要退走营寨时,他体会到关羽此时已处劣势,心想若趁此机会一举攻入蜀军大营,或许能出奇制胜,于是便率军穷追不舍,紧随蜀军之后冲入营内,弄得蜀军营中大乱,双方在营中厮杀起来。

当时关羽营寨外围深壕及鹿角十重,障碍设施极为严密,若从营外强攻极为困难。现在徐晃乘其军陷于混乱之机,由内突袭,一举大破蜀军,还斩杀蜀军的几员大将。这时,关羽又惊悉根据地被东吴吕蒙和陆逊算讲,以至于江陵失守,只得撤围退走。这样樊城之围遂解,曹仁也顺利脱险。

曹操在战后听说了徐晃把握机会出奇制胜的战法,就表扬他说:"徐将军一战而胜,陷入敌人包围后,还斩杀了数量众多的敌兵。我指挥行军作战30多年,也不敢如此行兵打仗;就是古代擅长军事的将领,也没有敢把自己的军队长驱直入敌人的包围圈之中的。徐将军的功劳,超过了孙武和田单啊。"

祢衡狂妄不改自取灭亡

生活在东汉末年的祢衡,字正平,平原般(今山东临邑德平镇)人。祢衡少年时代就表现出过人的才气,记忆力非常好,过目不忘,善写文章,长于辩论,称得上是汉末的辞赋家和辩士。但他桀骜不驯的坏脾气似乎也是天生的,性格急躁、狂傲、怪诞,好挖苦人,且动不动就开口骂人,史载其"尚气傲慢,矫时慢物",好侮慢权贵,得罪了不少人,以至于后来为一个莽夫所杀,诚实可惜。

建安初年(196),曹操挟持汉献帝把都城从洛阳迁到了许都(今河北许昌)。为了寻求发展的机会,祢衡从荆州来到许都,他曾写好了一封自荐书,打算毛遂自荐,但因为看不起任何人,结果自荐书装在口袋里,字迹都磨损得看不清楚了,也没派上用场。

许都名流云集,人才济济,当世名士有很多都集中在这里,但自视甚高又不愿同流合污的祢衡一个也看不上眼。有人劝他结交司空掾陈群和司马朗,他却很刻薄地挖苦说:"我怎么能跟杀猪卖酒的人在一起!"别人又劝他参拜尚书令荀彧和荡寇将军赵稚长,他回答道:"荀某白长了一副好相貌,如果吊丧,可借他的面孔用一下;赵某是酒囊饭袋,只好叫他去监厨请客。"

后来,可能是才气学问相当并且气味相投的原因,祢衡终于结交了两位朋友,一位是孔子的后代孔融,另一位是官宦子弟杨修。他们三位不仅比较谈得来,而且相互之间还经常吹捧和贬损,如孔融称祢衡是"颜回不死",祢衡称孔融是"仲尼复生",关系发展得很不一般。

孔融觉得祢衡才学不低,于是把祢衡推荐给曹操,谁知祢衡却不领情,他不但托病不见曹操,而且出言不逊,把曹操臭骂了一顿。曹操正当招揽人才的时候,比较注意自己的言行和形象,便尽量保持宽容爱才的名声,因此听说后虽然恼怒,也不好直接加害。

为表现自己的爱惜人才,曹操听说祢衡善击鼓,就召他为击鼓的小吏。一日大宴宾客,曹操让祢衡击鼓助兴,想借此污辱祢衡。祢衡也不推辞,动手擂了一曲《渔阳挝》,音节殊妙,声调激扬,情感慷慨,听者无不感慨动容,但没想到祢衡在换装鼓吏衣帽的时候,竟当着众宾客的面把衣服脱得精光,使曹操宾主讨了场大没趣。

曹操对此十分恼怒,就想杀掉他,但被孔融劝住。曹操便对孔融说:"祢衡这个小子,我要杀他,不过像宰一只麻雀或老鼠一样罢了! 只是想到此人一向有些虚名,杀了他,远近的人会说我无容人之量。"于是想了个借刀杀人的法子,强行把祢衡押送到荆州,送给荆州牧刘表手下当差。

刘表及荆州人士早就知道祢衡的大名,对他的才学十分佩服,所以对他并不歧视,相反还以周到的礼节把他奉为上宾。在任职上,刘表让祢衡掌管文书,这正好让祢衡得以展现才华,以至于"文章言议,非衡不定",也就是将所有的文件材料都要请祢衡过目审定才可以,刘表在工作上对他可以说是放手使用,十分信任。

但祢衡这个才子的致命弱点是目空一切。有一次他外出,刚好有份文件要马上起草,刘表于是叫来其他秘书,让他们共同起草。他们"极其才思",好不容易把文件写好了，谁知祢衡一回来，拿起文件草草看了一下，就说写得太臭，然后把它撕得粉碎，掷于地下，接着他便要来纸笔，手不停挥地重新写了一篇交给刘表。他写的这份文件因"辞义可观"，甚得刘表好感，但他的举动却把别的秘书得罪光了。更不应该的是，他不但经常说其他秘书的坏话，而且渐渐地连刘表也不放在眼里，说起话来总是隐含讥刺。刘表本来心胸就不甚大度，自然不能容忍祢衡的放肆和无礼。但他虽然生气，也不愿担杀害人才的恶名，就把祢衡打发到江夏太守黄祖那里去了。

刘表把祢衡转送给黄祖，是因为他知道黄祖性情暴躁，其用意显然也是借刀杀人。祢衡初到江夏，黄祖对他也很优待，也让他做秘书，负责文件起草。祢衡开头颇为卖力，工作干得相当不错，凡经他起草的文稿，"轻重疏密，各得体宜"，不仅写得十分得体，而且许多话是黄祖想说而说不出的，因而甚得黄祖爱戴。有一次，黄祖看了祢衡起草的文件材料，高兴地拉着他的手说："处士，此正得祖意，如祖腹中之所欲言也。"

然而让人扼腕的是：有一次黄祖在战船上设宴会款待属下，可能是喝得有些醉了，祢衡的老毛病又犯了，他竟当着众宾客的面，形容黄祖"似庙中之神，虽受祭祀，恨无灵验"！黄祖大怒说："你说我是土木偶人吗？"祢衡不但不收敛，还尽说些刻薄无礼的话！黄祖呵斥他，他还骂黄祖说"死老头，你少啰唆！"当着这么多的人面，黄祖哪能忍下这口气，于是命人把祢衡拖走，吩咐将他狠狠地杖打一顿。祢衡还是怒骂不已，黄祖于是下令把他杀掉。黄祖手下的人对祢衡早就憋了一肚子气，得到命令，黄祖的主簿便立时把他杀了。此时的祢衡仅26岁。

刚到黄祖手下时，黄祖甚为喜欢祢衡，祢衡也和黄祖的长子、章陵太守黄射是要好的朋友，祢衡只要稍微收敛一下锋芒，克制一下过矍的个性，对周围的人稍微礼貌些，黄祖虽然是个急性子，但总不会无缘无故乱杀人吧？

刘表听闻祢衡被杀，嗟讶不已，令人将其葬于鹦鹉洲边。曹操闻知祢衡受害，不由笑曰："腐儒舌剑，反自杀矣！"

杨修耍小聪明丢性命

三国时期的杨修是太尉杨彪之子，曹操的行军主簿，他是一个聪明绝顶、极有才华的人，连极为狂妄的祢衡也承认他还算个人物，呼他为"小儿"，不过最后杨修还是被曹操杀害了。而他的死，其实和他爱耍小聪明很有关系。

当时曹丕和曹植争当太子，而杨修是帮曹植的。曹操决意立曹丕为嫡以后，为了防止杨修给曹植出主意惹麻烦，同曹丕对着干，弄得兄弟祸起萧墙，便在自己临终之前100多天把杨修杀了。

虽然杨修是帮助曹植的，但是他并不是曹植的死党。曹丕被立为太子后，杨修就想疏远曹植，而曹植却一再拉拢杨修，杨修"亦不敢自绝"。曹植毕竟是曹操的爱子，即便当不上太子，也是得罪不起的。杨修虽然出身名门，四世太尉，和袁绍兄弟一样也是"高干子弟"，父亲又是当朝太尉，但此刻连皇帝都成了曹操的玩偶，太尉又算什么？杨修对曹氏兄弟不巴结着点，又能怎么样呢？

杨修

虽然杨修是支持曹植的，但是他和曹丕的关系也不坏。杨修曾把一把宝剑献给曹丕，曹丕十分喜欢，经常把它佩带在身上。后来曹丕当了皇帝，住在洛阳时还佩带这把宝剑。有一天曹丕出宫，忽然想起了杨修，便抚着宝剑喝令停车，回头对左右说："这就是当年杨德祖说的王髦之剑了，王髦现在在哪里呢？"及至找到王髦，曹丕便赐给他一些粮食和衣物。俗话说，爱屋及乌。曹丕这么喜欢这把宝剑，喜欢到连王髦都要赏赐；提起杨修时，称他的字不称他的名，都说明曹丕对杨修还是有些感情的，至少不那么反感。那么让人疑惑的是：曹丕自己都不想杀的人，曹操为什么要替他杀了呢？

虽然大家都公认杨修这个人聪明，但其实他不过些小聪明，他辅佐曹植，多半因为揣度曹操会立曹植，所以尽管两兄弟都和他交往，他还是倒向了曹植。曹植失势后，他又想开溜，这都是小聪明的表现。他给曹植出的那些点子，也都是一些小聪明，且是很容易引起别人反感的小聪明。

有一次，曹操命令曹丕、曹植兄弟各出邺城门外办事，事先又密令门卫不得放行。杨修猜中了曹操必然有此安排，便事先告诉曹植说，万一门卫不放侯爷出去，侯爷身有王命，他要不让出门，你就可以杀了他再出去。结果曹植出了城，曹丕没出去。但曹操的这一安排，是对兄弟俩的综合考察，既要察其才，更要察其德。曹植表面上赢了这场比赛，却给曹操留下了曹丕仁厚、曹植残忍的印象，实际上却是真输了。杨修知其一，不知其二，重智轻德，看得并不远，所以是小聪明。

这种小聪明也常常使他搬起石头砸自己的脚。杨修喜欢揣度曹操的心思，常常替曹植预先设想许多问题，并写好答案。每当曹操有事询问时，便把事先准备好的合适答案抄录送上去，以图给曹操"才思敏捷"的印象。然而一来二去，曹操便起了疑心，心想曹植再聪明，也不至于如此之快呀！便派人暗中去查，结果查出原来是杨修在预设答案。从此便对曹植有了看法，对杨修则更是厌恶至极。

可惜杨修一点自知之明都没有，常常要卖弄小聪明。他身为曹操主簿，却又不肯老老实实坐在办公室里，老想溜出去玩。可是又怕曹操有问题要问，于是每当外出时，都要事先揣度曹操的心思，写出答案，按次序写好，并吩咐侍从，如果丞相有令传出，就按这个次序一一作答。没想到人算不如天算，有一次他写好出去后，因刮起一阵大风，将纸张的次序全吹乱了。侍从们不知还有顺序排列，便按乱了的次序作答，自然文不对题。曹操勃然大怒，侍从们只好老实交代。曹操就把杨修叫来盘问，杨修不敢隐瞒，只好承认，曹操见杨修这样对付他，心中自然十分嫉恨。

更糟糕的是，杨修还在众人面前卖弄这种小聪明。有一次，曹操去视察新建的相国府，看后不置可否，只让人在门上写了个"活"字。杨修便令人将门拆掉重建，说："门"中"活"，就是"阔"，丞相是嫌门太大了。又有一次，有人送给曹操一盒酥糖。曹操吃了一口，便在盒子上写了个"一合酥"三个字放在了案头。杨修见了后却与大伙分吃起来，众人不解，曹操回来后问怎么回事，杨修说您不是写明了"一人一口酥"（古文上下写）吗？我们不敢违背您的意思，就赶紧吃了，曹操虽苦笑，心里却恶之。

如果说这尚属雕虫小技，无伤大雅，那么，他在军中的表现则让曹操大起杀心。东汉献帝建安二十四年（219），曹操亲率大军，从长安出斜谷，进军汉中，准备和刘备决战一场。谁知刘备敛众据险，死守不战。曹操欲攻不得进，欲守无所据，战守无策，进退两难。有一天部下向他请示军中口令，曹操正在吃一块

"鸡肋",品时下境况,觉得如同"鸡肋",便说"鸡肋"为号。杨修听说"鸡肋"为号后,立即收拾行装。大家忙问何故,杨修说:鸡肋这玩意儿,食之无味,弃之可惜,主公是打算回家了。

杨修说得确实不错,可这一回只怕也就要了他的脑袋。果然曹操以扰乱军心为名杀了杨修,罪名是"露泄言教,交关诸侯",大约相当于泄露国家机密罪、结党营私罪和妖言惑众罪。

据说,杨修临死前曾对人说:"我固自以死之晚也。"但如果他以为他的死,是受曹植的牵连,那就是死都不明白。杨修不明白,他是生活在一个专制的体制之中,而曹操又是这种体制下罕见的几个多疑的霸主之一。这类人物,猜忌心和防范心都是很重的,他们最嫉恨的便是别人猜透他们的心思。因为他们要维护自己一人专政的独裁统治,就必须实行愚民政策和特务政治。别人的一切他都要掌握,自己的想法却不能让别人知道,除非他有意暗示、提醒你。总之,独裁者必须把自己神秘化,才能显得"天威莫测",让别人战战兢兢,自己得心应手。

杨修对曹操的心思洞若观火,而且连将要提问的次序都能猜到,这对于曹操来说实在是有点恐怖了,要是杨修不那么耍小聪明,让曹操觉得有危机感,那么他的死期也不会来得那么快。如果杨修能够装糊涂,猜出来了却并不说出去,也许还好一点,可他又偏要到处张扬,这就至少会显得曹操机谋不深,不过如此,就会启动一些人的不臣之心。因此,杨修这颗钉子,非拔掉不可。

可以说,祢衡之死,是因为他太不了解人;杨修之死,则因为他太了解人。而且,他们又都不了解自己,也不了解人与人之间究竟应如何相处。

孔融逞口舌,满门皆被斩

东汉末年的孔融从小就十分聪颖,"孔融让梨"的故事一直为后世所流传和称道。他非常能言善辩,这一点既给他带来了好处,也给他造成了祸害。

孔融10岁时,有一天跟随父亲到洛阳去。当时,洛阳城里有个叫李元礼的人很有才华,美誉如日中天。他于是对父亲说:"我想去见见李元礼先生。"

孔父大笑道:"多少达官贵人都见不到他,你一个乳臭未干的小孩子,就不要再痴心妄想了。"

孔融很不以为然地说："你只管带我去就行了，我保证一定能够见到他。"

到了李府门口，孔融对看门的侍者说："我是李先生的亲戚，烦你进去通报一声。"

李元礼接见孔融父子之后，大惑不解，便问道："小先生，你和我是什么亲戚呀？"

孔融笑着说："从前，我的先人仲尼（孔子）和您的先人伯阳（老子）有师资之尊，所以我与你是通家之好，赛过寻常邻里。您能说我们不是亲戚吗？"

小孔融的寥寥数语，令李元礼不禁暗中啧啧称奇，从此对他刮目相看，视为奇才。后来孔融长大后，李元礼力排众议推荐他为京都大学之师，并视之为忘年之友。

但孔融很喜欢逞口舌之快，当孔融正在和李元礼谈话时，碰巧太中大夫陈炜前来造访。李元礼的门人将刚才孔融的表现，绘声绘色地告诉了陈炜。陈炜一向老成持重，听后以略带轻视的口吻说："小时候聪慧的人，长大以后未必如此。"

孔融立刻反唇相讥道："想来太中大夫小时候一定是十分聪慧的啦！"陈炜听了气得顿时脸色发白，从此之后，他心中充满了对孔融的厌恶感。

孔融锋芒太露的言语，为他多舛的人生命运埋下了沉重的伏笔，直至最终被曹操无情地杀戮。

若以气节论，孔融可谓是当时比较正直的士族代表人物之一，他刚直耿介，不畏强权。早年刚刚踏入仕途，他就初露锋芒，纠举贪官，"陈对罪恶，言无阿挠。"董卓操纵朝廷废立时，他又每每忤卓之旨，结果由虎贲中郎将贬为议郎。后来在许昌，孔融又常常发议论或写文章攻击嘲讽曹操的一些措施。

建安九年（204），曹操攻下邺城，其子曹丕纳袁绍儿媳甄氏为妻，孔融知道

孔融让梨

后写信给曹操说："武王伐纣，以妲己赐周公。"曹操不明白这是对他们父子的讥刺，还问此事出何经典，孔融回答道："以今度之，想当然耳。"当时连年用兵，又加上灾荒，军粮十分短缺，曹操为此下令禁酒，孔融又一连作书加以反对。后来曹操用言语表示欲取代汉献帝而自立，目的是想试探一下谁会反对，而孔融又第一个站了出来明确反对，话语中还有讥讽之意。曹操便有杀他之意，后来找个借口，将他满门抄斩。

华歆退礼为做官

华歆是汉魏时期政治舞台上比较活跃的人物，作为汉臣，他却支持曹操"挟天子以令诸侯"举动，还一心地助曹操打击汉朝皇族、外戚和宦官势力，参与了汉禅位于魏的改朝换代的重要的历史事件，残杀了汉献帝的皇后等人，为曹操父子的事业立下了汗马功劳，一生也因此享尽荣耀。

华歆为人八面玲珑，眼光锐利，善于明察时局，但为官也较为清廉，处世方面还是有些可取之处。

华歆在孙权手下为官的时候，处事严谨，而且为官清廉，具有很高的声望。他平日都在府里勤于政务，回到府中总是大门紧闭，谢绝宾客。当时曹操正在官渡与袁绍交战，为了想称雄天下，他极力招揽人才，因十分欣赏华歆的才华，就向汉献帝上书举荐华歆，并请汉献帝下诏让华歆进京为官。

华歆与王朗

在华歆即将离开东吴前去许都赴任的时候，前去为他送行的人竟然有几百人，有些是很亲近的朋友和亲戚，有些是一般的相交，有些是曾经受过华歆恩惠的人，还有一些人根本就不认识，因此送礼的人有些是出于感情，还有些有其他的目的。不管是出于何种目的，大家送给他的钱别礼物大多数都十分厚重，有的甚至价值百两黄金。

华歆很感激亲朋好友的深情厚谊，毕竟自己另有高就之时，这些客套也是人之常情。如果当面一一拒绝，一定会使朋友和其他人难堪。于是华歆对于朋友们和其他人送给他的礼物一概全部收下，但是暗地里却在每件礼品上都标上了送礼者的姓名，以便将来在适当的时候退回。

启程赴任之时，华歆把所有送他礼物的亲戚朋友和其他人都请来欢聚一堂，设宴款待，宴罢将要启程之时，华歆把所有的礼品都拿出来集中到一起，微笑着对他请来的宾客和朋友说："我很感激诸位的情谊，为我送这么好的礼物，我也都十分的喜爱，因此我把大家的礼品全部收下了。但是前去京都，路途遥远，而礼品又实在太多，我实在难以带走，请大家帮我想想办法吧？"

看到这个情景，大家都立刻明白了华歆的用意，谦让一番后，便纷纷取回各自赠送的礼品。从此以后，大家便更加钦佩华歆为官的清廉。

不善外交的费祎

三国时代蜀汉大臣费祎是一名让人既熟悉而又陌生的较为神秘的历史人物。说其熟悉，因"万里之行，始于此桥"而著名的成都万里桥遗迹，便与他有关；唐代诗人崔颢"昔人已乘黄鹤去"诗句中的"昔人"，便是指费祎。说其陌生，是以往关于费祎介绍和探讨的文章较少，还不为大多数人所了解。

费祎，字文伟，江夏鄳（今河南信阳）人。由祎于诸葛亮称赞费祎，费祎后来做了大将军（相当于相位），在当时有着较大的影响。大家对其从政、为人等方面多有称颂，尤其是对其外交才能予以肯定。

关于费祎外交才能，似乎人所共知，这表现在诸葛亮多次任用其为使节、孙权的喜爱等。可是，孙权对蜀汉使节马良、邓芝、陈震、宗预等也都表示欢迎和喜爱，这是外交手法的必然结果。

蜀吴关系因关羽败走麦城和刘备征吴，降到了历史最低点。刘备失败后住在白帝城，引起了孙权的严重不安，于是，孙权派郑泉为使讲和。刘备为了缓和两国关系，于蜀先主章武元年（221年），派太中大夫宗玮出使东吴，两国关系开始解冻。蜀后主建兴元年（223年），为了加强两国关系，诸葛亮派尚书邓芝出使东吴，"吴王孙权与蜀和亲使聘，是岁通好"（《三国志·蜀书·后主传》），并且断绝了与魏国的关系。这揭开了蜀吴关系发展的新篇章，具有划时代的意义。接着诸葛亮又派昭信校尉费祎出使东吴，发展了两国关系，后来又多次出使吴国，维持蜀吴关系。建兴七年（229年），吴主孙权称帝，诸葛亮派卫尉陈震"贺权践阼"，"与蜀约盟。共分天下"（《三国志·蜀书·后主传》），双方约定"以豫、青、徐、幽属吴，兖、冀、并、凉属蜀"（《三国志·吴书·吴主传》），这是两国关系具有里程碑意义的外交活动，将两国关系推向高峰。综上所述，费祎出使吴国，只是两国关系发展史上的一个插曲，其作用远不及邓芝、陈震，外交成果不大。

费祎

孙权个性滑稽，"嘲啁无方"，诸葛恪等"才博果辩，论难锋至，祎辞顺义笃，据理以答，终不能屈"（《三国志·蜀书·费祎传》），似乎费祎具有侃侃而谈的外交家风采。但"不能屈"，是小事不能屈，还是国家大事不能屈？是如何不能屈的？此传只是概论，没有作具体的记载。从《三国志·蜀书·费祎传》注引《祎别传》记载看，其外交才能值得怀疑：孙权经常因好酒与费祎共饮，看费祎有醉意，便问国事及有关事务，并难题不断。费祎"辄辞以醉，退而撰次所问"，即以酒醉推托，然后逐条写好所问，再来回答，没有什么遗漏。这只是勉强应付了外交事务，不是一名有能力的外交家所为，也说明费祎外交才能的不足。从《三国志·蜀书·董允传》注引《襄阳记》记载看，其外交之才应大打折扣。孙权说："杨仪和魏延都是"牧竖小人"，虽有益于时务，但职重权大，如果诸葛亮不在，必为祸乱，"诸君昏聩"，不加防范，难道将遗患子孙吗？"就本质而言蜀吴之间虽然友好，却貌合神离，这表现在：其一，关羽败麦城和刘备征吴造成两国巨大裂痕，是根本无法弥合的；其二，蜀吴友好是面临强魏的巨大压力的客观原因所致；其三，蜀国和吴国之间一有重要事件，双方中的一方均在两国重要结合部巴东一带增兵，以防不测。孙权根据掌握的蜀国信息，一来将魏、杨矛盾肆意扩大，二来为了试探、落实，三来更是为了打压对方。"诸君昏聩"明显就是贬低蜀国。外交宗旨是捍卫国家尊严，维护国家利益，保守国家秘密，这是对任何一个外交家的根本要求，而有问必答，有问能答，有问妙答是外交家实行这一宗旨的手段，也是能力的体现。费祎在孙权的责难时，先是惊愕，继而四面张望，不能回答。有损了国家形象和利益，丧失了外交家应有的素质底线。当时作为蜀汉副使的董恢以目示意费祎：“可速言仪、延之不协起于私愤耳，无黥布、韩信难防之心。”接着，对孙权说：当今要统一天下，扫除强贼，是必须靠有才干的人来打天下的。如果为了防患于未然而不用人才，是“犹备有风波，而逆废舟楫，非长计也”。副使的巧妙回答，终于维护了蜀汉体面。另有一次，孙权对蜀汉大臣张裔说：“蜀卓氏寡女，亡奔司马相如，贵土的风俗何以乃尔？”张裔立即反唇相讥：“卓氏之寡女，犹贤于买臣之妻。”不是外交家的张裔回答得有针对性，恰到好处，还能维护国家利益。董恢和张裔答话反衬出费祎外交口才不佳，不是一名合格的外交家。

据《三国志·吴书·诸葛恪传》注引《恪别传》记载：孙权将要送行蜀国使臣费祎，先告诫文武大臣：“使至，伏食勿起”。费祎进入后，孙权停止饮食，大臣伏食不起。费祎嘲笑说：“凤凰来翔，麒麟吐哺。驴骡无知，伏食如故。”费祎把自己誉为凤凰，将孙权赞为麒麟，却将文武大臣比成驴子和骡子。称赞孙权，抬高自己，符合外交手法，但把对方比喻成驴骡不太友好和妥当。对此，诸葛恪反唇相讥：“爱植梧桐，以待凤凰。有何燕雀，自称来翔？何不弹射，使还故乡。”诸葛恪此语针对性强，击中要害，将对方贬为燕雀，说我栽植梧桐树，是专门等待凤凰到来，既然燕雀来了，那么，就只有用弹丸来相迎，将其打回老家。诸葛恪在与费祎的语言对阵中，明显占了上风。对于诸葛恪犀利的语言，费祎无法再对，只能转移话题。

另据《三国志·吴书·薛综传》注引《江表传》记载：东吴孙权宴请蜀国使节费祎，公卿大臣陪坐，酒至半酣，费祎与诸葛恪相互嘲笑为难。费祎说道：“蜀字如何？”诸葛恪随口应答：“有水者浊，无水者蜀。横目苟身，虫入其腹。”说“蜀”字加上三点水，便为浑浊的“浊”字（繁体“濁”）字。另据《三国志·吴书·薛综传》记载，吴国大臣薛综也有“横目苟身，虫入其腹”之语。

南朝历史学家裴松之看见诸版本，或是“苟身”，或是“句身”，便“以为既云‘横目’，则宜曰‘句身’”（《三国志·吴书·薛综传》裴注）。裴松之将“苟身”理解为“苟”字，“句身”理解为“句”字。言下之意是：既然“横目”在上，下边只

国学经典文库

中国古代逸史

·三国两晋南北朝逸史·

图文珍藏版

能是"句"字,而不应为"苟"字,不然便多了草字头。

笔者以为:裴言差矣。首先,从历史流传看,三国时代即使已有造纸技术,当时人们的书写、抄录材料多为竹简和缣帛,文章在流传中,字迹时有磨损和脱落,而本身材料并未损伤。所以,"苟"字便磨掉"艹"成为"句"字,形成两种版本的"苟身"和"句身",而"句"字绝不可能成为多出草字头的"苟"字。其次,从灯谜创作技巧看,原句应是一则灯谜:"横目苟身,虫入其腹"为谜面,"蜀"字为谜底,此谜运用了增损离合的技法,"横目"为"罒","苟身"为"勹"("苟头"为"艹","苟腹"是指"勹"里边),"虫"入其腹为在"勹"里边加上一"虫"字,合起来便为"蜀"字。有头有身的"苟"字与有头有身的"蜀"字同为上下结构,相互对应,苟身"勹"就是蜀身"勹",而有身无头的"句"字为半包围结构,与蜀字无法对应。所以,"苟"字比"句"字贴切和合理。按裴言"横目"加"句身",再加上"虫"字,显然是"蜀"字中又多了一个"口"字。再次,从语句意义看,"苟"与"狗"谐音,分明是指龇牙咧嘴之狗,生病之狗。意在贬低蜀国,嘲笑对方。如将"苟"字改成"句"字,不仅不合增损离合的技法,也没有什么实际意义。费祎对诸葛恪贬低蜀国,无言以对,仍然自讨没趣:"吴字如何?"诸葛恪说:"无口者天,有口者吴,下临沧海,天子帝都。"诸葛恪有意在提高自己,打压蜀国。费祎接连为对方的责难提供了条件,屡被戏弄,却沉默不语,不予反击,不是酩酊大醉,便是口才不佳,不善外交辞令。

八面玲珑的费祎

蜀汉大将军费祎政治上和军事上无才,外交上才干不足,那么有无其他特长呢?通过分析《三国志》发现,其最大的特长是善于搞人际关系,在三国时代各国文臣武将中,可谓独占鳌头。

费祎先后遇到先主刘备、后主刘禅两代君主和诸葛亮、蒋琬两代领导,要想赢得个个喜爱和重视,不是一件容易的事,可是费祎做到了。蜀先主章武元年(221年),刘备最早任费祎为舍人,也是费祎最早的职务。诸葛亮就十分推崇费祎,在南征凯旋时,与黄门侍郎费祎同乘一车,以引起大家的注意和重视。先派费祎出使东吴,北伐时任其为参军,让其参与军事。蒋琬执政,坚决将重要职务益州刺史辞让给费祎担任,而到了刘禅,更任命费祎为大将军要职。费祎起始于刘备时期，看重于诸葛亮执政时期，重用于蒋琬执政时期，充分说明费祎言行、个性受人欢迎，同时也说明其善于察言观色，圆于人际关系。当然，"知人待士"的刘备虽注意费祎，却并未授其重要职务，对费祎是有所保留的。因为在战争时期，应以人才为第一，而费祎并无多少才干。

费祎的同僚有魏延、姜维、杨仪、何平等，这些人的职务均高于费祎。可是，在诸葛亮去世后，费祎在魏杨矛盾中，游刃有余，不仅扳倒此二人，而且在蜀汉政权中立了功，既除去前进路上的绊脚石，又增加了自己在蜀汉政权中的分量。不久，在蒋琬任内，职务又超过了姜维。

魏延和杨仪是一对冤家对头，平时纷争不断。处于二人相斗之间，一般很难处理好与他们之间的关系，能够令一方高兴，必然引起另一方的不满，因此，很容易讨好一方，得罪另一方，或者两头都厌恶，造成两头受气。费祎善于言辞，哄人手法高明，因此，两头都喜欢他。二人在走到生命尽头时，都将费祎当成心腹之人，倾诉内心言语，发泄不快。在诸葛亮死后，费祎由于与魏延关系不错，因而成为揣摩、试探魏延的最佳人选。魏延不但对费祎实话实说，还想留下费祎，并与费祎联名告状。费祎再次忽悠一回：我愿意为您说服杨仪；杨仪是文官，不懂军事，不会不同意。再次蒙住魏延。费祎走后，魏延方才醒悟，后悔不已，不久便被杀头。杨仪回成都后，官位不及蒋琬，怨愤形于色。当时所有人都不敢与其谈话，怕连累自己。而只有费祎前往安慰，此时杨仪又拿费祎当着自己人，谈了好长时间，并说出了心底话。结果费祎一回报，杨仪最终贬为庶民，不久被投入牢间，自杀而死。在魏延和杨仪的争斗中，费祎哄人、骗人、稳住人，充分展示了眼观六路，耳听八方，进退自如，八面玲珑的圆滑和世故。

姜维在诸葛亮生前为征西将军，远高于司马费祎。后来蒋琬执政，费祎为尚书令，掌握大权，姜维为右将军，辅汉将军，逊于费祎。后来，蒋琬为大司马，费祎为大将军，明显高于姜维，成为蒋琬接班人。姜维是费祎的有力的竞争对手，因此，费祎对姜维是：1.对姜维兴兵北伐，"常裁制不许"（《三国志·蜀书·姜维传》），一方面反映费祎对战争观点与姜维迥异，同时也反映费祎对姜维的制约。2.姜维后来在朝中孤立，与费祎及其推荐的陈祗等不无关系。因此，在与姜维竞争中反映费祎在人际关系方面远胜于姜维。

由于费祎的重用，陈祗、黄皓、阎宇相继掌权，甚至连魏国投降过来的、无尺寸之功的郭修也做到了左将军要职。朝廷被费祎、陈祗等所把持，上下一团和能够赢得四个上级的重视和垂青,是比较困难的,费祎做到了,同时还得到了同级的认同和下级的赞赏。难怪蜀人评价甚高,将费祎与诸葛亮、蒋琬、董允列为"四英"。从客观上讲,人们习惯于将费祎时的相对安宁与姜维穷兵黩武相比,前者经济稍好,国家比较安宁,后者经济衰竭,国家灭亡。其实费祎时期已充满着危机,佞臣陈祗和宦官黄皓专政,导致蜀国灭亡。

费祎人际关系极佳,诚可谓八面玲珑。究其原因:

1.时代风气使然。魏晋时期玄学盛行,费祎接触和受其影响的人物有善于清谈的许靖和长于议论的来敏等。许靖是刘璋、刘备时期蜀中文人代表,"天下有获虚誉而无其实者,许靖是也"(《三国志·蜀书·法正传》),费祎少年时代便随族父游学蜀地,在蜀中时间较长,又与许靖往来较多,自然受其影响。费祎早期就善于表现和做作。董允和费祎共乘简陋之车,至许靖住所。当时诸葛亮等诸贵人车乘豪华,董允面有难色,而费祎晏然自若。从此可以看出发兵汉中前他与来敏下围棋,思维与此事如出一辙。费祎善于做作,诚为"面子工程"。

2.职业所致。费祎最早职务为舍人、庶子和黄门侍郎,是侍候人的事情,这一身份就必须要求长于人际关系,也容易形成"职业病",即察言、观色,讨人欢心。这也是费祎人生仕途的起点。费祎的职业习惯是感情投资的可靠资本。

3.个性所致。性格决定命运。费祎泛爱的个性是人际关系的坚实基础和重要内容,也是费祎仕途顺利的关键。具有讽刺意味的是:费祎最终仕途句号和人生句号,也是泛爱所致。费祎最后被魏国降人郭修所刺杀。这就应了古语:成也萧何!败也萧何!

乱政始于费祎

三国时代蜀人对费祎颇多溢美之词,仔细分析《三国志》,关于费祎概况记述颇多,而具体事例记载却多为不然。一方面,由于诸葛亮的赞扬,蜀人喜爱诸葛亮,因而爱屋及乌;一方面是费祎八面玲珑,善于与各方面处好关系;同时,在姜维为大将军的刘禅时期,蜀汉灭亡,反衬费祎执政时的安宁。所以,陈寿评价这一时期"边境无虞,邦家和一",但对费祎才干评价不高:"未尽治小之宜,居静之理也。"即治理小国的道理都不明白。

国学经典文库

中国古代逸史

· 三国两晋南北朝逸史 ·

图文珍藏版

首先来看其政治才能。诸葛亮、蒋琬分别执政十二年，费祎虽在蜀后主延熙六年为大将军，真正掌权是在蜀后主延熙九年，大司马蒋琬去世后，至蜀后主延熙十六年春，执政六年多时间。诸葛亮在治蜀期间，实行严格的法律，来治理刘璋时期遗留下来的"暗弱"局面，有"峻法"之称，陈寿评价诸葛亮为"识治之良才，管、萧之亚匹矣"，将诸葛亮与管仲、萧何相比，对诸葛亮治国才能做了充分肯定。蒋琬执政时，基本上施行了这一方针。由于有侍中董允从严治政，"上则正色匡主，下则数责于皓。皓畏允，不敢为非。终允之世，皓位不过黄门丞"（《三国志·蜀书·董允传》），当时法纪尚好。费祎执政，在董允、蒋琬相继死后，便一改过去的严法，宽济而博爱，任用陈祗为侍中，黄皓便由黄门丞，一跃成为掌权的黄门令。陈祗、黄皓朋比为奸，相继弄权，因而法纪不振。

在行政方面，选人、用人为第一要务。诸葛亮曾发现、培养马谡、王平、蒋琬、姜维等；蒋琬也曾极力推荐刘邕、阴化、庞延、廖淳等。而费祎为了人际关系的需要，外行"泛爱"，内忌人才，因为自己就不是人才，所以忌才。他唯一一次选拔人才是特别器重陈祗。那么，陈祗是何许人呢？陈祗字奉宗，汝南人，"多技艺，挟数术，费祎甚异之"（《三国志·蜀书·董允传》），破格提拔陈祗为侍中，并兼尚书令，镇军将军。"陈祗代允为侍中，与黄皓互相表里，皓始预政事"（《三国志·蜀书·董允传》），陈祗便与黄皓相互内外勾结，黄皓也就干预朝政。陈祗上承后主刘禅旨意，下接阉竖，特见信爱，官位低于姜维却权利重于姜维。陈祗死后，黄皓"操弄威柄，终至覆国。蜀人无不追思允"（《三国志·蜀书·董允传》）。费祎对待一般人等，也没见其说好话，更不用是"异之"；可是，一遇到陈祗，便"甚异之"。从二人的共同点可以找到费祎重用陈祗的原因：①二人少时都是孤儿；②二人都是荆州人士；③二人都是年少成名；④二人都受许靖影响。正是由于费祎推荐和重用陈祗，使得黄皓等小人乘虚而入。费祎执政时期，对国家最大"贡献"是重用陈祗，造成陈祗、黄皓的误国、丧国。

在战争频仍的三国时代，军事才能有着特殊的重要性。军事才能包括战略、武艺、后勤等。费祎作为大将军，既没有政治才能，也无军事才能。费祎对自己有无军事才能是十分清楚的，对蜀汉后期军事人才平庸匮乏的状况也很了解，所以在任大将军（蒋琬卒后）时期，从未主动想过或发动过一次大规模的军事行动。费祎对姜维说："吾等不如丞相亦已远矣，丞相犹不能定中夏，况吾等乎！且不如保国治民，敬守社稷，如其功业，以俟能者"（《三国志·蜀书·姜维费祎虽无军事才能，但却视军事行动如儿戏。蜀后主延熙七年(244 年)，魏国大将军曹爽率十万士兵兵向汉中，当时汉中将士大惊失色，镇北大将军王平以军事家应有的胆略和智慧，与护军刘敏仅以三万士兵，承袭魏延"实围"策略，依靠有利地形，捍拒曹爽。大将军费祎奉后主刘禅和蒋琬之令，率数万之众增援汉中，"于时羽檄交驰，人马擐甲，严驾已讫"(《三国志·蜀书·费祎传》)，"羽檄"即"古代用来晓谕的文书"，古代火速传递的紧急公文、信件，就插鸡毛。所以，"羽檄"就是鸡毛信，说明早在三国时代，我国已经普遍使用了鸡毛信。当时，紧急战报频传，人马、兵器、车驾已整装待发，而此时光禄大夫来敏却来找费祎对弈，费祎便放下繁忙军务，全神贯注下围棋。来敏说：你以诚信待人，必能退敌。东晋时期谢安在与客下棋时，获悉淝水之战胜利，不露声色的神态，反映了谢安沉着冷静。谢安并未直接统率军队在前方作战。谢安对于稳定军心起着一定的作用，颇为后世所赞赏。而费祎安于下棋是大战在即，前方情况危急，自身军务繁忙之际。此时正该抓紧时间，率领部队马不停蹄地赶赴数百公里之外的汉中前线，可是费祎却丢下军务，花费很长时间来下棋，以表现自己沉稳、藐视魏兵的态度。这样做明显没有必要。因为每耽误一分钟，便增加前线一分的难度和危险。要知道汉中方面是以三万士兵对十万之众的悬殊兵力，前方急需的是大量兵员。费祎的摆谱表演，只不过是装腔作势，沽名钓誉。只能说明费祎不懂军事，对军事行动的轻视。因为上有刘禅、蒋琬，下有王平、刘敏等，自己只要将数万之众带到前线，便万事大吉。而到汉中虽道路难走，但并不能阻碍大军顺利到达，而且在路上也不存在战争风险。

来敏在诸葛亮、蒋琬执政时多次犯事免职，"语言不节，举动违常"(《三国志·蜀书·来敏传》)，在战争紧迫之时，不顾大局，不识大体，不仅不予帮忙，却节外生枝，乱添麻烦，视国家大事如儿戏，还大言不惭地说：下棋是为了试探你(费祎)的。这是蜀汉大臣之所为吗？但作为大将军费祎竟然应允博弈，着实荒唐。

据《三国志·蜀书·费祎传》)注引《祎别传》记载："于时军国多事、公务烦猥"，费祎"常以朝晡听事，其间接纳宾客，饮食嬉戏，加之博弈，每尽人之欢，事亦不废"。费祎从早到晚处理事务，接待各方人士，其间又是吃喝玩乐，又是下棋消遣。这是在政府机关工作吗？很像是在娱乐场所！费祎在外交场合经常喝醉,在岁首大会更是烂醉如泥,被魏降人郭修所害,所以,"每尽人之欢"证明处理政务时喝酒很多。试想,如此胡来,这还像在处理政务吗?即使费祎"识悟过人",怎不影响办事效率?怎能做到"事也不废"?紧要关头,不忙于从事重大军事行动,却忙于下棋;外交场合屡次失去蜀国体面;岁首大会被杀,岂不影响国家大事?这些便证明了费祎从政乱来。

诸葛亮在《出师表》中说:"侍中、侍郎郭攸之、费祎、董允等,此皆良实,志虑忠纯,是以先帝简拔以遗陛下,愚以为宫中之事,事无大小,悉以咨之,然后施行,必能裨补阙漏,有所广益。"这段文字表达了如下意思:1.费祎是刘备留给陛下的良臣。但在刘备时期,费祎仅为"舍人"的小官。说明"知人待士"的刘备并未重视费祎。2.诸葛亮称赞费祎更多的是指道德方面,而才能方面只局限在宫中。可以说,当时费祎还是谨小慎微的,不敢越雷池一步。"若无兴德之言,则责攸之、祎、允等之慢,以彰其咎",从三人情况看,郭攸之"性素和顺,备员而已"(《三国志·蜀书·董允传》),费祎"恣性泛爱"(《三国志·蜀书·张嶷传》),八面玲珑,治政、用人和个性与诸葛亮已大相径庭,而董允"处事为防制,甚尽匡救之理","翼赞王室"(《三国志·蜀书·董允传》)。陈寿评价"董允匡主,义形于色","蜀臣之良矣"。董允具有诸葛亮理政遗风,当时政治清明,董允堪称"小诸葛"。费祎当政,行政、军政乱来,而且重用佞臣陈祗,黄皓被重用固然与后主刘禅有关,但身为相位的大将军费祎也难辞其咎。因此,蜀汉后期,朝政混乱,陈祗、黄皓乱政,明显有费祎的责任。从此可看出,董允理政与费祎相比泾渭分明。后主刘禅统治后期政治黑暗,姜维穷兵黩武,"双管齐下",形成了蜀汉灭亡的"加速度"。

蜀汉江山成了姜维的赌注

三国时代蜀汉大将军姜维,为了实现个人功利目的,以蜀汉国力和命运作赌注,在进攻、防守和蜀汉灭亡等军事行动中,具有明显的盲动和冒险的特征。

从北伐魏国意义和目的看,诸葛亮五出祁山是"兴复汉室",姜维是个人奋斗。固然,诸葛亮在世时,曾称姜维"心存汉室",但作为"好立功名"(《三国志·蜀书·姜维传》注引《傅子》)的姜维在执政和北伐魏国时,"自以练西方风俗,兼负其才武",更多的是从个人角度考虑,博取个人功名。

从北伐情况看,姜维从蜀汉延熙十二年(249 年)起,至景耀五年(262年)止,13 年间总计用兵 8 次,多次"不克而还",输多赢少,其用兵次数和用兵频率均高于诸葛亮,但当时蜀汉国力和内政却大不如前。从具体战况看,蜀后主延熙十九年(256 年),姜维率军在上邽段谷,被魏安西将军邓艾打得大败,将士死亡很多,陇西骚动不安。此战姜维是处处被动,又无奇谋,其败必然。其一,此仗邓艾料敌如神,早有准备,正严阵以待。姜维奔向祁山就麦熟,见邓艾有准备,只得原路退回奔南安,并绕道进军。邓艾据守武城山,再次挡住姜维去路。其二,姜维远来奔袭,邓艾是以逸待劳。其三,

姜维

姜维未能与镇西大将军胡济会师上邽。由此看出,姜维穷兵黩武,徒损国力。这与"内修政理"(诸葛亮《出师表》)、一贯谨慎的诸葛亮有着天壤之别。《三国演义》有"姜维独凭气力高,九伐中原空劬劳"之语,反映了罗贯中对姜维主观盲动的看法。

从内政方面来看姜维的思维方式。据《三国志·蜀书·姜维传》注引《华阳国志》记载:姜维厌恶黄皓专权,要求后主刘禅杀之,后主说:"皓趋走小臣耳,往董允切齿,吾常恨之,君何足介意?"黄皓与各方面关系盘根错节,更得刘禅欢心,这已不是一朝一夕形成的,姜维是心知肚明。姜维对于自己在朝中孤立也是了解的,却要刘禅将黄皓杀掉,明知是不可能的,反映了姜维的思考不妥。接着,姜维"见皓枝附叶连,惧于失言,逊辞而出",姜维至此才知黄皓在朝得宠,显得反映太慢,又害怕起来,说明姜维并非正气凛然,同时姜维又来向黄皓求情,"维说皓求沓中种麦",明显是是非不分,思维颠三倒四。姜维以如此思维指挥战争,进行战争赌博,能有几分胜算?

姜维屡次兴无名之师,也无必胜把握,明知不可为而为之,不顾蜀汉国力衰

落,将大量的军队作无谓的赌注,势必走向失败。以至灭亡。

汉中为蜀汉最重要的门户,是对魏作战和防御的重镇。历来,蜀汉对汉中都十分重视,因此,守卫汉中的战略战术便显得至关重要。刘备自从夺取汉中后,蜀汉国力呈下降趋势,到了姜维执政时期,更是日薄西山;而魏国地广人众,虽然经过北方军阀混战,中原遭到严重破坏,仍明显强于蜀汉。随着经济的恢复,人口的增加,魏蜀国力悬殊更大。总之,蜀对魏战略从根本上来讲是处于防守之势。

"实围"战法,汉中稳固。汉献帝建安二十四年(219 年),曹操进军汉中。刘备"敛众拒险,终不交锋"(《三国志·蜀书·先主传》),利用有利地形,逼走曹操。这是刘备防守得法所致。魏延根据这一实践,总结出一套"实围"战法,即在汉中外围,利用有利地形,深沟高垒,拒敌于围门之外。"皆实兵诸围以御外敌,敌若来攻,使不得入"(《三国志·蜀书·姜维传》)。"实围"战法有着明显优势:①敌方长途跋涉,远来疲弊;②敌方进无所居,无有地形优势;③敌方粮草运输困难;④蜀军可在敌方撤退中,适当进行自卫反击。可以说,在刘备守汉中时,此法已初具雏形,到了魏延时已经完善,上升为理论。自从曹操从汉中退兵,多年来,魏国一直未敢以军队主力来犯。诸葛亮五出祁山,实行以攻为守的战略,在汉中还是偏重于防守,也一直沿袭汉中"突围"战法。到了镇北大将军王平守汉中时,这一战法优势得到充分展示。魏大将军曹爽以十万军队,兵向汉川,直指汉中而来。王平以三万士兵,坚守兴势之围阵地数日,直到大将军费祎率领的蜀汉增援部队赶到。魏军只得丢盔弃甲,狼狈而退。总之,"实围"战法是防守汉中、保证蜀汉北部边境安全最有效的防御方法。

"殄敌"战法,问题多多。姜维认为"实围"战法是错误、消极的防守,虽然符合周易"重门"之含义,可以御敌于门户之外,却不能大获全胜。不如让敌进来,诸围军队合在一处,聚在谷中,退守汉城、乐城,使敌人不得进人平川,并在重关镇守。这样,再使游击军队进攻敌人虚弱之处。敌人攻关不得,野无粮草,千里运输,自然疲惫,退军之时,各处守军一齐出击,与游击军并力搏杀,此为"殄敌"战法。姜维此法存在诸多问题。其一,明显违反蜀汉守势战略。刘备、魏延、诸葛亮、王平等在汉中都十分重视防守。姜维背离蜀弱魏强的实际状况,在一定程度上放弃汉中有利的地形优势,好大喜功,一味追求反击进攻,全歼敌军。其二,花费颇大,损伤蜀汉国力。蜀汉国力有限,花费几十年建立起来的防守型防御阵线,被改成进攻型防御战线,必将花费巨大的财力。姜维"于是令督汉中胡济却住汉寿,监军王含守乐城,护军蒋斌守汉城,又于西安、建威、武卫、石门、武城、建昌、临远皆立围守",明显看出,防守重心由汉中向汉寿转移,一个"却"字反映陈寿记载时的观点,在某种程度上对姜维做法予以否定。其三,风险巨大。"实围"战法比"敛敌"战法更有保障,因为敌人来犯,无所依托,可以最大限度发挥地形优势,这也被实践多次证明正确、有效。姜维时期,蜀国进一步衰落,理应更注重防守,姜维却更注重进攻,明显这一战略思想思路错误。如果防守不住,何来"敛敌"?即全歼敌军。因此,防守比进攻更为重要,也更为切合实际,而放敌进入,如同引狼入室,让敌军在一定程度上占有地形优势,使蜀军优势削减。一旦敌军进入,站稳脚跟,即使能守住关口,一要花更大军力应付,二也难以将敌人撵走,更谈不上全歼敌军。况且王平坚守汉中时,对于类似"敛敌"战法的错误想法,已经断然否定,而且事实已证明王平的看法正确。据《三国志·蜀书·王平传》记载:蜀后主延熙七年(244 年),魏大将军曹爽率步骑十余万向汉中,"时汉中守兵不满三万,诸将大惊,或曰:'今力不足以拒敌,听当固守汉、乐二城,遇贼令人,比尔间。涪军足得救关。'平曰:'不然,汉中去涪垂千里,贼若得关,便为祸也'"。"魏军退还,如平本策"。应当说姜维"敛敌"战法与此错误想法如出一辙。后来,钟会大军夺得汉中,与当年王平所料完全相同。所以,姜维这一战略战术是拿蜀国命运和蜀军主力做赌注,风险极其巨大。

从实践来看,"敛敌"战法是军事冒险主义的产物。姜维屡次兴兵,一直无计,也无力消灭敌人的有生力量,因此,姜维希望在占据地形优势的北部边境"守株待兔"。这一冒险方案直接导致了蜀汉灭亡。在钟会二十万大军进攻面前,这一战法建立起来的防线土崩瓦解。姜维在沓中首先被邓艾绊住,动弹不了,右车骑将军廖化增援姜维,左车骑将军张翼、辅国大将军董厥等前往阳安关口增援诸围。钟会大军长驱直入,亲自围攻汉城、乐城,派遣别将攻关口,蒋舒开城出降,傅佥格斗而死,首先丢掉了汉中。形势急转直下,"敛敌"战术彻底破产。姜维与廖化、张翼会合,虽然在剑阁挡住钟会,但姜维的蜀汉主力也被钟会所牵制。直接导致成都防守空虚,姜维无力回救,面临钟会、邓艾前后夹击的困境,给邓艾偷渡阴平、灭亡蜀汉提供了客观条件。

试想,如果仍然沿用"实围"战法,又何须动用蜀汉全部重要将领和全部主力上前线,姜维率军增援,即使被邓艾绊住,来自成都及其他地方的军队增援汉中,钟会便无能为力,最终必将重蹈曹爽失败的覆辙,也无须要廖化等人率领几乎所有的军队增援,成都后方又怎能如此空虚。不要说邓艾不能偷渡阴平,就是偷渡成功,邓艾的小股部队必将腹背受敌,处于被消灭的境地。

　　姜维面对钟会大军,蜀汉后主投降邓艾的困境,于是假借降魏,伺机复辟,将蜀汉数万军队孤注一掷。对此,孙盛认为:"邓艾之入江由,士众鲜少,维进不能奋节绵竹之下,退不能总帅五将,拥卫蜀主,思后图之计,而乃反复于逆顺之间,希违情于难冀之会,以衰弱之国而屡观兵于三秦,已灭之邦,冀理外之奇举,不亦暗哉!"(《三国志·蜀书·姜维传》注引《晋阳秋》)孙盛分析当时形势,认为邓艾入江油,军队人数很少,姜维不能在绵竹奋节死守,又不能统领军队保卫蜀主刘禅,却想出假投降的办法,希望违反情理的事情出现。以弱国之兵屡次兴兵,不能取得关中。已经灭亡之国家出现情理之外的复国奇迹发生,不是很糊涂吗?!裴松之对孙盛观点不以为然,认为姜维使钟会大军在剑阁无法前进,已经商议退兵,全蜀之功,差一点就要成功。邓艾偷袭阴平成功,诸葛瞻败亡,成都崩溃。姜维如果回军,钟会必然尾随追来,当时形势难以两全。所以不能责备姜维没有奋节死守绵竹。钟会想坑杀魏将,授予姜维重兵。如果魏将被杀,兵权在姜维手里,杀掉钟会,恢复蜀汉不是难事。裴松之之论过于乐观和草率。姜维如果进军成都,必将面临腹背受敌,显然此法不通,但如果投降魏国,从中取事,又谈何容易? 离成功更是遥遥无期。姜维这样的想法,完全是赌场上赌红眼的赌徒,孤注一掷,成功率极低,与其冒最大风险,还不如考虑第三种方法,抽调一旅之师,护卫和营救蜀主,或许其他方法。作战如同下棋,再走一步,说不定就有机会。再来分析姜维投降魏国后的三步棋。第一步,钟会尽杀魏将,绝非易事,司马昭早就料到钟会造反不会成功,钟会又如何能尽杀魏将,这已被历史事实所证明,此法不通。第二步,退一步说,钟会即使杀了魏将,作为连自己部将都不相信,具有"精练策数"(《三国志·魏书·钟会传》)的钟会岂能对降将姜维放心,不加防备,授以兵权,并且授以重兵,可能性极低。第三步,即使姜维得到重兵,也不会得到全部兵权,如何能轻易杀掉钟会? 即使杀了钟会,当时魏国将士远多于蜀汉将士,姜维就是手握重兵,在短期内也没有威望和号召力,岂能服住众将士? 必将出现混战局面,届时,司马昭大兵已蓄势待发。由此可知,姜维的考虑没有一步能走通,纯属痴人说梦,十分欠妥,反映出姜维好战的程度和对战争的轻视态度,具有典型的军事冒险特征。军事冒险,条件许可,偶可一用,而姜维屡冒风险,并且是大险,岂能不败?"一举而灭蜀,自征伐之功,未有如此之速者也"(《三国志·魏书·邓艾传》注引《袁子》)。姜维最后孤注一掷,将蜀汉江山和军队输个精光。

姜维屡次军事冒险,有其必然的主客观因素。其一,贯彻蜀汉以攻为守战略。蜀国国力弱小,经济凋敝,为了守住边疆,从诸葛亮执政开始,便实施了以攻为守的战略。进攻是最有效的防守。姜维急功近利,也符合以攻为守战略。姜维无论从个人立功,还是从忠于汉室出发,兴师伐魏,别无选择。其二,姜维一生追求所在。①职业军人家庭。姜维(202~264年),字伯约,天水冀(今甘肃甘谷)人,其父姜冏"昔为郡功曹,值羌、戎叛乱,身卫郡将,没于战场"(《三国志·蜀书·姜维传》),姜维出生军人家庭,虽然少年失父,但其母所讲和处于战争时代姜维的耳濡目染,无不影响着姜维产生献身军旅想法。②军人身份。姜维由于其父死于战争,被赐官中郎,"参本郡军事"。仕途起点便为武官,并且职务来得较快,姜维投蜀后,在27岁时,便为仓曹掾,加奉义将军,成为将军级别的将领。这些对姜维今后事业发展,无不注入动力。③军事特长。诸葛亮称赞姜维"忠勤时事,思虑缜密","凉州上士也";"甚敏于军事。既有胆义,深解兵事,此人心存汉室,而才兼于人"。在蜀汉人才匮乏的后期,姜维具有一定的军事素质,但远不能适应大战的需要。其三,政治环境险恶。①政见不合。姜维虽然受到诸葛亮和蒋琬的注重,但自从费祎执政后,姜维便受到排挤,由于二人政见不合,个性相异,而时时受到制约。②身份不同。由于姜维是降将出身,在"豫州入蜀、荆楚人贵"的政治环境中,作为荆楚人物代表的蒋琬和费祎影响很大,所以,姜维真正接班的可能性只能排在其后,其实诸葛亮在世时,姜维为征西将军,蒋琬为长史,加抚军将军,官位相当,明显高于司马费祎。诸葛亮去世后,蒋琬为尚书令,姜维为右监军,辅汉将军,费祎为后军师,姜维仍高于费祎,不久,费祎职务便高于姜维。③人际关系很差。姜维人际关系很差与八面玲珑的费祎形成强烈反差。具体表现在:①姜维北伐遭到许多人的反对,一方面反映北伐劳民伤财,另一方面与姜维人际关系不佳也不无关系,除费祎外,还有谯周、张翼,甚至廖化均持反对态度;②姜维失利于段谷后,在蜀招来一片反对,甚至谩骂声,这与诸葛亮失败时蜀人的态度有着很大的不同;③避祸沓中。尚书令陈祗与黄皓相互勾结,后来,黄皓想免去姜维职务,让阎宇来代替;

就连诸葛瞻、董厥都想免去姜维职务。姜维感到受到威胁,诚惶诚恐,要求驻军沓中,远离成都。总之,姜维在朝中几乎无立足之地,不得不屯田沓中,"以避内逼耳"(《三国志·蜀书·姜维传》注引《华阳国志》)。

当时郤正著书称赞姜维"乐学不倦,清素节约",并未涉及姜维军旅生涯。东晋干宝评论姜维"国亡主辱弗之死,而死于钟会之乱,惜哉!非死之难,处死之难也",认为姜维死得不是时候,婉转地批评了姜维。陈寿批评姜维"粗有文武,志立功名,而玩众黩旅,明断不周,终致陨毙"。孙盛也批评姜维"德政未敷,而疲民以逞,居御侮之任而致丧守,于夫智勇,莫可云也",意思为没有搞好内政而穷兵黩武以逞能,担负御敌重大责任而招致敌人进来,把蜀国灭了,没有勇敢和智慧可言,实在是"亡国之乱相"。

福哉,廖化!

蜀汉将领廖化传奇经历颇为独特,其人武艺一般,久经沙场,屡遭败绩,却次次都能化险为夷,官运亨通,忠孝齐全,福寿兼备,千古流传,堪为今古奇观的一名福将。

廖化

民间流传廖化从三国开始到三国结束,是三国中最长寿的人,活到128岁。廖化从184年参加黄巾起义起,到280年孙皓降晋三国统一,经历了96年。廖化只有32岁当兵,才能与年龄相吻合,显然夸张成分很大:其一,参加黄巾军多为20岁上下的人,廖化不可能等到32岁才出来干事;其二,三国中不可能有人经历了三国始终,当时更不可能活到128岁。这反映出廖化经历特殊,年龄偏大,是一位令人喜爱的人物形象,因而传说越发神奇。

《三国演义》描写廖化从184年参加黄巾军起至263年蜀汉灭亡后忧郁而死,历时80年,几乎贯串于三国始终。按18岁当兵(汉代一般为20出来干事,而黄巾军士兵多为穷苦出身,一般稍早),廖化应为98岁,为三国中最长寿的人,是三国的见证人,但文学作品仍有虚构成分。

那么,历史人物廖化年龄究竟如何呢?《三国志·蜀书·宗预传》记载:蜀后主景耀四年(261年),诸葛瞻初掌朝政时,廖化想与大臣宗预一起前往拜访,宗预说:我们都是年逾七十岁的人了,何必求于年少之辈而去拜访? 由此可知,廖化此时年龄应在71岁至75岁。如果是76岁至79岁,应访问年近80岁。景耀六年(263年),后主刘禅降于邓艾,第二年,刘禅举家东迁洛阳,廖化病死于路上。廖化此时年龄应在74岁至78岁,而实际年龄最有可能在76岁左右。蜀后主延熙十年,蜀汉将领邓芝自江州来朝,宗预说:"卿七十不还兵。"(《三国志·蜀书·宗预传》)说明邓芝此时70岁,延熙"十四年卒"(《三国志·蜀书·邓芝传》),邓芝最终年龄为74岁,廖化的年龄明显高于邓芝。在蜀汉将领中,赵云年龄为66岁,所以,廖化是最为长寿的蜀汉将领,也是福气最长的人。

在三国将领中,廖化可称得上是一位武艺平庸的蜀汉将领,但在其身上却存在诸多奇事。①经历战争次数最多。由于寿大,而且常在一线作战,廖化一生是伴随着战争而成长、衰老的,与战争结下了不解之缘,先后随关羽守荆州和刘备征吴,并经过诸葛亮和姜维的南征北战。②经历大战次数最多。如关羽败走麦城、火烧连营、街亭之战、成重山之战、蜀汉灭亡之战等。③经过的败仗次数最多。纵观廖化一生,几乎败仗与他时时相伴。④为战功最少的蜀汉高级将领,仅有一次战功。蜀后主延熙元年(238年),50岁左右的阴平太守廖化打败了魏国南安太守游奕,广魏太守王赟也中箭身亡。⑤廖化为最高年龄上前线的三国将领,时年75岁左右。正因为如此,廖化在陈寿眼中,是一位特殊将领,不够单独立传,因而在《三国志·蜀书·宗预传》附立《廖化传》。

廖化虽经过许多败仗,但每次都是有惊无险,逢凶化吉。随关羽守荆州、败走麦城的诸将中,不是投降,便遭不测,而唯独廖化成了"漏网之鱼"。关羽失败后,廖化所在荆州归吴所有。廖化为躲过这一劫,他在东吴"诈死,时人谓为信然,因携持老母昼夜西行"(《三国志·蜀书·宗预传》附《廖化传》),于蜀先主章武元年(221年),在秭归遇到刘备征吴大军,得以忠孝两全,还做了宜都太守,并为别督,为一支军队的将领。时年33岁左右,接着由于遭到东吴陆逊的火烧连营,再次遇险。蜀将中大都督冯习、先锋张南、别督傅彤、侍中马良、从事祭酒程畿、议曹从事王甫等将领战死,黄权等降魏,杜路、刘宁降吴,生还者甚少,而廖化再次躲过这一劫,颇为神奇。223年,35岁左右的廖化被任为参军,接着先后随诸葛亮、姜维作战。尤其在魏正始九年,也就是蜀延熙十一年(248年),60岁左右的廖化,守卫成重山,战况异常激烈。魏将郭淮连败姜维、廖化。廖化十分危险,仍能生还。

在历次战争中,蜀汉将士死伤无数,而廖化多次遇险,都能身免,不但化险为夷,还因祸得福,官位步步升高,最后,竟然做到了右车骑将军,这不能不说是奇人奇迹。他是一名不折不扣的福将。

廖化,本名淳,字元俭,湖北襄阳人,最早在荆州投奔刘备,为关羽主簿。据《三国志·蜀书·宗预传》附《廖化传》记载:廖化后为督广武,稍迁至右车骑将军,假节,领并州刺史,封中乡侯。在这段记载中,并未交代何时为右车骑将军。诸葛亮执政初期,廖化只是参军,资历或资格远不够当右车骑将军,而在延熙年间,邓芝、夏侯霸先后为车骑将军,因此,廖化只能在景耀年间为右车骑将军:①没有其他人选为车骑将军或右车骑将军;②张翼在景耀二年(259年)为左车骑将军;③左、右车骑将军官位只能在景耀年间出现,以往都未出现过;④景耀年间,阎宇出任右大将军,也佐证了左、右车骑将军同时存在的理由。所以,景耀二年,廖化时年71岁左右,为右车骑将军;假节为有权杀违反军令者。景耀六年(263年),廖化受后主刘禅派遣,与左车骑将军张翼、辅国大将军董厥拒敌。由于兵力悬殊,与姜维一起降于魏大将军钟会。廖化以75岁左右高龄上前线,在三国时代可谓绝无仅有的了。

按《三国志》记载,不妨将蜀汉将领作一分类。设有人物传的名将为一流将领,如关羽、张飞、赵云、魏延等,设有人物传的一般将领为二流将领,如刘封、王平、邓芝、张翼、马忠、张嶷等。廖化等只能算作三流将领,廖化的最高官位与一流的将领张飞、马超(骠骑将军)、二流将领邓芝齐名,而一流将领中关羽、黄忠、赵云、魏延,二流将领王平、刘封、马忠、张嶷等只能望其项背,远不及廖化这一官位。张翼的官位低于廖化,爵位也低于廖化。廖化为中乡侯,张翼为都亭侯,亭侯低于乡侯。这是廖化福气的一大体现。廖化官位如此显赫,反映了蜀汉后期人才寥寥无几,同时也反映了人们对廖化的良好印象。

廖化虽经诸多败仗,却从未受伤,并且长寿,最后还是善终,在蜀汉将领中所罕见。廖化任劳任怨,默默奉献,多负勤劳,屡遭风险,对蜀汉忠心耿耿,因而赢得了当时各方面的好评,受到先主刘备、后主刘禅的重视和喜爱,蒋琬也曾极力向诸葛亮推荐廖化。无论何人为统帅,廖化均能服从。服从是军人的天职,在廖化身上得到了充分体现。廖化对上级几乎没有一句看法,更不用说是怨言。要知道廖化是果断刚直的性格,能如此服从着实不易。诸葛瞻当政时,七十多岁的廖化还考虑拜访三十多岁的上级,足见廖化办事周到、谨慎。关羽是"刚而自矜",张飞是"暴而无恩",刘封是"刚猛、难制",王平是"性狭侵疑"等等,而廖化没有不佳评价。

当然,廖化对待上级也不是不能发表自己的看法的,对于姜维穷兵黩武,兵出狄道,说道:"'兵不戢,必自焚。'伯约之谓也。智不出敌,而力少于寇,用之无厌,何以能立?""用兵不收敛,必然玩火自焚。"这说的就是你姜维啊!谋略不能超过敌人,而且兵力比敌人弱小,还频繁用兵,这哪能立于不败之地?这是廖化唯一一次有历史记载的谈话。廖化分析了当前形势,找到了姜维多次兵败的原因。此话说得虽有道理,但似乎说得太迟,已无济于事,未能劝阻姜维用兵。不久,蜀汉便灭亡了。

不仅当时评价较好,而且历代流传着"蜀中无大将,廖化作先锋"成语,一方面说明蜀汉后期人才匮乏,同时,也说明廖化虽然年老,在蜀汉无人情况下,毅然披挂上阵,颇有廉颇不服老的气概,给人留下深刻印象。

荀彧与官渡之战

曹操雄才大略,凭着众多文臣武将,扫除北方群雄,为建立版图辽阔的巍巍魏国奠定了基础,其文治武功堪称三国第一。在曹操势力由弱到强的过程中,文臣荀彧占有举足轻重的地位,特别是在官渡之战中,功勋卓著,为曹操的第一谋臣,堪称三国最佳军事参谋。

荀彧(163~212年),字文若,颍川颍阴(今河南许昌)人。荀彧仪表伟美,持心平正。他十分重视从政治上、军事上进行战争的准备工作。据《三国志·魏书·荀彧传》记载:早在建安元年(196年),荀彧力排众议,建议曹操"奉天子

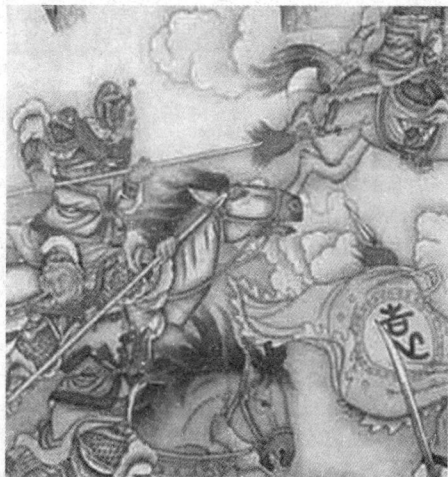

官渡之战

都许"。首先阐述其意义:"昔晋文纳周襄王而诸侯景从,高祖东伐为义帝缟素
而天下归心。"同时回顾曹操首倡义兵,讨伐董卓,在军阀战争中,仍"御难于
外",心系汉室,称颂曹操有匡扶天下的志向。接着,分析形势,陈述汉献帝到洛
阳,东都已荒芜不堪,"义士有存本之思,百姓感旧而增哀",社会各界迫切需要
尊奉天子的英雄人物的出现,来恢复社会秩序。"奉主上以从民望,大顺也;秉
至公以服雄杰,大略也;扶弘义以致英俊;大德也。"(《三国志·魏书·荀彧
传》)力劝曹操机不可失,时不再来。由于荀彧论述合情合理,曹操便至洛阳,
迎汉献帝到许昌。天子以曹操为大将军,以荀彧为汉侍中,守尚书令。曹操便
从政治上处于有利地位,奉天子以令不臣,为打败袁绍奠定了政治基础。

　　荀彧积极进行军事准备。首先重视建立根据地。"昔高祖保关中,光武据
河内,皆深根固本以制天下,进足以胜敌,退足以坚守,故虽有困败而终济大
业。"指出兖州战略地位重要,犹如刘邦的关中、刘秀的河内,要求曹操暂时放弃
攻打徐州而讨伐吕布。曹操听从荀彧建议,又赶上麦收,军粮充足,于是,将吕
布势力逐出兖州,巩固和扩展兖州地盘,保证了进行大战的兵员和军需供应。
这样进可以攻,退可以守,掌握了战争的主动权。其次,极力推荐荀攸、钟繇、郭
嘉等军事人才。在官渡之战中,荀攸为谋主,具体负责制定战略战术,钟繇与马
超、韩遂相持,稳定了西部防线,解除了后顾之忧,便于集中兵力与袁绍决一雌
雄。再次,先易后难,拓展疆土,增强力量。根据他的计策,曹操于汉献帝建安
三年,南破张绣,东擒吕布,扫清了与袁绍进行最后决战的障碍。

袁绍"既并河朔,天下畏其强"。曹操面对袁绍强大,"出入动静变于常"。官渡之战后,曹操"收绍书中,得许下及军中人书,皆焚之"(《三国志·魏书·武帝纪》),说明曹操手下不少人在战前,对获胜缺乏信心,给袁绍去信,以留后路。"孤犹不能自保,而况众人乎!"(《三国志·魏书·武帝纪》注引《魏氏春秋》)说明曹操对此战心有余悸。这些都反映出战前曹军上下普遍存在畏难情绪。面对曹军将士担忧,他从战略角度论证此战必胜显得极其重要:"古之成败者,诚有其才,虽弱必强,苟非其人,虽强易弱。"荀彧首先运用辩证的方法,论述敌强我弱是可以转化的,并用史实论证,刘邦与项羽因人才转移形成一存一亡。接着,通过袁绍与曹操情况进行对比分析:袁绍外宽内忌,用人疑人;曹公明智通达,不拘一格选用人才,这是度量方面胜于对方。袁绍遇事不决,事后才知;曹公能断大事,应变灵活,这是计谋方面胜于对方。袁绍治军宽缓,法令不行,士卒虽多,难为其用;曹公法纪严格,赏罚分明,士卒虽少,却以死效力,这是武力方面胜于对方。袁绍沽名钓誉,任人唯亲;曹公至仁待人,以诚相待,唯才是举,这是德行方面胜于对方。最后得出结论:曹操这四个方面均胜于袁绍,更何况辅助天子,挟义征战,谁敢不听从指挥?而袁绍便无能为力。这样,有利于从根本上消除全军顾虑,有利于曹操的决策和鼓舞士气,为曹操制定决战方案提供了理论支持。

面对袁绍谋士如云,兵多将广,曹军将士仍有疑虑。进一步消除顾虑和担心,解决思想问题,便同样重要。当时,孔融就明确提出消极观点,称袁绍"地广兵强,田丰、许攸,智计之士也,为之谋;审配、逢纪,尽忠之臣也,任其事;颜良、文丑,勇冠三军,统其兵,殆难克乎!"荀彧从袁绍及其手下各自弱点做分析,对此予以有力驳斥:袁绍兵多但法纪不严,田丰刚而犯上,许攸贪而不治。审配专而无谋,逢纪果而自用,此二人执掌事务,一旦许攸家犯法,定严惩不贷,届时,许攸必有变化。颜良、文丑一勇之夫,一战而可擒获。此番驳论对袁绍人员了如指掌,论述有理有力,犹如战争动员令,振奋全军上下。后来战争进程果如荀彧所言。

汉献帝建安五年(200年),曹操与袁绍终于爆发了官渡之战。此战对双方都极为重要,是逐鹿中原的关键一战。在战争相持阶段,曹操军粮将尽,准备撤军。荀彧及时指出:现在军粮虽少,不如楚汉在荥阳、成皋之间时的困难,刘邦、项羽都不肯先退,因为先退形势便对己不利。现今以十分之一之众守住要道,使袁军不能进,已有半年,相持之势已到尽头,必有变化,正是用奇兵之际,不可失此机会。曹操便坚持防守,并以奇兵突袭袁绍屯粮之所乌巢,接着大败袁军。荀彧每在危急或重要时候,进行重大决策,均筹划得当,判断准确。能够做到知己知彼,反映出荀彧深谋远虑,出类拔萃。

袁绍失败后,曹操由于粮食难以为继,打算放弃追击,转而讨伐荆州刘表。荀彧为了防止袁绍死灰复燃,乘虚袭击,建议曹操乘胜进兵,不留后患。于是,曹操再整兵马,渡过黄河。当时袁绍已病死,曹操先后大败袁绍之子袁谭、袁尚。从此,曹操基本统一了北方。

荀彧足智多谋,与众不同,深受时人好评。荀彧早年依附袁绍,后来考虑袁绍不能成大事,转而投奔曹操,被曹操誉为"吾之子房",将荀彧与汉初运筹帷幄之中,决胜千里之外的张良相提并论。据《三国志·魏书·荀彧传》注引《彧别传》记载:荀彧"名重天下,莫不以为仪表,海内英俊咸宗焉";曹操称赞荀彧"以亡为存,以祸致福";司马懿称一百多年间,"贤才未有及荀令君者也";钟繇称荀彧德行可与颜渊相媲美,陈寿评价荀彧"清秀通雅",神机妙算,"有王佐之风"。

勇字当先的张辽

三国张辽名列魏国名将之首,在曹操统一北方的战争中立下了汗马功劳。尤其是在合肥逍遥津勇往直前,大战孙权的辉煌业绩,更是千古流传。

张辽(169~222年),字文远,雁门马邑人(今山西朔州)人。张辽可能是拥有最多主子的三国将领,先后有七个主子。张辽年少时便为郡吏,说明地处边地的张辽未达20岁,便已出来干事,此时的郡守应为张辽的第一个主子。至汉末,并州刺史丁原,因张辽武力过人,便召为从事(参谋政务军事)。汉灵帝中平六年(189年),丁原让张辽率兵往京都洛阳。当时,大将军何进又派张辽往河北招募士兵,得千余人。张辽回京后,因何进被杀,以兵属董卓。张辽先后拥有丁原、何进、董卓三个主子,可能是在一年之内拥有最多主子的三国将领。董卓失败后,又以兵属吕布,为骑都尉。汉献帝建安三年(198年),吕布败于曹操。张辽率兵而降,为中郎将,封关内侯。此时,张辽30岁,实现了人生的重大转折。张辽47岁时,合肥之战成为张辽军事生涯的巅峰。汉献帝二十五年

（220 年），文帝即王位时，张辽为前将军。张辽虽然先后拥有许多主子，但每次换得都比较自然。吕布拥有丁原、董卓两个主子，虽然没有张辽主子多，但常杀其主子。所以，张辽降曹时，为曹操所接受，而吕布降曹时，却为曹操所杀。

张辽在戎马生涯中，最显著的特征是勇敢无畏，是三国时代最勇敢的名将之一。张辽自从投奔曹操以后，不管是深入虎穴，还是进攻与防守，均能无坚不摧，每战必胜，令人称奇。张辽等名将职务虽逊于夏侯惇、曹仁等，却功勋显赫。

汉献帝建安五年（200 年），曹操派张辽

张辽

平定鲁国诸县，与夏侯渊在东海包围了昌豨，历经数月粮尽，夏侯渊打算率军而还。张辽对夏侯渊说：多日以来，每次行视各个营垒，昌豨便瞩目望我，另外他们射箭渐渐稀少，这必是昌豨犹豫不决，所以没有全力作战。如果对其晓以利害，或许可以让其投降。于是，前去对昌豨说：曹公有命令，派我传给你。昌豨果然下来与张辽说话。张辽说：曹公以德招揽四方英雄豪杰，先归附者受大赏。昌豨于是答应投降。张辽便孤身上三公山，入昌豨家，看望其妻子及儿女。昌豨便随张辽来降。事后，曹操对张辽冒险做，法，很是担心，认为"此非大将法也"。（《三国志·魏书·张辽传》）张辽很是感激："以明公威信著于四海，辽奉圣旨，豨必不敢害故也。"张辽勇闯虎穴，达到了"不战而屈人之兵"的效果。不久，张辽为荡寇将军。

汉献帝建安十二年（207 年）。曹操率军讨伐袁尚、袁熙和单于蹋顿等，登白狼山，仓促之间与敌相遇。当时敌方有数万骑之众，而曹军披甲者少。左右之人都有所惧怕，只有张辽力劝曹操与敌作战，颇有气势。"太祖壮之，自以所持麾授辽"（《三国志·魏书·张辽传》），曹操"使张辽为先锋，虏众大崩，斩蹋顿及名王以下，胡、汉降者二十余万口"（《三国志·魏书·武帝纪》）。

次年，曹操派张辽屯军长社，讨伐荆州。临出发时，军中有谋反之人，夜里放火。张辽全军都受到骚扰。张辽当机立断，对左右说：不要乱动，不是全军都

在叛乱，必定有造反之人，扰乱众人之心。于是，命令军中：如果是不反之人，必须静坐不动。张辽临危不乱，勇敢沉着，率亲兵数十人，站立在营阵中。不一会工夫，即平定了叛乱，杀掉首谋造反之人。这体现了张辽的智慧和胆略。

不久，陈兰、梅成以氐、六县反叛。曹操派于禁征讨梅成，张辽率张部等征讨陈兰。梅成假降于禁。于禁退兵。梅成便率其众与陈兰会合，转入潜山。潜山中天柱山，高峻二十余里，道路险要狭长，只有步行得过。陈兰等在峭壁上，据险而守。张辽准备进山。诸将说："兵少道险，难以深入。"张辽说：这是一对一的对阵，只有勇敢者能够前进。这体现了"两强相遇勇者胜"的法则。于是，进军山下安营，全部俘虏其众。曹操评价诸将之功："登天山，履峻险，以取兰、成，荡寇之功也。"

汉献帝建安二十年（215年），魏将张辽、乐进、李典等率七千余人屯守合肥。曹操在征讨张鲁时，教与护军薛悌，送函给合肥守将。函边署"贼至乃发"。时值八月，孙权率十万之众围合肥。张辽等拆开信函："如孙权来犯，张辽、李典将军出战，乐进将军守城，护军不得参战。"东晋史学家孙盛认为：这是曹操的过人之处。"专用勇者则好战生患，专用怯者则惧心难保，且敌众我寡，必怀贪惰。以致命之兵，击贪惰之卒，其势必胜，胜而后守，守则必固"（《三国志·魏书·张辽传》注引孙盛曰）。当时，诸将对此都有疑虑。张辽说：曹公远征在外，等到救军到来，孙权必定已破我城。所以，信函教我们在孙权各路军马未聚合之时，率军迎战，先折损吴军锐气，以安众心，然后再守城。成败之机，在此一战，诸君还有什么疑虑？张辽较好地贯彻了曹操的战略思想，根据敌强我弱的实际情况，捕捉适合战机，选择敌方立足未稳，众路人马未聚之时，直捣对方指挥中心，先夺敌气。平时，张辽、乐进、李典都不和睦。张辽担心其不从。李典慨然说道："这是国家大事，将军如此，我为什么还要怀私心而忘大义呢？"于是，张辽连夜招募敢于冒死之士八百人。第二天天刚亮，张辽身披铠甲，手持长戟，身先士卒，径向敌阵，连杀数十人，斩二将，并大呼自己姓名。《孙子兵法·作战篇》说："杀敌者，怒也。"就是说要使军队勇敢杀敌，就必须激励士气。张辽一鼓作气，冲入敌方营垒，直到孙权麾下。孙权大惊，手下众将也不知所为，于是奔走高处，以长戟自守。张辽呵斥孙权下山来战，孙权不敢动。孙权看见张辽所带兵少，便指挥众将数层包围张辽。张辽左冲右突，率先带领数十人破围而出。时有剩下将士喊道：将军难道放弃我们吗？张辽便返回杀入重围，带出众人。张辽金戈铁马,所向披靡,正可谓气吞万里如虎。这样,从早战至日中,吴人士气低落。张辽还军,加固城池,众心乃安,诸将咸服。

孙权包围合肥十多天,无法攻下城池,于是向逍遥津北退兵。"兵皆就路,权与凌统、甘宁等在津北为魏将张辽所袭"(《三国志·吴书·吴主传》),"权使追还前兵,兵去已远,势不相及,统率亲近三百人陷围,扶扞权出"。"统复还战,左右尽死,身亦被创,所杀数十人,度权已免,乃还"(《三国志·吴书·凌统传》)。"吴将甘宁引弓射敌,与统等死战"(《三国志·吴书·甘宁传》)。据《三国志·吴书·吴主传》注引《江表传》记载:当时,孙权乘骏马上津桥,桥南已见撤,丈余无版。将军谷利在马后,让孙权"持鞍缓控,利于后著鞭,以助马势,遂得超度"。

对于合肥之战,曹操深为赞赏。"太祖大壮辽,拜征东将军","到合肥,循行辽战处,叹息者良久"。后来,魏文帝曹丕亲问张辽破吴意状,"叹息顾左右曰:'此亦古之召虎也'",称赞张辽为西周后期宣王中兴的忠臣良将召穆公。当得知张辽生病时,亲握其手,赐以御衣和御食。逍遥津之战数年后,孙权对张辽仍心有余悸。"孙权复叛,帝遣辽乘舟,与曹休至海陵,临江。权甚惮焉,敕诸将:'张辽虽病,不可当也,慎之!'"在张辽病逝时,"帝为流涕,谥曰刚侯"。这是史书上魏文帝唯一一次为去世武将流泪。并追念合肥之功,诏曰:"合肥之役,辽、典以步卒八百,破贼十万,自古用兵,未之有也,使贼至今夺气,可谓国之爪牙矣。"

大起大落的张郃

魏将张郃戎马倥偬,三起三落,波澜壮阔,既有彪炳史册的光辉业绩,又有时运不济、命运多舛的人生。其多次与蜀交战,令戎马一生的刘备和诸葛亮及其诸葛亮执政时的蜀将所惧怕,是与张辽并称的威震敌国的名将。

若论张郃与赵云,仿佛风马牛不相及,因为二人几乎未曾交战,甚至没有照面,但二人具有许多共同点。其一,两人均为冀州人。赵云为常山真定(今河北正定)人,张郃为河间鄚(今河北任丘)人。其二,二人曾同时在韩馥、袁绍手下干事。赵云从袁绍投奔公孙瓒,带领的义兵具有一定的规模,说明赵云从军数年,而袁绍并吞韩馥只有一年,赵云便离开袁绍。这样,赵云应该很早便在韩馥处从军。赵云在韩馥、袁绍处顶多是一名下级军官。张郃先后是韩馥的军司马、袁绍的校尉，并在消灭公孙瓒中多立战功，升迁为宁国中郎将，比赵云官职大。其三，二人都离开袁绍。赵云投奔公孙瓒，不久跟随刘备；张郃投奔曹操。张郃与赵云在各自初期几易其主，原因各不相同，但张郃的功劳和职务明显高于赵云，机会也比赵云更佳，因为曹操得势较早，刘备戎马生涯的初期颠沛流离。二人均找到了自己真正的归宿。其四，二人都武艺高超，而且寿长。

关于张郃年龄，至今仍是个谜，也无人探讨，不知张郃是何年龄任职，最终岁数。汉灵帝中平元年（184年），张郃"应募讨黄巾，为军司马，属韩馥"（《三国志·魏书·张郃传》）。张郃讨伐黄巾军是在184年，不久为军司马，按20岁弱冠算起，张郃在不到一年的时间里，便为军司马（相当六品），足显其军功卓越。张郃时年应为20岁：其一，冀州牧韩馥为朝廷命官，应按照当时成人要求征兵。其二，冀州牧韩馥比较保守，所以不会在征兵时，突破弱冠（20岁）界线，低于20岁征兵。其三，张郃当年为军司马，如低于20岁，朝廷也不会批准的。同时，根据张郃的本领，又逢战争年代，当兵比较容易。在一般情况下，张郃也无须在20多岁当兵。184年，刘备为24岁；赵云为21岁，比张郃大1岁。汉献帝建安四年（199年），张郃在袁绍消灭公孙瓒时，为宁国中郎将，时年35岁。魏明帝太和五年，蜀后主建兴九年（231年），张郃为流矢所中，时年67岁，为最长寿的三国名将（赵云为66岁，仅次于张郃）。由于张郃寿长，因此，从汉献帝建安二十年（215年），张郃与刘备对阵起，至231年在木门道被射杀，前后与蜀军作战达16年，是与蜀军作战最长的魏国名将。

说张郃是机遇名将，不是指张郃单靠机遇偶尔成为名将，而是机遇与张郃本领结合造就了一代名将，张郃凭着自己的"识变数，善处营陈，料战势地形，无不如计"的军事才能，为"刘备所惮"，"自诸葛亮皆惮之"（《三国志·魏书·张郃传》）。

最早张郃时来运转，是从投奔曹操开始的。曹操"得郃甚喜"，认为伍子胥没有早早醒悟，因而为吴王夫差所杀，这哪如微子离开殷纣王投奔周武王，韩信离开项羽归于刘邦。将离开袁绍的张郃比成微子和韩信，应该说评价是很高的。曹操立即以张郃为偏将军，封都亭侯。张郃不负众望，大显身手，进攻袁尚于邺城，从击袁谭于渤海。在讨伐柳城时，与张辽俱为前部先锋，以功升为平狄将军。汉献帝建安十六年（211年），从讨伐马超、韩遂开始，长期为驻防曹魏西部的重要名将。曹操征伐汉中张鲁,以张郃五千步兵为前部。张鲁投降。于是,留夏侯渊、张郃守汉中,以拒刘备。不久,以张郃为荡寇将军,反映了张郃功勋卓著。后又假张郃节,应该说,这是赋予文臣武将少有的权力。

曹丕继王位,给予张郃很高的职务和待遇,以张郃为左将军,进封都乡侯。不久,曹丕称帝,进封张郃为鄚侯。后又召张郃与曹真一起回宫朝见,并派他们往南与夏侯尚击江陵吴军。张郃督诸军渡江,取洲上屯坞。

魏明帝曹叡统治时期,张郃更被器重,其军事才能发挥得淋漓尽致,战绩最为突出。魏明帝太和二年,蜀后主建兴六年(228年),诸葛亮率领蜀军首次伐魏。魏都督曹真督师迎战,派大将张郃率军在街亭,与蜀军先锋马谡相战。张郃根据蜀军屯兵山上的实际情况,采取“绝其汲道”的战术,大败蜀军,接着,平定了南安、天水、安定三郡。诸葛亮一出祁山宣告失败。魏明帝称赞张郃“被坚执锐,所向克定”,这是张郃与诸葛亮首次交战,也是张郃一生最显著的战绩。同年十二月,诸葛亮率军围陈仓,张郃率三万魏军赶往迎战。张郃认为:蜀军粮食不够十天,自己还未至,诸葛亮必已退军。后来,果如其言。这是张郃第二次与诸葛亮的交兵(未遇),因此张郃被封为征西车骑将军。

纵观张郃一生,可谓三次大起大落,既是机遇名将,又是非机遇名将,既有顺境,又有逆境。对于曹魏政权,张郃可谓是忠心耿耿,不辞艰险,虽有败绩,却是令敌闻风丧胆的悍将,但可惜的是最终马革裹尸。俗话说:败军之将不可言其勇。此话在张郃身上却不适合,足见其胆勇与智慧。

汉献帝建安五年(200年),袁绍率军与曹操展开决战,袁绍派大将淳于琼督运粮草,屯乌巢。曹操率领乐进等进袭乌巢,“郃说绍曰:‘曹公兵精,往必破琼等,琼等破,则将军事去矣,宜急引兵救之。’郭图曰:‘郃计非也。不如攻其本营,势必还,此为不救而自解也。’郃曰:‘曹公营固,攻之必不拔,若琼等见禽,吾属尽为虏矣’”(《三国志·魏书·张郃传》)。袁绍只派轻骑救淳于琼,而以重兵进攻曹操营寨,不能攻下。曹操部将乐进斩杀袁绍大将淳于琼,火烧了乌巢。袁绍溃不成军。郭图惭愧而谗害张郃说:张郃为失败而高兴,并且出言不逊。张郃害怕,便投降了曹操。张郃知己知彼,对袁军与曹军的分析得当,判断准确,却险丢了性命。这是张郃人生首次不顺。

张郃第二次不顺,是遇到了上级夏侯渊。先在进军宕渠中,败于张飞。接着在定军山之战中失利。汉献帝建安二十四年(219年),“刘备屯阳平,郃屯广石,备以精卒万余,分为十部,夜急攻郃。郃率兵搏战,备不能克"(《三国志·魏书·张郃传》)。后来,"备夜烧围鹿角,渊使张郃护东围,自将轻兵护南围。备挑郃战,郃军不利。渊分所将兵半助郃,为备所袭,渊遂战死"(《三国志·魏书·夏侯渊传》)。张郃没有办法,只得退军。当时,"三军失色",张郃被郭淮等推为主帅,张郃"勒兵安陈,诸将皆受郃节度,众心乃定"。张郃虽败,却仍显其英雄本色。据《三国志·魏书·张郃传》注引《魏略》记载:"渊虽为都督,刘备惮郃而易渊,及杀渊,备曰:'当得其魁,用此何为邪!'"刘备仍给张郃的军事才能以很高的评价。

张郃第三次严重受挫是在司马懿统率下,张郃遭遇到人生以来最大的厄运。蜀后主建兴九年(231年),司马懿率军与蜀军作战,也是张郃与诸葛亮第三次相战。诸葛亮粮尽退军,"司马宣王使郃追之,郃曰:'军法,围城必开出路,归军勿追。'宣王不听。郃不得已,遂进。蜀军乘高布伏,弓弩乱发,矢中郃髀"(《三国志·魏书·张郃传》注引《魏略》)。此战颇为蹊跷。作为足智多谋的司马懿不会不知"穷寇勿追"。即使不知,张郃已经料到说出,司马懿也该醒悟,怎么如此糊涂指挥?魏军获胜,反遭伏击,损失一员大将,这在三国史上颇为独特,特别令人感到奇怪。张郃之死,标志着曹魏政权最后一重要顶梁柱的折断。魏明帝"临朝而叹曰:'蜀未平,而郃死,将若之何!'司空陈群曰:'郃诚良将,国所依也'"(《三国志·魏书·辛毗传》注引《魏略》)。

陈寿评价张郃"以巧变为称",但对于张郃之死,认为"未副所闻",即与"巧变"不相配。对此,陈寿也感到奇怪,所以说,"或注记有遗漏,未如张辽、徐晃至备详也"。

治军严整的徐晃

三国时代魏国名将徐晃所率军队纪律严明、作战勇敢,其用兵布阵,得心应手,颇为规范,犹如科班出身的职业军事家。

徐晃,字公明,河东杨(今山西洪洞)人。徐晃个性勤奋俭朴,谨慎严肃,每遇战事,先为不可胜,多想不利因素,然后作战,是三思而战,一旦作战,便雷厉风行,甚至连吃饭都顾不上。徐晃经常说:古人担心遇不上明君,今天幸运而遇到,就应当奋不顾身,建功立业。

　　徐晃最早出来干事，便顾全大局，颇讲大义。①为国效力。跟随车骑将军杨奉讨伐黄巾军，立有战功，为骑都尉。②拥护汉献帝。跟随杨奉迎战李傕、郭汜，并建议杨奉迎汉献帝于洛阳。③归附曹操。劝说杨奉归附拥护汉献帝的曹操。可惜杨奉听而复悔，最后误入歧途。徐晃归顺曹操。④顾全大局，不徇私情。据《三国志·蜀书·关羽传》注引《蜀记》记载：关羽在战场上与徐晃叙旧，徐晃公私分明，认为二人之间的战争是"国之事耳"。

　　徐晃个性与王平颇多相似，这就难怪罗贯中将王平在降蜀前，写成是徐晃的部将。①二人都忠于其主。徐晃对曹魏，王平对蜀汉都赤胆忠心。徐晃为三国名将，最高职务为右将军；王平为三国后期蜀汉大将，为镇北大将军。②二人个性相似，徐晃"性俭约畏慎"，"终不广交援"（《三国志·魏书·徐晃传》）；王平"言不戏谑"。"性狭侵疑，为人自轻。"③二人军容整齐、规范。徐晃"军营整齐"；王平"忠勇严整"，"遵履法度"，终日端坐。④二人都无败绩。徐晃屡战屡胜；王平屡战屡不败，处处防守成功。

　　徐晃自从投奔曹操，南北征战，东西辗转。在征讨吕布和斩杀眭固的战斗中，战功显著，特别是在官渡之战中，徐晃作用突出。首先从破刘备，接着与张辽、关羽等一起进攻白马，战胜颜良军队，尤其是在延津诛杀文丑中，当为首功。当时袁绍骑将文丑与刘备率领五千多骑，前后蜂拥而来，气势汹汹，大有一举扫平曹军之势。曹操以辎重为诱饵，不少袁军将士分抢物资。就在此时，徐晃仅率五百多骑，突然发难。袁军猝不及防，大败而逃，文丑也被斩杀。在此战中，文丑军队纪律松弛与徐晃军队纪律严明，勇敢善战，以一当十，形成鲜明的对照，由此也可看出徐晃是战胜文丑最为合适的将领。徐晃因功为偏将军。接着，又与史涣进击袁绍运谷车，大破护送的袁军，烧毁运谷车数千乘和大量粮食，对于最后打败袁绍军队，创造了更为有利的条件。徐晃因在官渡之战中军功最多，被封为都亭侯。

　　汉献帝建安十六年（211年），马超、韩遂等在关右造反。战争开始，马超的关西兵精悍，又依仗长矛，耀武扬威。曹操便派横野将军徐晃屯军汾阴，安抚河东。曹操兵至潼关，担心不能渡河，询问徐晃，"晃曰：'公盛兵于此，而贼不复别守蒲阪，知其无谋也。今假臣精兵渡蒲坂津，为军先置，以截其里，贼可擒也。'太祖曰：'善。'使晃以步骑四千人渡军，作堑栅未成，贼梁兴夜将步骑五千余人攻晃，晃击走之，太祖军得渡。遂破超等"（《三国志·魏书·徐晃传》）。

徐晃既担任了先锋之职，又起到了参谋作用，对于扭转战局至关重要。

汉献帝建安二十四年（219年），曹操派遣徐晃协助曹仁讨伐关羽，驻扎在宛（今河南南阳）。当时正逢汉水暴涨，名将于禁全军覆灭，勇将庞德被杀。关羽围曹仁于樊城，围吕常于襄阳。徐晃率领的军队，因难与关羽争锋，于是行军到了阳陵陂驻扎。此时，曹操从汉中回军，派将军徐商、吕建会合徐晃。关羽兵屯偃城。徐晃与关羽相遇，诡称挖壕沟，显示准备截断关羽退路。关羽随烧毁营寨而退。徐晃顺利占有偃城，使阳陵、偃城两处营寨连成一片。徐晃行军没多远，与关羽军队有三丈远距离。曹操前后又派殷署、朱盖等十二营增援徐晃。于是，徐晃扬言欲攻关羽围头屯，而暗地加紧进攻四冢屯。关羽见四冢屯危急，亲率五千步骑出战，被徐晃击退。徐晃于是追入屯中，大败关羽。关羽军队不少人投沔水而死。徐晃大获全胜。此战获胜原因是：首先，徐晃军队刚投入战斗，为生力军，再加上徐晃等部队陆续增援，军事力量明显增强。其次，徐晃进军有张有弛，先进军与关羽对阵，并未进攻，待各路兵马到齐一起会战。再次，徐晃战法运用得当。先处在关羽后边，使关羽处于魏营与魏城池之间，使关羽面临腹背受敌境地；又深挖壕沟，使关羽战不能、守不利，只得退去。后又运用声东击西战术，使关羽疲于奔命，防不胜防，全军崩溃。从徐晃行军作战看，颇得战法，仿佛现代科班出身的军事家所为。

曹操对徐晃战胜关羽称赞有加，认为关羽防备很严，围堑形似鹿角实难攻破，而徐晃却能全胜，冲入围中，杀了许多敌将。并说自己用兵三十多年，所闻古代善用兵的人，没有长驱直入敌围之中的，而且樊、襄阳之围，比战国时代齐国莒、即墨两座城池的包围圈，还要坚固。徐晃将军的功劳胜过古代军事家孙武等人。徐晃整肃军队，回到摩陂。曹操迎接徐晃有七里远，称赞徐晃："全樊、襄阳，将军之功也。"曹操巡视各个将领军营，许多营寨士兵离开队形观望，而只有徐晃军容整肃，将士列阵，岿然不动，队形标准规范，反映了良好的军容军貌。曹操称赞"徐将军可谓有周亚夫之风矣"，将徐晃比喻成汉文帝时驻扎细柳的著名军事家周亚夫，评价不可谓不高。

惜哉，马超！

三国时代蜀汉名将马超骁勇，闻名西凉，但却招来灭门之祸，并英年早逝，令人感到惋惜。马超是三国时代一名典型的悲剧英雄。

马超,字孟起,扶风茂陵(今陕西兴平)人,为东汉伏波将军马援之后,马腾之子。曾随司隶校尉钟繇讨伐郭援,为流矢所中,于是用布囊裹足而战,部将庞德斩杀了贼首郭援。魏将杨阜说马超有"信、布之勇",曹操曾说"马儿不死,吾无葬地也"。

汉献帝建安十六年(211年),时为偏将军的马超与韩遂联合,并联络杨秋、成宜等首领,进军潼关,与曹操对抗。马超发动此战:其一,政治上师出无名,没有明确的目的和旗号。如反对

马超

汉献帝,便为朝廷反臣,即使没有反汉,而与曹操对阵,也无正义之名声。多年来,马超之父马腾一直为汉朝官员,曾任征西将军、卫尉等职,均为汉献帝所封,就连马超之偏将军也为汉献帝所封。况且,曹操仍然打着拥护汉献帝旗号,所以,马超起兵没有正当理由,缺乏大众的拥护,缺少号召力,在政治上处于非常不利的地位。孙权在赤壁之战时打着拥护汉朝,反对曹贼的旗号。据《三国志·吴书·周瑜传》记载:周瑜有"操托名汉相,其实汉贼也"之语,孙权也说:"老贼欲废汉自立久矣。"其二,军事上缺乏有效的战略战术。马超虽为地方军阀,尚未形成独立政治实体和雄厚的军事力量,远抵不上占据江东的孙权和割据荆州的刘表,只凭勇敢在战场上是一时得逞,终究不能持久,况且没有出奇制胜的筹划之人,经常处于被动挨打的境地。从马、曹军力对比看,无论军力、后备力量,还是人才等,明显不在同一水平线上。曹军首先抢占有利地形渡过黄河,使马超欲战不能,欲罢不行。其三,马超的军队为乌合之众,军事力量构成的成分复杂。由于马超之众是由马超、韩遂、杨秋等十支部队拼合而成,这一战斗集团极不稳固。尤其是马超与韩遂联合的基础不佳。韩遂和马腾原为结义兄弟,后为争夺地盘,大打出手,结怨很深。后在司隶校尉钟繇、凉州牧韦端调解下和好,二人分开。由此看出,马超与韩遂关系十分脆弱,所以,在曹操用计面前,这一战斗集团土崩瓦解,便不可避免。"曹公与遂、超单马会语,超负其多力,阴欲

突前捉曹公,曹公左右将许褚瞋目盼之,超仍不敢动。曹公用贾诩谋,离间超、遂,更相猜疑,军以大败"。

综上所述,马超发动战争,必败无疑。况且其父马腾已入京城,必有害于其父,摆在马超面前只有一条,服从朝廷。可是,马超却执迷不悟,招来祸端。马超失败后逃奔凉州,有"诏收灭马超家属"(《三国志·蜀书·马超传》注引《典略》),马超之父马腾,马超之弟马休、马铁及其家属在邺都全都遇害,这是马超亲属首次遭到屠戮。马超得不偿失,担了背父叛君之名,无论从政治方面,还是道义方面均不合封建社会之大义。

马超失败后,继续兴兵作战。马超逃奔凉州,并未吸取教训,仍然凭借一勇之气,率领部族首领袭击陇上诸县,杀凉州刺史韦康,自称征西将军。韦康原为马超的主子,此举理所当然地遭到强烈的反对。韦康手下故吏杨阜、姜叙、梁宽、赵衢等合谋,奋起抗击马超。杨阜、姜叙坚守卤城,马超不能攻下。梁宽、赵衢紧闭冀城门。梁宽等讨得马超妻子和儿子,这是马超亲属第二次遇难。马超也不得进入。马超在攻下历城时,遭到姜叙之母的痛骂:"汝背父之逆子,杀君之桀贼,天地岂久容汝而不早死,敢以面目视人乎!"(《三国志·魏书·杨阜传》),马超大怒,杀掉姜叙之母。马超拿不下冀城,进退维谷,十分狼狈,只得逃往汉中。马超第二次起兵,以亲人再次罹难,自己再次失败而告终。马超再次失败后,只得投靠汉中张鲁。张鲁以马超为都讲祭酒,准备以女儿嫁给马超。张鲁手下人说:"有人若此不爱其亲,焉能爱人?"说明马超发动战争,没有考虑其父及其亲属,是鲁莽行为,是失信于天下。因而张鲁只得作罢。后来,马超小妇弟弟种给马超祝寿,马超捶胸吐血说:满门百口人,一同遇害,今天你我二人还相贺什么? 这反映了马超所遭受到巨大的心理伤害,但是好战的马超仍继续一意孤行,又从张鲁借兵,北击凉州,仍然是失败而归。张鲁将军杨白也不容马超。马超遂逃往蜀中,投奔刘备。后来张鲁归降曹操,曹操以马超庶妻赐阎圃,以马超儿子马秋交付张鲁。张鲁立即杀之。这是马超亲属第三次遇难。

马超投奔刘备后,几乎成了战疲之人,没有打什么仗。虽然在成都会战中,刘璋由于惧怕马超而放弃抵抗,投降刘备,但马超并未攻城作战,只是其英勇之名在起作用。不久,在汉中,刘备派马超率军奔下辩,曹操派曹洪、杨阜拒马超,马超几乎不战而退。以后,便未参与任何作战。马超投奔刘备后,基本没有主动发挥作用。从马超表现看,马超有两种可能:其一,身体不佳——马超曾经吐血,没几年便去世,时年 47 岁,为英年早逝;其二,俗话说,物极必反——马超由好战转而怵战、怕战。马超投奔刘备后,"羁旅归国,常怀危惧"(《三国志·蜀书·彭羕传》),当听到彭羕造反言语后,大惊失色,说明马超由英勇好战已转成谨小慎微。刘备就曾赞扬马超"肃慎"。从马超临终拜托刘备,便明显反映马超的悲凉心理,让人感到马超在潸然泪下,"临没上书曰:'臣门宗二百余口,为孟德所诛略尽,唯有从弟岱,当为微宗血食之继,深托陛下,余无复言'"(《三国志。蜀书·马超传》)。马超一生得不偿失,由好战转为怕战,说明其心理创伤严重,其英勇无比,却遭灭门之祸。

陈寿评价马超"阻戎负勇,以覆其族,惜哉!能因穷致泰,不犹愈乎!"可谓高度概括了马超一生的得失。为马超依仗险要地形和勇力,招致灭族的悲剧人生感到惋惜,说明马超误入歧途,一错再错。对马超在最后关头,能迷途知返,即在投奔刘备后,马超没有像以往那样恃勇逞能,跟随彭羕造反,终于善终,给予一定的赞赏。

英年早逝的黄忠

《三国演义》中黄忠给人印象是老当益壮的形象,是令人十分欣赏和喜爱的蜀汉名将,而历史上的黄忠如何呢?是否与文学中的形象保持一致呢?

《三国演义》描写黄忠一生,主要截取三个镜头。第一阶段为受降阶段。首先用诸葛亮的话来衬托黄忠,"有一员大将,乃南阳人,姓黄,名忠,字汉升,是刘表手下中郎将","虽年近六旬,却有万夫不当之勇"。黄忠尚未出场,老当益壮的形象便跃然纸上。接着写黄忠与关羽在长沙进行了一场有情有义有勇的大战,反映了老黄忠武艺高强。第二阶段为蜀中阶段。先写黄忠与老将严颜大败了张郃、夏侯尚,计夺天荡山,又用法正"反客为主"之计,杀掉夏侯渊,占领定军山,为夺取汉中创造了条件,这也是黄忠最辉煌的战绩。第三阶段为刘备征吴时,黄忠不服老,中了东吴伏兵之箭,伤重而亡,时年七十有五。根据罗贯中所写,黄忠一上场,便以年近六十的老将形象出现,而且宝刀不老,在定军山已有 70 岁,仍能斩杀魏国大将夏侯渊,古今罕有,更为老当益壮。即使 75 的高龄,还勇往直前,最终马革裹尸,令人称颂和难忘。不过,如果仔细分析这段情节,罗贯中便难以自圆其说:其一,建安十三年(208 年),黄忠投降刘备为年近六旬;建安二十四年(219 年),也就是十一年后,黄忠夺取定军山时,年龄为大约 70 岁;蜀先主章武二年(222 年),也就是三年后,黄忠年龄应为七十二三岁。可是,罗贯中将黄忠写成"七十有五"的年龄,便自相矛盾。其二,黄忠之勇之壮在青年、中年时期一点没有展示,却在老年,特别是在古稀之年充分反映,有悖常理,这不要说在三国时代,就是在古代历史上也闻所未闻。总之,由于罗贯中描写黄忠之老之壮存在漏洞,因此,老当益壮便值得怀疑。

历史上的黄忠生平如何呢? 黄忠,字汉升,南阳人,最初在荆州牧刘表手下为中郎将,与刘表从子刘磐共守长沙附近的攸县。从此可以看出:黄忠此时虽为中郎将(相当五品),不被刘表所重视。黄忠出身于行伍,职务远低于文臣蒯越。武将文聘等,比魏延稍高。等到刘表儿子刘琮投降曹操后暂行裨将军,同样不被重视,还干原来事务,归太守韩玄管辖。黄忠在荆楚这段时期里,由于不被重视,也无战事,所以其勇力、勇气、战绩都无从谈起。接着,随刘备入川,便实现了人生仕途的根本转变。在随刘备入川的文武官员中,武将有黄忠、魏延、马谡等人,文臣有庞统、简雍及后来的法正等人。庞统和黄忠是最受重用的文臣武将。黄忠也经常身先士卒,攻入敌阵,勇敢坚毅,三军闻名。在进军成都初期,刘备率领黄忠等人,接连大败刘璋部将刘璝、冷苞、张任等诸将,并会合诸葛亮、张飞等攻下成都。黄忠在进军成都中初显名将风采,因功为讨虏将军,尤其在建安二十四年(219 年),刘备从阳平南渡沔水,用法正计谋,利用有利地形,"缘山稍前,于定军山势作营"(《三国志·蜀书·先主传》),夏侯渊率数万将士来战,黄忠乘高鼓噪攻之,大破魏军,斩杀夏侯渊。定军山之战为取得汉中起了关键作用,黄忠因为"强挚壮猛"、战果辉煌,为打下蜀汉江山立下了汗马功劳,被提为征西将军。不久,刘备为汉中王时,又提升黄忠为后将军,并赐爵关内侯,黄忠于第二年去世。

黄忠不可能是老年。其一,黄忠,字汉升,为南阳人,属刘表荆州辖区,黄忠无须辗转投军,不会耽误多年。其二,凭黄忠能力,也无须经过 30 多年才能混上中郎将(按 20 岁投军算)。其三,黄忠在荆州没有资历,因而不被重视,先守攸县,后又归长沙太守韩玄,所以黄忠年龄也不应太大。其四,刘备进军四川,是以黄忠为第一员武将,"知人待士"的刘备总不能选一位老年将军来担当这一重任吧! 其五,从黄忠表现看主要是"勇""壮":面对刘璋部队,"常先登陷陈,勇毅冠三军",面对曹军,"推锋必进战斩渊",这分明是一位青壮年将军之所为。

黄忠生年不详，年龄让人无法知晓。不过根据三国时代其他相关人物，也可测出其大致年龄。相关人物必须具备两个条件：1.明确的年龄；2.中郎将职务。蜀汉诸葛亮 28 时，为军师中郎将，三年后升为军师将军；魏国名将张辽 30 岁时为中郎将，第二年升迁裨将军；李通 28 岁时，为振威中郎将，三年后为裨将军；吴国周瑜 24 岁时为建威中郎将，十年后升为裨将军；凌统 26 岁时，为荡寇中郎将，第二年升为偏将军。由此可知，三国时代中郎将平均年龄在 27 岁左右，干中郎将平均时间为三年多，最长为十年便升迁。据此，黄忠初干中郎将为 27 岁左右，如果按持续三年未升迁，在 208 年遇到刘备，黄忠应为 30 岁左右，十一年后，即 219 年，定军山之战时为 41 岁左右，于 220 年去世，时年 42 岁左右；如果按最长时间未升迁（九年），黄忠最多活到 48 岁左右（与马超 47 岁年龄相仿）。总之，他都是在壮年之际英年早逝，是壮而不老。

《三国演义》中蜀汉高级将领形象，在其历史原型中都能找到本质的联系。那么，罗贯中为何将黄忠塑造成宝刀不老的形象呢？

《三国志·蜀书·黄忠传》并没有关于黄忠之老的记载，而在《三国志·蜀书·费诗传》中，找到了蛛丝马迹，"羽闻黄忠为后将军，怒曰：'大丈夫终不与老兵同列！'不肯受拜"。初看此句，关羽此时已是年近六旬之人，在蜀汉名将中年龄较大，尚称黄忠为老。黄忠想必在蜀汉名将中，年龄也就最大，这就难怪罗贯中将其作为老将典型来塑造了！可是，如果仔细分析前因后果，这"老兵"二字，并不能代表黄忠之老。其一，黄忠最早在荆州为天下所闻，只是一个中郎将而已，这个中郎将是刘表任命的，刘表管辖范围只是荆州一带，更何况黄忠又在偏僻之处的攸县，在当时只是一个中下级军官，在关羽看来与士兵没有什么两样，无威望，无战功，因此，贬称"老兵"。其二，黄忠后来在蜀中虽立下显赫战功，一时难以立即让外界有所了解。正如诸葛亮所说："忠之名望，素非关、马之伦也，而今便令同列。马、张在近，亲见其功，尚可喻指；关遥闻之，恐必不悦"（《三国志·蜀书·黄忠传》）。其三，"老兵"之语是对黄忠的贬称，是关羽厌恶与黄忠同列，用"老兵"黄忠年龄与关羽年龄相比，是为不妥。只能理解成，黄忠与兵相比，没有什么不同，只不过是年龄大了些。所以，"老兵"并不反映黄忠为老年将军。

诸葛亮宠信马谡

三国时代街亭之战可谓家喻户晓,作为此战中的重要历史人物诸葛亮、马谡给人印象深刻;可是,诸葛亮最宠信马谡却鲜为人知。

起初,诸葛亮因为马谡才气过人,好论军计,便不问他的实际能力如何而"深加器异"(《三国志·蜀书·马谡传》),这反映出诸葛亮的偏爱。众所周知,刘备早在白帝城托孤之时,就曾告诫诸葛亮:"谡言过其实,不可大用,君其察之!"(《三国志·蜀书·马谡传》)说明"知人待士"(《三国志·蜀书·先主传》)的政治家刘备生前早已发现马谡缺点,并看出诸葛亮对马谡的信任。然而,诸葛亮不但不信,而且委以马谡参军之任,经常与他谈论形势,十分投机。这里可看出,马谡是诸葛亮最为宠爱的将领。

从诸葛亮与马谡关系看,便可看出其宠信马谡。首先,诸葛亮有"卧龙"之誉,是荆州士人的杰出代表,是应刘备之邀出山的,

马谡

而马谡与兄弟有"马氏五常"之称,是土著荆州士人的翘楚,是刘备征召的。《华阳国志》有"豫州入蜀,荆楚人贵"的记载,从这里可看出,荆楚士人集团是蜀汉政权的政治基础和台柱子。作为荆楚士人集团的佼佼者,诸葛亮与马谡有着共同的政治利益和语言。其次,蜀汉后期,人才匮乏,有"蜀中无大将,廖化作先锋"之说。223 年,即蜀后主建兴六年,诸葛亮辅政后,已经面临人才断层和短缺的严峻形势。为了振兴蜀汉,诸葛亮及时、大胆地启用了一批政治、军事等青年人才。223 年,邓芝出使吴国,225 年,马谡参与平定南中,228 年,收降了姜维,还先后简拔蒋琬、费祎为参军。再次,诸葛亮与马谡私人关系特殊。三国时代,相当器重亲戚关系和老关系。刘表与刘备,刘表与诸葛亮,曹操与夏侯,刘备与关羽、张飞等,非亲即故。南朝历史学家裴松之认为:马谡之兄马良与诸葛

亮结为兄弟，或交往有亲。最后，马谡兼具文武，是蜀汉不可多得的人才。有人曾经把街亭之败归咎于马谡空谈兵法，没有实战经验。诚然，街亭之败说明马谡军事才能经受不住重大战争的检验和考验，是马谡实战能力不足的表现，但也不能以这一败仗全盘否定马谡才干，抹杀其才能，如果无才，岂能保住马谡在县令、太守任上辖区内无事？岂能不断升迁？当然，这与有利的政治环境和上级重视有关，但这也不能不与马谡的才干相挂钩。可以说：马谡有才健谈是诸葛亮与马谡经常促膝谈心的重要条件。

但是，荆楚人贵，很有可能造成小才大用、庸才重用的情况；而人才匮乏更容易造成重要位置"拉郎配"的局面；私人关系盛行容易引起选拔人才时视野模糊，极易造成掩盖人才弱点和缺陷的状况；加上诸葛亮对马谡的偏爱甚至宠信，从而导致诸葛亮不能像刘备识才那样，正确对待马谡。

从马谡与蒋琬的对比看，马谡与蒋琬都是从荆州跟随刘备入川的文臣，按理说，诸葛亮是器重和倚仗蒋琬的才干，曾作为接班人考虑的，但通过马谡与蒋琬对比看，无论马谡主观情况和诸葛亮宠爱程度方面，均超过蒋琬，马谡是接班人的首选。

马谡和蒋琬都是荆楚士人集团成员，马谡为荆州宜城人，蒋琬为零陵湘乡人。刘备对二人都有看法，认为马谡说的能，说的超过做的，不应当重用，要诸葛亮注意观察，认清马谡。诸葛亮不信刘备对马谡的评价，并日渐重用马谡。在广都县长任上，蒋琬不理政事，而且喝得酩酊大醉，刘备特别气愤，要治罪杀之。经过诸葛亮劝说，刘备只免去蒋琬官职。不久，蒋琬就恢复了职务，并不断升擢。这说明二人都见爱于诸葛亮。

马谡生于190年，于228年被杀，年39岁。诸葛亮生于181年，卒于234年，年54岁。蒋琬生年不详，卒于246年。从诸葛亮以蒋琬为接班人来说，二人年龄不可能靠得太近，年龄相差可能大于6岁，也就是在马谡39岁时，诸葛亮为48岁，蒋琬年龄上限是41岁。我们知道，马谡是以荆州从事身份，蒋琬以书佐身份同时随刘备入川的，而刘备入川在汉献帝建安十六年（211年），马谡时年22岁，当时诸葛亮为31岁，蒋琬上限年龄为24岁，由于三国时成人为20岁，蒋琬又以官吏身份入川，因此，蒋琬的下限年龄为20岁。假设测算年龄为20岁，实际年龄为24岁，这样，年龄出入有4岁，同理，测算年龄为24岁，实际年龄为20岁，年龄出入也是4岁。如果测算年龄取中数，更为合理，也更有可能接近实际年龄，即 22 岁，与实际年龄最多相差 2 岁。因此，我们可以断定，蒋琬当时实际年龄在 22 岁左右，与马谡 22 岁相仿，所以，在街亭之战前，诸葛亮不管在什么时候，如果考虑接班人想到蒋琬，那么单纯从年龄角度考虑，也自然会想到马谡。

从马谡和蒋琬经历对比看，按大致时间顺序列表如下：

荆州从事 （州属官）	绵竹令 （满万户为县令）	成都令 （政治中心县令）	越巂太守 （相当五品）	参军 （参谋军事）	先锋大将 （位置极其重要）
书佐 （小吏）	广都长 （不满万户为县长）	什邡令 （等同绵竹令）	尚书郎 （职掌文书起草）	东曹掾 （相当六品）	参军 （参谋军事）

从上表可以看出，马谡位置一直比蒋琬重要，特别是在街亭之战中让马谡担当先锋大将，比蒋琬更加重要，可以说在此时，诸葛亮如果考虑到接班人的话，马谡应当是首选。假设马谡与蒋琬真正才干齐平，这足以说明诸葛亮喜爱马谡超过蒋琬。从结果看，马谡担重任（先锋大将），坏了大事；蒋琬在诸葛亮去世后，担当重任（大司马），虽无大的起色，却也相安无事，才干相等便说明诸葛亮偏爱马谡。从诸葛亮与二人的关系对比看，足以说明诸葛亮对马谡宠爱有加。

从诸葛亮对待二人态度看，就更为明显偏爱马谡。在街亭之战前，诸葛亮称赞蒋琬说："社稷之器，非百里之才也。"（《三国志·蜀书·蒋琬传》）诸葛亮对待马谡则是全方位、深层次地称颂：①深加器异，反映了欣赏马谡水平的程度；②每次谈论，自昼达夜，说明谈话投机，感情深厚；③共谋历年。说明国家大事，共谋筹划；④更惠良规并纳其策，反映出诸葛亮在大政方针方面欣赏马谡才干；⑤委以先锋大将重任，说明诸葛亮宠信程度之深。

魏延和马谡都是从荆州跟随刘备入川的旧将。魏延率领军队，随刘备入川，数有战功。汉中是蜀汉对魏最前线的重镇，当时蜀汉政权建立不久，汉中也是刚刚夺取，因此，汉中大将人选十分重要。刘备为汉中王，提拔魏延为镇远将军，领汉中太守。魏延以过人的胆略和智慧说："若曹操举天下而来，请为大王拒之；偏将十万之众至，请为大王吞之。"为刘备所称赞，也为众人所折服。不久被提为镇北将军。街亭之战时为督前部，任丞相司马、凉州刺史。

将刘备舍张飞用魏延守汉中和诸葛亮舍魏延用马谡守街亭作一对比，便可发现诸葛亮宠信马谡,用马谡守街亭是一个错误。通过对比,有如下不同情况——

1.战功相比不同:①张飞与魏延战功相似,都是实战战功;②马谡与魏延是理论上的战功与实战战功。

2.亲近关系不同:①刘备与张飞比与魏延亲近,用魏延;②诸葛亮与马谡比与魏延亲近,却用马谡。

3.表现不同:①魏延分层次、有胆略、有智慧,对汉中形势的分析合情合理;②马谡在街亭不下据城,不受(诸葛亮)节制,不听(王平)劝谏。

4.大众反映不同:①刘备用魏延违背大众意愿,但后来还是被大众欣然接受;②诸葛亮用马谡也是违背大众意愿,但后来大众并未接受,没有反应。

5.结果不同:①魏延守汉中,汉中无事。②马谡守街亭,却丢掉了。

在对待马、魏两人的态度上,更明显看出诸葛亮的偏爱。如在南中之役前,诸葛亮主动请马谡"更惠良规"(《三国志·蜀书·马谡传》注引《襄阳记》)并采纳其计。而到了一出祁山前,屡建战功的宿将魏延主动献"循秦岭而东,当子午而北"(《三国志·蜀书·魏延传》注引《魏略》,偷袭长安的可行之计,却遭到诸葛亮的坚决否定。这里且不论魏、马二人之忠,就论这两条计策本身对蜀是否有利,身为蜀相诸葛亮理应一视同仁,而从诸葛亮与二人的主动与被动关系,肯定与否定的态度中,不正反映诸葛亮对马谡的信赖之情吗?再如,街亭之战前,在讨论先锋人选的问题时,一班文臣武将均认为非大将魏延不可,而诸葛亮却"违众拔谡"(《三国志·蜀书·马谡传》),让马谡担任先锋重任,说明诸葛亮对待马谡已发展到盲目信任的程度。

街亭之战失败后,蜀军"进无所据"(《三国志·蜀书·马谡传》),也证明一贯谨慎的诸葛亮对马谡的宠信程度。

冤哉,马谡!

街亭之战是三国时代一次著名战争,这次战争以蜀败魏胜宣告结束,而作为蜀军先锋大将马谡是否该杀,历来仁者见仁,智者见智,众说纷纭,莫衷一是。现在此做一番探讨。

1.马谡和张郃的生平。马谡为荆州宜城人,与其兄马良等有"马氏五常"

（《三国志·蜀书·马良传》）之声誉,22岁便以荆州从事(州属官)身份随刘备入川,先后做过成都令、越巂太守、参军,并参与制定平定南中的军事方针,获得成功。由此可看出,马谡起点高,少年得志,仕途一帆风顺。干行政工作,做高级参谋,颇为在行,没有实战经验和实战功劳。如果突然天降大任于斯人也,让马谡独当一面,即用其所短,避其所长,必将大大增加风险系数。

张郃在官渡之战中便崭露头角,投降曹操后,在破袁谭、破张鲁、破马超等战中,屡建功勋,成为魏国一名有着丰富作战经验和战略头脑的一代名将。

2.诸葛亮的责任。在街亭之战中,一般文臣武将均认为非大将魏延不可,这是因为魏延也是一名在实战中锻炼出来的、颇有战略眼光的蜀汉名将,当斯时也,蜀汉只有魏延能与张郃抗衡。而诸葛亮却"违众拔谡",让马谡担当先锋重任。在此之前,刘备早在白帝城托孤之时,就曾告诫诸葛亮:"谡言过其实,不可大用,君其察之!"（《三国志·蜀书·马谡传》）说明"知人待士"（《三国志·蜀书·先主传》）的政治家刘备生前早已发现马谡的缺点,并看出诸葛亮对马谡的信任和器重。可是,诸葛亮却置若罔闻。

通过马谡与张郃做一对比,不难发现,马谡的劣势明显,二人不是匹敌的对手。当时蜀汉一般文臣武将均能清醒看出,而恰恰作为著名军事家的诸葛亮却视而不见,岂不成了咄咄怪事的重大失误! 是不是诸葛亮轻敌所致呢? 显然不是。因为张郃令刘备、诸葛亮皆"惮之"（《三国志·魏书·张郃传》）。只有一条,就是看重马谡,拔高马谡。由于马谡才不足是客观的,无论其如何干,也是干不好的,失败是必然的,所以,诸葛亮用错人责任非同小可。从此次街亭之战中,用赵云为箕谷疑兵导致失败,也佐证了诸葛亮应担重要责任。就连诸葛亮自己也承认:"不能训章明法,临事而惧,至有街亭违命之阙,箕谷不戒之失,咎皆在臣授任无方。臣明不知人,恤事多暗,《春秋》责帅,臣职是当,请自贬三等,以督厥咎。"（《三国志·蜀书·诸葛亮传》）

3.马谡的责任。"好论军计"（《三国志·蜀书·马谡传》）的马谡针对对手张郃是屯兵南山,"不下据城"（《三国志·魏书·张郃传》）。这一是为了抢占制高点,二是轻视张郃,对张郃断其水道估计不足。对诸葛亮是"违亮节度"（《三国志·蜀书·诸葛亮传》）。这与兵法"将在外,君命有所不受"有关,何况帅命,当二人看法不同时,更可不受。诸葛亮是受蜀汉三军爱戴和信赖的统帅。马谡如此,这与诸葛亮平时宠信马谡不无关系:诸葛亮对马谡"深加器异",这说明偏爱之深;"共谋历年",每次谈论,"自昼达夜",说明宠爱之深;主动请马谡惠赐好计,说明已经将马谡凌驾于自己之上。那么怎能怨马谡不听话呢?对待下级王平劝谏,"谡不能用"(《三国志·蜀书·王平传》)。马谡连上级诸葛亮话都可不听,怎能听下级王平劝呢?

综上所述,诸葛亮应担首要的、重大的责任,而马谡的责任也有一部分与诸葛亮有关,因此,诸葛亮比马谡责任更大,即使二人一样责任,马谡也不该被严惩。

在历史上,对待违法甚至严重违法者不杀的屡见不鲜。春秋时期,楚庄王夜宴群臣,忽然烛灭,有人乘机牵扯王后衣服,王后揪下那人帽缨,要庄王追查。庄王不仅不追查,反而命大家都扯下帽缨,然后点烛,尽情欢乐。后来吴国攻楚,这名将军作战特别勇敢。这名将军是故意违法,作为春秋五霸之一的楚庄王没有杀他,让其感恩戴德,为国出力。楚成王时,屡建战功的大将成得臣率军与晋国作战,失败回国,却被楚成王逼迫自杀。晋文公听后,大为高兴,认为为其拔除一心腹之患。楚成王也由此堵住了人才之路,在后来的内部斗争中被杀。马谡与成得臣一样,均未故意违法,均被诛之,所不同的是,成得臣一人承担责任,而诸葛亮与马谡共同担当战争失败责任,所以,马谡被杀便更为可惜,更为不妥。

在三国当代,在战争中违法现象举不胜举。名将甚至英雄人物打败仗是常有的事。张郃吃过败仗,吕布多有败绩,刘备屡战屡败,曹操几度狼狈。一般将领就更为常见。难道都要一一杀之,以正军法吗?曹操就不愧为三国时代杰出的政治家、军事家,在官渡之战胜利后,发现不少文臣武将与袁绍暗地通信,以留后路,按理按法都够杀头,可曹操网开一面,均放其一马,尽焚其信。尤其是名将于禁丢了精锐部队,并且投降关羽,曹操也未追究其责任。难怪曹操兵多将广,国力强大。可是马谡违法性质并未过于以上诸将,且认罪态度极其诚恳。胜败乃兵家常事,这已被各国及各军阀所接受。董卓军败于虎牢,袁绍败于官渡,曹操败于赤壁,孙权败于合肥,刘备败于夷陵,也未见诛杀大将。诸葛亮也承认"授任无方",导致街亭、箕谷的失败,并认可"《春秋》责帅",却仍要将马谡杀之,便让人难以理解了。

从蜀国执法情况看,蒋琬在广都县长任上,不理政事,而且喝得酩酊大醉,刘备要论罪杀之,被诸葛亮劝说,暂免其职,不久就恢复了职务。姜维当政时,屡次兴兵北伐,多吃败仗。这说明蜀国严重违法也不一定严惩。

从人才资源看,蜀汉国小人少,人才匮乏,尤其到了后期,有"蜀中无大将,廖化作先锋"之说,人才形势尤其严峻,而马谡具有很高的军事素质,其才干在蜀国也极为罕见,倘若将其降级等处罚,再假以时日,让其在战争中磨炼,很有可能成为一名真正的大将。

斩马谡当时就遭到许多人的否定。长史向朗"知情不举"(《三国志·蜀书·向朗传》),保护马谡;安汉将军邵逊明确表示反对;杀马谡时,十万将士为之垂泪;蒋琬在杀马谡之后,就曾对诸葛亮说:"天下未定,而戮智计之士,岂不惜乎!"(《三国志·蜀书·马谡传》注引《襄阳记》)东晋历史学家习凿齿评论诸葛亮杀马谡一事时说:今天蜀国地处偏僻,人才稀少,而杀俊杰之士,用劣等之才,这很难成就大业。诸葛亮杀有益之人,这能算是有智慧吗?

司马懿装病骗曹爽

司马懿在曹操和魏文帝曹丕手下都担任过重要职位。到了魏明帝即位时,司马懿已经坐到了魏国元老的位置,又因为他长期带兵在关中跟蜀国打仗,所以他掌握了魏国大部分兵权。后来辽东太守公孙渊勾结鲜卑贵族反叛魏国,魏明帝就派司马懿去平息辽东的叛乱。

司马懿平定了辽东战乱以后,正要回朝,洛阳派人送来紧急诏书,要他迅速赶回洛阳。司马懿到了洛阳,魏明帝已经病重了。魏明帝就把司马懿和皇族大臣曹爽叫到床边,嘱咐他们共同辅助太子曹芳。

魏少帝曹芳即位后,曹爽当了大将军,司马懿当了太尉。两人各领兵3000人轮流在皇宫值班。虽然曹爽是皇族,但论能力、资格都没法跟司马懿相比。开始的时候,他不得不依重司马懿,什么事总得听听司马懿的意见才敢照办。

有一次,曹爽的一批心腹提醒曹爽说:"大权不能分给外人啊!"他们替曹爽想了一个办法,用魏少帝的名义提升司马懿为太傅,其实质是要夺去他的兵权。接着,曹爽又把自己的心腹、兄弟都安排了重要的职位。司马懿看在眼里,对此装聋作哑,不加干涉。

曹爽掌握了大部分兵权后就寻欢作乐,过起荒淫的生活来了。为了树立自己的威信,他还带兵攻打蜀汉,结果被蜀军打得大败,几乎全军覆没。

虽说司马懿表面上没有任何行动,暗中自有打算。好在他年纪也确实老了,就推说有病,从那以后就不上早朝了。

曹爽以为司马懿真的病了,这正合他的心意。但还是有点不相信,就想打听一下到底是真的病了还是假病了。

有一次,曹爽的一个亲信官员李胜被派为荆州刺史。李胜临走的时候,到司马懿家去告别,曹爽让他顺便探探情况的虚实。

李胜到了司马懿的卧室,看见司马懿躺在床上,旁边两个使唤丫头伺候他吃粥。他没用手接碗,只把嘴凑到碗边喝。没喝上几口,粥就沿着嘴角流了下来,流得胸前衣襟都是。李胜在一边看了,便对司马懿有了同情之心。

李胜对司马懿说:"这次蒙皇上恩典,派我担任本州刺史,特地来向太傅告辞。"

司马懿喘着气断断续续地说:"哦,这真委屈您啦,并州在北方,接近胡人,您要好好防备啊!我病成这样,只怕以后见不到您啦!"

李胜说:"太傅听错了,我是回荆州去,不是到并州。"

司马懿还是没有听清楚,李胜又大声说了一遍,司马懿总算有点搞清楚了,说:"我实在年纪老,耳朵聋,听不清您的话。您做荆州刺史,这太好啦。"

李胜告辞出来,向曹爽一五一十地说了一遍,说:"太傅只差一口气了,您就用不着担心了。"曹爽听了更是高兴得不得了。

魏齐王嘉平元年(249)的新年之际,魏少帝曹芳到城外去祭扫祖先的陵墓,曹爽和他的兄弟、亲信大臣全跟了去。因大家都知道司马懿病得厉害,便也就没有通知他去。

没料到等曹爽一帮子人一出皇城,太傅司马懿的病全好了。他精神抖擞地披戴起盔甲,跨上战马,带着他的两个儿子司马师、司马昭率领兵马占领了城门和兵库,并且假传皇太后的诏令,撤销了曹爽的所有职务。

曹爽和他的兄弟在城外得知消息,急得乱成一团。有人给他献计,要他挟持少帝退到许都,收集人马,与司马懿对抗。但是曹爽和他的兄弟都是只知道吃喝玩乐的人,哪儿有这个胆量。司马懿派人去劝他投降,说是只要交出兵权,绝不为难他们。曹爽就乖乖地答应了。

过了几天,就有人告发曹爽一伙谋反,司马懿派人把曹爽一伙人全下了监狱处死。当然,这也是司马懿的一计了。

这样一来，魏国的政权名义上还是曹氏的，实际上已经被司马氏掌握到了手里。

诸葛亮攻心术降服孟获

三国时期的蜀国力量较弱，其先主刘备死后，诸葛亮扶助刘禅即位，历史上称为蜀汉后主。当时益州郡有个豪强叫雍闿，他听说刘备已死，就杀死了益州太守发动叛变。他一面投靠东吴，一面又拉拢了南中地区一个少数民族首领孟获，叫他去联络西南一些部族起来反抗蜀汉。

经过雍闿的煽动，太守朱褒、越巂部族酋长高定也都响应雍闿。这样一来，蜀汉差不多丢了一半土地，蜀汉君臣对此都很着急。但当时蜀汉刚遭遇街亭大败和先主去世，顾不上出兵。诸葛亮一面派人和东吴重新讲和；一面奖励生产兴修水利，积蓄粮食训练兵马。过了两年，国家局面稳定了，诸葛亮决定发兵南征。

魏文帝黄初六年（225），诸葛亮率领大军出发。参军马谡送诸葛亮出城，一直送了几十里地。临别的时候诸葛亮握住马谡的手，诚恳地说："我们相处好几年了，今天临别，您有什么好计策告诉我吗？"

马谡说："我认为南中的人依仗地形险要，离都城又远，早就不服管辖了。即使我们用大军把他们征服了以后还是要闹事的。我听说用兵的办法主要在于攻心，攻城是次要的。丞相这次南征，一定要叫南人心服，才能够一劳永逸啊！"

马谡的话，正合诸葛亮的心意。诸葛亮不禁连连点头表示感激。

诸葛亮率领蜀军向南进军，节节胜利，便准备攻打越巂部族酋长高定和雍闿，但大军还在半路上时，高定和雍闿就发生了内乱，高定的部下杀了雍闿。后来蜀军打进越巂部，又把高定杀了。

解决这一叛军后，诸葛亮派李恢、马忠两员大将分两路进攻，不到半个月，马忠又攻破牂柯（古代郡名，在今贵州境内），消灭了那里的叛军。四个郡的叛乱很快就平定了。

但是事情还没有结束。南中酋长孟获收集了雍闿的散兵，继续反抗蜀兵。诸葛亮一打听，知道孟获不但打仗骁勇，而且在南中地区各族群众中很有威望。

诸葛亮想起马谡临别的话,决心把孟获争取过来。他下了一道命令,只许活捉孟获,决不要伤害他。

诸葛亮善于用计谋,蜀军和孟获军队交锋的时候,蜀军故意败退下来。孟获仗着人多,一股劲儿追了过去,很快就中了蜀兵的埋伏。南兵被打得四处逃散,孟获本人也被活捉了。

孟获被押到大营,心想,这回一定没有活路了。没想到进了大营,诸葛亮立刻叫人给他松了绑,好言好语劝说他归降。但是孟获不服气,说:"我自己不小心,中了你的计,怎么能叫人心服?"

诸葛亮也不勉强他,陪着他一起骑着马在大营外兜了一圈,看看蜀军的营垒和阵容。然后又问孟获:"您看我们的人马怎么样?"

孟获傲慢地说:"以前我没弄清楚你们的虚实,所以败了。今天承蒙您给我这样一次机会,我看也不过如此。像这样的阵势,要打赢你们也不难。"

诸葛亮爽朗地笑了起来,说:"既然这样,您就回去好好准备一下再打吧!"

孟获被释放以后,回到自己的部落重整旗鼓,又一次进攻蜀军。但他哪里是军事家诸葛亮的对手?第二次又乖乖地被活捉了。

诸葛亮劝他投降,但孟获还是不服,便又放了他。就这样,诸葛亮宽宏大量,对孟获捉了又放,放了又捉,一连捉了7次。但到了孟获第七次被捉的时候,诸葛亮还要再放,孟获却不愿意再走了,他流着眼泪说:"丞相七擒七纵,古今之所未见,待我情深义重。我从内心深处敬佩您啊!从今以后,绝不敢再反了。"

不仅如此,孟获回去以后,还说服其他部落全部投降,南中地区就重新归属蜀汉统治了。

曹丕听人举荐忙制止

三国时的曹丕当了皇帝以后,害怕亲人之中有人造反,所以对他的兄弟们十分刻薄,防范也十分严密,虽然这些兄弟们都被封为"王",却都是徒有其名。他们全都被打发到远离首都的封地,不许随便回到首都来;每个人手下只有百十名老兵作为守卫,使他们无法凭借武力作乱,还派了官员来监督他们,有点儿小错就被上报朝廷,遭到谴责。这些兄弟虽然贵为皇族,实际上连个平民百姓也不如。

只有北海王曹表，为人谨慎，勤奋好学，没有任何过错。那些监督他的官员说："我们奉皇帝的命令来监督大王的行动，有过错就应当举奏，有善行也应该据实报告。"于是联名写了份报告，称赞曹表的美好品德。

曹表一听到这个消息，吓得大惊失色，指责官员们说："严格要求自己，这是任何人都应该如此的，而你们却报告了朝廷，这岂不是给我增加麻烦吗？如果我真的有什么好品德，朝廷自然会知道，你们这样联名上书，只怕要适得其反了！"

曹表为什么要这样说呢？原来这正体现了他的自保之道，他曾对儿子说："与其因受到宠爱而遭受灾祸，不如贫贱而无灾无难。"他的生活十分俭朴，并让妃妾们亲自动手纺线织布，如同平民之家一样，因此他得以保全性命。

祖逖闻鸡起舞匡扶社稷

生活在西晋和东晋之交的祖逖，字士稚，范阳遒（今河北省定兴县）人。父亲早逝，他的生活由几个兄长照料。他为人豁落，讲义气，好打抱不平，常常以他兄长的名义，把家里的谷米、布匹捐给受灾的贫苦农民，深得邻里好评。但他的性格活泼贪玩，15岁时还没读进多少书，几个哥哥为此都很忧虑。

祖逖闻鸡起舞

到18岁时，祖逖像是突然开了窍，开始励志读书，鸡鸣之时便起床舞剑，天亮后学习经书，四五年内，便已博古通今，武艺高超。他还常到京城洛阳去，向有学问的人求教,凡是见到过他的人,都不由赞叹说:"这个人将来一定是个'经天辅国'的人才!"

祖逖24岁时,担任了司州(今河南洛阳一带)主簿之职。他有一个叫刘琨的同事,是汉朝宗室中山靖王刘胜的后代,这人也是一个有志气的青年,两个人因为意气相投,成了好朋友。他们经常谈论时事,谈如何建功立业,报效国家,一谈就是大半夜,于是同床抵足而卧,常常是刚刚入睡,鸡便开始叫了起来,祖逖便叫醒刘琨说:"鸡都叫了,还能安稳地睡觉吗?"于是取过双剑,就在庭院中舞起来,刘琨也赶紧起床取了双剑,和祖逖对舞起来。

之后祖逖走上仕途之路,先为司州主簿,齐王冏大司马掾(属员之意),累官太子中舍人,东海王司马越任为典兵参军、济阴太守等职。

这时的西晋皇帝是晋怀帝司马炽,他是个傻子皇帝,他在位期间皇后贾南风专权,不久爆发了"八王之乱",中原一带经过多次战争的摧残,变得人烟稀少,永嘉五年(311),汉国刘聪又派大将王弥、刘曜攻陷洛阳,纵兵抢掠珍宝,焚烧宫室、庙宇,挖掘陵墓,杀晋太子铨及官吏、百姓3万多人,晋怀帝被俘,西晋随之灭亡。

这时,祖逖带领亲族、邻里几百家人向南方逃难,几经辗转,来到淮泗(今安徽省境内)。一路上,他让老人和病人坐在自家的马车上,他自己则步行。所有的粮食、衣服、药物都作为公用。遇到散兵游勇骚扰,都是他带人去和他们纠缠,遇到土匪抢劫,是他带人去把他们打退。因此,他自然地成了这支逃难队伍的"总领队",无论老少,都听他指挥。

东晋元帝建武元年(317)3月,司马睿在建康(今江苏南京)称晋王,第二年称帝,这就是东晋王朝。司马睿闻知祖逖流亡到泗口(今江苏铜山县),便派人任命他为徐州刺史。不久,又任命他为军谘祭酒,调他驻守丹徒之京口(今江苏丹徒县内)。

晋元帝司马睿也是个平庸的人。当时北方中原地区大部已为汉国占领,司马睿只想偏安一隅,图取眼前安乐,不思北伐。祖逖向晋元帝进谏,说:"中原大乱,两京颠覆,都是因为藩王争权夺利,自相残杀,遂使戎狄有机可乘。现在中原百姓遭受异族掳掠,心怀激愤。大王如果能委派战将北上,一定能得到中原百姓的响应,那时不仅失土可复,国耻可雪,大晋朝也能转危为安了,请大王考虑。"

司马睿采纳了祖逖的建议，任命他为奋威将军，豫州刺史，支给他1000人的粮食，3000匹布，却不发给他铠甲，要他自己去招募兵士。祖逖只带了跟随他逃难而来的一百来个人，租了几只大船，横渡长江北上。船划到中流，祖逖站在船头，望着滔滔江水，不禁感慨万千。这时他已年过50，回想起青年时代与刘琨闻鸡起舞的情景，恍如昨日。而中原地区先是藩王混战，后受匈奴铁骑的蹂躏，山河一片破碎。现在虽受命去收拾旧山河，但豫州刺史是一纸空文，3000兵士是一个空诺，所有的就是眼前这三四十个青壮，一百来老少。但是，头可断，志不可灭。只要有当年的志气在，定能开辟一个新天地。祖逖拔出佩剑，敲着船桨，发誓说："我祖逖如果不能廓清中原，决不返渡！"言辞壮烈，同行者都深受感动。

渡江后，祖逖带人停留在淮阴。他在这里铸造兵器，招募壮士，很快招募到2000人。祖逖然后带领这支2000多人的队伍北进，首先占领了谯城（今安徽亳县）。祖逖行兵打仗，除了善于谋略，还严于律己，生活也非常节俭。只要有人立功，他便立即奖赏，不等明天。在驻防地区，他不仅督促、帮助百姓搞好农业生产，还督促自己的子弟参加生产劳动，自己打柴烧。中原久经战乱。到处有无主尸骨，祖逖派人收葬，还进行祭奠。所有这些都使百姓深受感动。

当时北方主要的军事势力是石勒，他自称赵王，建都襄国（今河北邢台县）。祖逖连续攻破了石勒军支持的堡、坞等割据势力，击败了石勒的援军，派部将韩潜进驻封丘（今河南封丘），自己则进驻雍丘（今河南杞县）。这样一来，整个黄河以南土地都被祖逖收复，重归于晋朝管辖。

祖逖仁厚爱人天下皆服

东晋时期的爱国将领祖逖生于北方一个官僚大族，祖上世代担任俸禄2000石的高官。西晋"八王之乱"爆发后，北方百姓纷纷逃亡到南方避难，祖逖也被迫与亲族等几百人南下淮泗地区。一路上大家风餐露宿，历尽千辛万苦，祖逖主动把车马让给老弱和病人，又把粮食、衣物和药品分给别人，和大家同甘共苦。他还常常想办法替大家解疑释难。人们既感激他，又敬佩他，一致推举他担任流亡队伍的"行主"。

西晋政权灭亡后，祖逖常怀"振复之志"。西晋愍帝建兴四年（316），东晋开国皇帝晋元帝司马睿传檄约期北伐，祖逖欣然受命。经过一年多的苦战，祖逖攻占谯城，在豫州站住了脚跟，并打通了北伐的通道。正当祖逖以谯城为根据地且战且耕，逐步扩大战果时，发生了蓬陂坞主陈川叛归石勒的事件。

当时的陈川是号称"乞活"的流民集团的首领，这支流民武装曾经投降石勒，又受晋官号。陈川部将李头攻打谯城的时候，立过大功，祖逖非常地礼遇他。李头是一个非常爱马的人，被称为"马痴"。有一次祖逖获得一匹好马，李头看见这匹马后，非常地喜欢，很想要但是又不敢说。祖逖知道他的心思后，说道："宝马配英雄。这匹马就给你吧！"便把马给了他，李头欣喜若狂。以后李头经常感激地说："我如果能有这样的主人，就是死也是心甘情愿的。"

不料陈川听到后，勃然大怒说："到底谁是你的主人，你竟然想投靠别人，真是该杀。"说完，就把李头斩了。李头的亲信冯宠就鼓动所属400多人投奔了祖逖，陈川更加怒不可遏，大掠豫州诸郡以为报复。

祖逖便命令部将卫策在谷水伏击陈川，结果大获全胜，虏获了大量的车马辎重以及大量的人口。祖逖下令，将车马子女全部归回给原来的主人，军队一点也不截留。陈川大为惊恐，也失去了军心民心，最终于东晋大兴二年（319）四月投降祖逖。

祖逖不但能受士卒爱戴，也能体恤民情，礼贤下士。即使是关系疏远、地位低下之人，他也能布施恩信，予以礼遇。将士"其有微功，赏不逾日"。而祖逖自身则生活俭朴，自奉节俭，不蓄私产，其子弟与战士一样参加耕耘、背柴负薪，他还收葬枯骨加以祭奠，因此，他率领的北伐军走到哪里都能得到人民群众的拥护和爱戴。

一次，祖逖摆下酒宴，招待当地的父老兄弟，一些老人流着眼泪说："我们都老了，想不到重又做了晋朝的百姓，死了也没有什么可遗憾的了！"他们作歌道："幸运啊！被遗弃的百姓免遭俘虏，日月星辰觉得明亮，是因为我们遇到了慈夫。一杯水酒忘劳苦，甜美如瓜脯，何以歌唱慈恩。让我们歌唱又跳舞……"

东晋朝廷偏安江南一隅，不思光复中原，以致祖逖为国事民生忧愤而死。其死讯传出后，豫州人民痛哭流涕，谯梁百姓还自发为祖逖修建祠堂，纪念这位热爱祖国、热爱人民、不畏强敌、百折不挠的爱国名将。后来东晋朝廷追赠祖逖为车骑将军。

石勒示假隐真活捉王浚

东晋十六国时期,任东晋大司马的王浚在蓟城(今北京)都督幽冀诸州军事。此人在幽州骄奢淫逸,民心背离,原来依附于他的鲜卑和乌桓人也都离他远去。

这时大军阀石勒刚攻占了襄国(今河北邢台),力量大大加强,又被匈奴汉国昭武帝刘聪任命为散骑常侍,封上党郡公,便欲吞并王浚,遂自信满满地前去讨伐。

王浚的军力强大,石勒怕硬战不是他的对手。在双方交战之前,石勒想先派使者作实地观察,他征求右长史张宾的意见。张宾说:"王浚虽然是晋国的藩臣,但他一直想凭借自己掌握的军权而南面称帝,只是担心四海英雄不予支持。将军您已经威震天下,现在您可以用最谦卑的词语、最厚重的礼物去结交他,使他对您不猜疑。然后采用奇谋妙计,他也就不会防备您了。"

石勒认为张宾说得很对,就派手下的王子春、董肇等人带了大批的金银财宝去蓟城晋见王浚,并上书劝他即位做皇帝。书上写道:"我石勒只不过是个小小的胡人,遭遇乱世饥荒,逃亡到冀州聚集些人马,只为了保全性命。而今晋国国运已衰,中原无主,百姓无所依靠。殿下是四海英雄仰慕的明公,能当帝王的除了您还有谁呢?我之所以舍弃生命,兴义兵诛暴乱,就是为了给殿下扫除障碍。切望殿下能应天顺时,早日登上皇位。"

王浚正在为手下无将而发愁,听说石勒愿意归附,自然大喜过望。但他还有疑虑,便问王子春等人:"石公也是豪杰,占据着北方的许多土地,为什么对我称臣呢?"

王子春回答说:"石将军确实如您所说的那样英明能干,力量雄厚。但与明公相比,就好像月亮比太阳,江河比大海啊!自古以来有胡人成为名臣的,但没有成为帝王的。石将军并不是不喜欢当帝王,而是因为帝王是不可以用智慧和力量夺取的,如果强取就一定不为天人所容。这也是石将军的智谋超过一般人的地方。希望明公不要多疑。"王浚听后非常高兴,便封王子春等人为列侯,还派使者带了土特产和财物给石勒作为回报。

不久,王浚镇守范阳的司马派密使投降石勒,石勒把密使杀了,把他的脑袋送给王浚以表示自己的忠诚。这下王浚就更加信任石勒了。

一年之后，王子春等人和王浚的使者一起回到襄国。石勒把他的精锐部队和优良的武器装备全都藏匿起来，让王浚的使者看的尽是些空虚的仓库和老弱士兵。石勒对使者毕恭毕敬，面朝北方向他行礼，又恭恭敬敬地接过王浚的信。王浚送给石勒一个麈尾，石勒假装不敢拿在手中，把它挂在墙壁上，早晚向它叩拜，说："我不能见到王公，现在见到王公的赏赐就跟见到王公一样。"

他再派董肇(zhào)上表章给王浚，并约好日期亲自去幽州蓟城，要向王浚奉上皇帝的尊号。另外又写信给王浚的亲信，请他为自己美言，希望能任并州（今山西太原）牧，封广平公。王浚的使者回到蓟城报告说；石勒兵马很少，力量微弱，款待使者热诚真挚，毫无二心。王浚大悦，完全相信了石勒，对他再也不做防备。

当年三月，石勒率精锐部队抵达易水。王浚的督护孙纬发现后派人飞报王浚，说石勒有入侵的可能，同时准备迎战。王浚手下的将领听说后也都请求出击石勒，而王浚却大怒道："石公这次前来，正是要拥戴我，谁再敢说要出击石勒，定斩首不赦！"大家不敢再说什么了，王浚便又下令设宴等待石勒。

第三日凌晨，石勒带兵到达蓟城，高声喊开城门。城门打开之后，石勒还恐怕里面有伏兵，先驱使几千头牛羊入城，声称是给王浚送的礼，实际上是要堵塞大街小巷使王浚无法发兵。

这时王浚才害怕起来，坐卧不安不知所措。还没等他想出主意，石勒已经来到王浚的住处，命人把王浚抓来，并命部将把王浚押解到襄国去。王浚半路上投水自杀，护送人员又把他从水中拖出，终在襄国街市上斩首示众，其下场真是可怜。

谢安镇定自若稳定人心

谢安是东晋时期的权臣，他遇事冷静、临危不乱的气度，一直是史上佳话。那时前秦在苻坚的治理下日益强盛，便经常用兵去骚扰东晋。面对强大的前秦军队，东晋军队在与其交战中屡战屡败，很令东晋君臣上下忧心。

到了东晋太元八年（383），前秦国君苻坚亲自率领百万大军南下，志在吞灭东晋。大军驻扎在淮淝一带。军情危急，顿时东晋朝野上下一片震恐，谢安受命于危难之中,被任命为征讨秦敌的大都督。

大敌当前,很多人都被吓得不知怎么办才好,唯有谢安依然镇定自若,他先是派了弟弟谢石、侄子谢玄,桓伊等人率八万东晋士兵前去抵御。在临行前,谢玄向谢安询问后勤方面的对策,谢安只是简单地回答了一句:"我已经安排好了。"便绝口不谈军事。大家认为他都计划好了,便没有后顾之忧地上了路。

将士们行军走后,谢安便邀请朝中的一些主事大臣在山野之间游玩,丝毫没有忧心战争的样子,众人觉得战局仿佛早就已经在他的掌控之中了,也就没有太多顾虑。

当谢玄率领的晋军在淝水之战中以少胜多,大败前秦的捷报送来时,谢安正在与客人下棋。他看完前线的捷报,便随手放在自己座位的旁边,脸上没有任何喜形于色的神情,依然不动声色地继续与客人下棋。

客人憋不住问他前线有什么最新消息,谢安淡淡地说:"没什么,孩子们已经打败敌人了。"直到下完了棋,客人告辞后,谢安才抑制不住心头的喜悦疾步走回内室,由于太兴奋了,门槛把木屐底上的屐齿碰断了,他都没有察觉。

其实谢安是做了周密的安排的,他让侄子谢玄训练出了战斗力很强的北府兵,并就如何对付前秦军队事先给出了部署和指挥方针,虽然他表面上不露声色,其实内心里却是十分忧虑的,他的不动声色,目的是为了稳住东晋朝廷上下的局面,使大家不致惊慌失措而自乱阵脚,所以他的沉着冷静,也是要稳住后方的局面,为前线打仗创造有利条件。

杨逸治光州一心为民

南北朝时期,北魏的杨逸在 29 岁时就被魏庄帝授任为吏部郎中、平西将军、南秦州(今甘肃东南部及陕西部分地区)刺史、散骑常侍等职。如此年轻就委以重任并身兼数职,可以说是无上的荣耀了。此后,他又被调任平东将军、光州(今山东莱州)刺史。

为官一任就要造福一方,年轻气盛的杨逸决心在刺史任上大干一番。为治理光州他可谓煞费苦心,不辞劳苦,当时战争频繁,兵荒马乱民不聊生,杨逸集中全力处理事关百姓生计的大事,为办理公务,他日夜操劳,夜不安寝食不甘味,以求安定民心稳定秩序。最难得之处是他能放下刺史的官架子,时常到百姓中视察抚慰。

杨逸深深知道,要想天下太平,必须争取民心,而要想获得民心,必须体察人民疾苦,从点滴做起。因此,每当州中有人被征召从军,他一定要亲自送行,有时风吹日晒有时雪飘雨狂,许多人都坚持不住,他却毫无倦意。杨逸也深知治政、治军要讲究宽猛相济、恩威并施。他关爱百姓,又法令严明,恶徒狂贼都不敢在州中惹是生非,全州境内一时成了太平世界。

杨逸最痛恨那些奸诈的豪强和匪首,于是在州中四处布下耳目,随时监督,稍有动静就立即剪除。他以严格的纪律约束部属,手下的官吏士兵到下面办事,都自带口粮。如有人摆下饭菜招待,即使在密室,也不敢答应,如果询问他们原因,都说杨逸有千里眼明察秋毫,哪个做了错事都不能瞒得过。

杨逸刚上任时,光州因连年灾荒,当时粮食奇缺,饿死了很多人,杨逸见到这种情景心急如焚,决定开仓放粮赈灾,救百姓于水火之中,可管粮的官吏惧怕私用国库存粮会招致大祸,坚决不同意。

杨逸也明白不经上奏批准擅自发粮,如果朝廷怪罪将会有生命危险。可是要按常规向皇上请奏等待批答,文书往来不仅浪费时间,而且不知又要饿死多少百姓。于是他决心这次宁可受罪也要开仓放粮,就对手下人说:"国以民为本,民以食为天,开仓放粮由我而定,责任也由我一人担当,即使获罪,我也心甘情愿,死而无憾,与他人没有关系!"随即果断下令开仓,将粟米发给了饱受饥饿煎熬的百姓。然后,杨逸马上写好奏章,向朝廷申说详情。

奏章送到朝中,庄帝与群臣谈论起这件事情来,以右仆射元罗为首的大臣认为国库储粮不可轻易动用,杨逸之请,应予驳回。其他大臣则认为情势紧急,应贷粮二万。最后庄帝恩准二万。

杨逸放粮后,还有为数不少的老幼病残者仍难活命,他便派人在州门口摆上大锅煮粥施舍给这些人,使之不致饿死。杨逸的这一举动,无异于雪里送炭,解民于倒悬,那些即将饿死而因杨逸及时赈济终于活了下来的百姓竟然数以万计,庄帝闻听事情本末,也以为处置得宜而连连称赞。

后来,杨逸惨遭家祸,不幸被人杀害,死时年仅32岁。全州上下的士吏百姓,听到凶讯后如同失去了自己的亲人一般悲哀,城镇村落都摆斋设祭,追悼这位年轻有爱心的刺史,人们竟然为他祭奠了一个月。

杨逸一心为百姓着想,为救饥民,不怕承担罪责,自做主张开仓赈济灾民,真是难能可贵。一个冒着生命危险，给百姓以实实在在的好处的人，人们又怎么会不打心底里爱戴呢？

陶渊明不为五斗米折腰

东晋时名士，大诗人陶渊明本名潜，渊明是他的字，但世人多称其为"陶渊明"，其不愿为官，不为五斗米折腰的故事当时便为天下所知。

陶渊明

陶渊明的曾祖父陶侃是赫赫有名的东晋大司马、开国功臣；祖父陶茂、父亲陶逸都做过太守。但到了东晋末期，朝政日益腐败，官场黑暗。陶渊明生性淡泊，在家境贫困、入不敷出的情况下仍然坚持读书作诗。他关心百姓疾苦，有着"猛志逸四海，骞翮思远翥"的志向，怀着"大济苍生"的愿望，出任江州祭酒。由于看不惯官场上的那一套恶劣作风，不久就辞职回家了，随后州里又来召他做主簿，他也辞谢了。

后来，他陆续做过一些官职，但由于淡泊功名，为官清正，不愿与腐败官场同流合污，而过着时隐时仕的生活。

陶渊明最后一次做官已过40岁，陶渊明在朋友的劝说下，再次出任彭泽县令。到任81天，碰到浔阳郡派遣督邮来检查公务，浔阳郡的督邮刘云，以凶狠贪婪闻名远近，每年两次以巡视为名向辖县索要贿赂，每次都是满载而归，否则就会栽赃陷害当地官吏。县吏对陶渊明说对于这个人"当束带迎之"，就是应当穿戴整齐、备好礼品、恭恭敬敬地去迎接督邮。

陶渊明叹道："我岂能为五斗米向乡里小儿折腰。"意思是我怎能为了县令的五斗薪俸，就低声下气去向这些小人贿赂献殷勤。说完，挂冠而去，辞职归乡。此后,他一面读书为文,一面躬耕陇亩。

陶渊明个性洒脱,爱好交友,他结识的朋友不分贵贱,但人格卑下的人是他所不齿的。陶渊明在躬耕生活中,家境十分困苦。他在《有会而作》诗里写道:"弱年逢家乏,老至更长饥;菽麦实所羡,孰敢慕甘肥!"在这首诗序里写道:"旧谷既没,新谷未登,颇为老农,而值年灾,日月尚悠,为患未已。"可见他的生活困顿到何种程度!

陶渊明妻翟氏,与他志同道合,安贫守节,"夫耕于前,妻锄于后",朋友来访,无论贵贱,只要家中有酒,必与同饮。尽管生活贫困,但他始终不愿再为官受禄。

宋文帝元嘉元年(424),江州刺史檀道济去看望他,他在家已经饿着肚子躺了很久了。檀道济对他说:"贤者处世,天下无道则隐,有道则至;今子生文明之世,奈何自苦如此?"

陶渊明说:"潜也何敢望贤,志不及也。"

檀道济见陶渊明不想当官,便给了他一些吃的和用的东西,聊会儿天后就走了。

在东晋政治混乱,且文帝废少帝自立,人民生活疾苦的社会现实下,檀道济竟说"文明之世",以乱为治,其人格可知,陶渊明因此对他赠送的东西挥而去之。不食嗟来之食。

正是这种不为五斗米折腰的高洁品格,使陶渊明陷入贫困交加的生活境遇,在这种情况下这位伟大的诗人于北魏太武常始光四年(427)离开了人世,享年63岁。

陶渊明原本可以活得舒适,荣华富贵,至少衣食不愁,但那要以人格和气节为代价,于是他选择了艰苦但宁静而自由的田园生活。有得必有失,陶渊明获得了心灵的自由,获得了人格的尊严,写出了具有独特风格并流传百世的诗文。为后人留下了宝贵的文学财富和弥足珍贵的精神财富。他的不为五斗米折腰、不同流合污的高洁品格,为后世人所景仰。

陶渊明不为高僧改变原则

当时很有名的慧远法师在庐山建造白莲社。慧远德学极高,为时人所景仰,当建白莲社时,著名诗人谢灵运想参加,并愿出资建造,但为慧远法师所拒。可是慧远却主动邀请陶渊明入社,但陶渊明说:"贵社禁酒,如允饮酒,则人社。"慧远破例许之。陶渊明敬谢,仍不入社,但常与慧远往来。

传说慧远在庐山东林寺一住 30 年,招待客人有个规矩,送客时以虎溪为界,过了虎溪就不送了。虎溪是东林寺门口的一条山溪,因为在东林寺门口栓一头老虎而得名。如果慧远有时不注意送客送过虎溪,老虎就会发出吼声警告他。有一阵慧远与陶渊明,还有一个叫陆修静的道士过从甚密,交谈也很投机,送客时,慧远不知不觉过了虎溪,引得老虎发出很大的吼声。老虎的吼叫提醒三人,三人于是相视而笑,这就是所谓的"虎溪三笑"。

陶渊明对佛教其实是颇不以为然的,尽管慧远为得道高僧,尽管慧远对他始终以诚相待,尽管二人相知为友,但独立坚定的信仰使慧远始终无法说服他相信佛的存在,相信生命可以轮回。陶渊明始终认为人身死神灭,没有什么轮回之说。所以他认为轮回之说是荒诞不经之谈。因此,那句有名的"采菊东篱下,悠然见南山"在有些学人那里便有了另一番解释:南山即庐山,这句诗显示了陶渊明对庐山之上奇谈怪论的不屑一顾。

王弘半路设酒结识陶渊明

东晋时的江州刺史王弘想认识名士陶渊明,因为他早就知道陶渊明的大名,很想结识他,亲自造访。但是陶渊明却认为没有和他结识的必要,于是假装有病不见他。

他这样做很有自己一套理由,说起来也是振振有词,掷地有声:我岂是那种"洁志慕声"的人吗?哪里能以和王公大臣结识为荣耀呢?

但是王弘这个人也很有办法,他知道陶渊明喜欢喝酒,就让陶渊明的故人庞通之半路上摆了一桌酒席迎接他。陶渊明这个人有脚病,走路不能走太长,到了这里一看,路边有个亭子,亭子里还有一桌酒席,酒席旁边还是自己的老朋友,又能歇脚,又能喝酒,还能与老朋友叙旧,这不是天下最美的事情吗?欣然共饮。

王弘等陶渊明坐下喝上一盅,便趁机出来与他相见了,于是陶潜与王弘尽情而饮,以前说过的不以王公为荣的话,早就丢到九霄云外去了,两人一气喝到陶潜没有鞋穿,王弘让手下的人现场给他做鞋。手下的人要量一下陶渊明脚的尺寸,陶渊明便随意地把脚伸出去让他们量。王弘邀请他一起回州里做客,问他有什么交通工具,陶渊明回答说:"素有脚疾,向乘篮舆,亦足自反。"王弘于是命人将他抬到州府。陶渊明一路上谈笑风生,丝毫没有受宠若惊之意。

后来,王弘只要想见他,一定要在山林中等候。如果陶渊明家里没有酒也没有米了,也会时常接济于他。一个贵为达官贵人,一个平若草民寒士,尽管地位悬殊,但陶渊明却始终保持高洁品格,从未以结识高官为荣。

萧统苦读饮"御寒汤"

南朝梁代文学家萧统,兰陵(今江苏常州)人,生于皇家,是梁武帝萧衍长子、太子,母亲为丁贵嫔。但未及即位而卒,谥"昭明",世称其"昭明太子"。

萧统少时即有才气,且深通礼仪,性情纯孝仁厚,喜愠不形于色。他16岁时,母亲病重,他就从东宫搬到永福省他母亲的住处,朝夕侍疾,衣不解带。母亲去世后,他悲切欲绝,饮食俱废。他父亲几次下旨劝逼,才勉强进食,但仍只肯吃水果、蔬食。他本来身材健壮,等守丧出服后已变得赢瘦不堪,官民们看了,无不感动落泪。

萧统心善,为人极富同情心。他12岁时去观看审判犯人,他仔细研究案卷之后说:"这人的过错情有可原,我来判决可以吗?"刑官答应了,于是他就做了从轻判决。事后,刑官向梁武帝萧衍汇报了情况,萧衍对他表示嘉许。

梁普通年间,由于战争爆发,京城粮价大涨。萧统就命令东宫的人员减衣缩食,每逢雨雪天寒,就派人把省下来的衣食拿去救济难民。他在主管军服事务时,每年都要多做3000件衣服,冬天分发给贫民。当时世风好奢,萧统"欲以己率物,服御朴素,身衣浣衣,膳不兼肉。"

萧统性爱山水,不好音乐。曾经泛舟后池,番禺侯轨盛称宜奏女乐。萧统不答,咏左思招隐诗:"何必丝与竹,山水有清音"。

有一年,萧统在江阴顾山读书编书时,与桃花庵的一位尼姑儒贞相遇,交往中双双生情,彼此倾心相爱,昭明太子勤奋用功,日夜苦读,又十分节俭,难免遭受身寒腹饥之苦,身子骨日渐消瘦,聪明贤淑的儒贞看在眼里疼在心上,遂急中生智,运用佛家医学知识,结合太子平时口味爱好,精心烹制一款别具一格的汤,取名"御寒汤",捧献太子,太子食后顿觉身暖气爽,格外受用,心中十分感激。于是儒贞嘱仆人天天给太子熬"御寒汤"做夜餐,经常服食,果然效果不凡,太子身体康复如初,学业更有长进了。儒贞所创的"御寒汤"中,芝麻为滋养强壮品,有润肠补肝益肾和血之功;蜂蜜,可补中益气,安五脏,解百毒,是上等营养剂;大蒜,具有抗菌消炎、健胃驱寒之功。三味配伍,烹制为汤,成了一款药膳,流传至今。

为官乱世难善终

在魏晋历史上,有一位著名的贤臣,他出生于割据动荡的年代,历经两朝七帝。为官五十余载,在仕途上颇有建树,堪称功臣。但最后仍不免冤死。他就是卫瓘。

卫瓘,字伯玉,河东安邑(今山西夏县北)人,在曹丕称帝的黄初元年(220年)出生于一个官宦之家。二十岁左右进入仕途,初为魏国尚书郎,后徙通事郎,又转中书郎。十年中才能崭露,官至散骑常侍。当时,魏国权臣专政,法律严苛,卫瓘却以其兢兢业业、克己奉公、不卑不亢、无所亲疏的态度和作风,得到朝廷群臣的敬重。魏元帝即位后,任为侍中,视为近臣。数年后转任为廷尉卿。卫瓘不徇私情,明察秋毫,事必躬亲,严格执法,朝野上下,莫不信服。

卫瓘从政后的一系列政绩,使他逐渐树立起在朝廷中的声望。他那闪光的才华,对于掌握魏国实权的司马氏集团来说,无疑是非常需要而且是极可利用的。因此,他们对卫瓘不断地委以重任。果然,卫瑶没有辜负他们的期望,在以后的仕途生涯中,卫瓘为司马氏集团立下了显赫的功绩。

魏景元三年(262年)八月,早已将魏国大权独揽在手的大将军、录尚书事的司马昭任卫瓘为监军、行镇西军司、随镇西将军钟会和征西将军邓艾所率的大军,浩浩荡荡去征伐蜀国。这时,蜀国朝纲废弛,政治腐败,已经到了"入其朝,不闻正言,经其野,民皆菜色"的程度。锐不可当的魏军以摧枯拉朽之势直捣蜀都成都,做了四十年蜀国皇帝的庸才刘禅,于景元四年十一月出降,蜀国自此灭亡。魏军得胜正待班师回朝,但其内部却发生了一场由内讧而引起的叛乱,直接威胁到魏国的政权。起初,自恃有功的钟会诬告专权的邓艾谋反,卫瓘奉诏命将邓艾监囚。钟会便趁机兼并了邓艾的部属,权势陡增。随即发动叛乱,胁迫卫瓘归顺。卫瓘在此紧要关头沉着冷静,虚与委蛇,并派人将钟会谋反之事宣告三军。魏军将士都思念早日归返故乡,闻说钟会逆反,内外骚动,人心忧惧,愿从卫瓘调度。卫瓘用计诈病不起,乘钟会不备,纠集诸军将士在一天凌晨,发动兵变,杀死钟会及其亲信,从而一举平定了叛乱。卫瓘稳定军心后,率军班师回朝。

卫瓘奋力平叛之举,自然赢得了朝廷上下的一片赞扬之声,并要为卫瓘加封授赏。但他在功绩面前,谦逊而不自傲,显示出了一个政治家的风度。后来,朝廷派卫瓘都督关中的诸军事,任镇西将军。不久又迁为都督徐州诸军事,任镇东将军,增封菑阳侯。自此,卫瑶已成为魏国政治上和军事上不可缺少的重要支柱。

公元 265 年,晋朝取代了魏国。开国皇帝司马炎一登位便大加分封。卫瓘除转升为征东将军外,又晋封为公爵,还都督青州诸军事,任青州刺史,后又加任征东大将军,领青州牧。他无论任何官职,都能忠心耿耿,奉公守法,廉洁自爱,因而,政绩斐然,深得朝廷信任。未久,卫瓘又被任命为征北大将军,都督幽州诸军事、幽州刺史、护乌桓校尉、兼督平州。身兼数职的卫瓘深感责任重大,他不敢有丝毫懈怠,而是尽心竭力地去报效朝廷。

当时,晋朝的东北边境幅员广远,数支少数民族在此杂居。在幽、并二州边境,主要是以游牧为主、善于骑射的鲜卑族。他们分为两支,一支在东面,其首领为务桓;另一支在西面,其首领为力微。他们经常侵扰晋朝边境,掳掠百姓财物,抢夺人口与牲畜,一时成为边患。这使朝廷颇为忧虑。卫瓘到任深入了解患情后,采用了巧妙的离间计,使务桓、力微两人互相猜忌,反目为仇,再分而治之。东北边境得以安宁。卫瓘遂在东北声威大振。他每次入朝参见晋武帝,都受到了上等的礼遇,厚爱有加,而卫瓘在每次朝见后,便即刻返回东北,绝不耽误公务。

咸宁初年(275 年),卫瓘被召回朝廷任尚书令。太康初年(280 年),加任为司空、侍中,领太子少傅。位居高官且俸禄丰厚的卫瓘,对朝廷的精忠之情仍是一如既往。他的声望已达到顶峰。这时,卫瓘以其政治家独特的敏锐眼光,洞察到晋朝统治集团内部潜伏的矛盾,审时度势,欲急流勇退。有一天发生日蚀,卫瓘即以此为由,奏请朝廷准予退位辞职。晋武帝岂能轻易让他离去,明确表示不准，态度很坚决，卫瓘只好收回奏章，继续为朝廷效力。

卫瓘是魏国功臣，又是晋朝开国元老，加之清简廉洁，刚直不屈，难免不引起朝中某些野心勃勃、奸佞谄媚之人的嫉恨。他们视卫瓘为眼中钉，必欲除之而后快。权臣杨骏、贾充和皇族司马玮等皆欲除之。

晋武帝欲为太子司马衷订婚，他首先看中了卫瓘的女儿，正待向卫瓘提出，权臣贾充却指使妻子郭槐贿赂杨皇后的亲信，怂恿杨皇后说服晋武帝，改纳贾充之女为太子妃，晋武帝起初不许，并说道："卫公女有五可，贾公女有五不可。卫家种贤而多子，美而长白，贾家种妒而少子，丑而短黑。"但杨皇后与一些居心叵测的大臣们仍竭力向晋武帝吹捧贾充之女，说其聪明、贤惠、能干，终于使晋武帝改变初衷，竟做出将贾充之女、十五岁的贾南风嫁给十三岁的皇太子这一错误决定。他决然没有料到，贾南风竟会成为晋朝动乱的罪魁祸首。贾氏父女的阴谋初步得逞，对卫瓘的妒恨之心也从此与日俱增。

晋武帝晚年，朝政愈加废弛。而皇位继承者太子司马衷却是一个被宫人背后称为"蠢钝如猪"的非常庸劣的白痴。他在园林里游玩，到处听到蛤蟆叫，竟问随从此为官蛤蟆还是私蛤蟆。听说百姓遭遇灾荒，没有饭吃，饿死众多，竟胡说百姓呆笨，"何不食肉糜？"诸如此类的笑料不胜枚举。因此，卫瓘等一些正直的老臣为晋朝的基业和前途忧心忡忡。卫瓘总欲寻机奏请晋武帝废掉皇太子，而又不敢启齿。有一次，在皇帝避暑胜地凌云台，晋武帝宴会群臣，卫瓘假作酒醉，跪在晋武帝跟前说："臣欲有言禀告皇上。"晋武帝说："公所言为何事？"卫瓘再三欲言而止，只是用手抚摩皇座，装成酒醉糊涂地说："此座可惜！此座可惜！"晋武帝明白卫瓘的意思，但也不愿他全说出来。所以，也故意说："公真是大醉了！"于是，卫瓘从此再也不提这件事了。然而贾南风却对卫瓘更加怨恨。

晋武帝对白痴太子的愚笨也有耳闻，加上其他一些老臣的婉言劝谏，便欲对太子考察一番，同时也为了堵住朝臣的口。有一次，他特意设宴将东宫大小臣僚都召集在一起，另派人送了一件密封的疑案留给东宫的太子，要他立刻做出答案。太子妃贾南风惊恐不安地赶忙到宫外找了几个老夫子，引经据典代做文章。侍从后妃的给事张泓在一旁见了说："太子不学，而答诏引义，（皇上）必责作草主，更益谴负，不如直以意对。"贾南风大喜，就让张泓起草由太子抄后送给晋武帝，晋武帝看后很高兴，并将太子的答文首先交给太子少傅卫瓘看，卫瓘拿在手里,局促不安地读着。在场的众人见此情景,猜测一定是卫瓘事先说了贬低太子的话。太子的岳父贾充更为气愤,派人告诉贾南风说:"卫瓘老奴,几破汝家。"

外戚杨骏是晋武帝的岳父,他为人奸诈,野心勃勃。凭借国丈的优势结党营私,扶植党羽。在晋武帝晚年,他逐步掌握了朝廷的实权,他视直言进谏、忠君不二的卫瓘为绊脚石,想方设法要搬开他。于是,杨骏便与宦官勾结,捏造事实,大肆宣扬,诋毁卫瓘,迫使卫瓘奏请晋武帝准许他告老让位。晋武帝偏信谗言,竟然准奏。杨骏自此肆无惮,更加擅权自专,飞扬跋扈。晋武帝死后,他又常作假诏,威逼臣民,晋朝一时俨然成了杨氏集团的天下。

太熙元年(290年),司马衷即位,是为惠帝。白痴太子成了白痴皇帝,太子妃贾南风也就自然成了皇后,她也就是历史上著名的风流、荒淫和酷虐的悍妇贾后。晋惠帝对贾后十分惧怕,百听百从。既然皇帝无用,怀有野心的贾后便从容参预朝政,晋惠帝如同木偶,任其摆布。贾后的参政必然与专权自重的杨骏产生尖锐的矛盾。一场激烈的宫廷斗争已不可避免。贾后派人四处游说,将在外地的皇族,凶悍的楚王司马玮(晋武帝第五子)等人召回朝廷,于元康元年(291年)三月发动宫廷政变。贾后伪称杨骏阴谋造反篡位,由晋惠帝下诏,派殿下禁兵诛灭了杨骏家族及其党羽。杨贾之争终以贾后胜利而结束。这场斗争实际上成了晋朝"八王之乱"的序幕。

杨骏既诛,朝廷元老大臣迎汝南王司马亮(司马懿第四子)入朝当太宰,又重新启用卫瓘任录尚书事,与司马亮共同辅政,受命于危难之际的卫瓘对朝廷仍是忠心耿耿。当司马亮奏请诸同姓王还藩、朝臣廷议无人敢应时,唯有卫瓘竭力赞同。他认为诸同姓王在朝,终为朝廷之患,对稳定局势极为不利。由此,居心险恶的楚王司马玮对卫瓘恨之入骨。于是,他勾结贾后,欲加害于卫瓘。此举正中贾后下怀,她正好借此机会发泄对卫瓘的仇恨。一场灾祸便悄然降临到卫瓘的头上。

元康元年(291年),贾后诽谤卫瓘与司马亮欲阴谋废黜惠帝,逼惠帝下手诏给司马玮去执行免除卫瓘的官职。司马玮趁机宣泄私怨。他连夜派清河王司马遐率禁军去卫府杀害卫瓘。卫府内的臣僚都怀疑司马遐假造圣旨,劝谏卫瓘将禁军拒之门外,待派人查实未晚。卫瓘却坚决不从。于是,禁军如同虎狼闯进卫府。禁军中有个军官叫荣晦,杀气腾腾带头冲进卫府,东闯西撞,如入无人之境,将卫瓘连同子孙共九人同时杀害。忠臣鲜血染红了屠刀。荣晦又煽动士兵将卫府财物抢劫一空。荣晦原为卫府属官,因犯错误,被卫瓘斥责并赶出卫府,此时正是他泄愤的机会。

卫瓘含冤被害,朝野无不为之震惊。元凶贾后为表清白,又欲翦除身边之患的司马玮,便采用太子少傅张华之计,于同年六月以假诏擅杀大臣罪名将司马玮处死,并族诛了荣晦。贾后为卫瓘"申冤昭雪",实为借机独揽晋朝全部大权。

卫瓘是在七十二岁那年终于疲惫地走完了他的忠君之路。

武帝荒淫官吏贪婪

西晋司马氏政权是以世家大族为其统治支柱的,不仅司马氏本身是门第显赫的望族,任中央和地方重要官员的人,也多出自世族。世族地主在政治上处于垄断地位,在经济上也被赋予了种种特权,这样的待遇和环境,使他们志盈心满,骄横跋扈,贪得无厌,穷奢极欲,纷纷以富豪相尚,形成谁最铺张奢侈、谁就最受推崇的腐败风气。

贵戚豪右之所以竞相骄奢淫逸,与晋武帝司马炎的所作所为密切相关。在东吴未平定,天下还不安稳的西晋初年,武帝尚能"厉以恭俭,敦以寡欲",尽量约束自己的言行,以树立励精图治的形象。称帝的第一年,他便下诏要弘扬俭约之风,连乐府的歌舞百戏的游乐器具也被禁断了,给他拉车的御牛原用昂贵的青丝作为穿牛鼻的绳,也改用青麻。建国初,有司奏请建造规模宏大的宗室七庙,他嫌役重扰民而未批准;泰始五年(269年),西平(治所在今青海西宁)人做路登朝击打"登闻鼓",申诉民间劳苦,有司认为他诽谤朝廷,给"太平天下"抹黑,奏请处以极刑,而武帝说:"致使民间诉苦,这是我的过错。"他没有惩处做路。诸如此类小事,说明武帝在其统治初期确有"制奢欲以变俭约,止骄风而反淳朴"的表现。然而,这一切都是暂时的,是武帝在其统治地位尚未稳固的情况下,不得不做出的争取国人景仰和支持的行为。随着天下日趋稳定,尤其是在东吴被平定之后,武帝不再有内外不安之虞,他的贪婪奢侈、荒淫无耻的本性便完全表露出来。贵族官僚也正是在他的放任、纵容和支持下,演出了一幕幕骄奢贪鄙的丑剧。

武帝非常热衷于聚敛钱财。他曾问司隶校尉刘毅："你看我与汉代哪个皇帝相似?"刘毅答道："与处于衰世的东汉桓帝、灵帝差不多。"武帝听了很不服气,说："我有平定东吴、一统天下的业绩,比桓、灵二帝还是强得多吧!"而刘毅指出:桓帝、灵帝时虽有卖官鬻爵现象,但卖官爵所收的钱都入了国库;武帝也卖官职,却把得到的钱装进了私人的腰包。由此说来,武帝还不如桓、灵二帝呢!武帝听了刘毅的说法,颇感惭愧,便"王顾左右而言他",说："桓、灵在位时,听不到这样的直言,我现在有你这样的直谏之臣,终究与桓帝、灵帝不同。"

武帝对纸醉金迷生活的追求,在他统治后期日甚一日。且不说耗费大量人力物力建造的用以祭祀祖先的宗庙有多么气派,仅看他那豪华宫殿中某些稀罕的装饰物,就足以令当时人大开眼界。一次,因病怕风的朝臣满奋进宫见武帝,他看到北面的窗户好像缝隙很大,不禁自打冷战。武帝见他这副模样,哈哈大笑起来,并告诉他,窗户上安装了国外进贡的透明刻花玻璃,看上去有很多缝隙,实际上却密不透风。满奋听了很不好意思,说："小臣就像江东怕热的水牛,看见明亮也以为是见到了太阳,直喘粗气,实在是少见多怪。"

武帝生活荒淫也是出了名的。泰始九年(273 年)七月,他下诏选择公卿以下至平民百姓家的女儿以备后宫,挑选未完,不得出嫁。当时,宦官乘坐专车赴各州郡,广选美女。司徒李胤、镇军大将军胡奋、廷尉诸葛冲、太仆臧权、侍中冯荪、秘书郎左思等高级官员的女儿,均入了后宫妃嫔之列,至于州郡长官及其他名门望族之女,入后宫者更是不计其数。每当选美使者到来时,年轻女子往往弄脏破衣饰,将容貌扮丑陋,以避免被选上。那些已经入选宫中的人,也往往悲痛欲绝。如胡奋之女胡芳入选后宫,被强行带到殿中时,曾嚎啕大哭。当时在一旁的人非常紧张,担心她这一哭闹会给她自己带来杀身之祸,急忙劝阻说:"别哭了,皇帝听到后对你没好处。"胡芳却说:"我现在死都不怕,还怕什么皇帝!"她父亲胡奋对女儿入宫也不胜悲哀。

尽管嫔妃如云,内宠盈庭,武帝犹不满足,平吴之后,又把吴后主孙皓的数千名宫人纳入了自己宫中,以致拥有的嫔妃宫女总数多达万人。如此庞大的妃嫔队伍,使武帝睡觉前无所适从不知让谁"侍寝"合适。于是,他乘坐羊车,任由小羊拉着自己在后宫转,羊停到哪个妃子住处,他便在哪个妃子处"宴寝"。对于近万名宫人来说,在这犹如地狱的地方,只有为晋武帝生下儿子,才可能有出头之日,否则,将长期幽闭深宫,随时间的流逝而人老珠黄。因此,当武帝的羊车入宫时,那些宫嫔们就竞相在自己的住所门上插翠竹叶,并往地上洒盐水,引诱羊拉着车上门。由于武帝极意于声色,使身体日益虚弱,不复关心政事,以致贾充、杨骏之流得以"怀奸志以拥权","包祸心以专辅",朝廷政治自然是日益腐败了。

武帝的贪婪、豪奢和淫逸,为大批世族地主所效仿。巧取豪夺,广占田宅,聚敛钱财,成为地主官僚们的普遍行为。而武帝对此睁只眼、闭只眼,大加纵容和庇护。晋律规定,官吏以权谋私、仗势枉法者要受到降职、免职、甚至禁锢终身的处罚。而对武帝继位起过较大作用的尚书令裴秀,因与安远护军郝诩交往密切,要为郝诩谋求私利开方便之门,受到监察部门的弹劾,但武帝置之不问。其后,司隶校尉李憙又揭发裴秀指使骑都尉刘尚为自己侵占官府稻田,要求予以惩治,武帝下诏说,裴秀是朝廷要员,又为皇室建立过功勋,"不可以小疵掩大德",也就是说瑕不掩瑜,不应治罪。但为了使人心服,武帝把刘尚当作替罪羊,依刑律治了罪。类似的例子还有不少,如立进令刘友、吏部尚书山涛、中山王司马睦及尚书仆射武陔等,都曾广占官田,被李憙弹劾后,武帝只是把官品最低的刘友当作罪魁予以惩治,说他"侵剥百姓,使朝廷一些大官也受到影响",而山涛、司马睦、武陔等高官贵戚均免于处罚。武帝在处理此案的诏书末尾还装腔作势地附上这样一句话:贵戚群僚都应守法,因为我不会总把免于惩罚的恩典赐给你们的。但这种不痛不痒的劝诫,丝毫没能阻止官僚贵戚们的违法行径,那些贪婪之徒已深知武帝对他们的犯罪永远是"宽宏大量"的。

外戚羊琇,世族出身,曾为司马炎称帝立过汗马功劳。晋朝建立后,他被任命为中护军,典堂中央禁军。由于位高权重,加之与武帝既有亲戚关系,又深受其敬重,所以,羊琇横行不法,恣意妄为,多次犯罪而执法部门对他无可奈何。职掌监察的司隶校尉刘毅纠劾他罪应至死,不可赦免,而武帝又派人来说情,并暗示刘毅不必追究此案,刘毅不得已,答应了,而他的助手都官从事程卫忍无可忍,坚持要治羊琇的罪,他亲赴护军营、拘捕了羊琇的僚属,严加拷问,收集到了羊琇所犯各种罪行的许多证据,然后据理力争,让刘毅继续申诉,迫使武帝免了羊琇的官。但是,没过多久,羊便官复原职。

武帝的纵容,使官僚贵戚得以肆无忌惮地违法犯罪。当贪鄙之风真到了影响朝廷大政、国泰民安的地步时,武帝也不能不在执法"严明"方面有所表示了,如中山王司马睦将封国内八个县的七百余户逃避政府赋税徭役的人荫庇起来,作为自己的佃客或私属。咸宁三年（277年），冀州刺史杜友上疏，要求惩处司马睦。当时，武帝正在积蓄人力物力，准备伐吴。如果各地的王侯都大大超过朝廷规定的标准荫庇人口，将极大地影响到国家的财政收入和兵员人数，不利于讨伐东吴的军事行动的进行。因此，武帝不得不做出对司马睦的惩罚决定，将他由中山王贬为丹水县侯，以警戒他人。然而，时间仅过三年，东吴刚被平定，司马睦就恢复了王爵，受封高阳王。可见武帝即使惩罚某一贵戚，也是暂时性的贬谪，轻易不会按刑律规定的免职、禁锢终身等条文去做。正因为如此，他即使对有罪的官僚贵戚不满，做出要进行惩罚的表示，也不过是隔靴搔痒，不能真正起到震慑作用。这从王济与武帝的一次对话中也可得到印证。

王济是武帝的女婿，极为贪婪豪者。武帝在颁定王济的爵位前，对大臣和峤说："我打算先狠狠斥责一通王济贪得无厌，然后再赐给他爵位。"和峤答道："王济性子急，恐怕你难以让他认错。"果然。当武帝严厉数落王济后，问他是否感到惭愧，他梗起脖子说："我聚敛一点布匹粮食，就遭他人诽谤。他人能使我与陛下的亲戚关系变得疏远，我却不能使这种关系变得更亲近，我只为此感到惭愧！"武帝听了，竟默然无语了。

由于豪奢成风，不少世族官族的奢靡程度与皇帝相比，有过之而无不及。身兼三公之位的何曾，不仅在帷服饰和庭院住宅穷极绮丽，饮食之精也"过于王者"。他吃蒸饼时，如果饼在蒸熟后上面没有出现十字形裂纹，他就不吃。每天的饮食费用多达一万钱，而他仍时常对着丰盛的食物，直呼。没有值得下筷子的东西"。武帝宴见他时，他也不吃宫廷厨师做的美味佳肴，认为调不起他的胃口。由于骄奢过度，曾遭司隶校尉刘毅等人的劾奏，武帝借口他是朝廷元老，不让追究，才使他免于治罪。

尽管何曾身为宰相，性情豪奢，却没有宰相所应具备的气度。人们给他写信，如果所用的纸张偏小，他就叫助手不给回信。都官从事刘享曾劾奏他过于铺张奢侈，他后来便假心假意召刘享进自己的相府任僚属，让人感到他似乎雍容大度。实际上，他是为了寻机报复。刘享入相府后，何曾常借一些小事对他进行杖罚，为此而颇受世人讥刺。因何曾名声太坏，所以死后朝廷礼官在议谥时，有人就指出："何曾身兼三公之位，却不能为人表率，骄奢过度，屡受有司劾奏。近世以来，极少宰辅大臣会像他这个样子。他活着的时候，极尽奢靡，死后如果仍受褒崇，则意味着朝廷好坏不分，众王公贵人都将效仿他的行径了。《谥法》上说：'对名不副实的人应谥作缪，骄横跋扈的人应谥作丑。'何曾平生的所作所为正与此相符，应该称他为'缪丑公'。"这一说法在当时朝中引起了不小的震动。武帝为了维护世家大族的利益，让他们继续过着骄奢的生活，不得不出面干预，否定了这一谥号。

何曾之子何劭也颇有父风，他的衣物和游乐之具，多得成堆。饮食必尽四方珍肴，天天以二万钱作为饮食的费用，奢侈程度远远超过了乃父，当时人议论说，皇帝饭食也未必比他强。然而，山外有山，吏部尚书任恺之豪奢又超过了何曾父子。史称，他极尽天下珍馔，厚自奉养，一顿饭花费了一万钱，犹说没有可下筷子的地方，后来竟是因越等级使用皇帝专有的"御食器"而被与自己争权的贾充抓住把柄，并在对方不断进谗言的情况下，失去了武帝对自己的信任，被免官。

再看王济。武帝曾来到他家，见他安排前来侍奉的婢子达百余人，每人都身着艳丽的绫罗服饰，手捧各式各样的食品，盛食物的器皿全是当时非常罕见的琉璃器。在品尝那珍馔佳肴时，武帝发现一种煮熟的小猪味道非常鲜美特别，便向王济询问其中缘故。王济得意地答道："这种猪是用人奶喂养的，被屠宰后又用人奶蒸煮，这道菜叫作蒸㹠。"武帝得知他如此豪奢，并且有意在自己面前摆阔，心里十分不满，进餐未完便拂袖而去。

王济还挥金如土，当时洛阳人多地少，土地价格特别昂贵。王济喜好玩马，特意花重金买了一大片地作射马场，并在场地四周用钱填成场界，时人称这条界为"金沟"。武帝的舅舅王恺有一头十分珍重的牛，牛角牛蹄均被擦拭得锃亮，名为"八百里驳"。王济便去与他打赌，看谁能一箭射死此牛，赌注多达一千万钱。

有的贵族官僚既豪奢又吝啬。司徒王戎在全国许多地方购置了园林、土地和用以舂米的水碓，但他视财如命，昼夜都在用计数用的牙筹计算着财产数量，绞尽脑汁琢磨招财进宝之方。因为贪财，所以非常吝啬。女儿出嫁，竟要向他借钱。由于借去的几万缗钱很长时间没有归还，他便牢骚满腹，以致女儿回家省亲时，看不到他的笑颜。直至女儿归还了所借之钱后，他才待女儿如初。他的侄儿结婚时，他送去一件单衣以致贺，待婚礼结束后，他却又索回了这件衣服。家里种有好李树，他时常把李子拿出去卖，但又怕别人得到李树种子，便给所有李子的核上钻个眼。诸如此类事情，使王戎时常为人们所讥笑，人们称吝啬是膏肓之疾。

周宣佩三定江南

西晋灭吴之后,视南方士族为"亡国之余",而加以鄙视和排斥。大将王浑入建业,对吴人说:"诸君亡国之余,得无戚(悲哀)乎?"义兴周处反唇相讥说:"三国鼎立,魏国先灭,吴国后亡,亡国之戚,岂唯一人!"所以,在整个西晋时期,南方士族基本上没有得到重用。政治上的失意,使南方士族对西晋朝廷一直采取消极对抗的态度。到了西晋末年,诸王乱之于京师,刘、石找之于青冀,张昌、陈敏、钱玲等倾之于荆扬。西晋统治摇摇欲坠。南方士族出乎意料地抛弃前嫌,向王室靠拢,戡定江南,共奖王室。义兴周圮,三定江南;丹杨、甘卓辞退陈敏的官禄,倒戈反正;吴国顾荣羽扇一挥,溃散陈敏数万之众;庐江周访勘定第五猗、杜曾之乱,克清江汉。其余吴国顾秘、余姚虞潭、丹杨、纪瞻、会稽贺循等均参预讨暴宁乱,率江东之众而定八王已乱之天下。南方士族奋起靖乱,不仅稳定了南方的政局,使中州大族燃起了在江东中兴晋军的希望,而且显示了他们雄厚的实力和民望,使北方士族不得不对他们刮目相看。

周圮字宣佩,义兴阳羡(今江苏宜光)人。义兴周氏是东吴以来的著名大族,所谓"江东之豪,莫强周沈",其中的"周",即指义兴周氏。周圮的祖父周鲂,在孙吴为鄱阳太守,曾截发骗诱曹魏扬州牧曹休入皖,与陆逊大破曹军十万。周圮的父亲周处,字子隐,更是中国历史上富有传奇色彩的知名人物。周处担任过新平(今陕西彬县)、广汉(治今四川广汉北)太守,楚国内史,政绩卓著。后入朝任御史中丞,在用官"计南北亲疏"的西晋,周处算是南方的佼佼者了。御史中丞负责纠察百官,周处刚正无私,纠劾不避权贵。梁王司马彤违法,周处照样弹劾他。因为他是吴人,又执法不阿,朝臣都视他为眼中钉。元康六年(296年),随梁王彤到关中镇压齐万年起义。周处明知梁王彤会挟私陷害自己,为尽人臣之节,乃悲慨上书,誓不生还。时齐万年有众七万,梁王彤逼周处以五千兵出击。将士尚未吃饭,就严令即刻出发,并断绝后继。周处自早上一直战到傍晚,斩首万计,弓断矢尽,梁王彤见死不救。部下劝周处撤退,周处按剑大喝:"此是我效节授命之时,有进无退。以身殉国,不亦可乎!"力战而死。

周圮为人刚强坚毅,颇有父风,故名重一方。太安二年(303年),长江流域爆发了蛮人张昌领导的反晋流民起义。其部将石冰进军扬州,西晋扬州刺史陈徽弃州而逃,石冰据有整个扬州,声势十分浩大。周玘心里早就憋着一股劲,现在时候到了,决心干出一番功业让那些狂妄无能的北方士族看看。就出面联络南平内史王矩,共推"东吴四姓"之首的吴兴太守顾秘为都督扬州九郡军事,与江东人士兴义兵讨伐石冰。斩石冰所置吴郡太守区山及诸长史。石冰部将羌毒领数万人拒周玘,周玘临阵斩羌毒。又与右将军陈敏攻石冰于建康,石冰吓得慌忙向北逃窜,投奔徐州的封云。封云也是张昌的部下,其部将张统叛变,斩杀封云,石冰向周玘投降。徐、扬二州的起义在周玘等江南士族的镇压下,被平息下去。平定徐、扬二州的起义后,周玘不向朝廷邀功领赏,遣散义众还家。这是"一定江南"。陈敏在配合周玘镇压石冰起义后,以军功升至广陵相。他见西晋朝政日乱,图谋割据江东。永兴二年(305年),假传司马炽之命,自封为扬州刺史。西晋扬州刺史刘机、丹杨太守王广等只顾保命,弃官而逃。陈敏据有整个吴越之地。为了拉拢江南大族,陈敏任命顾荣等四十余人为将军、郡守。周玘也被任命为安丰太守,并加四品将军,但周玘称病没有接受。江东士族以陈敏出身低微,只是表面上应付,谁也不愿让他做江东之主。周玘秘密派人与镇守寿春的西晋镇东将军刘准联系,让他发兵临江,自己做内应。又与顾荣等在江南起兵,密使甘卓倒戈,共同进击陈敏。陈敏兵败,单骑北走,被擒于江乘(今江苏名容县北),送建康斩之。东海王越听说后,召他为参军,朝廷诏补尚书郎、散骑郎,周玘均不接受,辞官回归乡里。这是"二定江南"。

永嘉四年(310年),西晋建武将军钱珫举兵反于广陵(今江苏扬州),自号平西大将军,八州都督,立吴太孙皓的儿子孙充为吴王,继而杀死孙充,渡江南下,进攻周玘的家乡阳羡县。琅王司马睿派将军郭逸、宋典等前来讨伐,均畏敌不前。周玘聚合乡里义众,激励郭逸等共同进兵,讨斩了钱珫,传首建康。这是"三定江南"。

司马睿以周玘三定江南之勋,以他为建威将军,吴兴太守,封乌程县侯,并划阳羡县和周围一些地区立为"义兴郡",以旌扬他兴义兵平定江南的功勋。周玘三定江南,固然稳定了江东的政局,有大功于晋室,但毕竟锋芒太露,再加上周氏宗族强盛,人情所归,不免引起司马睿的忌惮。倘若司马睿是个驾驭天下豪杰的雄略英主,喜欢的就是这样的能臣,一定会将他作为栋梁,与之共谋大事。可偏偏司马睿是个才能平平而又患得患失的平庸之辈,像周玘这样的人他驾驭不了,那么周玘就不会得志了。

其实,司马睿想用周玘,他的部下也不会答应。尽管王导等具有远见卓识的大臣力主笼络南士,都是利用他们拥护司马睿,实际上并不重用。对司马睿和北方士族的这种做法,周玘非常气愤:以前把我们南士看作是亡国之余,现在西晋也差不多快灭亡了。北方士族不也跑到南方来了吗? 到了江东,你们这些亡官失守之士竟然反客为主,来驾驭我们吴人。我们江东英才辈出,用不着你们这些中州伧子。

建兴元年(313年),周玘与宗族党羽密谋发动政变,将琅邪王司马睿周围的北方执政大臣全部诛杀,而以江南士族来代替。司马睿得到这一情况后,秘而不宣,召周玘为镇东司马。当时司马睿的头衔是镇东大将军,镇东司马是镇东大将军府的主事,参预军事谋划,看样子似乎是要重用、提拔周玘。可还没到任,又改授周玘为建武将军、南郡太守。周玘只好回头到江陵上任。半路上,又调他为军咨祭酒。哪有这样任官的? 这不是在折腾着玩吗? 周玘对司马睿的反复非常气愤,又知道自己的计谋已经泄露,终于忧愤而死。临死,对儿子周勰说:"杀我者,诸伧子,能为我报仇,才是我的儿子。"

建兴二年(314年),周勰按照父亲的遗训,以叔父周礼的名义,联络吴兴功曹徐馥收合徒众,以讨王导、刁协为名举兵,江东豪侠翕然响应。周礼不像哥哥周玘那样有骨气,是个见风使舵的势利眼。他见周勰举事仓促,一定不会成功,就向义兴太守孔侃告了密。当时徐馥已杀吴兴太守袁绣起兵,周勰见叔叔不同意,没敢发兵。于是,徐馥被杀兵败,周勰谋划的这场暴动也就完全失败了。司马睿以周氏为江东豪望,人心所归,也没有加以追究,仍然安抚周氏如旧。但南北士族之间的矛盾,却仍然没有解决。

任苏峻为司农

晋显宗成皇帝咸和元年(赵光初九,后赵八年),六月,成帝设朝,以郗鉴领徐州刺史,于是郗鉴次日启行。时司徒王导称疾不朝,而私送郗鉴。卞壸闻之,是日入朝奏导亏法从私,无大臣之节,请免官。成帝不听。壸奏虽寝不行,举朝惮之。壸俭素廉洁,裁断切直,当官干实,性不弘裕,不肯苟同时好,故为诸士所少。阮孚谓壸曰:"卿常无闲泰,如含瓦石,不亦劳乎!"壸曰:"诸君子以道德恢私,风流相尚,执鄙吝者,非壶而谁!"时贵游子弟多慕王澄、谢鲲为放达,壶厉色于朝曰:"悖礼伤教,罪莫大焉;中朝倾覆,实由于此。"欲奏推之,王导与庾亮不听,乃止。

八月,初,王导以宽和得众,及庾亮用事,任法裁物,颇失人心。祖约自以名辈不后郗、卞,而不预顾命,遗诏褒进大臣,又不及。约与陶侃二人皆疑庾亮删之。

是时庾亮秉政,恐苏峻在历阳终为祸乱,欲下诏征之,乃访司徒王导曰:"今苏峻握兵屯于历阳,不肯归兵于朝廷,恐为后患。欲以大司农征峻入朝,稍削其权。司徒意以云何?"导曰:"苏峻骄溢,必不奉诏,不若且包而容之。"亮问群臣,群臣皆以为不可,亮不听。时亮既疑峻、约,又畏侃之得众,乃奏成帝,以温峤为都督,督江州诸军事,镇于武昌,以王舒为会稽内史而守会稽,以广声援;又修石头城以备之。当丹阳尹阮孚谓所亲曰:"江东创业尚浅,主幼时艰。庾亮年少,德信未孚。以吾观之,祸将及矣。"次日,入朝奏帝,遂求出为广州刺史,成帝从之。孚遂刺于广州矣。

十月,却说南顿王司马宗自以失职怨望,又素与苏峻善,庾亮欲诛之,无罪,不敢行,而宗亦欲废执政亮等。中丞钟雅劾宗谋叛,亮乘之遣人收宗杀之,降其兄太宰西阳王为弋阳县王。宗,帝室近属,羕,乃先帝保傅,亮一旦翦黜,由是愈失远近之心。宗之死也,成帝不知,久之,成帝以朝问亮曰:"当日白头公何在?"亮对曰:"因谋反伏诛。"帝泣,亮惧,变色而退朝。却说后赵王勒用程遐之谋,营邺宫,使养子石虎镇之,守邺城。石虎自以多功,无去邺之意,及修三台,迁其家室而居之,虎由是怨望。

十一月,后赵王勒使石聪率二万骑攻寿春,祖约坚守不出,使人屡表请救,朝廷不为出兵。聪遂进寇阜陵,建康士民大震。苏峻闻知,直遣将韩晃领三万骑来拒战。石聪闻救兵至,乃走之。朝廷欲作涂塘以遏明寇,祖约闻知曰:"朝廷为此,是充我也!"益怀愤恚。

二年(赵光初十年,后赵九年),五月朔,日食。却说张骏闻赵兵为石氏所败,乃去官爵,复称晋大将军、凉州牧,遣辛岩领军二万,攻赵秦州。赵王曜大怒,遣刘胤将兵五万,出击辛岩。二军交锋,战未数合,辛岩大败而走。胤乘胜追奔,济河,拔令居,据振武,因此河西大骇,金城、枹罕降之,骏遂失河南之地。

父子死忠孝

戊子,三年(赵光初十一年,后赵太和元年),温峤欲救建康,以军集屯于城外。峻将韩晃兵至慈湖,司马流素懦怯,闻峻兵至,将出战,食饭不知口处,慌忙驱兵出阵,未及两战,兵溃大败而死。

时苏峻自将兵横江而济,亮兵出拒屡败。陶回谓庾亮曰:"苏峻颇达兵机,知石头有重戍,不敢直下,必向小丹阳南道步来,宜伏兵邀之,可一战擒也。"亮又不从。时峻果惧石头有重戍,不敢下,乃令诸军弃舟,从小丹阳步行,夜迷失道,无复部分,至天明,方寻路径而来,整列队伍,至青溪栅,屯住传餐。早有人探知回报,亮始悔之曰:"吾不听陶回之计,果中贼人之谋。"言讫,以兵列于宜阳门内待战。

时朝士多遣家人入东避难,唯左卫将军刘超独迁妻孥入居宫内,以安上心。成帝大惊,急诏卞壶大纵诸军出战。壶忙集诸军,出西陵与峻交战,壶兵大败,峻兵攻青溪栅,壶又拒击之。峻回风纵火,烧台省诸营皆尽。卞荥背痈新愈,疮犹未合,听诏即起出军拒战,至是力疾苦战,与峻交锋,斗上十合,背上疮发而死。其二子卞眕、卞盱闻父战死,领部从赴敌交战亦死。眕母裴氏使人寻还三尸,抚尸哭曰:"父为忠臣,子为孝子,夫何恨乎!"当征士翟阳闻之,叹曰:"父死于君,子死于父,忠孝之道,萃于一门。"

苏峻奸臣乱建康,唯有卞壶是忠良。

单身为国为民死,二子俱同忠孝亡。

英名烈烈扬中国,赤胆乾乾烛上苍。

可怜一家殉主难,教人怎不泪汪汪。

时苏峻既害卞壶父子,引兵杀入城来。庾亮见峻兵退杀入城,急令军士排开待战,未及成列,士众见峻兵势大,皆弃戈溃走。亮见军士逃散,料不能敌,乃引腹心数百人奔走浔阳。将行,顾谓侍中钟雅曰:"吾之此去,后事深以相委。"雅曰:"栋折榱崩,谁之咎也!"亮曰:"今日之事,不容复言。卿当期克复之效耳!"雅曰:"想足下不愧荀林父耳!"言讫,亮去。雅入内宫,成帝大惊。左卫将军钟雅与右卫将军刘超尽侍帝左右,有黄门李义欲逃,私谓钟雅曰:"见可而进,知难而退,古之道也。今苏峻入乱,何不随时之宜,与吾同去,而在此坐待其毙也!"雅曰:"国难不能救,君危不能济,若逊遁以求免,吾惧董狐执简而尽矣。"遂不行。时丹阳尹羊曼、黄门侍郎周导、庐江太守陶瞻(乃陶侃之子也),仍力战峻而死。

峻兵入台城,司徒王导谓侍中褚裒曰:"至尊当御正殿。"裒即入抱成帝登太极前殿,导及光禄大夫陆晔、苟崧、尚书张闿共登御床卫帝。刘超、钟雅及裒皆率百官侍立左右。太常孔愉朝服守宗庙。峻兵既入,叱裒令下。裒呵之曰:"苏冠军来觐至尊,军人岂得侵逼!"于是诸兵不敢上殿,突入后宫,宫人皆见掠夺。驱役百官,裸剥士女。宫有布二十万匹,金银五千斤,钱亿万,绢数万匹,峻尽费之。

苏峻领甲士数百至太极殿前,司徒王导喝曰:"圣上在此,不得无礼!"苏峻与军士同呼万岁。当成帝问曰:"卿兵不候宣调,辄入京师,欲何为也?"峻奏曰:"中书令庾亮为政不均,赏罚不明,苦虐百姓,欲杀小臣。臣今起兵,亦为社稷之计,岂敢叛乱朝廷!"帝曰:"今庾亮逃不在朝,卿等何不退兵?"峻曰:"臣今入朝,辅政陛下,未曾封爵,故不退兵。"帝曰:"卿欲何授,自择奏请。"峻曰:"司徒王导德望于民,宜先复职。祖约廉能,可为侍中太尉、尚书令。臣为骠骑将军、录尚书事。其余百官守旧爵,独庾亮兄弟不许原例。"于是帝从之。

祖约、苏峻把握朝政,极暴残酷,驱役百官,光禄勋王彬等皆被棰挞,逼令担泥负土登筑蒋山。裸剥士女,皆以坏席苦草自障,坐地以土自覆,以此哀号之声震动内外。弋阳王司马羕先被庾亮废,至是诣峻,称峻功德,峻复以为太宰、西阳王。

却说庾亮被苏峻杀败,无处安身,乃引从人来浔阳,投奔友人温峤。

史说,温峤字太真,性聪敏,有识量,能属文。风仪秀整,善于谈论,见者皆爱悦之。平北大将军刘琨举为参军。元帝初,镇江左,琨诚系王室,遣峤将命。既至引见,帝器而嘉焉。于是江左草创,纲维未举,峤殊以为忧。及见王导共谈,欢然曰:"自有管夷吾,复何虑!"会琨死,除峤为散骑常侍。初,峤奉将命来江左,辞母崔氏。崔氏以老固止之,峤绝裾而离。其后母亡,峤阻乱不获归葬,由是固让不拜,苦请北归葬母。诏不许,峤不得已,乃受命。明帝即位,拜侍中,机密大谋皆所参综,诏命文翰亦悉预焉。咸和初,代应詹为江州刺史、持节都督平南将军,镇武昌,甚有惠政。在镇见王敦画像而曰:"敦大逆,宜加斫棺之戮,受崔杼之刑。古人阖棺而定谥,《春秋》大居正,崇王父之命,未有受戮于天子,而图形于群下。"命削去之。

先,峤与庾亮同为侍讲东宫,因为布衣之交。是时,亮败无处投奔,来浔阳见温峤曰:"苏峻与祖约谋叛,攻陷建康,京师倾覆。吾奉太后明诏,以卿为骠骑将军、开府仪同三司,檄兴义兵共讨逆峻。"峤闻之,号恸曰:"汝今离建康,主上幼弱,倘被贼害,何有所凭? 太后虽诏,为今之计,当以灭贼为急。吾未功而先拜,何以示天下? 吾未敢当!"言讫,因与庾亮相对悲哭,士人闻之者,莫不流涕。温峤素重亮,亮虽奔败至此,峤愈推奉,分兵给之。

三月,皇太后庾氏因庾亮违众议,生厉阶,及为元帅,兵败身窜,恐祸及族,忧虑而崩。百官举哀葬之,谥曰明穆皇后。苏峻恐诸镇起兵,自率众南屯于湖,深虑后变。

引咎自责风格高

褚裒,字季野,东晋河南阳翟(今河南禹州市)人。出生于中小官吏家庭。祖父褚䂮,西晋曾任县吏多年,一直未得到提拔升迁,因家境清贫,辞官回家。䂮至五十岁左右时,才在旧友西晋镇南将军羊祜的推荐下,官至安东将军、尚书。其父褚洽,官为武昌(今湖北鄂州市)太守。

褚裒从小就生活在中小官僚家庭之中,一直受到较好的文化教育,加之少有异才聪慧,有盛名于江左。王羲之夸赞杜义是"神仙之人";桓彝初次见到少年的褚裒,就对其聪慧赞不绝口,称:"季野有皮里阳秋。"所谓阳秋,意指春秋,说明褚裒不仅聪明,而且从小就很稳重,胸有成竹,不夸夸其谈,而内心却有其独到的见解。晋代名流司徒蔡谟对京兆杜义的才智十分爱慕,多次在朝廷中对众臣说:"恨诸君不见杜义也";东晋宰相谢安雅重褚裒,称:"裒虽不言,而四时之气亦备矣。"褚裒虽不随便发表自己的意见,但对事态的变化及其来龙去脉都有自己的主见。桓彝、谢安等大臣对褚裒的品评,不能说是没有根据的,而是较客观地依据褚裒的文化素质和对问题的洞察、分析能力得出来的判断。事实上以后褚裒的做官为人,都能以做人谦让、为官清约的标准来严格规范自己。

褚裒的聪明才智在平定苏峻、祖约之乱中初露头角。

王敦跋扈被平定后不久,明帝司马绍病死,由五岁的司马衍继位,由司徒王导、尚书令卞壶、车骑将军郗鉴、护军将军庾亮等辅政。外戚庾亮(明帝庾后的哥哥)实际掌握朝政。在平定王敦之乱时立了功的苏峻、祖约,对此深为不满,抱怨没有任用他们执政。

咸和二年(327 年)十月,庾亮命历阳(今安徽和县)镇将苏峻交出兵权,到朝中任大司农。苏峻便与寿阳(阳寿春,今安徽寿县)镇将祖约合谋,起兵叛乱。

苏峻本是一个骄暴的家伙,其士卒平时也是一伙欺凌百姓的盗贼,依仗其"有锐卒万人,器械甚精"的军事实力,与祖约所率的军队,于次年渡过长江,攻破建康,并转战江南吴县、海盐、嘉兴、宣城等地。他们所到之处纵兵大掠,给都城建康和江南地区以极大的破坏,给人民带来了深沉的灾难。他们攻打建康时,"因风放火,台省及诸营寺署,一时荡尽"。

褚裒对苏峻、祖约的奸淫掳掠暴行,当然有自己的是非观。经过判断,他很快便投入到平定苏峻、祖约之乱的行动中去。当时的徐州刺史、镇广陵(今江苏扬州)的郗鉴,是一位颇为刚直守正的官僚,他对褚裒的为人品格了解较深,为了平定乱事、便征召当时为西阳王掾、吴王文学的褚裒为参军。随后就在广陵设置坛场,举行征讨苏峻、祖约的誓师大会,大誓三军,"入赴国难,将士争奋"。褚裒便成了郗鉴指挥作战的主要参谋顾问。立刻从广陵率领大军,南渡长江与陶侃会师于茄子浦(今江苏南京市西南)。

在平定苏峻的叛乱过程中,作为都督扬州八郡诸军事郗鉴参军的褚裒,处处都体现出他善于事人的能力,在行军作战中能为主帅提出很有价值的方案。郗鉴在广陵誓师后,在南渡长江前夕,曾派部将夏侯长对温峤建议,其作战方略是很正确的。建议的内容是:"今贼谋欲挟天子,东入会稽,宜先立营垒,屯据要害,既防其越逸,又断其粮运,然后镇京口(今江苏镇江)清壁以待贼。贼攻城不拔,野无所掠,东道既断,粮运自绝,不过百日,必自溃矣。"东晋时,都城建康的粮食主要仰给于三吴地区。占据京口断其粮道的策略方针,是非常英明正确的。《资治通鉴》引用上述史料的后面,胡三省作注释:"晋都建康,粮运皆仰三吴,故欲先断东道。苏峻之乱、匡复之谋,郗鉴之多。"平定苏峻之乱,作为郗鉴的重要幕僚参军的褚裒,在出谋献策方面有着不可磨灭的功劳,因而得到了朝廷的嘉奖和提拔。《晋书·褚裒传》载:"峻平,(褚裒)以功封都乡亭侯,稍迁司徒从事中郎,除给事黄门侍郎。"

褚裒对自己的子女也教育有方,严格要求。在封建社会中,皇室王储选妃是一件关系重大的事，被选的对象既要漂亮，又要聪明伶俐有修养。皇室经过诸多的"妙选素望"，最终褚裒的女儿蒜子入选。史称蒜子"聪明有器识，少以名家入为琅琊王妃。"即东晋康帝司马岳早在琅琊王时，就将漂亮有才智的蒜子选为王妃了。此时作为王妃的父亲褚裒出任豫章（今江西南昌）太守。至建元元年（343年）琅琊王司马岳继位为康帝后，王妃蒜子随即立为皇后。皇后在处理政务方面能力也很强，得到康帝的赏识和器重。康帝为使褚裒有更多的机会和时间参与朝政，便决定将褚裒留在朝中，担任侍中和尚书令的高级职务。但褚裒却非常谦虚谨慎，生怕朝野有议论，说他是通过裙带关系而飞黄腾达的。因此明确表示不愿留在京都朝廷，而"苦求外出"。康帝既然挽留不住褚裒，也就只好改命他为建威将军、江州刺史，镇驻半洲（洲一作州，在今江西九江市西）。褚裒任江州刺史期间，为官正派清廉，为地方百姓办了不少有益的事，自己生活却很节俭。史载褚裒"在官清约，虽居方伯（古代地方诸侯的领袖称为方伯），恒使私童樵采。"不久，康帝再次任命褚裒为卫将军，领中书令。褚裒却以朝廷名誉放在首位，不愿因自己的升迁而玷污皇帝和朝廷，明确表示不愿以姻戚关系而得到晋升和官居要职。"裒以中书铨管诏命，不宜以姻戚居之，固让。"康帝司马岳因拗不过褚裒的谦让，也只好改变原来的任命，授他为左将军、兖州刺史、都督兖州、徐州之琅琊诸军事，假节，镇金城（今江苏江乘县蒲州），又领琅琊内史。

褚裒少年时，见到了东晋初执朝政的中书庾亮。庾亮发现褚裒年轻而又聪慧，才气横溢，便叫郭璞对褚裒的前途命运作一次占卜。占卜完后，郭璞大为吃惊，连连叫喊"不得了！不得了！"庾亮紧张地问："有什么不祥之兆吗？"郭璞才高兴地回答："不是，不是，这不是一般人的八字命运，这一卦大概二十年后才能应验。"建元二年九月，二十三岁的康帝司马岳崩于式乾殿，两岁的太子司马聃即位，是为东晋穆帝。两岁的穆帝当然不能主掌朝政，康帝的褚皇后被尊为皇太后，临朝称制管理国家。

褚太后临朝称制后，侍中何充认为太后的父亲左将军褚裒，既有才干，且为官清廉，在朝野都享有很高的威望，应该由他回到中央来辅佐太后总揽朝政。因此上疏推荐褚裒。朝廷很快就任命褚裒为侍中、卫将军、录尚书事、持节、都督、刺史如故。可是褚裒对朝廷的任命感到很不安，怕人们对此有不好的议论，产生不良的影响，所以仍旧要求"居藩"。

在褚裒的秉公固辞不愿接任的情况下，朝廷只好改授他为都督徐、兖、青、扬州之晋陵、吴国诸军事、卫将军、徐、兖二州刺史、假节，镇京口。不久，永和元年（345年），朝廷再一次要把褚裒调还中央担任要职，但他再一次"固辞归藩"。褚裒的这种举动，使朝中大臣"咸叹服之"。他的威望更高，授予征北大将军衔。

褚裒于永和初晋升为征北大将军以后，虽然他没有留在朝廷之内，但他却非常关心朝廷的吏治，重视人才的使用和提拔。他认为为政之道在于得才，委贤任能才能使国家昌盛。永和二年二月，他就曾推荐有治绩的前光禄大夫顾和、前司徒左长史殷浩分别任尚书令和扬州刺史。三月，诏以顾和为尚书令，殷浩为建武将军、扬州刺史。顾和因母丧而未能就任，殷浩就职。褚裒虽为外官，却如此关心用人，在封建官吏中也是不多见的。

穆帝永和五年，处于十六国统治时期的中原地区仍是极为动荡。永和五年一月，后赵守卒梁犊起义于雍城（今陕西凤翔南），众至十万。梁犊自称是东晋的征东大将军。接着又马勖继梁犊的起义，使中原的石赵政权摇摇欲坠。四月，石季龙（虎）忧恐病死。此后，石赵内部在王位继承问题上展开了激烈的争夺和残杀。石季龙子石世继位后只有三十天，就为其兄石遵所杀，造成"中原大乱，因以饥疫"。后赵的扬州刺史王浃以寿春（今安徽寿县）降晋。褚裒以为北伐的时机已经成熟，便从京口主动上表要求率军北伐。褚裒收复中原，恢复家园心切，在未得朝廷批复前，便已开始行动，"即日戒严，直指泗口"。但朝廷在讨论北伐计划时，大臣们认为褚裒是临朝称制的皇太后的父亲，他"事任贵重"，不应该由他率军北上而冒生命的危险，应该先派遣其他部队为先锋才是万无一失的。褚裒却信心十足地表示，前面已有督护王颐之所率领的军队到达彭城（今江苏徐州），后又可派督护糜嶷据下邳（今江苏睢宁西北），自己率军北上征讨后赵是没有什么危险的，而且还可以造成浩大的声势。这样，朝廷便接受了褚裒北伐的请战要求，委任他为征讨大都，督徐、兖、青、扬、豫五州诸军事。褚裒便火速亲率三万大军直赴彭城。褚裒声势浩大的北伐行动，受到中原百姓的热情支持和拥护，"晋之遗民，鹄立南望"，殷切地期待晋兵的到来，"北方士民降附者日以千计"。褚裒对他们都做了具体的安顿，北方归附的百姓都很高兴。褚裒派督护徐龛攻沛（今江苏沛县），首战告捷，旗开得胜，一战俘掳了后赵"伪相支重"。沛郡百姓二千余户归顺东晋王朝；接着山东地区的百姓也纷纷武装起义,要求得到褚裒的支持。"鲁郡民五百余家相与起兵附晋,求援于褚裒。裒遣部将王龛、李迈将锐卒三千迎之。"后赵对此立刻做出了反映,派南讨大都督李农率领二万骑兵与王龛战于代陂。"龛违裒节度",虽然经过激烈的战斗,结果王龛所率领的三千战士"死伤大半",最后王龛被俘"执节不挠,为贼所害。"

代陂一战而败后,褚裒率军退还广陵,"裒以《春秋》失帅,授任失所,威略亏损,上疏自贬,以征北将军行事,求留镇广陵。"但他毕竟是皇太后的父亲,朝廷对他也没有什么追究,甚至还为他开脱罪责。下诏称:"偏帅之责,不应引咎,逋寇未殄,方镇任重,不宜贬降,使还镇京口,解征讨都督。"如此而已。

当褚裒率大军北伐的时候,河北地区有二十多万人民渡过黄河欲来归附东晋。而褚裒在代陂战败后仓促撤退,使南归的几十万百姓遭到了少数民族统治者慕容㑺和苻健部众的杀掠,"死亡咸尽"。对此,褚裒万分伤心,在撤退中就已忧慨发病,当他回到京口时,"闻哭声甚众,裒问'何哭之多?'左右曰:'代陂之役'也。"褚裒深感负疚,对不起死亡将士的家属,便惭恨而死,年四十七。褚裒为官清约,谦让,但终究不是一位出色的将帅之才;人们对他的功过是非自有公正的评价。其死后,"远近嗟悼,吏士哀慕之"。

权倾朝野终灭亡

泰豫元年(472年),明帝除阮佃夫宁朔将军、淮南太守,迁骁骑将军,寻加准陵太守。四月明帝死,太子刘昱即位,史称后废帝,亦称苍梧王。

年方十岁的刘昱当上皇帝后,对于明帝时的旧人,又曾服侍过自己于东宫的阮佃夫甚是亲信,倍加倚重,便让阮佃夫兼任中书通事舍人之职。这时,尚书令袁粲、护军将军褚渊辅政,他们想要改变一下明帝时的奢侈之风,但由于"阮佃夫、王道隆等有事,货赂公行",他们也无可奈何。十一月,后废帝加阮佃夫给事中、辅国将军,余官如故,使其权任益发转重。阮佃夫欲用自己的亲信吴郡张澹为武陵太守,尽管袁粲以下官僚都不同意,而他竟称敕施行,袁粲等人再也不敢表示异议。

元微初年,前废帝何皇后堂兄弟庐江何恢被任命为广州刺史,赴任之前,何恢邀阮佃夫至其家饮宴设乐。阮佃夫见何恢宠妓张耀华貌美,就想把她弄到手,明里暗里几次三番向何恢提出要求。何恢说:"恢可得,此人不可得也。"他碰了钉子,起身拂衣而去,愤愤地说道:"你爱惜手指而宁可和丢掉手掌吗?"于是便讽喻有司以公事弹劾何恢,最后竟把他给免官。诸如此类威福自专的事情,袁粲等都不能禁止。

元微二年(474年)五月十二日,太尉、江州刺史、桂阳王休范以讨阮佃夫、王道隆、杨运长为名举兵反叛,率众二万、骑五百,昼夜兼行,轻兵急下,欲直取建康。朝廷方面仓促布防,萧造成率前锋兵出屯新亭,张永屯白下,沈怀明戍石头,袁粲、褚调入卫台省,阮佃夫留守殿内。由于台军在新亭、台城等处坚守,奋力抗击,加之将军黄回、张敬儿在诈降后将刘休范杀死,使叛军丧失主帅,群龙无首,最后才取得了胜利。

这次宗室内乱,在刘休范方面说来可谓蓄谋已久。当明帝之世,文帝所剩下的五个儿子中以休范最为凡庸,他既不为兄弟所遇,又不物情所归心,所以在四位兄弟皆因受明帝猜忌相继被杀后,仅休范一人独存。及后废帝刘昱继位,年在幼冲,休范自以为尊亲莫二,应入居宰辅,可朝中却是素族当权,近习秉政(按:素族指袁粲、褚渊,近习指阮佃夫、王道隆、杨运长)故颇为怨愤,便处心积虑,图谋发难。经过这次变难,明帝的兄弟尽数死去,阮佃夫等的地位也随之更加巩固。

元微三年,阮佃夫迁黄门侍朗,太守如故。其时,文帝诸子死尽,其孙子辈中以建平王刘景素(文帝第七子建平王宏之子)年龄最长,而后废帝凶狂失德,朝野内外皆属意于景素,唯后废帝外家陈氏深恶之。阮佃夫、杨运长等欲久专权势,考虑到如果刘景素被拥立为帝,恐怕不为所容,故而也深相忌惮。有一天,刘景素的防阁将军王季符因得罪,遂单骑由京口(今江苏镇江市)奔建康,向杨运长、阮佃夫告发刘景素欲谋反。杨运长、阮佃夫等便要乘机发兵讨伐,由于袁粲、萧道成等都担保不会有此事,而景素也派其世子刘延龄来都城申理,才算作罢。但杨运长、阮佃夫还是将刘景素的镇北将军、开府仪同三司予以削夺。自此以后,外戚陈氏和阮佃夫、杨运长等对刘景素益发猜忌,而刘景素也暗中活动,等待时机,以便夺取政权。

元徽四年,阮佃夫改领骁骑将军。这年七月,羽林监垣祗祖率数百人奔投京口,向刘景素说京师混乱,可乘势夺取。刘景素即于京口举兵反叛。杨运长、阮佃夫以前就疑心刘景素心怀异志,在得知垣祗祖叛逃后,立即宣令内外戒严,并出兵征讨。与此同时,又因忌刻建安王休仁之子始安王伯融、都乡侯伯产猷年长,恐其为患,遂称诏将二人赐死。台军很快便攻下京口,将刘景素擒获斩首,其同党全被杀害。八月,阮佃夫迁使持节、督南豫州诸军事、冠军将军、南豫州(治所在今安徽当涂)刺史、历阳(今安徽和县)太守,留镇京师,犹管内任。且以平建平王景素之功,又增食邑五百户。

由于这两次镇压有功,阮佃夫又得到了晋爵加封,什么冠军将军、刺史、太守等,头衔不下十几个,其权势简直快要超过皇上了。《通鉴》称。"佃夫尤恣横,人仍顺逆,祸福立至"。后废帝刘昱在东宫为太子时,不喜读书而好嬉戏,喜怒乖节,曾屡遭捶训。即帝位之初,内畏太后、太妃,外惮大臣,还未敢放肆。从元徽二年十一月加元服以后,自以为成人,不受内外约制,好出宫游走。始出宫时,犹整羽仪,引队仗,装一下样子。但很快就舍弃仪卫,单人独骑帅左右数人随行,或出郊野,或入市廛。仪卫惧祸不敢追寻,唯整部伍在一处瞻望等候。为此,宫廷内外,莫不忧惧。

元徽四年平定建平王刘景素后,残暴荒淫的刘昱益发骄横,无日不出外游走,或夕出晨返,或晨出暮归。其从者并执铤矛,路遇行人家畜,即命攒刺以为戏乐,逢者无一幸免。扰得民间惶惧,商贩停业,门户昼闭,路无行人。又置备铖、椎、凿、锯,不离左右,侍臣小有忤意,即加屠剖,一日不杀,便惨然不乐。闹得殿省忧惶,人不自保。

此时,阮佃夫虽职兼内外,权宠无比,但见刘昱嗜杀成性,闹得人人自危,又见其年齿渐长,恐难以久握大权,就想废长立幼,好使自己长久专权。为此,便与直阁将军申宗伯、步兵校尉朱幼、于天宝密谋废掉刘昱,拥立昱弟安成王刘准,并拟定了因刘昱去江乘射雉而发难的计划。元徽五年四月,刘昱欲往江乘射雉。阮佃夫非常熟悉刘昱的行为举止,知其往常每次北出,总是将队仗留在游乐苑前便弃之而去,心想此次也会不例外吧!便欲乘此机会发动政变。具体计划是矫称太后令唤回队仗,关闭台城城门,分遣人马守住石头城和东府城,派人将刘昱抓出废掉,拥立十一岁的刘准登位为帝,自为扬州刺史辅政。阮佃夫等人的政变计划可谓周密完备,然而事不凑巧,刘昱此次并未向江乘,因此原订计划无法施行。不仅如此,于天宝又将阮佃夫等的政变阴谋告发出来。四月二十一日,刘昱将阮佃夫、申宗伯、朱幼处死。

综合上述,阮佃夫从一个不起眼的台小史起家,由于他善于献媚取宠,获得了湘东王刘彧的青睐而成为亲信。后来又因缘时会,密谋废立获致成功。从此,便成为皇帝的亲信近臣,备受宠遇和重用,其官位愈升愈高,权势越加越大,因而专权用事,成为刘宋一代寒人与皇权结合的典型之一。阮佃夫自得势之日起,一方面在皇室骨肉相残中助纣为虐,推波助澜。另一方面则凭恃权宠胡作威福,干出诸如招权纳贿、以权谋私、顺之者昌、逆之者亡等种种虐民害政的事情。

尽管阮佃夫已权势熏天,但他的欲望却难以满足。为了夺取更大的权力并尽可能长久地握有这种权力,阮佃夫欲故伎重演,再谋废立,终因阴谋败露而自取灭亡。

郦道元冒死赴任

南北朝时期,南朝的诗歌盛极一时,北朝则出现了三大散文名著。即郦道元的《水经注》、杨衒(绚)之的《洛阳伽蓝记》、颜之推的《颜氏家训》。郦道元的《水经注》文笔清秀清丽,最为后世所推重。文如其人,郦道元为政清廉,执法不阿,竟为政敌所暗算。

郦道元与《水经注》

郦道元字善长,范阳(今河北涿县)人。初袭父郦范爵为永宁侯,例降为伯。他聪敏好学,博览群书。为人也清正刚直,疾恶如仇,是个能吏。据《北史别传》(卷二十七《郦范传》附)载:"景明中为冀州镇东府长史。刺史于劲,顺皇后也,西讨关中,亦不至州,道元行事三年,为政严酷,吏人畏之,奸盗逃于他境。"北魏景明年间是公元500年至503年,郦道元当时三十多岁。当时的州刺

· 三国两晋南北朝逸史 ·

图文珍藏版

史于劲是魏宣武帝元恪顺皇后的父亲，只是挂衔，并未到任。郦道元为州长史，是州刺史府中诸幕僚之长，刺史不到任，则成为实际的行政长官。他执政三年，吏人皆畏之，就连奸盗不法之徒都逃往其他地方去作案，确是个执法严酷之人。

冀州长史任后，郦道元又代理鲁阳郡守之职。他注重文化教育，创办学校，朝廷诏曰："鲁阳本以蛮人不立大学，今可听之，以成良守文翁之化"（同上）。可见郦道元崇尚政治教化，严守法度，是位有仁有威的能吏。他先后任过书侍御史、东荆州刺史、河南尹、御史中尉等职，皆以风毅峻刻著称。正因不避权贵，才为豪族所嫉恨而遭杀身之祸的。

他任御史中尉期间，忠于职守，得罪了汝南王元悦。御史中尉是北魏政权由前代中原政权的御史中丞改置的，只北魏有此名。实际上是御史台的长官，主管监察、执法，纠劾百官，参治刑狱。与司隶校尉、尚书令并称"三独坐"职权最重。当时汝南王元悦任司州牧。司州牧也是北魏职官名，北魏孝文帝太和二十三年（499年）设置，是京畿最高行政长官，元悦又是当时皇帝元恪的六弟，在朝中很有势力。元悦特别宠幸的一个佞邪小人邱念，此人常与汝南王元悦同眠，形同男妾。他狡黠多智，利用和汝南王的特殊关系弄权纳贿，凡选州县官职，多去走他的后门。其族党之人，也借势横行，多为不法之事，历届御史中尉不敢过问，州县官大多出其门，更是唯恭唯谨了。郦道元出任此职，纠劾京畿道的不法官吏，正是他职责内的事，他又有不怕天、不怕地的性格，便决心要惩治邱念。

邱念知道郦道元出任御史中尉，非常害怕，天天躲在汝南王府中不敢出大门。郦道元胆子再大也不敢到王府去搜人。汝南王元悦也知郦道元不信邪，告诉邱念格外小心。邱念藏在王府中，只有在夜间偶尔地回家看一看，郦道元决心捉人又捉不到，双方僵持着。

邱念的民愤太大，郦道元得知他偶尔夜间回家的情况后，派几个人专门守候在邱宅的附近，终于把邱念抓住投进大狱。百姓官民拍手称快，汝南王元悦暗吃一惊。双方都抓紧时间进行活动，矛盾达到最高潮。

郦道元抓人之后，马上突击审讯，不给罪犯以喘息的机会，邱念虽仰仗汝南王，但罪证俱在，又受不了皮肉之苦，全部招供，签字画押，当夜就审理完此案，判为斩刑。

汝南王见自己的男情人被抓，仿佛伤了心肝一样。有心自己出面，又怕郦道元不给面子。当天晚上几乎是彻夜不眠，天一亮就匆匆赶进宫中向执掌朝政的胡太后求情，请速降诏旨赦免邱念。胡太后与汝南王毕竟是母子，见儿子急成这个样子，马上批复，立刻派人拿着诏旨去晓谕郦道元放人。

郦道元已经估计到这种情况，第二天见亮便把邱念押赴刑场行刑，等到饮差到来时，邱念的脑袋已经掉下去好长时间，血都凉了。京师百姓为除去一害欢欣鼓舞，都赞颂郦道元的执法如山。

元悦听说邱念已死，深恨郦道元，但又无可奈何，因杀邱念是郦道元职责内的工作，圣旨到时人已杀完，又不能算抗旨不遵。但他又不甘心就此罢休，便去找侍中城阳王元徽商议报仇之法。城阳王元徽也是北魏宗室，早就嫉恨郦道元的刚正。两位亲王一拍即合，最后想出一条明重用实杀害的借刀杀人之计。

当时，南齐投奔北魏的萧宝夤正占据长安一带，名为魏臣，实已生叛心。这萧宝夤本是南齐明帝萧鸾之子，是南齐东昏侯萧宝卷的兄弟，因南齐被萧衍所篡，他逃跑到北魏相借兵恢复祖业。但此人志大才疏，没什么真本事，故屡战屡败。这一年是北魏孝昌三年（527 年），北魏大乱，宝夤也想据长安自立为帝。这种情况也可说是司马昭之心，路人皆知了。汝南王元悦和城阳王元徽提出让郦道元为关右大使去安抚关西一带，朝廷照准。关西正是萧宝夤的势力范围，这就把郦道元推进了火坑。

郦道元以刚猛严刻著名，萧宝夤反志已定，他怎能允许郦道元入境呢？听说郦道元要来的消息，萧宝夤忙召来僚佐楷商议。柳楷答道："近有民谣说：鸾生十子九子殡，一子不殡关中乱，乱训为治，预言您将治关中，已无疑义。"柳楷所说的民谣当是有意编造的。"鸾"指萧宝夤的父亲萧鸾，"十子九子殡"说十个儿子九个死了。这也符合史实，萧鸾的儿子都被萧衍杀害，只逃跑一个萧宝夤。萧宝夤即决心反叛，马上派出部将郭子帙潜伏在阴驿，拦截杀死郦道元。阴盘驿在今陕西临潼县东十三里，距长安已不远了。

郦道元带领几十名武装人员上路，到阴盘驿后被郭子帙的队伍包围。郦道元的人守住驿亭，但亭在高岗没有水源，平常需到亭下打水，郦道元忙派人打井，掘土十几丈也没有水。"水尽力屈，贼遂逾墙而入"。郦道元瞋目叱贼，厉声而死。一个弟弟和两个儿子同时被害。

国学经典文库 · 中国古代逸史 · 三国两晋南北朝逸史 · 图文珍藏版

屡建功勋终遇害

萧懿,字元达,南兰陵(今江苏常州西北)人。大约生于刘宋孝武帝大明(457~464 年)年间。他的父亲萧顺之是齐高帝萧道成的族弟,宋末任萧道成镇军将军司马、长史,因积极参与萧道成夺取刘宋政权的活动,入齐后,以"佐命"功封为临湘县侯,历官至领军将军、丹阳尹。萧顺之死后,萧懿以长子的身份袭父爵为临湘县侯。

不久,迁历太子舍人、洗马、建安王友等,又赴晋陵(今江苏常州)任太守。郁林王隆昌元年(494 年)正月,擢为梁南秦二州刺史,以持节、都督四州军事的权力出镇南郑(今陕西汉中),成为南齐梁州地区的最高军政长官。

同年,西昌侯萧鸾以辅臣的身份接连废杀郁林王、海陵王,自称皇帝,改元"建武"。此时,北魏已迁都洛阳(今属河南)正欲示威力于中原,所以便以齐明帝以祖逼孙、"践祚非正"为由,大举南征。十一月,魏军四道并发,分别进攻齐之司、豫、徐、梁四州。梁州在此四州中,地处西北,距建康最远,面对魏军的强大攻势,齐廷根本无暇顾及。这时刚出任梁南秦二州刺史的萧懿来说,无疑是一次严峻的考验。

萧懿得知北魏进攻的消息后,立即在梁州北境的山川险要之处立下五座大栅,把自关中南下的魏军阻挡在栅外达半年之久。次年四月,魏宗室王拓跋英又率仇池(今甘肃西和)镇兵十万前来增援。数量上居绝对优势的魏军很快攻破五栅,大败齐军,进逼南郑。在这危急关头,萧懿表现得十分沉着。他一面集合起仅有的二千多名将士,誓死守卫;一面派人潜入魏境,相机骚扰敌后。

不久,十余万魏军把南郑围得水泄不通,他们在城下垒起土山,昼夜轮番进攻。萧懿亲自披挂上阵,与将士们日夜奋战在城头上,一次又一次地打退魏军的攻势。身上长满了虮虱,也顾不上换洗一下。粮食告罄,则与部下一同吞咽喂牲口用的干酒糟。就这样,萧懿和二千将士在外无援兵、内乏粮草的情况下,坚守孤城达六十余日。此时,先前被萧懿派往魏境的氐人杨之秀,已在仇池一带发动了氐人起兵,他们时而攻击城戍,时而截断粮道,在魏军后方造成了很大声势。拓跋英见一时无法攻下南郑,而后方又受到了威胁,只好率领大军退还魏境。

建武三年（496年）五月，齐明帝以萧懿保全梁州有功，为他增封食邑三百户，进号征虏将军，迁都督益宁二州军事、益州刺史。

此时，萧懿的三弟萧衍（即梁武帝）在襄阳（今湖北襄樊）任雍州刺史。他见东昏侯即位一年多来，成天躲在宫中嬉戏游乐，政事由始安王萧遥光，尚书令徐孝嗣、左仆射江柘等六位大臣（时称"六贵"）轮流处理，朝令夕改，全无准制，知道大乱将起，正暗修武备、招聚勇士，以待时变。当他听说萧懿要回朝廷供职，急忙派其舅张弘策星夜往夏口，极力劝阻萧懿东下。

张弘策风尘仆仆地赶到夏口时，萧懿的行装已基本准备就绪。张弘策见状，立即摒开众人，向萧懿传达了萧衍的意图，但是，不论张弘策如何劝说，萧懿仍坚持认为，为人臣者理当尽忠，此去建康即便有难，亦不应推辞。

张弘策劝说了多日，毫无作用，最后只得带着萧衍的两个弟弟返回了襄阳。萧懿送走张弘策后，也动身前建康赴任了。与此同时，东昏侯果然开始了"大行诛戮"。

就在萧懿离开夏口之时，"六贵"中的萧遥光、江柘和江祀三人被杀。萧懿抵达建康不久，"六贵"中的另三位大臣——萧坦之、徐孝嗣和刘暄也先后遇害。同年十一月，太尉、江州刺史陈显达被迫起兵寻阳（今江西九江），战火一直蔓延到建康内外。永元二年正月，陈显达起兵被平定未满一个月，豫州刺史裴叔业又据寿阳（今安徽寿县）反叛，并奉表降魏。北魏即遣步骑十万赴寿阳，以增援裴叔业。在此祸乱迭起、政局极度动荡之际，萧懿对齐廷及昏侯的忠诚却从未有过动摇。

二月，卫尉萧懿以豫州刺史、领历阳南谯二郡太守，与诸军出讨裴叔业。萧懿将步军三万屯小岘（今安徽含山北）。这时，萧衍从襄阳派亲信赶至萧懿军中，劝说他利用手中掌握的军队来"诛君侧之罪"，遭到萧懿的断然拒绝。不久，进攻寿阳的齐军被魏军所败，江淮重镇合肥失守，多亏萧懿率军屯守小岘，阻止了魏军的进一步南下。魏军主力南下不成，便转而向西进攻建安（今河南固始东）等地。就这样，萧懿的忠诚即使昏侯躲过了一次厄运，也使得京师建康及小岘以南地区避免了一场战乱。

不料一波未平，一波又起。三月间，正当萧懿率兵在小岘前线与魏军相持之时，忽然，朝廷密使匆匆赶到，命萧懿火速回军入援建康。

原来，东昏侯前不久命平西将军崔慧景北上，与诸军一起进攻寿阳。可是，崔慧景到了江北的广陵（今江苏扬州）后，稍停二日，便又率军渡过大江，推举当时在京口（今江苏句容北）、蒋山（今南京钟山）大破齐军主力台军，突入建康。很快，东府、石头、白下、新亭诸城皆为崔慧景所有。东昏侯仅保有台城，号令所及，不出宫中。

再说萧懿。当朝廷密使赶到小岘时，他正在吃饭，听说建康有难、东昏侯危在旦夕，立刻丢下筷子，拍案而起，率将士数千人自采石（今安徽马鞍山西南）渡江，急如星火地赶赴建康。路上，萧懿又遇到了萧衍派来的信使。原来萧衍在雍州得知崔慧景反叛，便立即想到朝廷能赖以平叛的人选只有其兄萧懿，所以赶紧派出亲信前来，劝说萧懿乘势"勒兵入宫，行伊（尹）、霍（光）故事"。来使对萧懿说，平叛之后，将有震主之功，即便是贤明君主在位，为臣子的都很难保全，何况是在此昏君乱世之时！故而或行废立之事，或还兵江北，以威震内外。否则一旦放弃兵权，必后悔莫及。此时，萧懿的心腹、豫州长史徐曜甫也苦苦劝说他按萧衍的旨意行事。然而，萧懿却一概拒绝，坚持率兵平叛。

此时，崔慧景在建康城内一边派军队围攻台城，一边借郁林王之母王太后的名义废东昏侯，自以为大事已定，正整天逗留法轮寺中与人高谈玄机佛理。当有人报告豫州刺史萧懿正率兵从江北赶来时，崔慧景并不在意，认为攻克台城已是朝夕之事，只要台城一下，外来救兵便自然散去。所以，他只派了其子崔觉带几千人到秦淮河南阻挡萧懿，此外再也未做什么安排。

萧懿率兵连夜赶到秦淮河南，稍事休顿，便乘拂晓之际，向叛军发起进攻。叛军仓促应战，在萧懿将士的勇猛攻击下，仅几个回合，便溃不成军。结果，叛军部众溺水而死者达二千余人。主将崔觉单骑逃往秦淮河北。萧懿在初战告捷后，又于当天夜间，渡过秦淮河，进入建康。崔慧景见势不妙，急忙带着几个心腹企图逃往江北，刚到江边便被人所杀。城中叛军群龙无首，很快就被平定。此距崔慧景进入建康、围攻台城，前后仅十二天。

同年四月，萧懿以平崔慧景之功，迁授尚书令、都督征讨陆诸军事，成为朝中集政事与军事大权于一身的重臣。

东昏侯再次躲过厄运后，故态复萌，依然穷奢极欲，横征暴敛。他所亲信的茹法珍等人，因忌惮萧懿为人刚直不阿，乃谗言萧懿"将行隆昌故事"。东昏侯与其父齐明帝一样，最担心的就是皇帝的宝座被他人夺去，所以听后深信不疑，决心设法除掉萧懿。萧懿的心腹徐曜甫，得知东昏侯的意图后，立即秘密地在江边备好船只，再三劝说萧懿尽快离开建康、去雍州萧衍处避难。可是，萧懿不肯听从。

萧懿认为，自己对齐明帝、东昏侯父子忠贞不贰，且数有功勋，朝廷绝不至于像对其他人那样来对待自己的。因此，他没有听从徐曜甫的忠告，仍然留在建康操劳国事。然而，东昏侯却感到萧懿的存在是个威胁，卧榻之旁哪能容得他人鼾睡！十月的一天，东昏侯终于对萧懿下了毒手。同时遇害的还有萧懿的一个弟弟萧融。即使死到临头，萧懿对东昏侯的忠诚仍然未变。当朝廷使者奉命前来送毒药时，萧懿在饮药前还请使者转告东昏侯，说："我在这里时刻为朝廷担忧。"一代忠臣竟落得如此下场！

多行不义必自毙

元叉勾结刘腾通过发动宫廷政变，得以挟迎肃宗，幽废太后，处死元怿，又挫败了敌手的一连串反抗活动，逐渐控制了政局。元叉引太师、高阳王元雍等共理朝事，肃宗呼之为姨父。后来刘腾又升为司空公。两人表里擅权，共相树置。元叉为外御，刘腾为内防，常直禁闼，共裁刑赏，四年之中，生杀之威，决于其手中。

刘腾威振朝野，每日一早，公卿百官皆须先到他家听其指示，观其颜色，然后方赴衙司依其旨趣处理事情。凡是公私请托，皆在财货多少。四方勒索盘剥，岁入利息以巨万万计。乃至逼夺邻舍，以广其居，天下感患苦之。

元叉擅权之后，恶劣之迹也不亚于刘腾。他专综权要，政无巨细，皆自决之。不过在专权之初，元叉还怕地位不稳，人情生变，故矫情自饰，谦虚待士，倾听意见，留心政事，欲以此树立声誉，捞取政治资本。但因才术空浅，毫无安邦治国之方，没有治绩可言。待他铲除了敌手之后，自恃手执杀生之柄，去掉伪装，不再自我控制，日益骄横，同时安插亲党，加紧控制朝廷，加强防范措施。平日出入禁中，则令勇士持刀剑居前后，于千秋门外厂下施木栏杆，作为止息之处，由心腹之人防守。又在禁中另作别库，由自己亲自掌握，搜刮四方珍宝财物，甚至将妇人藏于食舆中，上面以帊覆盖，令人抬入禁内，出亦如之，卫士虽知，都不敢说。一些轻薄趋势之徒，反其所好，专以酒色事之，及至姑姐妇女，朋淫无别。

对刚直之士，元叉则力加贬黜迫害。如任城王元澄（曾被誉为"贤王"）之子元顺，为人比较耿直。当时元叉势盛，百官凡有迁授，都必须到其门拜谢。元顺时拜给事黄门侍郎，因不愿阿谀奉承，没去元叉家。元叉因此十分恼恨，最后把元顺赶出朝廷，转任恒州、刘州刺史。

对于阿谀奉承、献财进宝之人，则加以提升、庇护。廷尉评出伟因奏记元叉"美德"，即被擢为尚书二千石郎。六镇起义时（见后述），大臣崔暹率后镇压失败，当受惩罚，后以田园、女妓献送元叉，元叉就免其罪。

元叉的父亲江阳王元继，也是不法之徒，贪得无厌，聚敛不已。他与妻子都插手官吏的任命安排，甚至郡县小吏的选用也都加以操纵，而不得平心选举。牧守令长上任赴官，皆得献送财货，以相托付。在元继、元叉父子把持之下，吏治腐败，政事怠惰，纲纪不举，州镇守宰，多非其人，其门生故吏遍布朝廷内外。

更有甚者，元叉为了一己之利，竟不顾天下安危，推行殃民招祸政策，耍玩危险花招。例如他知道自己行多不法，政敌又多，害怕随时被他人打倒，所以急欲"建功"树威。为此，曾暗中遣其堂弟元洪业召武州人姬库根等与聚宴，令其作乱，还互为盟誓立约。元叉认为乱事一起，自己就可为大将军，讨乱平叛，这样就可以立功于外而巩固自己的权位，姬库根等人应允后，元叉又百赠碎财，遣之还州，与元洪业买马招兵。此事的下文不得而知，但元叉之权欲熏心，由此可见一斑了。

还有，正光元年（520年），北魏北方边境劲敌柔然，其主阿那壤可汗因内争失势，走投无路，暂时投奔北魏。这年底，自感渡过难关的阿那壤，多次要求北返故地。鉴于阿那壤的反复无常，朝廷对他的放留，意见不一，争论不休。阿那壤转而采取贿赂手段，求于元叉。在这个关系边境安危的重大事情上，身为执政大臣的元叉，财迷心窍，竟接受阿那壤贿赂，纳金百斤，放走了他。结果没几年，阿那壤兵马大盛，多次入塞寇抄，执魏使节，驱掠人口及公私牛马羊数十万，成为严重边患。

元叉和刘腾的执政,使北魏日趋衰败的局面更加混乱不堪,人民困穷,四方骚然,天下离心,人人思乱。

　　本来,自世宗元恪以来,人民的反抗和起义已日趋频繁。及至肃宗即位后,瀛洲、秦州、南秦州等地又一再发生各族人民的起义斗争。在元叉、刘腾专权的正光年间,南秦州发生两起氐族的起义,东益州亦爆发了同样的斗争。正光五年(524年)三月,北边沃野镇人破六韩拔陵,再举义镇,反抗暴政,震撼一时的北魏末年各族人民大起义终于由此拉开了序幕。接着,起义的烽火很快传遍北方六镇,又燃及关中和河北广大地区。北魏朝廷忙调兵遣将,进行残酷镇压。元叉的父亲元继也亲自出马,以太师、大将军身份,都督西道各路魏军,进攻关陇莫折念生起义。与此同时,北魏统治集团的内讧和争夺也在继续。于是,元叉开始渐渐失利,这事要从刘腾之死说起。

　　肃宗正光四年(523年)三月,元叉的主要同党刘腾病卒,作为显赫一时的人物,他的葬礼搞得十分隆重,朝贵送葬者塞路满野。但是刘腾之死,对元叉来说,如失左右之臂。刘腾作为大宦官,直接掌握和控制着皇帝、太后周围的宦官侍者乃至后宫嫔妃。刘腾一死,元叉失去了控制宫内的重要力量,渐渐陷于孤立。它的直接结果就表现在对灵太后的禁闭和对肃宗的监视控制不像过去那样严密,宫内的防卫力量也明显减弱。同时元叉专权日久,渐生麻痹情绪,对刘腾之死所引起的形势变化毫无警惕,反而常宿于外,每日出游,流连忘返。其亲信心腹曾提醒他注意防范,元叉都不接纳。

　　另一方面,狡猾多诈的灵太后并没有死心沉默,她虽被拘囚,却时时在意,微察动静,因见刘腾已死,元叉疏忽,就蠢蠢欲动,开始思谋举事了。

　　正光五年秋,灵太后采取了行动。一天,她当着肃宗对群臣说:“隔绝我母子,不听我往来儿间,我还有什么用? 放我出家好了,我当永绝人间,修道于(嵩山)闲居寺。……”说罢即欲自下发。这是一种以退为进的策略。肃宗与群臣对灵太后的突然行动感到意外,不知所措,相顾吃惊,叩头泣涕,殷勤苦请。灵太后见自己的行动初步奏效,态度就更加强硬起来,声色俱厉,意殊不回。肃宗为了劝慰,就特意安排自己在灵太后住处居住数日,进而与灵太后密谋清除元叉之策。不过其时元叉势力太盛,成了万全之计,肃宗表面上不得不尽力装得若无其事,一如既往,小心谨慎,只是不时探问元叉的虚实动向,并慢慢地把灵太后的一些不满之言和想能往来显阳殿(肃宗处)之意转告元叉,流着泪叙说灵太后欲削发出家,自己感到忧怖等。如此委婉请求,一日数次,疏于防范的元叉见其言恳切,没有生疑,就答应灵太后往来显阳殿。灵太后既能与肃宗经常来往,也就初步摆脱了幽禁的境况,在政治上取得了很大的主动权,由此进一步施展计谋,夺回权力。

事也凑巧,就在这个时候发生了一件对元叉十分不利的事情,即元发僧的叛乱。元法僧也是北魏宗室成员,曾任益州刺史,他为人苛暴,杀戮任情,威怒无常。在元叉得势时,他因趋附元叉,被任为徐州刺史,镇彭城。孝昌元年(525年)正月,元法僧据城反叛魏廷,先杀朝廷遣使张文伯,又害行台高谅,自称宋王,年号天启,并遣子与南朝梁武帝取得联系,引梁军入据彭城。北魏朝廷大震,忙遣安丰王元延明率临淮王元彧、尚书李宪等致讨。后来元法僧携诸子、僚属,大掠城内后南逃,这强迫戍守彭城官兵三千余人,皆印额为奴,逼将南渡,拥掠军民近万余口,梁武帝忙以元法僧为魏王,后又拜为太尉。

因为此事闹得很凶,北魏损失很大,元叉自然很被动,灵太后马上抓住这个时机。她以元法僧系元叉亲党,指责元叉,元叉无言以对,实际上已经处于被告地位。丞相、高阳王元雍,虽位重于元叉,但往日因畏其威权,唯唯诺诺,因而为朝野所责。此时他见形势已经变化,也想洗刷自己,开始反对元叉,而且成为一位重要谋划者。一日,灵太后与肃宗南游洛水,元雍乘机请到自己府邸,于是三人在内室秘密定计除去元叉。

此后不久,元雍又从肃宗进见灵太后,指陈元叉的危险性。他说:"臣不虑天下诸贼,唯虑元叉。何者?元叉握禁旅,兵皆属之。父率百万之众,虎视京西,弟为都督,总天齐之众。

元叉无心则已,若其有心,圣朝将何以抗?叉虽曰不反,谁见其心?而不可不惧。"当时元叉父元继正率西道各路魏军,镇压莫折念生起义。其弟元罗又以行抚军将军,都督青、光、南青三州诸军事,故元雍有此话。灵太后深感元雍的分析有理,必须趁早行事。她随即再次采取了突然的行动,向元叉公开要权,说:"元郎若忠于朝廷,无反心,何故不去领军,以余官辅政!"元叉闻此,既感意外,又大为畏惧,忙免冠求解。就这样元叉被解除了领军将军一职,削去了统率禁军的大权。接着朝廷忙下诏召回统率大军在外的京兆王元继回京,进一步削除了元氏父子的兵权。

不过，元叉虽然被迫交出了兵权，但其朋党甚多，朝廷内外皆有心腹，灵太后不敢逼其太甚，遂采取了权宜之计，先以元叉同党侯刚代为领军，示安其意。同时，元叉还保留着侍中等重要职务，也就保留着行政大权，无须引退。

但是，随着元叉地位的明显下降、失宠，反对者接连而起。先有侍中穆绍劝灵太后尽速清除元叉。接着一群宦官如张景嵩、刘思逸、屯弘昶、伏景、毛畅等，又设谋欲废元叉。这群人自己也是轻薄无行，好结朋游之徒，但他们不断在肃宗面前揭露元叉种种劣迹。张景嵩见后宫潘外嫔很受肃宗宠爱，就说元叉要害死他，鼓动她到肃宗面前泣诉，潘氏又添油加醋说："元叉非直欲杀妾，亦将害陛下。"肃宗听信了。某日元叉出宫外宿，肃宗立即解除了他的侍中职务，元叉还不知道，第二天欲再入宫时，被赶下台了。而灵太后又重新临朝摄政。北魏统治集团内部的权力争夺暂告一段落。

元叉下台失势，朝士诛杀元叉之声即起，揭其罪恶者不断，其中有正直之士，也有与其交恶的奸佞之辈。曾任清河王元怿常侍的韩子熙联络元怿其他故属为元怿申冤辩白，列诉元叉、刘腾等人罪状，怒斥"元叉专魏，使四方云扰，"要求诛之。灵太后即命发刘腾之墓，露散其骨，籍没家赀，并尽杀其养子。投靠元叉以诬告元怿得于超迁至洛州刺史的宋维，至是除名，寻赐死，元叉重要同党侯刚代领领军不久，即出为冀州刺史，未至州又黜为征虏将军，卒于家；贾粲先出为济州刺史，寻又追杀之，籍没其家。这样，元叉的主要同党都被清除了。但是元叉本人，除了免官为民，并没有受到更严厉的处置。一贯心狠手毒的灵太后，此时有些犹豫不决。其中元叉之妻即灵太后妹妹拼命阻挡，是一个重要因素，另外，顾忌元叉党徒尚多，恐惊动内外，也是原因之一。

但是，朝臣要求正法元叉的呼声十分强烈，对灵太后的压力日益增强，因刚直忤元叉意出为齐州刺史的元顺，这时已经征还，一日侍坐灵太后左右，元叉妻亦在侧，元顺指着元叉妻说："陛下奈何以一妹之故，不正元叉之罪，使天下不得伸其怨怼！"说得灵太后哑口无言。

由于灵太后犹豫不决，态度不明确，群臣诛杀元叉要求未得实现，于是怀疑、流言开始在朝廷内外传播，最轰动的是不少人都说元叉又要东山再起，要入知政事重新掌大权了。此说一出，首先惊坏了元叉的政敌宦官张景嵩、毛畅等人,他们害怕灾祸及己,乃启肃宗,欲诏右卫将军杨津密往斩杀元叉。诏书拟就,未及下传,被元叉妻获悉,她急忙找姐姐灵太后,诡称:"张景嵩,毛畅与清河王元怿之子元怿欲废太后。"灵太后果然相信,就把毛畅等人斥责一通。毛畅即出所拟诏书呈太后,灵太后读后知无废己之事,怒气渐消。但元叉妻仍不断诬构,结果毛畅贬为顿丘太守,后被杀。张景嵩贬为鲁郡太守。

为时不久,又有人告元叉及其弟元爪谋反,说元叉欲令其党攻掠近京诸县,破市烧邑郭以惊动内外,还预先遣其堂弟元洪业率六镇降户反于定州(今河北定县),又派人沟沟通鲁阳诸蛮进扰京师地区,元叉兄弟则为内应,起事日期已定,他的手书也已查获到了。经历过各族人民大起义沉重打击的北魏统治集团,对于任何与起义或叛乱有联系的活动和传说都极为敏感。因此以这件事为转机,群臣求诛元叉之声再次高涨。至此,灵太后下了决心,将元叉及其弟元爪并赐死于家。元继也被废黜。

元叉是在北魏统治集团内部你争我夺的纷争中上台专权的,又是在这种纷争中下台赐死的。他的得势弄权,加速了北魏政权的腐败和衰乱。他的失败,只是意味着新的一批奸佞之徒继起乱政。为时不久,重新掌政的灵太后又在自己周围树立一群奸党幸臣,与元叉一样继续胡作非为,推行误国殃民政策。

和士开巧意媚主弄权造冤

和士开,字彦通,清都临漳(今河北临漳)人,生于北魏孝明帝正光四年(523年),他的父亲和安,很善于捉摸上司的脾气性格,因此在东魏官至中书舍人。和安曲意奉承的伪善行为,史书记载了一件很典型的事情。一次,东魏孝静帝于半夜和大臣们研讨学问,命他看看北斗星斗柄指的方向,他回答说:"臣不识北斗。"他是否真的连北斗星都不认识,当然是个疑问。当时是高欢专制朝政,孝静帝只是个傀儡,和安拒绝孝静帝命他看北斗之令,自然是对高欢表示忠心,因此,当即任命他为给事黄门侍郎,后为仪州(今河南汲县)刺史。

和士开生长在这样一个唯利是图的西域商贾家庭,又有这样"善事人"的父亲,家教、身教、言教对他的熏陶,加上他有点小天资,比常人反应灵敏,自然深谙处世为人的秘诀。

和士开弄权

北齐是北魏六镇军人高欢奠定的政权。他自称是渤海蓨(今河北景县东)人,是当时汉族的名门大姓之一,因为祖父高谧犯法流放边镇,因而居住在怀朔镇(今内蒙古固阳县南)。他借以建立政权的六镇军人,主要是鲜卑,或鲜卑化很深的其他少数民族、汉族等,其中的上层分子,与高欢有着共同利益,形成一个政治集团。正因为北齐统治成员主要是鲜卑贵族集团,所以他们大力反对北魏孝文帝以来的汉化政策,大搞鲜卑化,以致造成政治黑暗,经济破败的局面。北齐历代皇帝,基本上都是荒淫无耻的昏暴酷虐之君,如文宣帝高洋,留连耽酒,肆行淫暴。经常领着一帮弄臣,歌舞不息,通宵达旦,以夜继昼。甚至袒露形体,涂傅粉黛,披头散发,身穿胡服,或者是鲜艳的杂衣锦绣。又手执明晃晃的刀剑弓矢,周游于市场街肆。并且荒淫之极,征集淫妪,吩咐从官,朝夕监视,以为娱乐。被他杀害的人,都令肢解身体,或焚之于火,或投之于河。又乱建宫室,征召大批人民,百般役使,致使举国骚扰,公私劳弊。加上无限制地赏赐财物给宠臣,国家的储蓄,竟然被折腾一空。以昏暴之君,必用奸伪之臣,因此北齐出了一大批奸诈佞幸之辈。而禀性卑鄙、曲意媚主的和士开,就有了条件玩弄手腕,以售其奸。

和士开一开始便投靠高欢第九子,即后来成为武成皇帝的高湛,高湛赏识他,是因为高湛特别喜好一种名为"握槊"(双陆一类)的博戏,和士开很会玩这种游戏,因此受到高湛的赏识,故而有此征辟。加以和士开乖巧灵便,善察人意,又能弹一手好琵琶,因而日见与高湛亲狎,大受宠幸。和士开曾谀赞长广王高湛说:"殿下您不是天人,而是天帝啊!"高湛也回赞一句道:"爱卿你也不是世人,而是世神啊!"其关系密切到了如此地步。显祖文宣帝高洋知道和士开是个轻薄小人,命令长广王不要与这样的小人相亲善,责备高湛与和士开戏狎过度,并将和士开逐出京城,戍守长城。和士开后来回京做了京畿士曹参军,这全是由于长广王高湛从中为他帮忙。

太宁元年(561年),高湛登基做了北齐皇帝,和士开便开始飞黄腾达和贵幸用事了。他一日三迁,晋爵升官,累除侍中。和母刘氏去世,士开在家丁忧,武成帝同样悲伤不已,并派武卫将军吕芬到他家,昼夜侍候和士开,生怕他会因母丧过分忧伤而弄垮了身体。等到丧事办完,当天便迫不及待地派车迎接他入宫相见,握住他的手,悲伤流泪,晓谕良久,才让他回去。同时,打破惯例,马上就将他和他的四个弟弟都起复原职,武成帝对和家的恩宠够可以的了。

身居高职、手握重权的和士开,从来就没有想想怎样为国家、为百姓做一两件好事,整天只想着往上爬,抓大权,保住贵盛的地位,因而竭尽全力和挖空心思获取宠幸。他的办法是引导高湛干些无道之事,不但言辞容貌而且行为举止,都极其鄙亵,以夜继昼地寻欢作乐,君主不像君主,臣下不似臣下。士开竟至劝高湛说:"自古以来,帝王无数,尽成灰烬。贤德的尧、舜,与暴虐的桀、纣,又有什么不同的呢!陛下您应趁少壮之年,恣意行乐,纵横享受,放任情怀,这就是所谓一日快活敌千年啊!您将国政杂事吩咐大臣们去办,没有什么可忧虑的,不要自己为自己找苦吃了!"武成帝高湛听后非常高兴。

和士开除了百般奉迎,邀宠于武成帝外,还千方百计邀宠于武成胡皇后和皇太子,苦经营,狡兔三窟,妄图武成之后,仍受重用,而胡皇后,也确是对他优宠有加,十分信任。

当时胡皇后喜欢小儿子东平王(后改封琅玡王)高俨,想让高俨继承皇位,武成帝犹豫不决。和士开为了投靠太子高纬做靠山,采纳了祖珽的密谋,借彗星出现的机会,借口天文指示除旧布新,请高湛自为太上皇,立太子高纬为皇帝。他们二人内外勾结,和士开在宫内劝说,祖珽在朝廷上表,并以高澄、高洋、高演三人死后儿子都得不到继承大位为说辞,希望以此保证父位子承。这样做的目的,实际上是以此获取高纬信任,自己可以长久权高势盛。高湛听从了他的劝说,立高纬为帝,是为北齐后主,自为太上皇。由此,他更加见重于二宫,大被亲宠。武成帝认为和士开有伊尹、霍光的才能,所以临死时将高纬托付给他,殷勤嘱以后事,临死之前,又握住和士开的手说:"不要辜负我的心啊。"死后还没松开和士开的手。由于武成帝深相寄托,后主对他"深委仗之",对于后主高纬,和士开继续曲意相媚,运用各种手段,引诱后主不理朝政,只顾尽情游乐。后主也就深居宫中,沉溺在丽色淫声之中,不上朝理事,很少接见朝士,不亲自过问政事,国家一日万机,都委付给一班小人,而自己整天与美人宴乐。后主既然如此,和士开便能窃居大权,权势达到了炙手可热的程度。

和士开邀宠于胡皇后,所用狡黠奸计,竟是下流无耻地与她私通,经常利用与胡皇后玩握槊游戏的机会勾搭成奸。正因为两人有此暧昧关系,所以胡皇后成为太后之后,两人共相表里,狼狈为奸,干了不少坏事。

赵郡王高睿与大臣娄定远等人筹谋驱逐和士开,聚集朝中亲贵们共商计策。正好一次胡太后在前殿摆酒招待众亲贵王侯,高睿当面陈词,历数和士开的罪过,说:"士开是先皇帝的一个弄臣,城狐社鼠之辈。他行贿受贿,秽乱宫掖,臣等不能袖手旁观,视而不见,理当冒死以谏。"胡太后说:"先皇帝在世时,王爷们为何不早说,现在再说,是想欺负我们孤儿寡母吗!你们只管饮酒,不要再说什么了。"高睿继续陈说,言辞愈益厉害。有人喊道:"不逐士开,朝野不宁!"高睿等人,有的将官帽扔到地上,有的拂衣而起,大呼小喊,疾言厉色,无所不至。第二天,高睿等人又邀约共到云龙门前,派文遥入宫奏说驱逐士开之事,太后不予理睬。段韶呼胡长粲再次传奏,太后才说:"先帝梓棺还未殡葬,如此大事,匆速处置,恐为不当,希望王爷们细加思量才好。"赵郡王高睿等人软了下来,一并拜谢而离去,不再说什么了。

同时,和士开也紧张活动,展开其玩弄权术的鬼魅伎俩,作了充分的表演。他先是稳住太后与后主,避免失去她母子二人的信任。为此,他编造谎言,说,如果将自己外放,正是剪除陛下羽翼。一番话说得太后与后主连连点头,真的认为和士开是自己稳坐宝位的屏障,所以极力与高睿等周旋,拖延时间,假意任命和士开为兖州刺史。接着,和士开又从对手阵营中打开缺口,在内部瓦解高睿等人。武成帝安葬完毕,高睿等见和士开并无动静,便不断催促他上路到职,他当即开始实行打开缺口的阴谋。他早已认准了娄定远贪鄙成性,便用车装了美女、珍珠穿制的帘子，和许许多多世所罕见的奇珍异宝运到娄家，对娄说："朝中王公贵人都想杀掉我，蒙您为我说情，赐我一条性命，还让我去做地方长官，真是恩重如山。而今我要走了，谨献上美女二人，珠帘一副，聊表心意。"娄定远十分高兴，对士开说："还想回朝吗？"士开回答："在朝中太久了，惶惶然并不安宁；而今得以出京为官，着实称我的本意，我不想再回来了。只是请王爷您对我多加维护，使我能长久做个大州的刺史。今日远别而去，很想向陛下和太后做最后的辞行，不知您能否帮这个忙。"娄定远应允了。和士开因此得以再次见到太后与后主，陈诉说："先皇帝溘然驾崩，为臣我自愧没能跟从而死。我揣度朝臣权贵们的意图，他们是打算让陛下您做第二个即位不久即被废掉的乾明皇帝啊！我出京之后，朝中必有大变。我有什么脸面去九泉之下见先皇帝呢？"随即痛哭起来。后主及太后跟着哭泣，并询问有什么计策。和士开回答："为臣我已进到宫中，没有什么可顾虑的，只需立即颁行诏书即可。"于是，后主下诏：贬黜娄定远为青州刺史；谴责赵郡王高睿破坏君臣之礼，心怀不轨，召入宫中将其斩杀；恢复和士开侍中、右仆射之职。娄定远将和士开馈赠的重礼全部物归原主，并另外用许多珍宝贿赂士开。

这次高睿与娄定远、元文遥等权臣合谋逐出和士开，得到许多大臣朝贵的支持，如冯翊王高润、安德王高延宗等人，连北齐最富声誉的元勋段韶等也是赞同的，本来可以成功。但是最后功亏一篑，除了太后和后主坚决支持和士开的因素外，和士开的狡诈阴险，善于玩弄权术，制造冤案，手段毒辣，密谋诡谲起了决定性影响。事件之后，他不但官复原职，任侍中、右仆射、尚书令、录尚书事，还封为准阳王。大权独揽，越发贵盛，已是一人之下，万人之上。

器识宏运刚正廉洁

徐陵（507~583年），字孝穆，南朝陈东海郯（今山东郯城）人。徐陵出生在一个仕宦之家，其父徐摛官任太子左卫率，是当时著名的诗人，其气节也为时人所瞻。北魏的降将侯景攻破建康宫城时，太子萧纲尚未来得及离开，叛兵已经冲进宫来，东宫的侍卫们早已各自奔命去了，只有徐摛侍立在门首岿然不动。他见侯景，缓缓地对他说："侯公当以礼相见，岂能如此无礼。"侯景慌忙下拜，使叛兵们凶焰大挫。

徐陵从小生活在这个既有教养又有节操的家庭,受益自然匪浅。他八岁就能做文章,十三岁便精通《庄子》《老子》,时人都把他称作颜回。长大后,徐陵又博览史籍,练就了一副纵横家的口才。他起初在皇太子萧纳处充东宫学士,后迁尚书度支郎,出为上虞县令,历通直散骑常侍、尚书吏部郎、尚书左丞、御史中丞、吏部尚书、尚书左仆射。徐陵历经陈朝三世,由一个文学侍从至位宰相,不仅以其文章见称,而其人格的力量,更足以震撼人心。

徐陵初在东宫时,整日与诗书打交道,无忧无虑,一旦他进入黑暗的官场,立即备尝艰辛。他做上虞县令不久,御史中丞刘孝仪便来找他的麻烦,劾奏他"在县赃污",徐陵就不明不白地被罢了官。原来他们早有过节,刘孝仪做了中丞后,岂肯放过他,便利用手中的监察大权,指使人放他的坏水,以致徐陵被罢官在家闲住了很久。直到太清二年(548年)徐陵才被授以通直散骑常侍出使东魏。其间,他以自己的气节和才智,表现出一个使臣不容侵犯的尊严。他刚到魏国时,丞相高澄为他举行宴会接风。这天天气非常炎热,东魏的才子,时任主客郎中的魏收,冷嘲热讽地对徐陵说:"今日之暑,当因徐常侍而来。"徐陵当即回敬他说:"昔日王肃至此,魏国始有礼仪;今我来聘,使君又知寒暑。"魏收听了羞愧得无地自容。高澄大怒,以魏收失言,有辱国威,将他囚禁了数日。

永定元年(557年),陈霸先代梁自立,是为陈武帝。他非常赏识徐陵的文才,不问前嫌,授任他散骑常侍,一时朝中文檄军书及受禅诏策,都出自徐陵之手。

陈文帝天嘉六年(565年),徐陵出任御史中丞,肩负起整肃朝纲的重任。那时安成王陈顼为司空,他以帝弟之尊,凌驾于百官之上,权倾朝野。他的部曲,直兵鲍僧叡依仗安成王的威风,干扰司法,卖狱受贿,大臣们都不敢说他的不是。徐陵非常气愤,当即上朝弹劾他。徐陵在御史台官员的引领下,经过皇帝批阅奏章的几案,来到文帝陈蒨面前。文帝见他着朝礼服,面孔十分严肃,一副神圣不可侵犯的样子,便也敛起平日的笑容,端坐起来。徐陵手持奏板读了弹章,当时陈顼正侍立在文帝身旁,他仰视文帝,顿时脸色都变了,出了一身大汗。徐陵叫殿中御史领陈顼下殿。文帝因此免去了陈顼担任的侍中、中书监的要职。从此,朝廷上下对徐陵更是肃然起敬。

翌年(566年),徐陵升任吏部尚书。他认为自从梁朝末年以来,选官授职太滥,时常有一些不学无术的人冒进求官,竞相争权夺位而不能休止。为了纠汉吏治的腐败,他特意写信给部属们说:"梁元帝继承了侯景叛乱后的残局,王太尉接受了荆州被攻破后的衰败,所以造成官制的极其混乱。永定年间,陈朝刚刚建立不久,白银难得,授官的文书却唾手可得,官阶代替了赏赐的钱币绢帛,以致路上的员外、常侍一个挨着一个,街坊间的咨议、参军更是多如牛毛,难道朝廷的典制就是如此吗?现在官员的衣冠、礼乐规定,一天比一天多,一年比一年浮华,怎么还根据以往的章法违反常理和民望呢?"大家对徐陵都很信服,将他比为三国时的毛玠。

陈宣帝陈项即位后,徐陵因参与谋黜想篡权的野心家,而受到宣帝的特别眷顾,被封为建昌县侯。太建年间,宣帝又欲授任他尚书的左仆射的重任。徐陵居然不肯接受宰相之职,反而抗表举荐周弘正、王劢等人。宣帝大惑不解,别人朝思暮想当宰相,徐陵居然不肯受任。他将徐陵召进宫去,问道:"卿为何故辞宰相而欲举荐他人?"徐陵说:"周弘正曾为旧蕃长史,王劢是太平年间的相府长史,张种是帝乡贤戚,他们不论资历和才能,都在臣上,臣理应居其后。"宣帝不许,相持了数日,徐陵才勉强奉命上任。

太建五年(573年),陈宣帝计划讨伐北齐,公卿间议论不一,只有镇前将军吴明彻坚持要求北伐。陈宣帝对公卿们说:"朕的主意已定,卿等可以共推元帅。"大家商议,认为中权将军淳于量地位最重要,一致署名推荐他为元帅。唯独徐陵与大家的意见不一,他说:"吴明彻家在淮左,熟悉那里的风俗民情,就是论将略和才能,当今之世也没有超出他的。"大家争论了数日不能做出决定。都官尚书裴忌终于改变了自己的观点,同意徐陵的意见,这时徐陵又说:"非但吴明彻是良将,裴忌还是一位极好的副帅。"这天,陈宣帝下诏,任吴明彻为大都督,裴忌为监军事,让他们统帅十万大军进攻北齐。不多时日,他们便攻克了淮南数十州,占领了北齐的大片土地。一次,在公卿们参加的宴会上,陈宣帝亲自为徐陵斟酒,并举杯瞩目对他说:"这杯酒赏卿知人。"陈宣帝虽与徐陵有前嫌,但大敌当前,他们能同仇敌忾,齐心努力,还是非常难得的。

徐陵作为当代首屈一指的文章家,从不以自己的才学而目空一切,相反,对于后学之辈,他尤能奖掖而不知疲倦。作为位高任重的宰相,他的器识宏远，从不以权营私，聚财敛物，他的俸禄都与族中人共分享。他食邑建昌县后，佃户送来的米，他都让那些穷亲戚们去取，不数日就为之一空。陈后主至德元军（583年），徐陵走完了自己的生命旅程。但他的悲剧竟发生在死后。起初，素以制作艳词知名的后主陈叔宝，将自己作的一篇文章拿给徐陵看，谎称是他人的作品，请他评点。直率的徐陵看了后，竟嗤笑说："都不成词句。"为了这事，陈后主衔恨在心，一直不能忘怀。徐陵去世后，他即以自己至高无上的权力，给徐陵加了一个"章伪侯"的谥号，用来诋毁他的文章事业。可是事与愿违，他的这一做法，不仅没有贬低徐陵的功业，反而进一步向世人证实，他是一个嫉贤的昏君。

一代名将贵享龙恩

斛律光出生在一个将门世家，无疑对他成为北齐一代名将起了关键的作用。斛律金对儿子的要求很严格，每天要斛律光和斛律羡（金次子，字丰乐）出去打猎，回来时斛律金要检查他们所得的猎物，光所射得的猎物往往比弟弟少，但光常常受奖励，弟弟却反要受罚。有人问这其中的缘故，斛律金说："明月射猎，必背上着箭，所中皆要害之处；丰乐射猎，随处下手，所获虽多，其技艺比明月差远了。"斛律光就是在这样严格的要求下成长起来的，所以少年时即精于骑射，以武艺知名当时。

斛律光十多岁就和父亲斛律金一起随高欢东征西讨，冲锋陷阵，深得高欢、高澄父子喜爱。十七岁时，因驰马射中宇文泰长史莫者晖，得高欢赏识，提升都督。很快又迁卫将军，封永乐县子。曾随丞相高澄出，见双雁齐飞，高澄使斛律光驰射，二矢俱中，双雁并下；又从高澄校猎，见一只大鸟，翱翔于天边云际，斛律光弯弓即射，正中其颈。此鸟形如车轮，旋转而下，落地一看，原来是一只大鹏。高澄深为壮异，丞相掾属邢子高叹曰："此射鹏手也。"由此号称"落鹏都督"，一时传为美谈。不久即兼左卫将军，晋爵为伯。

高洋代魏建齐，斛律光加开府仪同三司。天保三年，斛律光随从文宣帝出塞讨库莫奚，先驱破敌，多斩首虏，以功除晋州刺史。天保七年，斛律光率步骑五千袭破北周天柱、新安（今山西翼城县境）、牛头三戍，大败北周仪同王敬俊等,俘获得五百余人,杂畜千余头。又率众取绛川(今山西闻喜县东北)、白马(今山西绛县东北白马山附近)等四戍。乾明元年(560年),除并州刺史。皇建元年(560年),晋爵巨鹿郡公。武成帝高湛即位,斛律光为尚书右仆射,食中山郡幹。

北齐初期,国力远强于北周,大有并吞北周之势。文宣帝时,北周常常担忧北齐军队西渡黄河,每到冬天,北周派军队椎冰守河。太守(561~562年)以后,北齐政局渐趋紊乱,国力日衰,每到冬天,北齐反而要派人椎冰守河,以阻周兵入侵。北齐由前期的主动抗击转为被动防守,只有斛律光能够经常率军迎击周军。

河清三年(564年),周武帝遣柱国大司马尉迟迥、齐国公宇文宪、柱国庸国公王雄等率众十万,进攻洛阳。斛律光率骑五万迎战,双方战于邙山,周军大败。斛律光亲手射死王雄,斩俘周军三千余人,获军资器械无数,周将尉迟迥、宇文宪仅以身免。武成帝亲至洛阳,论功行赏,斛律光以战功迁太尉。

天统元年(565年),后主高纬即位,斛律光转大将军。天统三年闰六月,因父死去官,旋诏使复官,袭父爵咸阳王、第一领民酋长,别封武德郡公,徙食赵州千户。天统五年十一月,迁太傅。

天统五年十二月,周将宇文宪等围宜阳(齐周边界,今河南宜阳西),阻绝粮道。武平元年(570年)正月,斛律光率步骑三万救宜阳,军至定陇,周将宇文桀等严阵以待。斛律光披甲执锐,身先士卒,大大地鼓舞了士气。两军交锋,周军溃败,斩首二千余。斛律光军直达宜阳,与宇文宪等相持十旬,筑统关、丰化二城(均在今宜阳县西)通宜阳粮道而还。行至安邺,宇文宪率军五万来追,斛律光纵骑反击,大败周军,俘虏北周开府宇文英、都督越勤世良、韩延等,斩首三百余。宇文宪并不死心,又命宇文桀及梁景兴等率步骑三万控扼要道,断齐军归路,斛律光与大将韩贵孙等合击,大破周军,斩仪同三司梁景兴,获马千匹。二月,斛律光以功加右丞相、并州刺史。在这连续几次齐周交锋中,周军虽屡受挫折,并未减其侵齐之意,可以说北齐此时是不应太乐观的。

周、齐争夺宜阳,久持不下,这年冬天,斛律光又率步骑五万出晋州道,在汾水之北筑华谷、龙门二城,与周将文宪等相持,宪等不敢动。斛律光于是进围定阳(今山西吉县)筑南汾城以逼周军,各族百姓来归者万余户。北周乃解宜阳之围以救汾北之急。

武平二年正月,斛律光率众于汾北筑平陇(今山西稷山县西)、卫壁、统戎等镇戍十三所。周柱国韦孝宽等率步骑万余来逼平陇,与光战于汾水之北,周军大败,被俘斩者以千计,斛律光以功加封中山郡公。四月,周将宇文纯夺宜阳等九城,斛律光又马不停蹄地奔赴战场,率步骑五万救宜阳,五月,与周军大战于宜阳城下,取周建安等四戍,虏获千余人而还。这样的大功告捷,本应是北齐君臣共庆的喜事,不料反而为斛律光埋下了隐患。军队获胜而归,还没有回到齐都邺城,后主敕令解散兵士。斛律光认为将士多有功勋,还没有得到奖赏,若恩泽不施就解散他们,是不妥当的。于是一面密表请求后主派使者宣旨慰劳将士,一面率领队伍继续前进。朝廷方面拖拖拉拉,迟迟没有派出使者,军队快要到达紫陌(邺城西北五里),斛律光仍在军营中等待朝廷的使者。后主听说斛律光大军逼近首都,心中着实不快,以为斛律光想取而代之,急忙派人传斛律光入宫朝见,然后宣旨慰劳并解散将士。表面上,后主在这一年的十一月拜斛律光为左丞相,别封清河郡公,加官晋爵,但这并非吉象,后主心中已存疑虑。

斛律光从十几岁时开始驰骋疆场,以其超群的武艺和卓越的将才为北齐立下了一次又一次的战功。行军打仗,仿其父斛律金之法,军营没安扎好,自己不先安歇;有时甚至一整天都不坐下休息,全身披挂,随时做好冲锋陷阵的准备;疆场上他勇于杀敌,常常是身先士卒;对于犯有过失的士兵,只是大杖击背,未曾妄杀无辜,故士兵都乐于出力卖命。史称斛律光"自结发从戎,未尝失律,深为邻敌所慑惮"。正是由于斛律光治军有方,多次打败北周的进攻,有力地打击了北周吞并北齐的企图,使北周不敢贸然加兵于北齐,所以史家称有斛律光在,北齐就有"藩篱之固"。

早在天保年间,文宣帝高洋就已经下诏让斛律光的长子斛律武都尚义宁公主,皇帝、皇太后、皇后、太子及诸王都亲临婚礼,恩宠极盛。文宣帝说得很清楚,他这样做是因为斛律金乃开国元勋,父子又忠诚,结为婚姻,便可永为"藩卫"。孝昭帝皇建元年,立第二子高百年为皇太子,纳斛律光的长女为太子妃。这位太子妃命运不佳,并没有给斛律光带来什么荣华富贵。孝昭帝在位只一年零三个月,死时,传位于弟弟高湛(武成帝),并嘱咐高湛要善待高百年。武成帝即位后,封高百年为乐陵王,这时的高百年和斛律妃实际是寄人篱下。可是武成帝总觉得这位前太子留下来是个隐患,河清三年,找个借口把他杀了。百年被杀之前,割下带在身上的玦留与斛律妃,既死,斛律妃把玦哀号,不肯进食,不过月余,亦活活饿死,死后还把玦紧紧攥在手中,斛律光亲自掰开女儿的手,才取出玦,斛律妃时年十四岁。长女的无辜惨死,不知斛律光做何感想?或许是天子要联姻,帝命不可违吧?好在斛律光子女众多,死了一个,后继还有人。

世祖武成帝时,纳斛律光第二女为皇太子高纬妃。天统元年,高纬即帝位,太子妃随之升格为皇后。第二女升为皇后之时,距离长女惨死仅一年左右。斛律光当时已是累累战功的大将,女儿为皇后,也只不过是为他增加了一份荣耀而已。

这时斛律氏三代事齐,显赫无比。斛律金以将近八十岁的高龄位居左丞相,一人之下,万人之上,高湛、高纬父子对他很敬重。斛律光本来是大将军,行军作战,独当一面,颇得父亲真传。斛律羡和斛律武都并为开府仪同三司,羡任幽州刺史,武都任梁、兖二州刺史,都乃方岳大臣,史言斛律武都"所在并无政绩",只知贪财享乐,剥削百姓,是个不足道的纨绔子弟。斛律羡却是很有作为的人。河清三年,为幽州刺史,都督幽、安、平、南营、北营、东燕六州诸军事。时突厥屡寇边境,由于斛律羡治军有方,士马精强,突厥很害怕他,称他为"南河汗"。天统时,突厥遣使朝贡于北齐,其中就有斛律羡的一份功劳。除光、羡、武都之外,斛律氏"其余子孙皆封侯贵达",史称"一门一皇后,二太子妃,三公主,尊崇之盛,当时莫比。"

这样一种满门显赫的盛况,使斛律金常以为忧,他曾经对长子光说过:"我虽然不读书,但也听说过古来外戚,很少能有个好下场的。女若有宠,达官贵人们会嫉妒;女若无宠,天子又会不欢喜。我们家是凭着立有战功、对主忠心而致富贵的,岂有去依靠女子之理!"斛律金的话道出了一些真谛,也确是一个不祥的预言。在斛律金死后,斛律羡也曾上书后主,请求免去自己的职务,后主优诏不许。

古往今来,确有许多人仅仅凭借外戚的身份而致显贵,但也有许多人是因为自身的拼搏致显贵之后,皇帝为了拉拢利用才成为外戚的,这种联姻往往是一种政治需要,斛律光以战功起家,显然属于后者。诚然,斛律光不用依靠女儿的皇后地位来抬高自己,可这皇亲国戚的身份易遭人嫉妒。斛律光心中不会不清楚,一旦联姻,就会身不由己地卷入到宫廷的风波之中去。无奈身为国之栋梁。不这样又能怎样?

后主斛律皇后比她姐姐要幸运,由太子妃熬到了当皇后,和后主算得上是结发夫妻,在一起的时间也长,可关键的问题是偏偏不得后主宠爱;更糟糕的是一直没生个皇太子为自己稳住皇后的地位。到了武平三年正月,她才生下一个女儿,后主谎称生了儿子,大赦天下。后主这样做不是出于对斛律皇后的喜爱,而是为了取悦权势显赫的左丞相斛律光。后主真正宠爱的是斛律皇后的侍婢穆黄花(又名舍利、邪利),在武平元年已立穆氏子高恒为皇太子。后主乳母陆令萱收穆黄花为养女,为扩大自己的权势,积极怂恿后主立氏为皇后。只是忌讳斛律光的权势,苦于无机会下手。在后宫争夺皇后位的斗争中,斛律光无形中成了风口浪尖上的人物。

三贵专政亡国家

在南北朝时期,中国北方有个鲜卑族高氏统治的小王朝,史称北齐。这个割据一方的小朝廷由于其历届皇帝都是些酒色淫乐之徒,昏庸无能之辈,因此朝纲不整,大权旁落,朝臣倾轧,争权夺利。于是一些奸佞小人便乘虚而入,以其巧伪的嘴脸,阴险的手段,邀宠取信,窃取权柄,误主蠹政,祸国殃民。在中国历史上,留下了一段发人深思的史实。

北齐的陆令萱就是在这个历史背景下产生的一个女奸贼。她为人巧伪,诡计多端,害人心毒,窃权有方,是个典型的女阴谋家,她罪恶累累,罄竹难书,是臭名昭著的历史败类。

陆令萱在被皇帝高纬封为"郡君"之后,立即想到她那个同被没入皇宫为奴的儿子骆提婆。她首先将骆提婆引入内廷,以"小阿哥"的身份侍奉新登基的小皇帝。骆提婆为人奸佞,其拍马逢迎的伎俩不亚于其母。

高纬秉性优游好玩,他就整天陪他在后宫玩乐,博得高纬十分宠信。因此,高纬亲政后,立即提骆提婆为仪同三司、加开府,授大将军职。骆提婆尽管一再得到升迁和宠信,但陆令萱总觉得不过瘾。她很忌讳儿子姓骆,因为其父骆超是个叛逆被杀之人,很不吉利,她要从根本上把他抹掉。她灵机一动决定让他儿子改姓。改姓什么?当然要趁此机会攀上皇亲国戚。于是,她借养女穆黄花受宠之机,编造了一套谎言蒙诳后主说:"陆氏为鲜卑国姓,穆、陆相对,为勋臣百姓之首,请赐子骆提婆姓穆,以和弘德夫人穆舍利为兄妹。"昏君高纬听从其鬼话,即赐提婆姓穆。

穆提婆从此连连升官,官拜侍中兼武卫大将军,既掌宫廷禁卫,又主进御纳谏,集文武于一身,恩宠盛极。

斛律光,战绩赫赫,时任左丞相,执掌兵权,其几个子弟都封侯在外,很能打仗;其女则册封为帝后。他虽是皇亲国戚,有权有势,但为人正直,忠于国家;他厌恶小人,尤其看不惯陆令萱、穆提婆、祖珽等这些奸人擅权乱政,为非作歹。忠奸分明,水火不容。陆令萱为了让穆黄花取代斛律皇后,早已十分嫉恨斛律光掌大权,把他视为眼中钉,非拔除不可,只是时机未到。

高俨被杀,祖珽更受后主信任;祖珽与穆提婆母子的关系也更为紧密。胡太后被幽禁于北宫;祖珽打算要陆令萱为太后,撰北魏皇太后的故事呈送后主,希望后主按北魏的习惯,以养母为皇太后。为了制造舆论,对人们说:"令萱虽是妇人,实际上是一个俊杰,从女娲以来,没有一个人可以比拟。"陆令萱也到处宣扬,祖珽是"国师""国宝"。一唱一和,相互吹捧,陆令萱虽没有正位皇太后,祖珽却因此拜为尚书左仆射,监修国史,入文林馆,总监撰书事宜,又封燕郡公,食太原郡斡。祖珽府第在义井坊,折毁邻舍,增修宅第,陆令萱亲自督修。

祖珽势倾朝野,斛律光时为左丞相,非常厌恶,远远地看见祖珽,就暗自唾骂,说,"求取无厌的小人,又准备干什么坏事!"又曾经对下属说:"赵彦深任尚书令时,边境形势,兵马部署,他都要和我商量。自从这个瞎子掌权以来,完全不和我们商谈,我很担心这家伙要误国误民。"斛律光在朝堂垂帘安坐,祖珽不知,乘马过朝堂,光大怒说:"小人敢不下马!"祖珽在门下省议事,声音高,语气傲慢,斛律光经过内省,听到议论,又很生气。这些事都给祖珽知道了,他贿赂斛律光的随身奴仆打听情况,奴仆告诉说:"自祖公掌权已来,丞相每夜都抱膝长叹,说:'盲人入朝堂,国家要灭亡'!"穆提婆求娶斛律光庶出女儿为妻,遭到拒绝。

后主要把晋阳的土地赐给穆提婆,斛律光反对,并且在朝堂公开辩驳说:

"晋阳的土地,神武帝(高欢)以来常种禾为饲料,饲养军马几千匹,用以抵抗外敌。现在赐给提婆,势必影响军备。"因此,祖珽和穆提婆都十分怨恨斛律光。

斛律光是北齐的名将,据说他行军作战,都按照其父斛律金的章法:行军时,军队没有安营扎寨,他从不走进自己的帐幕;在前线,有时整天不脱铠甲,也不坐下来休息;作战中,他总是挥戈跃马,身先士卒。他对士兵也比较爱惜,士卒犯令,只行杖责,未尝妄杀无辜。因此,士兵冲锋陷阵,不避死伤,军队的战斗力很强。

自从他率军作战以来,从来没有打过败仗,敌国边将们都很害怕他。武平三年(572年),北周镇守玉壁城(今山西稷山县南)的勋州刺史韦孝宽施反间计,造民谣说:"百升飞上天,明月照长安。"又说:"高山不推自崩,槲木不扶自举。"派间谍深入北齐境内,在首都邺城一带散布。祖珽听到后,更续上两句:"盲眼老公背大斧,饶舌老母不得语。"一面使邺城小孩子们在街上唱,一面要他的内弟郑道盖向皇帝报告。后主问祖珽,祖珽和陆令萱都说听到过这个民谣。祖珽并且把民谣做了解释,说:"'百升'是指斛,即斛律光。'盲眼老公'指臣下我。山'自崩'、'背受大斧',说的是臣子我'与国同忧'。'饶舌老母',似乎是指女侍中陆令萱。

斛律三世大将,明月(斛律光字明月)声震关西,丰乐(斛律羡字丰乐)威行突厥,女儿是皇后,儿子尚公主,谣言非常可怕!"后主又问另一恩幸韩长鸾,长鸾认为不可以轻举妄动,事情就暂时搁置起来。祖珽再次进宫游说离间,适逢丞相府僚佐封士让密奏,斛律丞相要造反,"军逼帝京"。于是,后主在祖珽的具体策划下,于七月戊辰(廿八)诱杀左丞相、咸阳王斛律光于宫中祖珽风堂。随后,又杀害光弟羡,子武都、世雄、恒伽,尽灭其族。八月,废斛律皇后,逼令削发为尼。周武帝听到齐后主诬杀了斛律光,非常高兴,宣布大赦天下。

斛律光被杀后,祖珽又设计排挤了侍中高元海,于是,专主尚书机密,总管骑兵、外兵事。他的亲友都得到高官显位。入宫议事,常与后主同榻倾谈;出宫时,由掌权宦官扶持,一直送到永巷。委任之道,群臣无法相比。

同时,提婆母子的势力也迅速膨胀:随着养女穆黄花正位皇后,令萱进号"太姬";提婆以外家擢升领军,掌握禁军。令萱在内,自太后以下都受其指挥;

提婆在外,右仆射唐邕等屏气敛足。

两奸并盛,矛盾也日益尖锐起来。首先是为高元海问题。武平二年,高元海为侍中,与祖珽共执政柄。元海妻,是陆令萱的外甥女,令萱的阴谋谋划,多为元海所知,并曾告诉过祖珽斛律光死后,祖珽求兼领军,后主已经应允,按照北朝的制度,诏书需要复奏,经过侍中斛律孝卿署名。孝卿把此事秘密地告诉高元海,元海对穆提婆等说:"祖珽是汉人,又是个瞎子,怎么能把指挥禁军的大权交给他呢?"

次日早朝,高元海、斛律孝卿、穆提婆都表示反对,而且还提出祖珽和广宁孝王珩私相交结,失大臣体。因此,领军的任命被搁置。祖珽很生气,要求向后主面奏,并且说:"我和元海有私怨,必定是元海诬陷。"后主说出实情,于是,祖珽列举元海与司农卿尹子华等私相朋党,结果,把尹子华等贬出京城。祖珽又把元海泄露机密阴谋的事告诉陆令萱,令萱大怒,也把高元海出为郑州刺史。这个回合,以高元海被贬斥告终,祖珽虽未当上领军,却也出了口怨气。

祖珽独揽大权后,武平三年准备进行改革。他改革的主要措施是:一是启用有才能和声望的人士;二是减省政务,裁减冗员;三是罢黜用事的宦官和奸佞的幸臣。后两点触及朝政的要害,遭到陆令萱、穆提婆的反对。于是,祖珽暗示负责监察重任的御史中丞丽伯律,由他出面弹劾中书省的主书王子冲收受贿赂。因为此事牵连穆提婆,贪赃枉法一经追查,就可能罪及陆令萱而受到连坐。祖珽还怕此事难成,希望得到胡后亲党的支持,因此,请求后主用胡后兄君瑜为侍中、中领军;君瑜兄君璧为御史中丞。

陆令萱听到这个消息,大怒,在后主面前百般诽谤,终于打动了后主。胡君瑜从内省出为外朝金紫光禄大夫,又被解除中领军之职;君璧则被命还镇梁州(东魏所置,在今河南开封县)为刺史。十二月胡后王废,与此也有关系。这表明祖珽在斗争中失利。

祖珽失势,宫中用事的宦官也群起攻击,都说他的坏话,后主以此问陆令萱,令萱沉默不语,问了三次,令萱下床拜伏在地,说:"老婢罪该万死。我当初听到和士开说祖珽博学多才,以为一定是个好人,所以向皇上推举。现在看来,是个大大的奸臣。知人真不容易,老婢该死!"后主于是下诏要韩长鸾追查。长鸾平时就厌恶祖，认真搜查，查出他伪造诏书受赐财物等十余件。武平四年（573）五月，解祖珽侍中、仆射，出为徐州刺史。不久，穆提婆进位尚书左仆射，仍兼中领军，祖珽终于以失败告终！

武平四年（573年）五月，祖珽被逐之后，穆提婆为领军、尚书左仆射，高阿那肱为录尚书事，韩长鸾进位领军大将军、侍中，总知内省机密，共处衡轴，号称"三贵"。损国害政的事，与日俱增。

十月乙巳（十三日），陈将吴明彻失陷寿阳城，齐巴陵王王琳、扶风王可朱浑道裕、扬州刺史王贵显、尚书左丞李细骃等被俘，驮马辎重全部损失。穆提婆、韩长鸾听到寿阳失守的消息，若无其事，两人正在玩"握槊"的博戏，没有停下来，说："本来是别人的地方，让别人拿去好了。"后主知道后有点犯愁，穆提婆对他开导地说："如果国家把黄河以南的土地全部丢失光了，还可以当一个龟兹国。更何况人生如寄，应当及时行乐，犯什么愁呢！"左右嬖宠之臣一起附和，后主大喜，酣饮歌舞不止。

十月，北徐州百姓起兵应陈，逼州治琅邪，刺史祖珽设计坚守。穆提婆仇恨祖珽，故意不遣救兵。州城几乎陷落。

武平七年（576年），北周武帝亲率大军攻齐，十一月后主至平阳（今山西临汾）。十二月武帝亦至，两军相峙。庚戌（初六），两军交锋，后主与冯淑妃并骑观战。东翼侧师稍微向后退却，淑妃大惊说："战败了，战败了！"身为录尚书事的穆提婆也很害怕，大叫："皇帝快逃！皇帝快逃！"后主和淑妃等北奔至高梁桥（平阳东北十里）。部将奚长出来谏阻，说："半进半退，是作战的常事。现在兵众完整，没有损伤，您陛下丢下军队不管，会大失人心。"

穆提婆拉住后主的膀子，说："这话不可相信。"于是，后主带着淑妃继续北逃，齐军溃散，死者万余人，军资器械，丢弃在数百里的道路上到处都是。

后主从高梁桥逃洪洞城，再从洪洞逃到晋阳。甲寅（初十），吓破了胆的后主，又准备北奔北朔州，如果晋阳失守，就逃到突厥去。从祖兄安德王延宗劝后主据守，不从，密派亲侍送皇太后、太子等去北朔州。丙辰（十二日）夜，后主准备偷偷离开晋阳，部下将领反对，未成行。丁巳（十三日），周师至晋阳。

后主对安德王说："并州这块地方，我兄自取；弟从此走了！"延宗劝道："陛